Antje Pabst, Christine Zeuner (Hg.)

# „Fünf Tage sind einfach viel zu wenig."

## Bildungszeit und Bildungsfreistellung in der Diskussion

D1721292

NON-FORMALE POLITISCHE BILDUNG BAND 21

Antje Pabst, Christine Zeuner (Hg.)

# „Fünf Tage sind einfach viel zu wenig."

Bildungszeit und Bildungsfreistellung
in der Diskussion

**WOCHEN
SCHAU
VERLAG**

Bibliografische Information der Deutschen Nationalbibliothek

Die Deutsche Nationalbibliothek verzeichnet diese Publikation in der Deutschen Nationalbibliografie; detaillierte bibliografische Daten sind im Internet unter http://dnb.d-nb.de abrufbar.

© WOCHENSCHAU Verlag,
Dr. Kurt Debus GmbH
Frankfurt/M. 2021

www.wochenschau-verlag.de

Umschlaggestaltung: Ohl Design
Gedruckt auf chlorfrei gebleichtem Papier
Gesamtherstellung: Wochenschau Verlag
ISBN 978-3-7344-1198-4 (Buch)
**E-Book** ISBN 978-3-7344-1199-1 (PDF)
**DOI** https://doi.org/10.46499/1422

# Inhalt

6

## II.  Bildungsfreistellung: Erfahrungen aus der Praxis

**Berichte aus den Ländern**

**Bildungsfreistellung aus Sicht von Trägern und Anbietern**

## III. Bildungsfreistellung: Individuelle Erfahrungsberichte von Teilnehmenden

ANTJE PABST, CHRISTINE ZEUNER

# Befunde – Standpunkte – Problemstellungen: Impulse zu Zeit und Bildung. Eine Einführung

## 1. Bildungsprozesse benötigen Zeit zu ihrer Entfaltung: Zeiterfordernisse

Dass Bildungsprozesse Zeit zu ihrer Entfaltung benötigen, scheint eine Binsenweisheit zu sein. Allerdings sind die für Bildung zu Verfügung gestellten Zeitfenster knapp bemessen und werden bezogen auf die Lebensläufe der Menschen reguliert und getaktet, zugeteilt und kontrolliert. Die Ergebnisse werden in der Regel gemessen, zertifiziert und bewertet. Sie eröffnen oder versperren Zugänge, versprechen beruflichen oder sozialen Aufstieg, können aber auch Abstieg signalisieren. Bildung, Ausbildung und Qualifizierung werden heute zumeist unter konkreten Nutzenaspekten gesehen, mit ihrer Hilfe gelingen berufliche Karrieren, die wiederum ökonomische und soziale Sicherheit versprechen. Schon seit den 1970er Jahren wird der Begriff Bildung zunehmend durch Begriffe wie Schlüsselqualifikationen, Kompetenzen oder Schlüsselkompetenzen ersetzt (Zeuner 2009). Lernen und Wissen(-saneignung) stehen als Aufgaben im Vordergrund, sie sollen zu konkret handlungsbezogenen Kompetenzen führen. Gefragt wird vorrangig nach Effizienz und Effektivität des (Aus-)bildungssystems und passgenauen Angeboten. Dieses erfolgt im Rahmen eines instrumentell und funktionalistisch begründeten Bildungsverständnisses v.a. im Hinblick auf die ökonomische Verwertbarkeit menschlichen Wissens (BMAS u. BMBF 2019).

Sehr viel geringere Beachtung schenkt die Bildungspolitik dem komplementären Verständnis von Bildung als „Erschließung von Welt" (Bernhard 2018, 138), bei dem die Entwicklung der Person in Bezug auf ihre Identität und Subjektwerdung im Vordergrund steht. Bildung in diesem Sinn trägt bei zur Selbstbewusstwerdung, zur gesellschaftlichen und politischen Handlungs- und Gestaltungsfähigkeit der Menschen, indem diese ihre Urteils- und Kritikfähigkeit ausbilden. Die Entwicklung des Bewusstseins auf der Grundlage der Aneignung und Reflexion von Wissen, Kenntnissen und Erfahrungen zielt auf Emanzipation und Autonomie der Subjekte. So können sie sich mit gesellschaftlichen

Verhältnissen kritisch auseinandersetzen, Widersprüche erkennen, eigene Standpunkte entwickeln und handelnd eingreifen. Dieses Bildungsverständnis orientiert sich grundlegend an Ideen der Aufklärung und kann zu einem gesellschaftskritischen Bildungsprozess werden, wenn das Subjekt selbst sein Verhältnis zur Welt und die damit verbundenen Einflüsse hinterfragt,

> „insofern hier die im Sozialisationsprozess auftretenden Kränkungen, Einschränkungen, Selbstunterdrückungsmechanismen, Selbstunterwerfungen als gesellschaftliche Behinderung unserer emanzipativen Selbstwerdung erfahren werden und in politische Bildungsprozesse umgesetzt werden können" (ebd. 139).

Dass ein solcher Anspruch an Bildung ein lebensbegleitender Prozess ist, liegt auf der Hand. Sie kann ihrem Wesen nach niemals abgeschlossen sein, da die Subjektentwicklung der Menschen bezogen auf verschiedene Lebensphasen und im Rahmen biographischer Übergänge immer wieder der Erneuerung bzw. der Veränderung unterliegt. Diese Prozesse sind konstitutiv für die menschliche Entwicklung, weshalb die Frage nach bestimmten Zeitverfügungen für solche Prozesse auf der einen Seite vielleicht überflüssig erscheint.

Auf der anderen Seite ergibt sich aber die Frage, zu welchen Zeitpunkten/ Zeitspannen Menschen überhaupt Muße haben, sich in Zeiten zunehmender Beschleunigung in allen Lebensbereichen mit solchen existentiellen Fragen auseinander zu setzen, die subjektive Orientierungen geben können. Geschehen solche Bildungsprozesse zufällig, informell oder „en passant" im Lebensverlauf? Gibt es dafür Zeitfenster? In welchen inhaltlichen Zusammenhängen werden solche Fragen erörtert? Passiert dies individuell und privat oder sind dafür gemeinschaftliche Lern- und Reflexionszusammenhänge notwendig? Bezogen auf letztere Möglichkeit: Wo und wie ergeben sich die zeitlichen Spielräume für entsprechende Bildungsprozesse, deren inhaltliche Ausrichtungen sehr differenziert sein können? Inwiefern ist Menschen überhaupt bewusst, dass Bildungsprozesse jenseits direkter Verwertbarkeits- und Nutzenüberlegungen Zeit und Muße benötigen? Wo werden ihnen solche Perspektiven aufgezeigt und Denkräume und damit Zeiten eröffnet?

In den bildungspolitischen Diskursen zum lebenslangen Lernen dominieren verwertungs- und nutzenorientierte Perspektiven. Formuliert werden Erwartungen an die Bildungssysteme, für den Erhalt der ökonomischen Wettbewerbsfähigkeit sowie der subjektiven „Beschäftigungsfähigkeit" zu sorgen (z.B. Kommission der Europäischen Gemeinschaften 2000). D.h., einerseits sollen die Bildungssysteme der Länder eine funktionale Zuarbeit für die bedarfsgerechte Qualifizierung der zukünftig benötigten Arbeitskräfte leisten. Andererseits wird den Subjekten die Verantwortung für ihre individuelle stetige Weiterqualifizierung aufgebürdet. Ungeachtet der Tatsache, dass weder die notwendigen Strukturen und Organisationen in ausreichendem Maße vorhanden sind, noch, dass alle Menschen diesen Lernerwartungen, die teilweise auch als Lernzumutungen erlebt werden, nachkommen wollen. Lernen kann als Zwang empfunden werden, dem sich nicht alle Menschen gewachsen fühlen und der krisenhaft erlebt werden kann. In aktuellen Diskussionen über Weiterbildung wird in diesem Zusammenhang als legitime Reaktion auf solche gesellschaftlichen Zumutungen ein Recht auf Weiterbildungsabstinenz, Weiterbildungsverweigerung oder auf Weiterbildungswiderstand diskutiert (Holzer 2017).

Darüber hinaus wird in den bildungspolitischen Diskursen der mit Qualifizierungs- und Bildungsprozessen verbundene Aspekt der Zeit und der Zeitverfügung kaum berücksichtigt. Es scheint, als ob das Vorhandensein der notwendigen Zeit einfach unterstellt wird. In der Erziehungs- und Erwachsenenbildungswissenschaft liegen mittlerweile empirisch abgesicherte Forschungserträge vor (z.B. Schmidt-Lauff 2008; Schmidt-Lauff u.a. 2019), allerdings stehen Fragen zur Temporalität von Bildung weiterhin weder im Mittelpunkt theoretischer Überlegungen (Lüders 1995; Euler 2012), noch sind sie regelmäßig und vertieft Thema der Weiterbildungsforschung (Schmidt-Lauff 2012; 2018a).

Bildungstheoretische Zugänge befassen sich mit der Geschichtlichkeit von Bildung und Erziehung; mit Phasenstrukturen des Lernens bezogen auf das Lebensalter und damit verbunden mit Fragen von Bildungsprozessen über die Lebenszeit; sowie mit der Zeitverwendung für Lernen und Bildung (Faulstich 2001, 37). Zudem werden als Grundprobleme der Beschäftigung mit Zeit genannt: Gegenwart oder Zukunft; Zeit als Ressource, zumeist konnotiert mit Knappheit sowie der Gegensatz von objektiver und subjektiver Zeit (Lüders 1995).

Forschungsansätze der Weiterbildung zu Zeit und Bildung beziehen sich auf die (tarifliche) Absicherung von Lernzeiten, v.a. im Rahmen betrieblicher Weiterbildung (Dobischat/Seifert 2001; Dobischat/Seifert/Alehne 2003); auf den Zeitaufwand für Weiterbildung bzw. das Zeitmanagement und die zeitliche Organisation betrieblicher Weiterbildung (Schmidt-Lauff 2012; Käpplinger 2018; BMBF 2019); auf Lernzeitansprüche im Rahmen von Bildungsfreistellungsgesetzen (Pabst 2017; 2020; Zeuner/Pabst 2019); auf das Lernen im Lebenslauf unter dem Stichwort der Entwicklung von Biographizität (Ahlheit 2010).

Der vorliegende Sammelband beschäftigt sich v.a. mit Blick auf die Bildungsfreistellung mit der Verfügbarkeit von Bildungszeit. Die Möglichkeit der Bildungsfreistellung von sozialversicherungspflichtigen Arbeitnehmer*innen und teilweise auch Auszubildenden existiert seit Mitte der 1970er Jahre in mittlerweile 14 von 16 Bundesländern. Die Gesetze sind die einzigen, die Erwachsenen in abhängiger Beschäftigung individuelle Bildungszeiten und damit ein Recht auf Bildung bei freier Wahl der Inhalte – im Rahmen anerkannter Bildungsveranstaltungen – garantieren.

Diese Möglichkeit der Freistellung gilt als eine große gesellschaftliche Errungenschaft, soll sie doch – so die Intentionen der ersten Gesetze – über die Ansprache bildungsmäßig benachteiligter Zielgruppen Chancengleichheit erhöhen und auch bildungsferne Menschen zur Teilnahme an oder zum Einlassen auf Bildungsprozesse anregen. Dass diese Chance auf Bildung nur von ein bis zwei Prozent der Berechtigten genutzt wird, belegen die in einigen Bundesländern regelmäßig durchgeführten Evaluationen und statistischen Erhebungen (z.B. Christ; Paffrath; Pfeiffer/Rieger in diesem Band; siehe auch Robak u.a. 2015).

Es gibt mehr Vermutungen als empirisch fundiertes Wissen über Gründe für die Nicht-Teilnahme an Bildungsfreistellungen. In der Evaluation des baden-württembergischen Bildungszeitgesetzes wurden Teilnehmende nach möglichen Gründen für eine eventuelle Nicht-Teilnahme befragt. Genannt werden an erster Stelle fehlende zeitliche Ressourcen (rund 62%) und an zweiter Stelle stehen finanzielle Gründe (rund 50%) (dazu weiter Pfeiffer/Gagern in diesem Band)[1]. Evaluationen zur Bildungsfreistellung, die in Hessen (Hessisches Ministerium für Soziales und Integration 2016), Bremen (Robak u.a. 2015) und Baden-Württemberg (Pfeiffer 2019) zu verschiedenen Zeitpunkten durchgeführt wurden, zeigen, dass die Teilnehmenden dem Besuch der Veranstaltungen große Bedeutung für ihre persönliche Entwicklung und ihr berufliches Fortkommen beimessen. Dies konnte auch in unserer umfangreichen qualitativen Studie nachgewiesen werden (Zeuner/Pabst 2018).

Allerdings haben die ökonomischen Transformationen der letzten drei Jahrzehnte die Erwartungen an die Wirkungen und den Nutzen der Teilnahme an Bildungsfreistellungsveranstaltungen v.a. in Bezug auf die Aneignung beruflich

---

1   Prozentangaben werden in diesem Beitrag – wie im gesamten Band – weitestgehend gerundet wiedergegeben. Eine Ausnahme stellen die Quoten der Inanspruchnahme von Bildungsfreistellung dar, da hier aufgrund der niedrigen Werte auch die Nachkommastellen als bedeutsam erscheinen.

verwertbarer Inhalte erhöht. Dies wird v.a. auch mit den Umbrüchen begründet, die durch die fortschreitende Digitalisierung in Gesellschaft und Wirtschaft erwartet werden und an die sich Arbeitskräfte in lebenslangen Lernprozessen anpassen müssen. Zugleich sind diese Umbrüche durch Digitalisierung zu gestalten und bedürfen einer gesellschaftlichen wie auch individuellen Auseinandersetzung (vgl. Umbach in diesem Band). Dabei wird bspw. im Bericht des Hessischen Ministeriums für Soziales und Integration (2016) hervorgehoben, dass der Bildungsurlaub ein wichtiges strukturelles Instrument zur Unterstützung des lebenslangen Lernens ist.

„Bildungsurlaub zielt neben seinen zielgruppendifferenzierten, individuell ausgerichteten fachlich-beruflichen Angeboten zur Erhöhung der Kompetenzen für die Bewältigung des konstanten Wandels (Beschäftigungsfähigkeit) explizit auf die Erhöhung der geforderten individuellen Kompetenzen (selbstorganisiertes Lernen, Schlüsselqualifikationen, politische Bildung zur Verbesserung des Verständnisses gesellschaftlichen Wandels, soziales Verhalten im Sinne gesellschaftlicher Kohäsion etc.) für das Lebenslange Lernen" (ebd., 10).

In den Ländern, die regelmäßige Berichte der Weiterbildungsträger und -anbieter über Bildungsfreistellungsangebote und die Nachfrage bezogen auf die Teilnahme einfordern, zeigt sich, dass der Schwerpunkt auf berufsbezogener Weiterbildung liegt. Zwischen 70 und 90 Prozent aller Angebote sind diesem Segment zuzuordnen. Verbunden mit den Bildungsfreistellungsangeboten sind Anerkennungsverfahren, die je nach Bundesland unterschiedliche Träger- oder Veranstaltungsanerkennungen verlangen. In diesem Band kommen Vertreter*innen einiger Träger und Einrichtungen zu Wort, die die Verfahren und auch Veränderungen beschreiben, die sich durch gesetzliche, bildungspolitische Entwicklungen, aber auch durch ökonomische Zwänge wie die Notwendigkeit der Einwerbung von Drittmitteln bei gleichzeitigen Einsparungen in Bezug auf Fördergelder ergeben. Diese Perspektive zeigt deutlich die Schwierigkeiten, mit denen die Träger zu kämpfen haben und damit die mittlerweile strukturell und organisatorisch prekäre Situation, in der sie sich befinden. Wenn aber diese Träger v.a. aus finanziellen Gründen keine Angebote mehr vorhalten könnten, wäre das Instrument Bildungsfreistellung insgesamt gefährdet und entsprechend auch die damit verbundenen gesellschafts- und bildungspolitischen Zielsetzungen, bezogen auf die Anspruchsberechtigten.

## 2. Bildung in sich wandelnden Gesellschaften: Zeitrahmungen

Diskussionen über Weiterbildung als einem wichtigen Element zum Erhalt der ökonomischen Wettbewerbsfähigkeit von Gesellschaften sind nicht neu. Aufgrund ihrer Stellung zwischen Markt und Staat wurden Fragen nach ihrer Funktionalität immer schon gestellt. Charakterisiert zunächst als „Industriegesellschaft", ab den 1960er Jahren als „Dienstleistungsgesellschaft", wandelten sich die Zuschreibungen ab den 1980er Jahren in schneller Folge und es wurden die „Risikogesellschaft", die „Erlebnisgesellschaft", die „Multioptionsgesellschaft", die „Arbeitsgesellschaft", die „Wissensgesellschaft" (Zeuner 2009a, 12) und mittlerweile die digitalisierte Gesellschaft ausgerufen. – Immer einhergehend mit neuen Anforderungen an das Weiterbildungssystem und der Aufforderung an die Bevölkerung, sich individuell an die jeweils wechselnden Erwartungen anzupassen, die v. a. der Arbeitsmarkt im Rahmen dieser Transformationen formuliert.

Diese Haltung schlug sich in zahlreichen bildungspolitischen Dokumenten der Bundesregierung nieder und findet sich auch in der 2019 erschienenen „Nationalen Weiterbildungsstrategie", die unter Leitung der Bundesministerien für Arbeit und Soziales sowie Bildung und Forschung in Zusammenarbeit mit zahlreichen Arbeitgeber- und Arbeitnehmerorganisationen entstand (BMAS/ BMBF 2019). Im Mittelpunkt steht der Aspekt des Erhalts der Wettbewerbsfähigkeit der Wirtschaft, unter Hinweis auf die Verantwortung der Einzelnen, die eigene Beschäftigungsfähigkeit zu sichern:

> „Weiterbildung ist der Schlüssel zur Fachkräftesicherung, zur Sicherung der Beschäftigungsfähigkeit aller Arbeitnehmerinnen und Arbeitnehmer und damit für die Innovationsfähigkeit und Wettbewerbsfähigkeit unseres Landes. Sie ist zugleich Investition in gesellschaftliche Teilhabe und Chancengerechtigkeit. Weiterbildung und Qualifizierung sind mehr denn je Voraussetzung, das Berufsleben in die eigene Hand zu nehmen. Wir brauchen daher eine neue Weiterbildungskultur in Deutschland, die Weiterbildung als selbstverständlichen Teil des Lebens versteht. Politik kann dabei den Rahmen setzen und Weiterbildungsmaßnahmen unterstützen" (BMAS/BMBF 2019, 2).

Der Hinweis auf gesellschaftliche Teilhabe und Chancengerechtigkeit erscheint, bei genauerer Analyse des Papiers, als ein rhetorisches Feigenblatt. Denn Fragen der politischen Partizipation und damit Gestaltung der Demokratie vor dem Hintergrund kritischer Bestandsaufnahmen bezogen auf ihren Zustand werden nicht gestellt. Grundlage hierfür wäre eine Förderung der politischen Bildung – die aber keine Erwähnung findet. Die Förderung der Weiterbildung wird ausschließlich unter ökonomischen Perspektiven diskutiert, unter Hinweis auf die Entwicklung adäquater Strategien und konkreter Fördermaßnahmen, die sich v.a. auf strukturelle Aspekte beziehen.

> „Die NWS fokussiert auf die berufliche Weiterbildung. Sie hat zum Ziel, die berufliche Handlungsfähigkeit im Rahmen von Anpassungs- bzw. Erhaltungsqualifizierungen zu sichern oder im Rahmen von Entwicklungs- bzw. Aufstiegsqualifizierungen zu erweitern und berufliche Aufstiege zu ermöglichen" (ebd., 5).

Ausgangspunkt der Argumentation – wie zumeist in weiterbildungspolitischen Papieren – sind Prognosen tiefgreifender ökonomischer Transformationen, die einen weitgehenden Strukturwandel erwarten lassen und nach Voraussagen der OECD besonders den Niedriglohnsektor betreffen werden (ebd., 4). Stichworte der Veränderung sind u.a. Digitalisierung und Industrie bzw. Arbeit 4.0.

Es gab aber auch immer eine andere Seite, die in der Erwachsenenbildung ein Gegengewicht zur staatlich gesteuerten Bildungspolitik sah. Sie sollte Garantin der Meinungsvielfalt in einer pluralen Gesellschaft sein und zudem Lebenshilfe leisten (Zeuner 2009a, 13). Dieser Richtung der Erwachsenenbildung, die nach dem Zweiten Weltkrieg emphatisch als „freie" Erwachsenenbildung bezeichnet wurde, wurde die folgende Aufgabe zugedacht:

> „Der Staat überläßt die freie Gestaltung der Weiterbildung seinen an dieser beteiligten mündigen Bürgern; darin, daß er der Erwachsenenbildung ein hohes Maß an Freiheit gewährt, sieht er einen Beweis für seine politische Integrität. Mit freier Erwachsenenbildung schafft er sich selbst eine wichtige Legitimation, so wie die Erwachsenenbildung durch die Freiheitlichkeit des Staates legitimiert wird" (Pöggeler 1980, 90).

Verbunden mit dieser Idee der freien Erwachsenenbildung war zumeist eine an der Aufklärung orientierte Auffassung von Bildung, durch die die Menschen Mündigkeit und Urteilsfähigkeit erlangen sollten. Mit dem Ziel der Entfaltung ihrer Person bezogen auf alle Lebensbereiche – Gesellschaft, Politik, Ökonomie, Kultur. Diese sollten sie auch aktiv mitgestalten.

Dabei stehen die Bildungsprozesse der Subjekte in einem reziproken Verhältnis zu gesellschaftlichen Bedarfen und Erwartungen und neben der generationsbezogenen Vorbereitung auf den Arbeitsmarkt werden vom Bildungssystem auch andere Leistungen erwartet wie die Integration und Inklusion der Menschen in die Gesellschaft, die Festigung und Weiterentwicklung der Demokratie und des kulturellen Lebens.

Sieht man sich die aktuelle Weiterbildungspolitik an, wird deutlich, dass der an Zielen der Aufklärung orientierte Bildungsbegriff (s.o.) kaum mehr eine Rolle spielt. Vielmehr standen in den letzten Jahrzehnten im Vordergrund bildungspolitischer Diskussionen Fragen nach der bedarfsgerechten, lebenslangen (Höher-)Qualifizierung der Arbeitskräfte, verbunden mit der Erwartung an den Erhalt der Wettbewerbsfähigkeit von Volkswirtschaften. – Dass dieser Anspruch an die Subjekte nicht immer einhergeht mit entsprechenden Allokationsmöglichkeiten bezogen auf die Arbeitsmärkte wird seltener diskutiert. Diese Entwicklungen kennzeichnen die Ökonomisierung von Bildungssystemen, deren Leistungsfähigkeit im internationalen Wettbewerb eine herausragende Rolle zugedacht wird (Höhne 2012).

Deutlich wird diese Tendenz auch im Rahmen internationaler Vergleichsstudien, mithilfe derer Effizienz und Effektivität von Bildungssystemen gemessen werden. Sie werden Steuerungsmechanismen unterworfen, damit v.a. die von der Wirtschaft formulierten Erwartungen umgesetzt werden können. Kennzeichnend hierfür sind einerseits Kriterien wie die Output-Orientierung im Rahmen von international vergleichenden Kompetenzerhebungen bei Schüler*innen und Erwachsenen. Andererseits führte die Steuerung auf der strukturellen Ebene der Erwachsenenbildung zur Einführung von Qualitätssicherungs- bzw. Qualitätsmanagementsystemen, zur Curricularisierung von Inhalten, zu einem erweiterten Zertifizierungswesen, zur Rücknahme staatlicher Finanzierung bei gleichzeitigem Zwang zum Einwerben von Projektgeldern.

Diese Tendenzen sind insofern problematisch, als sie mit der Erwachsenenbildung einen Bereich des deutschen Bildungswesens treffen, der im Vergleich zum Schul-, Hochschul- und Berufsbildungssystem immer schon anders strukturiert, reglementiert und auch finanziert wurde. Es wird in diesem Zusammenhang von „mittlerer Systematisierung" gesprochen (Faulstich/Zeuner 2008, 233). Die Erwachsenenbildung weist eine pluralistische Struktur auf, deren Träger und Einrichtungen größtenteils unabhängig agieren und nur zu einem kleineren Teil öffentliche Förderung erhalten, was wiederum organisatorisch und inhaltlich die freie Ausgestaltung des Angebots erlaubt.

Die plurale Struktur spiegelt sehr differenzierte Organisations- und Institutionsmodelle wider, die nach unterschiedlichen Regeln arbeiten. Während für gewinnorientierte Anbieter eine ökonomische Ausrichtung systembedingt zu erwarten ist, wird die Frage der Ökonomisierung der Erwachsenenbildung in Bezug auf die öffentlich geförderten und auf einige der partikularen Einrichtungen interessant, da diese ihrer Tradition nach weniger ökonomische Interessen verfolgen, sondern, wie z.b. die Volkshochschulen, möglichst vielen Menschen Bildungszugänge eröffnen sollen. Gewerkschaften in der Tradition der Arbeiterbildung, Kirchen in der Tradition einer aufgeklärten, kritischen Auseinandersetzung über Religion und Gesellschaft oder Einrichtungen der politischen Bildung in der Tradition einer kritisch-emanzipativen Diskussion der Gesellschaft und ihrer Gestaltung, verfolgen mit der Vermittlung von Wissen in einer produktiven, dialogorientierten Auseinandersetzung Ziele jenseits ökonomischer Verwertbarkeit, nämlich die Initiierung individueller und kollektiver Bildungsprozesse. – Solche Prozesse brauchen Zeit, ihr „Output" ist nicht direkt steuerbar oder messbar, unter Umständen auch nicht unmittelbar anwendbar und verwertbar. Die Bildungsprozesse können zweckfrei sein und individuelle Interessen und Neigungen befriedigen – aber auch organisatorischen oder politischen Zielsetzungen dienen und zum Nutzen bestimmter Funktionen und Entwicklungen eingesetzt werden.

Die Aufgaben des Bildungssystems sind also vielfältig und betreffen nicht nur institutionalisierte und organisierte Bildungsabschnitte wie frühkindliche Erziehung, Schule, Ausbildung und Studium sowie formale, abschlussbezogene Formen der Weiterbildung. Zumindest bis zum Erhalt eines ersten Berufszertifikats sind feste Zeitfenster vorgesehen und gesellschaftlich etabliert und akzeptiert. Darüberhinausgehende Bildungsprozesse über die Lebenszeit im Erwachsenenalter werden zwar über Regime wie das lebenslangen Lernen als gesellschaftliche Erwartungen an die Einzelnen formuliert, sie sind aber wenig reguliert und schon gar nicht institutionalisiert im Sinne eines verbindlichen Rechts auf Weiterbildung, das auch Zeitverfügung miteinschließt.

Mit Ausnahme der Bildungsfreistellungsgesetze, die Strukturen schaffen, die eine Auszeit für Bildung überhaupt ermöglichen und den Menschen die Zeit geben, sich auf Bildungsprozesse mit ungewissem Ausgang einzulassen.

## 3. Selektive Teilnahme an Weiterbildung: Zeitverfügungen und Zeitverwendungen

Dass Bildungsfreistellungsgesetze unabhängig von der geringen Inanspruchnahme eine Bedeutung für die Wahrnehmung lebenslanger Lernchancen haben, zeigen zwei relevante Befunde: Zum einen weist die Evaluation des Bildungsurlaubsgesetzes in Bremen darauf hin, dass insbesondere Arbeiter*innen häufiger an Bildungsurlaubsveranstaltungen teilnehmen als an anderen Weiterbildungs-veranstaltungen (30 % zu 7 %) (Robak u. a. 2015, 191). Zum anderen wird deutlich, dass 35 Prozent aller Personen, die an einer Bildungsurlaubsveranstaltung teilgenommen haben, ausschließlich dieses Bildungsformat besucht haben. Dies gilt insbesondere für Schichtarbeitende (ebd., S. 288; dazu weiter Heidemann/Robak in diesem Band).

Im Vergleich zu diesen Erkenntnissen über die Teilnahme an Bildungsfrei-stellungsveranstaltungen zeigt sich, zumindest bezogen auf Deutschland, ein weitgehend ungelöster Widerspruch zwischen den (bildungs-)politisch formulierten Erwartungen an das lebenslange Lernen aller und der tatsächlichen Weiterbildungsbeteiligung im Erwachsenenalter. Zwar nahmen – so die Ergebnisse des Adult Education Survey (AES)[2] – mittlerweile 54 Prozent aller 18- bis 64-jährigen Personen in Deutschland im Jahr 2018 an einer Form non-formaler Weiterbildung (betriebliche Weiterbildung, individuelle, berufsbezogene Weiterbildung und nichtberufsbezogene Weiterbildung) teil, seit 2007 mit wachsender Tendenz (BMBF 2019, 13). Umkehrt heißt dies aber auch, dass 46 Prozent der erwachsenen Bevölkerung nicht an Weiterbildung teilnehmen.

Betrachtet man die Weiterbildungsbeteiligung genauer, zeigen sich erhebliche Diskrepanzen hinsichtlich personenbezogener Merkmale der Teilnehmenden. Unterschiede sind sichtbar in Bezug auf den Erwerbsstatus und berufsbezogene Merkmale, den Bildungshintergrund, das Geschlecht, die Herkunft, das Alter und die regionale Verortung.

So nehmen bspw. nach wie vor Personen mit höheren Bildungsabschlüssen und höheren beruflichen Positionen häufiger an Weiterbildung teil als andere (BMBF 2019, 27; 28; 31). Beamte nehmen am häufigsten an Weiterbildung teil (76 %), gefolgt von Angestellten (64 %) und Arbeitern (41 %).

Eine Analyse der Teilnahme nach Geschlecht zeigt keine großen Differenzen. 2018 nahmen 57 Prozent der Männer und 52 Prozent der Frauen an Weiterbildung teil. Wenn überhaupt, zeigen sich Unterschiede in Bezug auf die betriebliche Weiterbildung. Vollzeiterwerbstätige Frauen nehmen seltener teil als Männer (47 % zu 54 %), teilzeiterwerbstätige Frauen dagegen häufiger als Männer (50 % zu 41 %). An nicht berufsbezogener Weiterbildung nehmen Frauen unabhängig von ihrem Erwerbsstatus häufiger teil als Männer (durchschnittlich 15 % zu 11 %) (ebd., 34).

Die Weiterbildungsbeteiligung von Personen mit Migrationshintergrund wurde bezogen auf die erste und zweite Generation erhoben. Es zeigt sich, dass

---

2 Im Folgenden zitiert als „BMBF 2019".

sie mittlerweile beinahe so häufig (1. Generation: 52 %) oder häufiger (2. Generation: 57 %) an Weiterbildung teilnehmen wie Personen ohne Migrationshintergrund (55 %) (ebd., 35).

Die Teilnahme an Weiterbildung hängt also nach wie ab von begünstigenden und ungünstigen Faktoren und ist somit weiterhin gekennzeichnet von Selektivität. Ein höheres Bildungsniveau bezogen auf Schule und Berufsabschluss, eine Erwerbstätigkeit und eine höhere Stellung im Betrieb begünstigen die Teilnahme – und umgekehrt. Hinzu kommt, dass die betriebliche und berufsbezogene Weiterbildung beinahe 80 Prozent des Weiterbildungsvolumens ausmachen, individuelle, nicht-berufsbezogene Themen sind dagegen mit ca. 20 Prozent deutlich weniger vertreten (ebd., 44). – Diese Themenbereiche ermöglichen aber stärker als die betrieblichen und beruflichen Themen die Entfaltung von subjektiven Bildungsprozessen, wie sie oben dargestellt wurden.

Nur eine geringe Rolle spielt in den Erhebungen des AES die Frage der Zeit für Weiterbildung. Sie wird *erstens* betrachtet im Rahmen der investierten Zeit, die die Weiterbildungsbeteiligten in Stunden aufbringen, bezeichnet als Weiterbildungsaktivitäten (ebd., 42) und *zweitens* umgerechnet in das Weiterbildungsvolumen, das für die Bereiche betriebliche (45 %), individuell berufliche (33 %) und nicht-berufliche Angebote (21 %) berechnet wird. Es ergeben sich teilweise erhebliche Diskrepanzen zwischen Weiterbildungsaktivitäten und Weiterbildungsvolumen, also der tatsächlich aufgewendeten Zeit in Stunden. Z.B. macht die betriebliche Weiterbildung 72 Prozent aller Weiterbildungsaktivitäten der Befragten aus, aber nur 45 Prozent der insgesamt für Weiterbildung aufgewandten Zeit (ebd., 43), bei der individuellen beruflichen Weiterbildung ist das Verhältnis umgekehrt: Nur 10 Prozent aller Weiterbildungsaktivitäten erfolgen in diesem Bereich, sie machen aber 33 Prozent des Weiterbildungsvolumens aus (ebd., 44; vgl. Käpplinger 2018).

Nicht gefragt wird in den Erhebungen, auf welche Weise den Teilnehmenden die Weiterbildungszeit zur Verfügung gestellt wird und mit welchen Rechten (und Pflichten) sie verbunden wird. D.h. die Teilnahme an Weiterbildung bzw. lebenslangem Lernen ist zwar politisch erwünscht, trifft aber auf Strukturen, die nur in seltenen Fällen ein explizites Recht auf Weiterbildung enthalten. Im Rahmen der betrieblichen Weiterbildung kann ein entsprechendes Recht in Tarifverträgen, Betriebsvereinbarungen oder Fortbildungsregeln (etwa der professionsbezogenen Kammern) verankert werden. In Bezug auf die individuelle berufliche und die nicht-berufsbezogene Weiterbildung regeln die Landesgesetze zur Erwachsenenbildung zumeist organisationale, strukturelle und finanzielle Aspekte, sie geben den Adressat*innen aber weder ein explizites Recht auf

Weiterbildung, noch werden konkrete Zeitaspekte festgelegt. Damit wird die Verantwortung für die Teilnahme an Weiterbildung ebenso individualisiert wie die Schaffung des dafür benötigten Zeitrahmens.

## 4. Das Individualrecht auf Bildungsfreistellung: Frei wählbare Bildungszeit

Eine wichtige Ausnahme in Bezug auf ein individuelles Recht auf Weiterbildung bilden in Deutschland die Bildungsurlaubs-, Bildungsfreistellungs- und Bildungszeitgesetze, die nach den Anfängen in den 1970er Jahren mittlerweile in allen Bundesländern verabschiedet wurden, außer in Bayern und Sachsen. Diese Gesetze sind in Einzelheiten durchaus unterschiedlich, aber sie alle geben sozialversicherungspflichtigen Arbeitnehmer*innen (teilweise nach Wartezeiten) das Recht auf politische und berufliche Weiterbildung, in einigen Fällen auch auf allgemeine und kulturelle Bildung sowie auf Bildung für ein Ehrenamt (Schmidt-Lauff 2018).

Ein besonderer Aspekt der Bildungsfreistellungsgesetze ist die Zurverfügungstellung von Zeit für Bildung im Sinne der Antragsberechtigten, womit sie gegenüber anderen gesetzlichen Regelungen ein Alleinstellungsmerkmal aufweisen. Bis auf das Gesetz des Saarlandes[3] sehen alle Gesetze vor, dass Berechtigte pro Jahr fünf Tage Freistellung bei vollem Lohnausgleich für individuelle Bildung erhalten. Es sind auch Kumulationen der Zeitansätze über mehrere Jahre möglich, ebenso wie Stückelungen in kleinere Zeiteinheiten.

Das Zitat im Titel dieses Bandes *‚Fünf Tage sind einfach viel zu wenig‘* stammt aus einem Interview, das im Rahmen des Forschungsprojekts „Bildungsfreistellung: Hintergründe, Entwicklungen und Perspektiven. Strukturelle und biographische Aspekte zum Lernen im Lebenslauf", von den Herausgeberinnen mit dem Ziel durchgeführt wurde, die Bildungserfahrungen von Mehrfachteilnehmenden an Bildungsurlaubs- bzw. Bildungsfreistellungsveranstaltungen zu untersuchen.[4] Im Mittelpunkt stand die Frage, welche langfristigen, subjektiven,

---

3 Saarländisches Bildungsfreistellungsgesetz: Arbeitnehmer*innen müssen ab dem dritten Freistellungstag die Hälfte der Zeit eigenständig einbringen, durch arbeitsfreie Zeiten wie Überstunden, Urlaub usw. (Kultusministerkonferenz 2018, 24).

4 Das Projekt wurde gefördert über das Hamburger Institut für Berufsbildung (HIBB) und das Ministerium Wissenschaft, Weiterbildung und Kultur des Landes Rheinland-Pfalz. Laufzeit: 1. Juni 2017 bis 31. Dezember 2019. (Zur genaueren inhaltlichen Darstellung vgl. Zeuner/Pabst 2018; 2019; ein Ergebnisband zum Projekt wird Anfang 2021 im Wochenschau Verlag Frankfurt/M. erscheinen.)

(bildungs-)biographischen Wirkungen und Effekte die Mehrfachteilnahme an Veranstaltungen der politischen und/oder beruflichen Bildung im Rahmen von Bildungsfreistellungsgesetzen zeitigen. Vor dem Hintergrund eines subjektwissenschaftlichen Forschungsansatzes wurde nach den *individuellen Motiven* für die mehrfache Teilnahme gefragt; nach den *subjektiven und biographischen Bedeutungen,* die die Befragten ihrer Mehrfachteilnahme beimessen und nach *langfristigen (bildungs-)biographischen Wirkungen,* die sie benennen können.

Damit ging es weniger um Fragen zur Zeitverfügung, die sich aus dem gesetzlichen Rahmen ergeben, noch um Fragen zur subjektiven Zeitverwendung und des Zeiterlebens. Diese Bezüge wurden im Sinn einer strukturellen Rahmung als Ausgangspunkt und Bedingung für die Teilnahme an Bildungsfreistellungsveranstaltungen gesetzt und ihnen wurde in einigen Interviews durch die Befragten selbst ein besonderer Stellenwert zugeschrieben. – Wie das vorangestellte Zitat eines jungen Mannes verdeutlicht, der zunächst durch die Jungend- und Ausbildungsvertretung seines Betriebs zur Teilnahme an Bildungsfreistellungsveranstaltungen ermutigt wurde und der sich zum Zeitpunkt des Interviews als begeisterter Verfechter dieser Lernmöglichkeit präsentierte.

Im Mittelpunkt stand sein Hinweis, dass fünf Tage eigentlich viel zu wenig seien, um sich regelmäßig weiterzubilden. Auch andere Interviewpartner*innen reflektierten Zeitaspekte: Einerseits im Hinblick auf die strukturellen Möglichkeiten, die sich durch das Recht auf Bildungsfreistellung ergeben. Andererseits in Bezug auf ihre subjektiven, zumeist als sehr bereichernd erfahrenen Lern- und Bildungsprozesse. Betont wurde häufig der Aspekt der Eigenzeit von Bildungsprozessen, die ein „Sich-Einlassen" auf Bildungsthemen ermöglichen, v.a. durch die Distanz zum alltagsweltlichen Lebensumfeld und zur beruflichen Tätigkeit, sowie ein spezifisches qualitatives – subjektiv wie gemeinschaftlich wahrnehmbares – Zeiterleben, das mit diesen Prozessen verbunden ist. Bedeutungsvoll in diesem Zusammenhang ist die Tatsache, dass die von uns interviewten Mehrfachteilnehmenden nahezu uneingeschränkt Bildungsfreistellungsangebote mit einem Umfang von fünf Tagen pro Jahr favorisierten. Lediglich drei der insgesamt 25 befragten Mehrfachteilnehmenden besuchten neben fünftägigen Veranstaltungen auch ein- bis dreitägige Veranstaltungen (Pabst 2020, 229).

Ein wesentliches Merkmal von Bildungsfreistellung bzw. Bildungsurlaub ist es, Menschen ein Recht auf Bildungszeit zu geben – unabhängig von ihren vielfältigen inhaltlichen Lerninteressen, solange die Veranstaltungen entsprechend den jeweiligen gesetzlichen Regelungen anerkannt wurden. Damit ist die Bildungsfreistellung gleichzeitig auch umkämpft, nicht alle Arbeitgeber sahen und sehen sie als notwendig und sinnvoll an. Allgemein werden Hinweise wie die hohen Kosten (Fortzahlung des Arbeitsentgeltes durch die Arbeitgeber), die geringen Anwendungs- und Transfermöglichkeiten des Gelernten auf der einen Seite und der Unwille, für politische und andere nicht-tätigkeitsbezogene Bildung freizustellen auf der anderen Seite als Argumente bemüht, die seit Beginn der Diskussionen um den Bildungsurlaub Bestand haben (Weick 1971; Görs 1978). Laut Görs (1978, Kap. 3.2) liegt der eigentliche Konflikt tiefer und erklärt sich durch die grundsätzlich antagonistische Auffassung von Bildung durch Gesetzgeber und Arbeitgeberseite. Während die Gesetzgeber einen an Gedanken der Aufklärung orientierten Bildungsbegriff vertreten, dessen Zielsetzung die Entwicklung der Persönlichkeit der Lernenden ist, wobei sowohl die Entwicklung politischer Urteilskraft als Grundlage politischer Partizipation eine Rolle spielen sollte als auch die Weiterqualifizierung für berufliche Tätigkeiten,[5] sollte der Bildungsurlaub nach Auffassung der Arbeitgeberseite dazu genutzt werden, im Bildungsurlaub inhaltlich eine „wirtschafts- und sozialkundliche Bildung [zu] vermitteln, damit die Bürger ausreichend mit den Gegebenheiten der modernen Industriegesellschaft und Arbeitswelt vertraut gemacht werden."[6] Es ging um die Integration der Arbeitskräfte in die Betriebe und die Anerkennung ihrer ökonomischen Zielsetzungen. Görs kommentierte dies folgendermaßen:

„Daher soll in Bildungsprozessen und -veranstaltungen der Betrieb auch nicht als Herrschaftsgebilde mit sozialen Konflikten und schon gar nicht ‚als Herd unternehmerischer Ausbeutung und Herrschaftsmacht, von inhumanem Leistungszwang und menschlicher Vereinsamung und als überholte Form privater Eigentumsnutzung'[7] hingestellt werden, sondern als ‚Begegnungs- und Informationsstätte [...] (in) der Sinn und Wesensgehalt unternehmerischer Bestätigung am unmittelbarsten'[8] dokumentiert wird" (ebd., 178–179).

---

5  „Hamburgisches Bildungsurlaubsgesetz" vom 21.1.1974, geltende Fassung vom 15.12.2009. Die Definition der Bereiche politische Bildung und berufliche Weiterbildung haben sich nicht verändert (HmbGVBl. 2009).

6  Bundesvereinigung der deutschen Arbeitgeberverbände (1968). Freiheitliche Ordnung heute und morgen. Köln (zitiert in Görs 1978, 178).

7  Bundesvereinigung der Deutschen Arbeitgeberverbände (Hrsg.) (1974). Neue Formen unternehmerischer Aufklärungsarbeit an der Basis. Aufbau und Aufgaben der Unternehmer-Kontakt-Gruppe vor Ort. Eine Gedanken- und Anleitungsskizze für die Praxis., 11 (zitiert in Görs 1978, 178).

8  Bundesvereinigung der Deutschen Arbeitgeberverbände (Hrsg.) (1974). Neue Formen unternehmerischer Aufklärungsarbeit an der Basis. Aufbau und Aufgaben der Unternehmer-Kontakt-Gruppe vor Ort. Eine Gedanken- und Anleitungsskizze für die Praxis, 10 (zitiert in Görs 1978, 179).

D.h., nach den Vorstellungen der Arbeitgeberseite sollte der gesellschaftliche und ökonomische Status Quo gefestigt werden und Bildung unterstützend zu entsprechenden Einstellungen der Bevölkerung beitragen, indem auch die Inhalte mitbestimmt werden. Dagegen entzieht sich das individuelle Recht auf Bildungsfreistellung der Kontrolle der Arbeitgeber, sie dürfen weder Einfluss auf die Inhalte nehmen, noch sollten sie die Teilnahme steuern. D.h., das Individualrecht auf Bildungsfreistellung eröffnet auch denjenigen Bildungschancen, die im Rahmen der betrieblichen Weiterbildung seltener bis gar nicht berücksichtigt werden. – Die selektive Teilnahme an Weiterbildung im Allgemeinen oder an betrieblicher Weiterbildung im Besonderen wird bis heute im Adult Education Survey belegt (BMBF 2019).

Ein wichtiges Argument der Etablierung von Bildungsurlaubsgesetzen war daher in der Entstehungsphase, – sie fiel zusammen mit der Zeit der Bildungsreformen in der Bundesrepublik Deutschland in den 1970er Jahren – auch das der Chancengleichheit. Vor der Verabschiedung der ersten Bildungsurlaubsgesetze in Hamburg, Bremen und Niedersachsen 1974 wurde in den Diskussionen um ihre Einführung die Erwartung geäußert, dass von der Teilnahme an entsprechenden Veranstaltungen eine Impulswirkung ausgehe und auch bildungsferne Personen zum Weiterlernen angeregt würden:

„Wenn erweiterte Bildung und verstärkte Erwachsenenbildung als notwendig, wichtig und entscheidend angesehen werden, dann kann der Bildungsurlaub einen Anreiz, eine Initialzündung darstellen. In diesem Zusammenhang sollte man ihn analysieren. Selbstverständlich ist er kein Ersatz für stetige und immer weitergehende und kontinuierlich wiederaufgenommene Bildung. Aber er ist in der Lage, etwas in Gang zu bringen und in dieser bescheidenen, aber nicht unwichtigen Form kann ihm eine sehr große Bedeutung zukommen. Er könnte dazu beitragen, Einstellungen und Normen gegenüber Bildungsanstrengungen und Lernanforderungen zu verändern" (Strzelewicz 1970, 8).

Ausgehend von den Ergebnissen und Erkenntnissen unserer Untersuchung über Mehrfachteilnehmende an Bildungsfreistellungsveranstaltungen und der Bedeutung, die einige der von uns befragten Personen der damit verbundenen Zeitverfügung beimessen, ist es das Anliegen des vorliegenden Sammelbandes, sich mit weiteren Dimensionen zum Thema Zeit und Bildung sowie mit verschiedenen Perspektiven auf die Bildungsfreistellung auseinander zu setzen.

## 5. Vielfältige Perspektiven auf Bildungszeit(-en): Vorstellung der Beiträge

Relevant sind Fragen zu zeitbezogenen Aspekten und Bildungszeiten unserer Einschätzung nach *erstens*, weil mit der zunehmenden Ökonomisierung aller Bildungsbereiche und besonders auch der Erwachsenenbildung Zeit nochmals einen anderen Stellenwert bekommt. Es geht nicht mehr nur um die Freistellung für einen bestimmten Zeitraum wie beim Bildungsurlaub, sondern Zeit wird selbst einem ökonomischen Regime unterworfen, das bis in die individuelle Lebenswelt reicht, womit den Subjekten die (lebenslange) Verantwortung für die eigenen Bildungsprozesse übertragen wird. Dies bedeutet auch, dass u.U. bestimmte Zeitverfügungen für Bildungsprozesse in Tarifverträgen, Betriebsvereinbarungen oder im Rahmen von Aus- und Weiterbildungsverordnungen ermöglicht oder auch vorgeschrieben werden. Teilweise wird erwartet, dass sich die Beschäftigten Zeit für Weiterbildung nehmen oder diese Lernzeiten im Prozess der Arbeit durchsetzen (vgl. Petersen/Schmidt in diesem Band). D.h., die Teilnahme an Bildungsveranstaltungen und damit die Inanspruchnahme von Lernzeiten setzt voraus, dass bestimmte Einstellungen und Haltungen von jedem Einzelnen/jeder Einzelnen entwickelt werden, die sie für Lern- und Bildungsprozesse überhaupt erst aufnahmefähig machen.

*Zweitens* wird in der Erwachsenenbildungswissenschaft seit circa 20 Jahren grundlegender zu Fragen von Zeit und Bildung geforscht und Implikationen einer scheinbaren Selbstverständlichkeit reflektiert und diskutiert. Zeit gilt als Prämisse und Modalität von Bildungsprozessen. Sie wird diskutiert bezogen auf Dimensionen wie Struktur, Organisation, Biographie – Lebenslauf – Lebenszeit oder das Verhältnis von Zeit und Raum. Lernzeiten müssen als Gelegenheit bereitgestellt oder auch erkämpft werden, sie sind für die Erwachsenenbildung und das lebenslange Lernen einerseits konstitutiv, andererseits aber auch höchst volatil. Strukturellen Bedingungen stehen individuelle und subjektive Verfügbarkeiten von Zeit bzw. über Zeit gegenüber, bezogen auf Aspekte der Selbst- und Fremdbestimmung über Zeit. Zeit als Maßeinheit, Zeit als subjektives Zeitempfinden, Zeit in einer historischen Dimension von Zeitlichkeit bestimmen bzw. rahmen Lern- und Bildungsprozesse.

In diesem Sinn sind Diskussionen über Zeit und Bildung bzw. Zeit für Bildung eingebettet in gesellschaftliche und ökonomische Entwicklungen. Individuelle Zeitverfügung und subjektive Zeitlichkeit stehen gesellschaftlichen und strukturellen Rahmungen und Erwartungen gegenüber. Nicht immer gehen diese ineinander auf, sondern bedürfen Relationierungen und Aushandlungen. In diesem Sinn wird der Zusammenhang zwischen (Weiter-)Bildung und Zeit aus vielfältigen Perspektiven diskutiert: Bezogen auf Erwartungen sich wandelnder Gesellschaften, deren Kennzeichen Ökonomisierung ist. Bezogen auf den Zusammenhang zwischen Erwerbsarbeit und Bildung und damit verknüpfte Zeitaspekte. Bezogen auf die lernenden Subjekte und ihre Bildungsinteressen und -aspirationen, die ebenfalls zeitlicher Rahmungen bedürfen und spezifischen Zeiterfordernissen und -wahrnehmungen unterliegen.

Ziel dieses Sammelbandes ist es, einerseits die wissenschaftlichen Perspektiven auf Zeit und Bildung zu erweitern und andererseits die unterschiedlichen Standpunkte und auch Problemstellungen, die mit den Bildungsfreistellungsgesetzen verbunden werden, zu beleuchten. Dies erfolgt auf vielfältige Weise mit Blick auf theoretische Diskurse; bürokratische, strukturgebende und gesellschaftlich legitimierende Aspekte; methodisch-didaktische sowie pädagogisch-organisatorische und finanzielle Gesichtspunkte sowie ,last, but not least' mit dem Blick auf individuelle Lebensgeschichten und biographische Momente – als persönliche Statements von Mehrfachteilnehmenden zur Inanspruchnahme ihres Rechts auf bezahlte Bildungszeit.

Der Sammelband ist inhaltlich in drei Teile gegliedert:
- Im ersten Abschnitt werden Erkenntnisse der empirischen Erwachsenenbildungsforschung in Bezug auf Zeit und Bildung vorgestellt. *(Zeit für Bildung: Wissenschaftliche Befunde)*
- Im zweiten Teil stehen Berichte aus der Praxis der Bildungsfreistellung im Vordergrund. Einerseits werden gesetzliche Entwicklungen und Verfahren aus der Perspektive einzelner Bundesländer dargestellt. Andererseits kommen Praktikerinnen und Praktiker von Trägern und Einrichtungen zu Wort, die über ihre Erfahrungen bezogen auf die Planung und Durchführung von Bildungsurlaubsveranstaltungen berichten. *(Bildungsfreistellung: Erfahrungen aus der Praxis)*
- Der Band schließt mit Reflexionen von Mehrfachteilnehmenden über ihre individuellen Erfahrungen bezogen auf die Teilnahme an Bildungsurlaubsveranstaltungen. *(Bildungsfreistellung: Individuelle Erfahrungsberichte von Teilnehmenden)*

## Zeit und Bildung: Wissenschaftliche Befunde

Die Beiträge der Erwachsenenbildungsforschung umfassen zeittheoretische Verortungen im Rahmen individueller, kollektiver und gesellschaftlicher Perspektiven auf Bildungszeit(en), deren Gestaltung und Wahrnehmung; einerseits mit explizitem Bezug auf die Bildungsfreistellung als Zeitinstitution für Bildung.

Andererseits werden, hinausgehend über die Bildungsfreistellung, grundlegende Zeitaspekte im Rahmen beruflicher Bildungs- und Qualifizierungsprozesse unter den aktuellen Entwicklungen von Digitalisierung und Ökonomisierung diskutiert. Es wird deutlich, dass Zeit eine nicht zu unterschätzende Größe im Rahmen aktueller Auseinandersetzungen um Bildungsprozesse Erwachsener darstellt. Folgen der Rationalisierung und Effizienzsteigerung im Rahmen von Bildungsprozessen zeigen sich hier besonders.

*Lena Heidemann und Steffi Robak* thematisieren in ihrem Beitrag auf der Grundlage von Daten zur Evaluation des Bremischen Bildungsurlaubsgesetzes (Robak u.a. 2015) vier zeittheoretische und temporale Bezüge der Teilhabe an Weiterbildung durch Bildungsfreistellung. Sie beleuchten u.a. die Ermöglichung der Weiterbildungsteilhabe für Gruppen mit besonders eingeschränkten Zeitverfügungen und zeigen, dass Bildungsurlaub als „geschützter abgesicherter paralleler Raum" Auseinandersetzungen mit der zunehmenden gesellschaftlichen Beschleunigung und zeitlichen Verdichtung im Rahmen von Bildungsveranstaltungen ermöglicht. Eine sich verändernde gesellschaftliche Zeitgestaltung wird im Kontext von differenzierten Arbeits- und Lebenszusammenhängen wahrnehmbar und erfahrbar. Sie bedarf einer individuellen wie auch gemeinschaftlichen Reflexion und Mitgestaltung. Die Autorinnen fordern, den Bildungsurlaub angesichts veränderter Zeitregime langfristig abzusichern.

Auch der Beitrag von *Claudia Pohlmann* bezieht sich auf die Evaluation des Bremischen Bildungsurlaubsgesetzes. Er beinhaltet eine diskursanalytische Auseinandersetzung in Bezug auf die Bildungsfreistellung als gesellschaftlich gestaltete und dementsprechend zu legitimierende Zeitinstitution für Bildung. Es wird deutlich, dass einerseits bestimmte Spezialdiskurse der Bildungsfreistellung diese von Beginn an – seit den 1960er und 1970er Jahren – begleiten. Andererseits bildet sich angesichts der aktuellen Diagnose der gesellschaftlichen Beschleunigung und Verdichtung eine neue Begründungslogik heraus. Sie beinhaltet die Suche nach entsprechenden Antworten und umfasst Aspekte der Regeneration und Stabilisierung, wie auch der effizienteren Zeitnutzung. Diesem wird ein pädagogisch-professioneller Bildungsanspruch gegenübergestellt.

*Iris Pfeiffer und Saskia Rieger* betrachten in ihrem Beitrag auf der Grundlage ihrer Befunde aus der Evaluation des 2015 verabschiedeten baden-württembergischen Bildungszeitgesetzes ebenfalls zeitbezogene Aspekte und stellen u.a. fest, dass vor allem zeitliche Ressourcen ausschlaggebend sind für die Teilnahme bzw. Nicht-Teilnahme an individuell gewählter Weiterbildung erwerbstätiger Erwachsener. Ihre Daten zeigen, dass einerseits Bekanntheitsgrad, Akzeptanz und Etablierung der Bildungszeit in Baden-Württemberg noch in ihren Anfängen stehen, andererseits artikulieren Personen, die bereits ihren Anspruch auf Bildungszeit – zumeist für berufliche Fort- und Weiterqualifizierungen – geltend machten deutlich den Wunsch, die Anspruchsdauer von fünf bezahlten Freistellungstagen pro Jahr zu erweitern.

Der Beitrag von *Sabine Schmidt-Lauff, Hannah Hassinger und Jörg Schwarz* nimmt die methodisch-didaktischen Gestaltungsmöglichkeiten der Lehr- und Lernprozesse hinsichtlich ihrer zeitbezogenen/temporalen Dimensionen – im Rahmen von Bildungsfreistellungsveranstaltungen – in den Blick. Sie untersuchen, inwiefern der Rechtsanspruch auf individuelle Bildungszeit zu selbstbestimmten Bildungsprozessen führt. Anhand von zwei exemplarisch ausgewählten Bildungsfreistellungsveranstaltungen analysieren sie die Variationsbreite zeitbezogener/temporaler Gestaltungsmöglichkeiten unterschiedlicher Lernsettings. Sie diskutieren u. a. formalisierte Zeitrahmungen, die Berücksichtigung individueller Zeitbedürfnisse sowie gemeinschaftlich ausgehandelte Zeitverwendungen, wie sie im Rahmen von Bildungsveranstaltungen zu finden sind.

*Thea Klüver* geht im Rahmen einer subjektbezogenen Perspektive in ihrem Beitrag biographisch- und milieuspezifischen Bedingungen der Mehrfachteilnahme an Bildungsfreistellungsangeboten nach. Sie nutzt leitfadengestützte biographiebezogene Interviews mit Mehrfachteilnehmenden für eine Sekundäranalyse und zeigt anhand von zwei exemplarisch ausgewählten Lebensverläufen – die zum einen durch Flucht und Migration und zum anderen durch milieuspezifische Begrenzungen geprägt sind – inwiefern der individuelle Anspruch auf Bildungsfreistellung subjektiv bedeutungsvoll werden kann und subjektive Auseinandersetzungen mit bildungsbezogenen Brüchen und biographischen Ereignissen jenseits von Beruf und Alltag ermöglicht.

Dass Zeit ein nicht zu unterschätzender, zunehmend wichtiger Faktor im Rahmen vielfältiger Bildungs- und Qualifizierungsprozesse der heutigen beschleunigten Gegenwart darstellt, zeigen die folgenden zwei Beiträge, die sich nicht auf die Bildungsfreistellung als gesellschaftlich institutionalisierte Bildungszeit beziehen, sondern den Blick erweitern auf aktuelle Bedingungen von Lehr-Lern-Prozessen Erwachsener im Kontext von Erwerbsarbeit und Beruf.

*Katja Petersen und Katja Schmidt* thematisieren unter Berücksichtigung aktueller Arbeitsbedingungen die Entwicklung von ganzheitlichem Erfahrungswissen und Fachexpertise von Ärzt*innen. Die Grundlage bildet die qualitativ angelegte Evaluation einer praxisbegleitenden ärztlichen Weiterbildung, in deren Rahmen u. a. leitfadengestützte Interviews mit Weiterbildungspraktiker*innen durchgeführt werden. Die Autorinnen konstatieren die Notwendigkeit einer methodisch-didaktischen Gestaltung temporaler Schutzräume, um die Entwicklung ganzheitlicher Expertise zu ermöglichen, die über ein reines Fachexpertentum hinausgehen soll. Neben anderen Bereichen unterlag auch der Gesundheitsbereich in den letzten Jahrzehnten erheblichen Rationalisierungs- und Ökonomisierungsdynamiken, durch die sich Zeit als qualitative Ressource, nicht nur für die Bildungs- und Qualifizierungsprozesse medizinischer Experten, zu einer wertvollen, aber seltenen Größe entwickelte.

*Susanne Umbach* diskutiert aktuelle zeitbezogene und temporale Dynamiken und Konnotationen in der Arbeits- und Lebenswelt, deren Veränderungen unter aktuellen Bedingungen von Rationalisierung und Digitalisierung auf sehr verschiedene Weise erfahrbar werden. Beide Bedingungen führen, durchaus miteinander verwoben, zu veränderten Zeitstrukturen, zu Dynamisierung und Beschleunigung in vielfältigen gesellschaftlichen Bereichen. Auf der Grundlage einer aktuellen Studie zu Chancen und Risiken der Digitalisierung für die Kompetenzentwicklung in der Arbeitswelt zeigt die Autorin auf, dass Zeit als qualitativ wertvolle Ressource auch im Rahmen der klassischen Felder qualifizierter Facharbeit einen Bedeutungszuwachs erfährt. Ein besonderes Augenmerk liegt dabei auf der erlebten Zeit im Gegensatz zur messbaren Zeit.

### Bildungsfreistellung: Erfahrungen aus der Praxis

Die zweite Rubrik des Sammelbandes umfasst Beiträge, die sich explizit mit der Bildungsfreistellung auseinandersetzen. Es kommen Akteure zu Wort, die aus der Binnensicht neben zeitbezogenen Aspekten flankierende Kontextbedingungen, Ermöglichungsstrukturen wie auch Begrenzungen, die mit der Bildungsfreistellung verbunden sind, diskutieren. Vertreter*innen von Anerkennungsstellen berichten über ihre landesspezifischen Erfahrungen, die neben der Anerkennung von Bildungsveranstaltungen u.a. landespolitische Beratung zur Entwicklung der Bildungsfreistellung umfasst. Eine Vertreterin eines bundesweiten Fachverbandes und Vertreter*innen verschiedener Bildungsträger und – anbieter präsentieren Positionen der Bildungspraxis zur Bildungsfreistellung und ihre Erfahrungen aus der konkreten Bildungsarbeit.

So unternimmt *Rainer Christ* in seinem Beitrag – mit Blick auf 25 Jahre Bildungsfreistellungsgesetz in Rheinland-Pfalz – ein Resümee, das zunächst an die Konstituierung des Gesetzes im Rahmen einer breit angelegten Neuausrichtung der landesspezifischen Weiterbildungsstrukturen zu Beginn der 1990er Jahre erinnert. Er legt auf der Grundlage der regelmäßigen Berichterstattung der Landesregierung zur Entwicklung der Bildungsfreistellung in Rheinland-Pfalz dar, inwiefern die bildungspolitischen Ziele, die mit der Verabschiedung des Gesetzes verbunden waren, bis zum heutigen Tag umgesetzt werden konnten. Der

Autor beendet seinen Beitrag mit drei Thesen, die zur Stärkung der Bildungsfreistellung beitragen könnten und hebt den spezifischen Mehrwert des mit der Bildungsfreistellung gesellschaftlich institutionalisierten Zeitrahmens für selbstgewählte und -bestimmte Bildungsprozesse hervor.

*Klaus Paffrath* präsentiert erstmals Zahlen bezogen auf fünf Jahre Bildungsfreistellung in Thüringen. Dieses Bundesland besitzt neben Baden-Württemberg eines der jüngsten Bildungsfreistellungsgesetze, es wurde im Jahr 2015 verabschiedet. Der Autor diskutiert zunächst bildungspolitische Überlegungen, die zur spezifischen Ausrichtung des Thüringer Gesetzes führten und legt auf der Grundlage der Daten der thüringischen Anerkennungsstelle die Situation der Anerkennung von Bildungsveranstaltungen sowie Befunde zur Teilnahme nach dem thüringischen Bildungsfreistellungsgesetz dar. Die gesetzlich vorgeschriebene Berichtspflicht an die anerkennende Behörde ermöglicht eine detaillierte Darlegung der Entwicklung und Resonanz des Gesetzes. Auch hier wird thematisiert, dass die Bildungsfreistellung flankierende bildungspolitische Maßnahmen für die erfolgreiche Implementierung und Akzeptanz benötigt.

Im folgenden Beitrag stellt *Birgit Waltereit* die Implementierung des ersten vollumfänglichen Bildungsfreistellungsgesetzes seiner Art im Jahr 1974, dessen Weiterentwicklung und Erweiterungen sowie die aktuelle Situation der Bildungsfreistellung für Hamburg dar. Die Autorin thematisiert positiv wirkende Strukturen ebenso wie Hürden und Hemmnisse, die von Beginn an mit der Bildungsfreistellung verbunden waren und diese nach wie vor begleiten. Darüber hinaus berichtet sie über die Nordländerinitiative zu Beginn dieses Jahrhunderts, die eine Harmonisierung der länderspezifischen Regelungen der Bildungsfreistellungsgesetze für die Länder Bremen, Mecklenburg-Vorpommern, Niedersachsen, Schleswig-Holstein und Hamburg zum Ziel hatte. Deutlich wird, welche Hürden genommen werden müssen, um einen politisch tragfähigen Konsens zu schaffen, zwischen den Interessen der Teilnehmenden, Arbeitgeber*innen und Bildungsträgern. Die Schaffung der strukturellen Rahmenbedingungen der Bildungsfreistellung ist nach wie vor politisch konfliktträchtig.

Bevor Bildungsanbieter mit vielfältigen Perspektiven auf die Bildungsfreistellung zu Wort kommen, fächert zunächst *Friedrun Erben* als Vertreterin des Arbeitskreises deutscher Bildungsstätten e.V. in ihrem Beitrag die Positionen dieses bundesweiten Fachverbandes der politischen Jugend- und Erwachsenenbildung zur Bildungsfreistellung auf. Bildungsfreistellung als bezahlte Zeit für selbstbestimmten Wissenserwerb und Erkenntnisgewinn, für individuelle Reflexion und Orientierung wird mit Blick auf die aktuellen gesellschaftlichen Dynamiken und Verdichtungen in der Breite der Bildungsmöglichkeiten, die durch die Bildungsfreistellung unterstützt werden, als große gesellschaftliche Errungenschaft angesehen. Die Autorin weist aber auch darauf hin, dass Bildungshäuser für die Nutzung der Bildungsfreistellung im Rahmen ihrer Programmplanung durchaus Unterstützung und Ermutigung benötigen.

Der folgende Beitrag von *Nadja Bilstein* ist als Ermutigung und Unterstützung im Umgang mit 14 unterschiedlichen länderspezifischen Bildungsfreistellungsgesetzen und dazugehörigen Anerkennungsverordnungen zu verstehen. Die Autorin arbeitet detailreich die länderspezifischen Unterschiede heraus, die für Angebotskonzeptionen, u.a. inhaltliche, methodisch-didaktische und zeitliche Strukturen festlegen und bedeutsam sind für die Anerkennung in verschiedenen Bundesländer. Dabei stehen die länderspezifischen Kriterien für die Anerkennung als Bildungsfreistellungsangebot im Kontext weiterer Kriterien, die im Rahmen von Förderkatalogen ebenfalls zu beachten sind. Herausfordernd kann dies insbesondere für kleinere Bildungshäuser der freien Erwachsenenbildung sein.

*Melanie Haase und Boris Brokmeier* berichten in ihrem Beitrag über Erfahrungen mit der Bildungsfreistellung in einer ländlich gelegenen Heimvolkshochschule. Sie legen dar, wie anspruchsvolle, aktuelle und mitunter auch kontroverse Themen lebendig und abwechslungsreich mit oftmals differenzierten Lerngruppen – wie sie sich insbesondere in den Bildungsfreistellungsangeboten des Bildungshauses finden lassen – bearbeitet werden. Die Autorin und der Autor favorisieren im Rahmen ihrer Bildungsarbeit ein durch Hannah Arendt inspiriertes „Denken ohne Geländer". Hilfreich erscheint ihnen neben einem angemessenen Mix aus interaktiven und kommunikativen Methoden insbesondere ein Lernen mit Zeitressourcen, die vielfältige temporale Konfigurationen umfassen und die einen Gegenpol zu Zeiteffizienz und -optimierung darstellen. Hinzu kommt die Notwendigkeit eines großen zeitlichen Investments in die Vorbereitung der Seminare.

Die Rosa-Luxemburg-Stiftung bietet neben Tagungen, Workshops, Gesprächs- und Arbeitskreisen seit einiger Zeit auch Bildungsreisen an, für die sie die Bildungsfreistellung nutzt. Die damit verbundene konzeptionelle Grundlage, für die u.a. das internationale Netzwerk der Rosa-Luxemburg-Stiftung genutzt wird, entwickelte der Autor *Andreas Merkens*. Derzeit bieten mehrere Landesstiftungen entsprechende Bildungsfreistellungsangebote an. Sie erreichen vor allem Personenkreise, die oftmals die zeitlichen Ressourcen für tiefergehende Bildungsangebote nicht aufbringen können. Die Mehrheit der Teilnehmenden macht ihren Anspruch auf Bildungsfreistellung tatsächlich geltend. Der Autor resümiert, dass das vergleichsweise großzügige Zeitbudget der Bildungsfreistellung Pluralität und Vielschichtigkeit in den Methoden ebenso erlaubt wie eine Vertiefung der Themen und eine Erweiterung der Perspektiven auf die Lerngegenstände. Hinzu kommen intellektuelle Kritik- und Begriffsarbeit, die ebenfalls Zeit verlangen.

Auch *Antje Windler und Kerstin Schumann* berichten als Vertreterinnen zweier verschiedener Bildungshäuser von ihren Praxiserfahrungen mit der Bildungsfreistellung im Rahmen von Veranstaltungen der politischen Bildung. Zentral für die Autorinnen sind die Chancen der Bildungsfreistellung, neue Denkhorizonte durch eine Debattenkultur zu eröffnen, für die insbesondere die Bildungsfreistellung günstige Bedingungen schafft. Hier finden sich regelmäßig Lerngruppen, die eine bunte Mischung unterschiedlicher Interessen, Positionen und Wissensstände aufweisen. Das impliziert eine intensive Auseinandersetzung mit sozialer Pluralität im Rahmen von Veranstaltungen der politischen Bildung, die inhaltlich auf hohem Niveau durchgeführt werden. Dem stehen Herausforderungen und Hindernisse entgegen, die im Besonderen mit einer defizitären und wenig tragfähigen Finanzierung verbunden sind.

## Bildungsfreistellung: Individuelle Erfahrungsberichte von Teilnehmenden

Die dritte Rubrik des Sammelbandes umfasst mit Sicherheit den lebendigsten Teil. Hier kommen insgesamt acht Personen zu Wort, die mehrfach und in Teilen sehr regelmäßig ihren Anspruch auf Bildungsfreistellung geltend machten und machen. Sie berichten von betrieblichen Antragssituationen und von Erwerbstätigkeiten, die eine Inanspruchnahme der Bildungsfreistellung nicht immer befördern oder diese auch verhindern. Darüber hinaus berichten sie, wie sie Kolleg*innen und andere nahestehende Personen zur Bildungsfreistellung ermutigen und unterstützen. Durch die Erzählungen wird deutlich, dass die Menschen aus sehr unterschiedlichen inhaltlichen Interessen Bildungsfreistellungsveranstaltungen besuchen: Es gibt den Drang, konkrete Fähigkeiten und Fertigkeiten zu erweitern, persönliche Lebenskrisen zu bewältigen, das Bedürfnis nach Emanzipation durch Bildung, das Motiv durch Fortbildung/Studium den beruflichen Werdegang zu stabilisieren oder zu verändern oder auch sich durch Neues und Unbekanntes überraschen zu lassen.

Zugleich zeigen die Autor*innen in ihren Erfahrungsberichten, weshalb sie insbesondere bestimmte Lern- und Vermittlungsformen besonders schätzen, da sie ihnen eine intensive und kritische Auseinandersetzung mit gesellschaftlich aktuellen Themen bieten, über eine rein kognitive Wissensvermittlung hinausgehen und authentische Begegnungen sowie kommunikative Auseinandersetzungen in einer Lerngruppe mit Menschen ermöglichen, die ihnen im Alltag nicht ohne Weiteres begegnen. Sie fühlen sich durch die Teilnahme erfüllt, bereichert und teilweise beseelt und werden deshalb zu 'Wiederholungstätern'. Die Erfahrungsberichte vervollständigen auf ihre eigene Weise die unterschiedlichen und vielfältigen Perspektiven, die durch die vorherigen Beiträge aus Wissenschaft und Praxis dargelegt wurden.

Wir danken allen Autorinnen und Autoren für die vielfältigen Mühen, die oft intensiven inhaltlichen Auseinandersetzungen mit den Themen Bildung, Zeit und Bildungsfreistellung und wünschen allen Leserinnen und Lesern eine wissenserweiternde und erkenntnisreiche Lektüre.

## Literatur

Ahlheit, Peter (2010): Identität oder „Biographizität"? Beiträge der neueren sozial- und erziehungswissenschaftlichen Biographieforschung zu einem Konzept der Identitätsentwicklung. In: Griese, Birgit (Hg.): Subjekt – Identität – Person? Reflexionen zur Biographieforschung. Wiesbaden, S. 219–249.

Bernhard, Armin (2018): Bildung. In: Ders./Rothermel, Lutz/Rühle, Manuel (Hg.): Handbuch kritische Pädagogik. Eine Einführung in die Erziehungs- und Bildungswissenschaft. Weinheim, S. 132–148.

Bundesministerium für Arbeit und Soziales (BMAS)/Bundesministerium für Bildung und Forschung (BMBF) (2019): Wissen Teilen. Zukunft Gestalten. Zusammen Wachsen. Nationale Weiterbildungsstrategie. Berlin. URL: https://www.bmbf.de/files/NWS_Strategiepapier_barrierefrei_DE.pdf (letzter Zugriff: 16.11.2020).

Bundesministerium für Bildung und Forschung (BMBF) (2019): Weiterbildungsverhalten in Deutschland 2018. Ergebnisse des Adult Education Survey. AES-Trendbericht. Bonn. URL: https://www.bmbf.de/upload_filestore/pub/Weiterbildungsverhalten_in_Deutschland_2018.pdf (letzter Zugriff: 19.06.2020).

Dobischat, Rolf/Seifert, Hartmut (Hg.) (2001): Lernzeiten neu organisieren. Lebenslanges Lernen durch Integration von Bildung und Arbeit. Forschung aus der Böckler Stiftung 32. Berlin.

Dobischat, Rolf/Seifert, Hartmut/Ahlene, Eva (Hg.) (2003): Integration von Arbeit und Lernen. Erfahrungen aus der Praxis des lebenslangen Lernens. Berlin.

Euler, Peter (2012): Kampf um Bildungs-Zeit. Ein pädagogisch-politischer Konflikt im Kontext nachhaltiger Entwicklung. In: Fischer, Ernst Peter/Wiegandt, Klaus (Hg.): Dimensionen der Zeit. Entschleunigung unseres Lebens. Frankfurt/M., S. 667–748.

Faulstich, Peter (2001): Zeitstrukturen und Weiterbildungsprobleme. In: Dobischat, Rolf/Seifert, Hartmut (Hg.): Lernzeiten neu organisieren. Lebenslanges Lernen durch Integration von Bildung und Arbeit. Forschung aus der Böckler Stiftung 32. Berlin, S. 33–59.

Faulstich, Peter/Zeuner, Christine (2008): Erwachsenenbildung. Eine handlungsorientierte Einführung. 3. Auflage. Weinheim.

Görs, Dieter (1978): Zur politischen Kontroverse um den Bildungsurlaub. Politische, ökonomische und didaktische Bedingungen. Köln.

Hamburgischen Gesetz- und Verordnungsblatt (HmbGVBl.) (2009): Hamburgisches Bildungsurlaubsgesetz vom 21. Januar 1974, zuletzt geändert durch Artikel 17 des Gesetzes vom 15. Dezember 2009, S. 444, 448. URL: http://www.landesrecht-hamburg.de/jportal/portal/page/bshaprod.psml?showdoccase=1&doc.id=jlr-BiUrlGHArahmen&doc.part=X (letzter Zugriff: 11.08.2020).

Hessisches Ministerium für Soziales und Integration (2016): Arbeitnehmerweiterbildung. Bildungsurlaub in Hessen. Lebenslanges Lernen – Stellenwert des Bildungsurlaubs in Hessen. Wiesbaden.

Höhne, Thomas (2012): Ökonomisierung von Bildung. In: Bauer, Ulrich/Bittlingmayer, Uwe H./Scherr, Alfred (Hg.): Handbuch Bildungs- und Erziehungssoziologie. Wiesbaden, S. 797–812.

Holzer, Daniela (2017): Weiterbildungswiderstand. Eine kritische Theorie der Verweigerung. Bielefeld.

Käpplinger, Bernd (2018): Zeit für Weiterbildung und zeitgemäße Weiterbildung. Impulse für Wissenschaft und Praxis. Berufsbildung in Wissenschaft und Praxis – bwp. 1, S. 6–10.

Kommission der Europäischen Gemeinschaften (2000): Memorandum über Lebenslanges Lernen. Brüssel, 30. Oktober. URL: https://www.die-bonn.de/esprid/dokumente/doc-2000/EU00_01.pdf (letzter Zugriff: 20.06.2020).

Lüders, Manfred (1995): Zeit, Subjektivität und Bildung: Die Bedeutung des Zeitbegriffs in der Pädagogik. Weinheim: Deutscher Studienverlag.

Pabst, Antje (2017): Bildungsurlaub – Eigenzeit für Bildung mit biographisch nachhaltiger Wirkung? Eine qualitative Studie. Journal für Politische Bildung 02/2007, S. 41–47.

Pabst, Antje (2020): „Eine Woche Bildungsurlaub" – überholt und unzeitgemäß? Ursprung und aktuelle Entwicklungen der Zeitformate in der Bildungsfreistellung. In: Dinkelacker, Jörg u.a. (Hg.): Vergangene Zukünfte – Neue Vergangenheiten. Schriftenreihe der Sektion Erwachsenenbildung in der DGfE. Opladen, S. 118–130. doi 10.3224/84742423

Pfeiffer, Iris (2019): Evaluation des Bildungszeitgesetzes Baden-Württemberg BzG BW. Endbericht. Im Auftrag des Ministeriums für Wirtschaft, Arbeit und Wohnungsbau Baden-Württemberg. Nürnberg: f-bb. URL: https://www.baden-wuerttemberg.de/fileadmin/redaktion/m-wm/intern/Publikationen/Arbeit/190218_Endbericht_Evaluation_BzG_BW.pdf (letzter Zugriff: 26.03.2020).

Pöggeler, Franz (1980): Gesellschaftstheoretische Legitimation der pluralen Struktur demokratischer Erwachsenenbildung. In: Olbrich, Josef (Hg.): Legitimationsprobleme in der Erwachsenenbildung. Stuttgart, S. 87–112.

Robak, Steffi/Rippien, Horst/Heidemann, Lena/Pohlmann, Claudia (Hg.) (2015): Bildungsurlaub – Planung, Programm und Partizipation. Eine Studie in Perspektivverschränkung. Frankfurt/M.

Schmidt-Lauff, Sabine (2008): Zeit für Bildung im Erwachsenenalter. Interdisziplinäre und empirische Zugänge. Münster.

Schmidt-Lauff, Sabine (2012): Grundüberlegungen zu Zeit und Bildung. In: Dies. (Hg.): Zeit und Bildung. Annäherung an eine zeittheoretische Grundlegung. Münster, S. 11–60.

Schmidt-Lauff, Sabine (2018): Betriebliche Weiterbildung: Bildungsurlaub. In: Krug, Peter/Nuissl, Ekkehard (Hg.): Praxishandbuch WeiterbildungsRecht. Stand Februar 2018. Köln, S. 1–38.

Schmidt-Lauff, Sabine (2018a): Zeittheoretische Implikationen in der Erwachsenenbildung. In: Tippelt, Rudolf/von Hippel, Aiga (Hg.). Handbuch Erwachsenenbildung/Weiterbildung. Wiesbaden, S. 319–338.

Strzelewicz, Willy (1970): Die Bedeutung des Bildungsurlaubs für die gesellschaftspolitische Debatte. In: Neumann, Karl Heinz (Hg.): ‚Bildung für alle?' Ergebnisse einer Arbeitstagung mit Experten an der Evangelische Akademie Bad Boll. 2. Aufl. Bad Boll: Evangelische Akademie, S. 7–11.

Weick, Edgar (1971): Bildungsurlaub – im Streit der Interessen. Hessische Blätter für Volksbildung 03/1971, S. 154–160.

Zeuner, Christine (2009): Zur Bedeutung gesellschaftlicher Kompetenzen im Sinne eines kritischen bildungstheoretischen Ansatzes. In: Bolder, Axel/Dobischat, Rolf (Hg.): Eigen-Sinn und Widerstand. Kritische Beiträge zum Kompetenzentwicklungsdiskurs. Jahrbuch Arbeit und Bildung 1. Wiesbaden, S. 260–281.

Zeuner, Christine (2009a): Erwachsenenbildung: Begründungen und Dimensionen – ein Überblick aus historischer Perspektive. In: Enzyklopädie Erziehungswissenschaft Online. Fachgebiet: Erwachsenenbildung, Hg. von Christine Zeuner. Weinheim. doi 10.3262/EEO16090019

Zeuner, Christine/Pabst, Antje (2018): Mehrfachteilnahme am Bildungsurlaub. Bildungsbiographische Wirkungen. Journal für politische Bildung 03/2018, S. 34–39.

Zeuner, Christine/Pabst, Antje (2019): Bildungsurlaub als Initialzünder und Impulsgeber – Wirkungszusammenhänge zwischen Mehrfachteilnahme und biographischen Entwicklungen. Die Österreichische Volkshochschule 02/2019, S. 20–24.

# I. Zeit für Bildung: Wissenschaftliche Befunde

LENA HEIDEMANN, STEFFI ROBAK

# Bildungszeit als Instrument der Weiterbildungspartizipation – Eine zeitbezogene Betrachtung

## 1. Einleitung

Bildungszeit hat in der Erwachsenenbildung/Weiterbildung in Deutschland eine lange Tradition. Bereits in den 1960er/1970er-Jahren wurde sie in der Phase der Bildungsreform mit der Ausformulierung eines potenziellen Rechtsanspruchs für Arbeitnehmerinnen und Arbeitnehmer als *Instrument zur Realisierung von Weiterbildungspartizipation* diskursiv eingeführt und als Bildungsurlaub strukturell implementiert (vgl. Görs 1978). Schon in den frühen Diskussionen wurde dabei für die adressierten Arbeitnehmerinnen und Arbeitnehmer „eine von Arbeitsdruck entlastete, individuell gestaltbare, betrieblich realisierbare, sozial- und gesellschaftspolitisch vertretbare und (…) finanzierbare Lernzeit" (Schmidt-Lauff 2018, 2) thematisiert. Übergreifende bildungspolitische Intention der Freistellung von der Berufstätigkeit ist es seither, über die Weiterbildungsteilnahme Zugänge zu lebensbegleitenden Lern- und Bildungsprozessen zu eröffnen und die gesellschaftliche, demokratische, soziale, arbeitsmarktbezogene und betriebliche Teilhabe des Individuums zu fördern, was einer umfassenden Auslegung von Weiterbildungspartizipation entspricht. Existent sind mehrdimensionale Argumentationslogiken: Seit Anbeginn der Diskurse und rechtlichen Grundlagen wurde Bildungszeit vorrangig *demokratietheoretisch, pädagogisch-didaktisch* und *arbeitsmarktpolitisch-ökonomisch* (erweiterte Grundsystematik der Begründungslinien nach Siebert 1995, 4, 1972)[1] sowie jüngst auch *gesundheitsbezogen-regenerativ-stabilisatorisch* diskutiert. Die in den Diskursen koexistent vorzufindenden Begründungen und Zielsetzungen muten zwar kategorial an, überlappen sich jedoch und bilden Mischformen. Die nachfolgend im

---

1   Die Begründungsebenen nach Faulstich (1996, 53 f.) *(demokratiebezogen, beteiligungsorientiert, weiterbildungspolitisch, lernorientiert, arbeitspolitisch)* gehen in dieser Kategorisierung auf.

Schwerpunkt aufgegriffenen *zeittheoretischen Auslegungen liegen quer* zu diesen Begründungslinien.

Vor diesem Hintergrund widmet sich dieser Beitrag der zeitbezogenen Einordnung von Bildungszeit als Instrument der Weiterbildungspartizipation. Die begriffliche Eingrenzung von Weiterbildungspartizipation unter Berücksichtigung eines breiten Bildungsbegriffs fundiert die Argumentation (zweiter Abschnitt). Zur theoretischen Verortung werden ausgewählte temporale Bezüge aufgegriffen (dritter Abschnitt), bevor die Darstellung einzelner empirischer Befunde zum Bildungsurlaub in Bremen erfolgt (vierter Abschnitt).

Der Gegenstand *Bildungszeit* (bzw. äquivalent *Bildungsurlaub*) wird hierfür eingegrenzt als

> die gesetzlich festgelegte, zeitlich begrenzte, individuelle Freistellung des arbeitnehmenden Individuums, oder von Personen mit äquivalentem Status, von der Arbeit zum Zweck der Ausübung anerkannter Lern- und Bildungsaktivitäten in festgelegten Bildungs-/Kompetenzbereichen und bei Lohnfortzahlung durch die Arbeitgebenden (Heidemann 2020, in Vorb.).

Ein entsprechender Rechtsanspruch existiert gegenwärtig in 14 von 16 Bundesländern, wobei der Umfang und die Ausgestaltung der zeitlichen Begrenzung sowie die Lern-/Bildungsaktivitäten und Bildungs-/Kompetenzbereiche landesspezifisch variieren.

## 2. Weiterbildungspartizipation – allgemeine und gegenstandsbezogene Grundlegung

Die vorliegende Argumentation zur Auslegung von Bildungszeit als Instrument der Weiterbildungspartizipation geht von folgendem theoretischen Ansatz aus:

> Weiterbildungspartizipation ist nicht nur Partizipation *an* Weiterbildung, sondern auch Partizipation an Gesellschaft *durch* Weiterbildung. Weiterbildungspartizipation ist potenziell auch gesellschaftliche Partizipation. Bedeutsam sind zwei Partizipationslinien: *Erstens* die Mündigkeit, Handlungsfähigkeit, Emanzipation und Demokratisierung, Sich-in-der-Welt-verstehen (Ich-Welt-Relation) sowie gesellschaftliche Mitbestimmung und -gestaltung (emanzipatorische Partizipation). *Zweitens* die funktionale, qualifikationsorientierte Ausrichtung zur Realisierung von Lebenschancen im Sinne ökonomischer Zugangs- und Beteiligungsstrukturen (funktionale Parti-

zipation). Beide Linien haben eine individuelle *(Mikroebene)* und eine gesellschaftliche Ebene *(Makroebene)* zur Verortung von Weiterbildungspartizipation im Kontext lebenslangen Lernens (Heidemann 2020, in Vorb.).

Mit den aufgegriffenen emanzipatorischen und funktionalen Partizipationslinien werden ein *umfassender, breiter Bildungsbegriff* und der Bezug zum seit den Ursprüngen existenten *Kerngedanken von Bildungsurlaub/-zeit* sichtbar: Bereits im Gutachten des Deutschen Ausschusses für das Erziehungs- und Bildungswesen (1960) wurde eine breite Auslegung von Bildung gefordert und später vom Deutschen Bildungsrat (1973) aufgegriffen. Angestrebt wurde für Bildungsurlaub entgegen einer einseitigen beruflich-qualifikatorischen Auslegung die Zusammenführung bildungstheoretischer und funktionaler Ausrichtungen per Integration allgemeiner, politischer und beruflicher Anteile (vgl. Richter 1991, 69). Das breite Bildungsverständnis realisiert sich, wo gesetzlich umsetzbar, auf *institutioneller Ebene* über eine bis in die Gegenwart vorhandene Themenvielfalt in den Programm-/Angebotsstrukturen zugunsten allgemeiner, kultureller, politischer und beruflicher Inhalte (vgl. Schmidt-Lauff 2018, 7). Die explizite und integrative Verbindung der Bildungsbereiche im Rahmen von Bildungsurlaub/-zeit ist demgegenüber weitgehend nicht eingelöst. Auf *individueller Ebene* ermöglicht die Themenvielfalt dennoch vielfältige subjektiv wahrgenommene Partizipationsmöglichkeiten und potenziell die Genese funktionaler *und* emanzipatorischer Weiterbildungspartizipation.

## 3.  Zeitbezogene Perspektiven zu Bildungsurlaub/-zeit im Spiegel der Weiterbildungspartizipation

Zur zeittheoretischen Einordnung von Bildungszeit werden nun vier ausgewählte temporale Bezüge zum Fokus Weiterbildungspartizipation aufgegriffen[2]:

* Bildungszeit zur Ermöglichung lebensbegleitender Bildung und Partizipation (3.1)
* Teilhabe für Gruppen mit besonders eingeschränkter Zeitverfügung (3.2)
* Bildungszeit als Moratorium in einer zunehmend beschleunigten Gesellschaft (3.3)
* Ressourcenaufteilung zur Realisierung von Bildungszeit (3.4)

---

2   Das vorliegende Kapitel ist eine für diesen Sammelband zum Fokus Zeit zugeschnittene und überarbeitete Fassung aus der umfassenden theoretischen Aufarbeitung zum Bildungsurlaub von Heidemann (2020, in Vorb.).

## 3.1 Bildungszeit zur Ermöglichung lebensbegleitender Bildung und Partizipation

Trotz Forderung und Notwendigkeit zur Teilhabe am lebenslangen Lernen existieren im Erwachsenenalter keine kollektiven, gesellschaftlich gestützten Lernzeiten (vgl. Schmidt-Lauff 2011, 213). Mit Bildungsurlaub/-zeit als Format und gesetzlichem Anspruch liegt jedoch ein Instrument zur Förderung von Weiterbildungspartizipation vor, welches Zugänge zur Weiterbildung und zum Lernen im Erwachsenenalter schafft. Bereits der Deutsche Bildungsrat (1973) benannte die Prämisse der institutionellen Ermöglichung lebenslangen Lernens:

> Der Bildungsurlaub soll sich von der bisherigen Weiterbildungspraxis nicht nur dadurch unterscheiden, dass er allen Arbeitnehmern Lernchancen einräumt; er soll darüber hinaus mit dem Prinzip des lebenslangen Lernens institutionell ernst machen, indem er Weiterbildungsmöglichkeiten nicht auf Ausnahmesituationen beschränkt, sondern fortlaufend Jahr für Jahr eröffnet (ebd., 14).

In diesem Verständnis forciert Bildungsurlaub keine einmalige Inanspruchnahme, sondern soll als „Initialzündung zum Weiterlernen für Erwachsene mit geringer Lernpraxis" (Siebert 1972, 15) und als Element eines langfristigen Prozesses kontinuierliche Teilhabe über die Lebensspanne ermöglichen (vgl. Siebert 1995, 5). Hervorzuheben ist somit das Potenzial für die Aktivierung und Realisierung *lebensbegleitender Bildung*, insbesondere auch für diejenigen, die eine geringe Lern- und Bildungspraxis haben. Bildungsurlaub/-zeit wurde in dieser Auslegung vielfach mit zeittheoretischen Bezügen begründet: Arbeitszeit, Familienzeit, Freizeit und Lernzeit treten bei der individuellen Lebensgestaltung in stetige Konkurrenz.[3] *Zeit* wird in diesem Konkurrenzverhältnis auch zur bedeutsamen Determinante der Nichtteilnahme an Weiterbildung im Lebenszusammenhang und ein potenzielles Teilhabehemmnis (vgl. z. B. Schiersmann 2006). Indem Lernzeit geschaffen wird, fungiert Bildungsurlaub/-zeit im Spannungsfeld der konkurrierenden Zeiten in der Auslegung von Faulstich (2006) und Schmidt-Lauff (zuletzt 2018) zusammengefasst als „temporale Ressource zur

---

[3]  Im Diskurs wird vermehrt auf das Nebeneinander von Arbeits- bzw. Erwerbszeit, Freizeit und Lernzeit verwiesen. Diese Zeittriade wird hier bewusst um *Familienzeit* ergänzt, da diese als Determinante Weiterbildungspartizipation mitstrukturiert (vgl. Friebel 2006) und nicht der Freizeit i. e. S. hinzugerechnet werden kann, jedoch nur vereinzelt in Form von *care work* als Arbeitszeitäquivalent diskutiert wird.

Realisierung lebenslangen Lernens" (Pohlmann 2018, 34). Die konkrete *zeitliche Ausgestaltung* dieser Lernzeit, a) der grundsätzliche Umfang des Anspruchs, aber auch b) die Ausgestaltung der Angebote, z. b. Kurz-/Kompaktseminare, mit/ohne Übernachtung, Unterrichtsstunden pro Tag, variiert landesspezifisch nach gesetzlicher Grundlage. Mit Blick auf frühere Befunde ist zum letztgenannten Aspekt zu hinterfragen, inwiefern die konkrete Form der zeitlichen Gestaltung auch teilnahmehemmend sein kann (vgl. Hindrichs u. a. 1984, 163; Bremer 1999, 165).

## 3.2 Teilhabe für Gruppen mit besonders eingeschränkter Zeitverfügung

Vor dem Hintergrund der Arbeitszeitverschiebung der 1980er-Jahre verdeutlichen Brödel, Olbrich und Schmitz (1981) die Relevanz von Zeit als Stellgröße für lebensbegleitende Bildung und Partizipation. Die Autoren diskutieren in diesem Zusammenhang Bildungsurlaub als mögliches Instrument für Intervalllernen im Kontext sich abwechselnder Arbeits- und Lernphasen (vgl. ebd., 4, 99) und verweisen auf die Relevanz des Formats für die Gruppe der Schichtarbeiterinnen und Schichtarbeiter, welche auch heute – rund 40 Jahre später – gültig ist:

> Schichtarbeiter sind aufgrund nicht der gesellschaftlichen Normalität entsprechender täglicher Zeitrhythmen stark von der Teilhabe an der gesellschaftlichen Kommunikation ausgeschlossen und können dieses Defizit nur durch hohe subjektive Anstrengungen kompensieren. Recurrent education wird hier als eine Möglichkeit gesehen, indem sie entweder durch Formen von Bildungsurlaub größere zeitliche Unterbrechungen des Schichtarbeiterrhythmus ermöglicht, in dem in kompakter Weise solche Defizite ausgeglichen werden (ebd., 41).

Empirisch wird deutlich, dass das *arbeitsfreie Zeiterleben* von Schichtarbeiterinnen und Schichtarbeitern von geringer Aktivität, Zurückgezogenheit, weniger sozialer und kultureller Teilhabe, einem Ruhebedürfnis sowie geringem familiären Austausch geprägt ist (vgl. Brödel u. a. 1982, 133 ff.), d.h. Schichtarbeit wirkt nicht nur im Arbeitskontext restriktiv. Zugleich werden Schichtarbeiterinnen und Schichtarbeiter per Bildungsurlaub besonders gut erreicht (vgl. ebd., 114 f.). Die Reichweite der zeitlichen Dimension verdeutlicht auch die Studie von Isenberg u. a. zur Schichtarbeit in der Stahlindustrie (vgl. Isenberg/Körber 1981):

> Durch die mechanisch-rigiden Zeitstrukturen des permanenten „Wechselschichtlebens" sind die formell bestehenden Chancen, an komplexen und anspruchsvollen Prozessen des sozialen, kulturellen und politischen Lebens,

einschließlich gewerkschaftlicher Aktivitäten, teilzunehmen, für Schichtarbeiter nachhaltig reduziert. Zugleich vermindern sich damit ihre beruflichen Weiterqualifizierungschancen, während sich die Weiterbeschäftigungsrisiken für sie erhöhen (ebd., 680, Herv. im Orig.).

Sichtbar werden mehrdimensionale Benachteiligungsstrukturen infolge einer generell eingeschränkten Zeitverfügung. Sowohl emanzipatorische (z.b. sozial, kulturell, politisch) als auch funktionale Partizipation (z.B. Weiterbeschäftigung) wird gehemmt. Weiterbildungsoptionen in Form von Bildungsurlaub/-zeit erhalten hier über die Schaffung von Lernzeit hinaus eine kompensatorische und ermöglichende Funktion, indem Raum für Austausch und diskursive Beteiligung geschaffen wird, was anschlussfähig an die hier vertretene Auslegung von Weiterbildungspartizipation als Teilhabe *an* Weiterbildung und an Gesellschaft *durch* Weiterbildung ist.

### 3.3 Bildungszeit als Moratorium in einer zunehmend beschleunigten Gesellschaft

Speziell für Schichtarbeiterinnen und Schichtarbeiter wurde früh der Einfluss industrialisierter, verdichteter, destruktiv wirkender Arbeitsstrukturen auf die regenerativen sowie psychosozialen Konstitutionsprozesse des Individuums gezeigt (vgl. Isenberg/Körber 1981, 680 f.). Ein Innehalten und Momente zur individuellen Entfaltung sind in diesen Strukturen nur bedingt möglich. In den Blick gerät das Potenzial von Bildungsurlaub als Ruhepause (vgl. Beer 1978, 143). Während diese Argumentationslinie in nachfolgenden Diskussionen eher wenig berücksichtigt wurde, postuliert Schmidt-Lauff im jüngeren Diskurs (zuletzt 2018) zeittheoretisch, dass über die Lebensspanne kontinuierliche Lernzeiträume zu schaffen seien, um in der zunehmend beschleunigten Gesellschaft der zeitlichen Verdichtung entgegenzuwirken. Pohlmann (2018; in diesem Band) konkretisiert für den Bildungsurlaub die „Ermöglichung von Regeneration und Entschleunigung als Antwort auf das Problem der zunehmenden Arbeitsverdichtung, Stress und Erschöpfung in prekären Beschäftigungsverhältnissen" (ebd., 144). Zentral ist demnach, dass das Format „insbesondere bei externer Unterbringung, als Moratorium, als Auszeit vom Alltag, Beruf und Familie" (ebd., 150) fungiert, in der biografische Reflexionsprozesse in Distanz zum Alltag und ein „Kraftschöpfen" (ebd., 151) möglich werden. Bildungsurlaub/-zeit wird so zur Schutzzone für Reflexion, Regeneration sowie Aufrechterhaltung der individuellen Handlungsfähigkeit. Den *Ansatz des Moratoriums* stärken auch Bremer und Teiwes-Kügler (2017), wobei sie auf die Ambivalenz eines gegenwärtigen Schonraums und Gestaltungsraums für Neues einerseits und der Antizipation des Zukünftigen andererseits verweisen (ebd., 19). Mit der aktuellen Studie belegen Zeuner und Pabst (2018) für Bildungsurlaub/-zeit empirisch ein subjektiv intensiv erlebtes Zeitfenster für Lern- und Bildungsprozesse jenseits weiterer Zeitverfügungen, „in dem die Zeit stillsteht und sich gleichzeitig ausdehnt" (ebd., 25).

Über die wahrgenommene Notwendigkeit von Regeneration und Entschleunigung sowie die Schaffung entsprechender Ermöglichungsräume für alle Erwerbstätigen gewinnt die skizzierte Begründungslinie gegenwärtig (erneut) an Bedeutung[4] und positioniert Bildungszeit als Format zur Förderung von *Work-Life-Health-Balance*. In den Fokus rückt dabei eine *gesundheitsbezogen-regenerativ-stabilisatorische* Argumentationslogik, welche sowohl emanzipativ als auch funktional auslegbar ist.

### 3.4 Ressourcenaufteilung zur Realisierung von Bildungszeit

Die Schaffung von Lernzeit ist nicht nur für die Ausformung individueller Weiterbildungspartizipation bedeutsam, sondern verweist systembezogen auf eine „kooperative Verfügungskultur von Zeit für Lernen über die Lebensspanne" (Schmidt-Lauff 2018, 21): Bildungszeit ist demnach eine Variante zur öffentlich, unternehmensseitig und individuell gemeinsam verantworteten und kofinanzierten Unterstützung der vielfach geforderten Teilhabe an lebenslangen Lern- und Bildungsprozessen (vgl. ebd., 20). Die Auslegung der mehrdimensionalen Ressourcen- und Verantwortungsverteilung existierte bereits in den diskursiven Anfängen, z.B. bei Beer (1978), welcher Bildungsurlaub im dreiseitigen Spannungsfeld privater, beruflicher und politisch-gesellschaftlicher Bezüge zwischen Individuum, Betrieb sowie Staat bzw. Politik platziert (ebd., 12).

Im jüngeren Diskurs existieren Betrachtungen zur Ressourcenaufteilung im Rahmen betrieblicher Lernzeitregelungen, welche sich auf Bildungsurlaub/-zeit und den Fokus Weiterbildungspartizipation übertragen lassen: Die Investitionen verteilen sich neben einem „Finanz-Splitting" (monetär) auch per „Time-Sharing" (temporal)[5] auf Arbeitgeberinnen sowie Arbeitgeber *und* Arbeitnehmerinnen sowie Arbeitnehmer (vgl. Faulstich/Schmidt-Lauff 2000a, 2000b):

---

4  Die Entschleunigungsfunktion wurde bereits zuvor benannt (z.B. Faulstich 2006), jedoch nicht in umfassender Form wie bei Robak (2015) und Pohlmann (2018) empirisch fundiert dargelegt.

5  Eine Zuspitzung des Time-Sharings per Ausweitung der zeitlichen Investition auf das Individuum zeigt sich beispielsweise im Saarländischen Bildungsfreistellungsgesetz (SBFG).

Lange schien klar: Lernen fand während der Arbeit statt und wurde bezahlt, oder aber man war danach frei zu lernen, was man will, auf eigene Kosten. Dies wird nun komplexer: In der Realität der betrieblichen Qualifizierung haben sich Mischformen herausgebildet, welche Zeiten und Kosten zwischen Unternehmen und Beschäftigten aufteilen, neue Interessenkonstellationen anerkennen und neue Konsenschancen ausloten (ebd. 2000b, 19).

Weiterbildungspartizipation im Kontext von Bildungsurlaub/-zeit, als Lernzeitstrategie mit betrieblicher Anbindung, wird so vom Unternehmen *und* vom Individuum gestützt. Die *Arbeitgeberinnen und Arbeitgeber* haben vorrangig finanzielle Aufwendungen in Form der a) Lohnfortzahlung und b) Opportunitätskosten durch die entgangene Arbeitskraft während der Freistellung (vgl. Dobischat/ Fischell/Rosendahl 2015, 54). Die *Arbeitnehmerinnen und Arbeitnehmer* investieren neben den direkten Kosten der Bildungsveranstaltung (z.B. Kursgebühr, Lernmaterialien, Anreise und Übernachtung) als indirekte Kosten je nach Umfang Ihrer regulären Arbeitszeit und des Umfangs der besuchten Veranstaltung, unter Umständen zusätzlich einen Teil ihrer (Frei-)Zeit, in jedem Fall aber ihre individuelle – auch informelle – Lernzeit (vgl. ebd.; Schmidt-Lauff 2018, 14).

## 4.  Ausgewählte empirische Befunde zum Bundesland Bremen

Anknüpfend an die theoretischen Ausführungen werden nun ausgewählte empirische Befunde zum Bundesland Bremen[6] zu drei Schwerpunkten mit temporalem Bezug aufgegriffen:

- Bildungszeit als Partizipationstor lebensbegleitender Bildung (4.1)
- Bildungszeit als Partizipationsgelegenheit für Schichtarbeiterinnen und Schichtarbeiter (4.2)
- Bildungszeit als Zeitraum für Regeneration und Stabilisierung (4.3)

---

6  Die Freie Hansestadt Bremen hat mit dem Bremischen Bildungsurlaubsgesetz (Brem-BUG) im Jahr 1974 eines der ersten Bildungsfreistellungsgesetze in Deutschland erlassen. Das Gesetz wurde mehrfach novelliert und im Jahr 2017 zum Bremischen Bildungszeitgesetz (BremBZG) umbenannt. Anspruchsberechtigt sind Arbeitnehmerinnen und Arbeitnehmer sowie äquivalente Personengruppen, deren Beschäftigungsverhältnis schwerpunktmäßig im Bundesland Bremen liegt. Der Anspruch umfasst bei einer regelmäßig 5-tägigen Arbeitswoche zehn Arbeitstage in zwei Kalenderjahren für politische, berufliche und allgemeine Weiterbildung, bis 2017 (BremBUG) ausschließlich in organisierten Settings, seither auch in Form von nicht-organisierten Lernmöglichkeiten (BremBGZ), was einem umfassenden Bildungsverständnis entspricht.

Die Befunde basieren auf den Erhebungen zur Teilnehmendenperspektive im Forschungsprojekt „Wirkungen von Bildungsurlaub und Steuerungseffekte" (Robak u.a. 2015), analytisch weitergeführt zum Fokus Weiterbildungspartizipation (Heidemann 2020, in Vorb.). *Qualitativ* gingen insgesamt neun Leitfadeninterviews zu Verläufen der Bildungsteilhabe in die Auswertung per thematischem Codieren entlang eines abduktiv entwickelten Analyserasters ein, davon wurden sieben Interviews fallinterpretativ vertiefend analysiert (vgl. Robak 2015). *Quantitativ* wurde eine quasi-repräsentative Klumpenstichprobe von Teilnehmenden (n=561 Fälle in 52 Veranstaltungen) per Fragebogen befragt und die Daten uni-/bivariat sowie multivariat (Clusteranalyse) ausgewertet (vgl. zum methodischen Vorgehen ausführlich Heidemann 2020, in Vorb.).[7]

### 4.1 Bildungszeit als Partizipationstor lebensbegleitender Bildung

Entsprechend der Grundausrichtung von Bildungszeit zur Ermöglichung lebensbegleitender Bildung interessiert, inwiefern Bildungsurlaub insbesondere für diejenigen den Zugang zu lebensbegleitender (Weiter-)Bildung eröffnet, die andernorts nicht oder wenig partizipieren (können). Für Bremen liegen basierend auf den quantitativen Daten beispielsweise folgende ausgewählte Befunde vor (vgl. Heidemann 2015; 2020, in Vorb.):

Unter der Prämisse, dass *erstens* insbesondere (bildungs-)benachteiligten Erwachsenen Partizipationsoptionen ermöglicht werden sollen, interessiert grundlegend das *Bildungsniveau* als zentrale Determinante und Kumulationsbasis der Weiterbildungspartizipation: Die Teilnehmenden haben unter Einbezug der Schul- und Berufsbildung mehrheitlich ein mittleres bis hohes Bildungsniveau, allerdings ist der relative Anteil von Personen mit niedrigem (16 %) und mittlerem schulischen Bildungsniveau (36 %) höher als in der Weiterbildung insgesamt, wie der Vergleich mit der Landesstatistik (Rippien 2015) zeigt. In Bremen erreicht der Bildungsurlaub zudem überwiegend *Angestellte* (45 %) vor *Arbeitern* (31 %), wobei der relative Anteil der letzten Gruppe gegenüber der Weiterbildung insgesamt 4- bis 5-fach erhöht ist (ebd.). Das Format ist demnach gemessen am hier exemplarisch aufgegriffenen Bildungsniveau und der beruflichen Stellung weniger selektiv als die bremische Weiterbildung insgesamt und bildet beispielsweise für (männliche) Arbeiter mit eher niedrigem Bildungsniveau ein *Partizipationstor*.

*Zweitens* erscheint Bildungszeit als alternative Option zu betrieblichen Weiterbildungsgelegenheiten beachtenswert. Interessant ist die Diskrepanz zwi-

---

7  Alle Prozentangaben im vorliegenden Beitrag sind gerundet.

schen dem *betrieblichen Weiterbildungssupport* in Form existierender betrieblicher Weiterbildung im Allgemeinen und dem Weiterbildungssupport für das Individuum im Speziellen: Die meisten erwerbstätigen Teilnehmenden stammen zwar aus Unternehmen mit hohem Weiterbildungssupport in Form von unternehmensseitig unterstützter Weiterbildung (74 %), partizipieren mit ihrer Berufsgruppe aber nicht immer, woraus für einen insgesamt großen Teil der Teilnehmenden unternehmensseitig die Weiterbildungsoption fehlt (45 %) (vgl. Tab. 1). Bildungsurlaub kompensiert für diese Teilgruppe *mangelnde betriebliche Gelegenheitsstrukturen* und ermöglicht per Freistellung die Beteiligung an Weiterbildung.

| | | Keine WB | WB, aber nicht für Berufsgruppe | WB | „weiß nicht" |
|---|---|---|---|---|---|
| | insgesamt | 15,4 % | 29,8 % | 44,4 % | 10,3 % |
| n = 486 | | | WB im Betrieb insgesamt: 74,2 % | | |
| | | keine WB für den/die TN: 45,2 % | | | |

**Tabelle 1: Betrieblicher Weiterbildungssupport als Gelegenheitsstruktur**

Bezüglich der Aktivierung und Realisierung lebensbegleitender Bildung wird *drittens* zur vorherigen *Weiterbildungsaktivität* (t-24 Monate) sichtbar, dass außerhalb des Bildungsurlaubs sowohl *weniger weiterbildungsaktive* (35 %) als auch *eher bis sehr weiterbildungsaktive* Personen (65 %, kumuliert) erreicht werden.[8] Besonders hoch ist der Anteil ohne vorherige Weiterbildungsaktivität unter den Industriearbeitern (44 %). Für das Format selbst bestätigt sich der Trend zur *Mehrfachteilnahme*: Teilnehmende sind bezogen auf den Bildungsurlaub häufig „Wiederholungstäterinnen und -täter" (60 %), jedoch zu neuen Themen. Für die wiederholte Bildungsurlaubsteilnahme sind Individualfaktoren (z.B. Bildungsniveau) dabei weniger relevant als die vielfältigen Kontextrelationen (z.B. Beschäftigungsbereich).

## 4.2 Bildungszeit als Partizipationsgelegenheit für Schichtarbeiterinnen und Schichtarbeiter

Die quantitative Analyse der Teilnehmendenstruktur zeigt einen hohen Anteil von in Schichtarbeit tätigen Personen (42 %), überwiegend aus Großbetrieben und vorrangig (männliche) Arbeiter. In der weiterführenden, multivariaten Aus-

---

8    Unberücksichtigt bleiben hierbei sämtliche Formen informellen Lernens.

wertung per Clusteranalyse bildet diese Gruppe einen eigenen Typus, welcher mit 31 % den größten Anteil der Teilnehmenden darstellt:

Typ 1 repräsentiert männliche, in Vollzeit und Schichtarbeit tätige Arbeiter, überwiegend aus der Industrie, teilweise aus dem Dienstleistungsbereich. Die Teilnehmenden stammen fast ausschließlich aus Großbetrieben, nahezu alle Unternehmen haben einen Betriebsrat. Die durchschnittliche Beschäftigungsdauer im Unternehmen ist mit 19,8 Jahren hoch. Typ 1 arbeitet überwiegend nach Unterweisung, wobei häufig Routinetätigkeiten vorliegen. Das schulische Bildungsniveau ist gering bis mittel, das berufliche Bildungsniveau ist mittel. Typ 1 gehört mehrheitlich dem mittleren bis höheren Erwerbsalter an, das Durchschnittsalter beträgt 45,5 Jahre. Typ 1 umfasst besonders häufig Teilnehmende in einer Ehe/Partnerschaft, mehr als die Hälfte lebt mit Kindern im Haushalt. Drei Viertel der Teilnehmenden sind Mitglied in einer Gewerkschaft. Vom Unternehmen finanzierte Weiterbildung existiert für etwas weniger als die Hälfte von Typ 1 (Heidemann 2020, in Vorb.).

Schichtarbeit determiniert über die zeitbezogene Strukturierung des Arbeits- und Lebensrhythmus' die Partizipationsmöglichkeiten des Individuums. Mit dem Arbeitsrhythmus hängen weitere Einflussgrößen zusammen, die auf das Konstellationsgefüge der Weiterbildungspartizipation und eine Kumulation der partizipationsrelevanten Determinanten verweisen. Für den hier beschriebenen Typ ist auf Basis zentraler Merkmale *(geringes bis mittleres Bildungsniveau, Arbeiter aus der Industrie)* davon auszugehen, dass emanzipative und funktionale Partizipationschancen insgesamt geringer sind. Typ 1 verfügt seltener über eine vorherige sonstige Weiterbildungsaktivität (52 %), jedoch häufiger über eine vorherige Bildungsurlaubserfahrung in einem anderen Themenfeld (69 %) als die Teilnehmenden insgesamt. Bildungsurlaub sichert für diese Gruppe demnach in besonderem Maß (Bildungs-) Teilhabe in einem abgesicherten Parallelraum, wie auch die qualitativen Auswertungen (Robak 2015) zeigen.

### 4.3 Bildungszeit als Zeitraum für Regeneration und Stabilisierung

Im Bildungsurlaub werden vielfältige und parallel existierende Lern-Verwertungsinteressen der Teilnehmenden sichtbar, welche sich über ein umfassendes Bildungsverständnis (Beruflichkeit, Arbeitsfähigkeit und Employability, Identitätsbildung, Persönlichkeitsentwicklung, demokratische Teilhabe, emotionale Bildung und Stabilisierung) verorten lassen und hierüber emanzipative und funktionale Ausprägungen von Weiterbildungspartizipation abbilden (vgl. Robak 2015). Mit dem Fokus auf Regeneration und Stabilisierung wird hier auf das spezifische Lern-Verwertungsinteresse „sich bewegen und stabilisieren" rekurriert, welches Aspekte wie Gesundheitsprävention, Entspannung und Sport, Auszeit und Abwechslung, Erhalt von Elastizität und Work-Life-Balance umfasst (vgl. ebd., 216). Insbesondere für Personen mit stark beschränkter Zeitverfügung und restriktiven Arbeitsbedingungen (z.b. Schichtarbeiterinnen und Schichtarbeiter), aber auch in einer beschleunigten Gesellschaft insgesamt, ist dies zunehmend bedeutsam. Quantitativ existiert der Wunsch nach Regeneration und Stabilisierung vor allem in der allgemeinen und politischen Bildung (vgl. Heidemann 2015). In den Blick gerät die kompensatorische, regenerative und stabilisatorische Funktionalität[9] von Bildungsurlaub/-zeit, wie die qualitativen Fallinterpretationen offenlegen:

> Die Funktion des Bildungsurlaubs als parallelisierter Bildungsraum ergibt sich aktuell aus einem erschöpfenden routinisierten Arbeitsalltag heraus. Mangelnde Kommunikationsmöglichkeiten und physische Belastungen werden ausgeglichen, Lernen in Beziehungen sowie eine Erweiterung des Horizontes ermöglicht. Neben der Arbeit und Familie, so vorhanden, wird einem Wunsch nach intensiver Beschäftigung und Bindung an Themen, die lebensweltliche Relevanz haben, nachgegangen. Bildungsurlaub sichert Bildungsteilhabe in einem geschützten abgesicherten parallelen Raum (Robak 2015, 231).

Restriktive Arbeitsbedingungen können demnach ein Motor für die Wahrnehmung von Bildungszeit sein. Die physisch-leiblich-emotionale Stabilisierung kompensiert dabei anknüpfend an die Merkmale der zuvor vorgestellte Gruppe von Personen mit generell begrenzter Zeitverfügung insbesondere Anforderungen und Belastungen stark verdichteter Tätigkeiten und fördert hierüber auch die Elastizität für berufliches Handeln und den Erhalt der Arbeitsfähigkeit (vgl. ebd., 230 f., 252, 239). Anvisiert wird eine Selbstaktivierung des Individuums.

---

[9]   In der qualitativen Teilstudie wurden vier zentrale Funktionen von Bildungsurlaub identifiziert (vgl. Robak 2015), von denen in der hier gewählten Zuschneidung insbesondere Funktion 2 und 4 erkenntnisreich sind: (1) Gestaltungsraum für biografische Entwicklung und politische Teilhabe, (2) Kompensation von Schichtarbeit in parallelisierten geschlossenen Bildungsräumen, (3) Selbstbestimmte Employabilitysicherung, (4) Teilnahme zwischen der Kompensation erschöpfender Routinetätigkeit und der Ausgestaltung der Betriebsratstätigkeit.

## 5. Schlussbemerkung

Die zeitbezogene Betrachtung von Bildungszeit legt Potenziale zur Auslegung als Instrument der Weiterbildungspartizipation offen. Über die gewählten Anknüpfungspunkte mit temporalen Bezügen zum Fokus Weiterbildungspartizipation hinaus geraten infolge von Beschleunigung, Flexibilisierung und Individualisierung ganz grundlegend veränderte Zeitregime in den Blick. Hiervon bleibt auch Bildungsurlaub/-zeit in der bisherigen Struktur nicht unberührt. Das Format bedarf – *möglicherweise* – einer pädagogischen und zeitbezogenen Neuinterpretation, beispielsweise zugunsten einer weniger starren zeitlichen Ausgestaltung (vgl. Brödel 2003; Faulstich 2006), jedoch ohne die Ermöglichung von Lernzeit per Freistellung anzutasten oder einzuschränken. Bislang erfolgten nur vereinzelt formal-strukturelle Anpassungen und Flexibilisierungen des Bildungsurlaubs, beispielsweise zugunsten kürzerer Zeitformate bei gleichzeitiger Aufrechterhaltung des zustehenden Anspruchs (BremBUG, 2010). In jüngerer Entwicklung zeichnet sich gesetzlich auch eine vorsichtige Öffnung zugunsten einer Kompetenzorientierung ab (BremBZG 2017), welche zugleich Diskussionspotenzial für die zeitliche Ausgestaltung der Freistellungsphase hat, etwa inwieweit auch nicht-organisierte Lernphasen freistellungsfähig sind. Veränderungen wie diese gilt es auszuloten und zu gestalten, um Bildungszeit als Instrument der Weiterbildungspartizipation angesichts veränderter Zeitregime zukunftsfähig zu halten und Zeit für Lernen und Bildung im Erwachsenenalter langfristig abzusichern.

## Literatur

Beer, Ulrich (1978): Bildungsurlaub. Erhebungen – Konzeptionen – Regelungen. Schriftenreihe der Bundeszentrale für politische Bildung. Band 126. Bonn.

Bremisches Bildungsurlaubsgesetz (BremBUG), vom 18. Dezember 1974 (BREM.GBL. S. 348) SA BREMR 223-I-1, zuletzt mit Wirkung vom 01.04.2010 geändert durch Änderung vom 23.03.2010 (BREM.GBL. S. 269), außer Kraft.

Bremisches Bildungszeitgesetz (BremBZG) vom 18. Dezember 1974 (Brem.GBl. 1974, 348), zuletzt mehrfach geändert durch Gesetz vom 26. September 2017 (Brem.GBl. S. 388).

Bremer, Helmut (1999): Soziale Milieus und Bildungsurlaub. Hannover.

Bremer, Helmut/Teiwes-Kügler, Christel (2017): Weiterbildungsphasen als Moratorium. Veränderungen von Gesellschaftsbild und Habitus im Kontext von Lernsituationen. In: Journal für politische Bildung, 2/2017, S. 17–25.

Brödel, Rainer (2003): Wandel funktionaler Begründungen von Bildungsurlaub. In: Ciupke, Paul/Faulenbach, Bernd/Jelich, Franz J./Reichling, Norbert (Hg.): Erwachsenenbildung und politische Kultur in Nordrhein-Westfalen. Themen – Institutionen – Entwicklungen seit 1945. Essen, S. 423–430.

Brödel, Rainer/Olbrich, Josef/Schmitz, Enno (1981): Wissenschaftliches Gutachten für die Planungskommission des Kultusministers Nordrhein-Westfalens „Inhalte, Methoden und Organisation des Bildungsurlaubs": Recurrent Education und Bildungsurlaub. Berlin.

Brödel, Rainer/Buschmeyer, Herrmann/Jütting, Dieter H./Niggemann, Wilhelm (1982): Bildungsurlaub in Nordrhein-Westfalen. Forschungsbericht der Wissenschaftlichen Begleitung zum Modellprogramm Bildungsurlaub. Essen.

Deutscher Ausschuss für das Erziehungs- und Bildungswesen (1960): Gutachten des Deutschen Ausschusses für das Erziehungs- und Bildungswesen „Zur Situation und Aufgabe der Erwachsenenbildung". Stuttgart.

Deutscher Bildungsrat (1973): Bildungsurlaub als Teil der Weiterbildung. Stuttgart.

Dobischat, Rolf/Fischell, Marcel/Rosendahl, Anna (2015): Einführung in das Recht der Weiterbildung. Wiesbaden.

Faulstich, Peter (1996): Bildungsfreistellung als Chance arbeitsorientiert-politikbezogenen Lernens. In: Hessische Blätter für Volksbildung, 1/1996. Frankfurt/M., S. 52–58.

Faulstich, Peter (2006): Zeit zum Lernen öffnen. Bildungsurlaub und zeitgemäße Strategien kompetenzorientierter Arbeitszeitverkürzung. In: Meisel, Klaus/Schiersmann, Christiane (Hg.): Zukunftsfeld Weiterbildung. Standortbestimmungen für Forschung, Praxis und Politik. Ekkehard Nuissl von Rein zum 60. Geburtstag. Bielefeld, S. 233–245.

Faulstich, Peter/Schmidt-Lauff, Sabine (2000a): Lernchancen durch ‚Time-Sharing' und ‚Finanz-Splitting'. In: Personalwirtschaft, 10/2000, S. 74–78.

Faulstich, Peter/Schmidt-Lauff, Sabine (2000b): Lernzeitstrategien im betrieblichen Kontext. In: BWP, 4/2000, S. 18–22.

Friebel, Harry (2006): Bildung im Lebenszusammenhang – doing gender. In: WSI Mitteilungen, 3/2006, S. 144–149.

Görs, Dieter (1978): Zur politischen Kontroverse um den Bildungsurlaub – politische, ökonomische und didaktische Bedingungen. Köln.

Heidemann, Lena (2015): Quantitative Teilnehmendenbefragung: Bildungspartizipation, Anschlusslernen und Lern-Verwertungsinteressen. In: Robak, Steffi/Rippien, Horst/Heidemann Lena/Pohlmann, Claudia: Bildungsurlaub – Planung, Programm und Partizipation. Eine Studie in Perspektivverschränkung. Frankfurt/M., S. 273–319.

Heidemann, Lena (2020): Weiterbildungspartizipation und Bildungsurlaubsteilnahme. Theoretische Grundlegung, forschungsbezogene Standortbestimmung und empirische Analyse (in Vorb.).

Hindrichs, Wolfgang/Holzapfel, Günther/Körber, Klaus u.a. (1984): Bestandsaufnahme der politischen Arbeiterbildung im Bildungsurlaub der Länder Bremen und Niedersachsen. Bremen.

Isenberg, Hans-Georg/Körber, Klaus (1981): Zur Bedeutung von Alltagsstrategien im Bildungsurlaub mit Schichtarbeitern. In: DGS (Hg.): Soziologie in der Gesellschaft: Referate aus den Veranstaltungen der Sektionen der Deutschen Gesellschaft für Soziologie, der Ad-hoc-Gruppen und des Berufsverbandes Deutscher Soziologen beim 20. Deutschen Soziologentag in Bremen 1980. Bremen, S. 680–685.

Pohlmann, Claudia (2018): Bildungsurlaub – vom gesellschaftspolitischen Anliegen zum Instrument beruflicher Qualifizierung? Eine Analyse der Bildungsurlaubsdiskurse in der Weiterbildung. Frankfurt/M.

Richter, Herbert-Friedrich (1991): Bildungsurlaub in der BRD. Chancen der Qualifizierung und Aufklärung in der beruflichen Weiterbildung? Kassel.

Rippien, Horst (2015): Teilnehmendenstruktur und Anwahlverhalten im Bildungsurlaub. In: Robak, Steffi/Rippien, Horst/Heidemann Lena/Pohlmann, Claudia: Bildungsurlaub – Planung, Programm und Partizipation. Eine Studie in Perspektivverschränkung. Frankfurt/M., S. 187–205.

Robak, Steffi (2015): Qualitative Interviews mit Bildungsurlaubsteilnehmenden: Funktionen der Partizipation an Bildungsurlaub – Anschlusslernen und Lern-Verwertungsinteressen. In: Robak, Steffi/Rippien, Horst/Heidemann Lena/Pohlmann, Claudia: Bildungsurlaub – Planung, Programm und Partizipation. Eine Studie in Perspektivverschränkung. Frankfurt/M., S. 207–272.

Robak, Steffi/Rippien, Horst/Heidemann Lena/Pohlmann, Claudia (2015): Bildungsurlaub – Planung, Programm und Partizipation. Eine Studie in Perspektivverschränkung. Frankfurt/M.

Schiersmann, Christiane (2006): Profile Lebenslangen Lernens. Weiterbildungserfahrungen und Lernbereitschaft der Erwerbsbevölkerung. Bielefeld.

Schmidt-Lauff, Sabine (2011): Zeitfragen und Temporalität in der Erwachsenenbildung. In: Tippelt, Rudolf/Hippel, Aiga von (Hg.). Handbuch Erwachsenenbildung/Weiterbildung. Wiesbaden, S. 213–228.

Schmidt-Lauff, Sabine (2018). Betriebliche Weiterbildung: Bildungsurlaub. In: Praxishandbuch WeiterbildungsRecht, 62. Aktualisierung, S. 1–38.

Siebert, Horst (1972): Aspekte eines Theoriekonzepts zum Bildungsurlaub. In: Siebert, Horst (Hg.): Bildungsurlaub – eine Zwischenbilanz. Düsseldorf, S. 9–27.

Siebert, Horst (1995): Bildungsurlaub im Land Bremen. In: Strukturkommission Weiterbildung des Senats der Freien Hansestadt Bremen (Hg.): Untersuchungen zur bremischen Weiterbildung – Expertisen. Bremen, S. 3–31.

Zeuner, Christine/Pabst, Antje (2018): Eigenzeit für Bildung. Nachhaltige biographische Wirkungen. Ausarbeitung des gleichlautenden Vortrags. Von Ausarbeitung des gleichlautenden Vortrags, gehalten bei der Fachtagung „Bildungszeit sichert Zukunftchancen!' 25 Jahre Bildungsfreistellung in Rheinland-Pfalz" am 12. April 2018. URL: http://bildungsfreistellung-rlp.de/wp-content/uploads/2016/12/BF-in-RLP_Vortrag_12.04.2018_Zeuner-Pabst.pdf (letzter Zugriff: 02.01.2019).

CLAUDIA POHLMANN

# Die Angebotsplanung von Bildungsurlaubsveranstaltungen aus diskursanalytischer Forschungsperspektive

## 1. Einleitung

Die Bildungsurlaubsgesetze (auch Bildungsfreistellungs- bzw. Bildungszeitgesetze) gehören zu den wenigen rechtlichen Regelungen in Deutschland, die einen individuellen Rechtsanspruch auf Lernzeit während der Arbeitszeit einräumen und somit allen Erwerbstätigen den Zugang zu Weiterbildung ermöglichen, insbesondere den bildungsbenachteiligten Zielgruppen, wie Schichtarbeiterinnen und Schichtarbeiter, die sonst kaum an regulärer Weiterbildung teilnehmen können (vgl. Heidemann 2020). Dennoch ist der Bildungsurlaub seit Erlass der ersten Landesgesetze in den 1970er Jahren diskursiv umstritten und politisch umkämpft. Obwohl nur ca. 1–5 Prozent[1] aller Arbeitnehmerinnen und Arbeitnehmer in Deutschland ihr Bildungsurlaubsrecht in Anspruch nehmen und Bildungsurlaub polyvalente (berufs-) biografische Wirkungen entfaltet, von denen sowohl Arbeitnehmerinnen und Arbeitnehmer als auch Arbeitgeberinnen und Arbeitgeber profitieren (vgl. Robak 2015a, Zeuner/Pabst 2019), gibt es insbesondere von den Arbeitgebervertreterinnen und -vertretern heftige Widerstände und Abwehrkämpfe gegen den Bildungsurlaub sowie negative Stereotypenzuschreibungen.

Im Anschluss an eine wissenschaftliche Begleituntersuchung zur Novellierung des Bremischen Bildungsurlaubsgesetzes im April 2010 (vgl. Robak et al. 2015) wurde eine Dissertationsstudie (vgl. Pohlmann 2018) vorgelegt, in der auf der Grundlage von Programmanalysen und leitfadengestützten Experteninterviews aus diskursanalytischer Forschungsperspektive untersucht wurde, wie die pädagogischen Mitarbeiterinnen und Mitarbeiter in den Weiterbildungseinrich-

---

1  Im Adult Education Survey ist die „Teilnahme während Bildungsfreistellung" im Jahr 2018 mit sieben Prozent angegeben (vgl. Bilger/Strauß 2019, 19). Allerdings bleibt hier unklar, ob neben den Inanspruchnahmen von Bildungsurlaub noch weitere Freistellungen gezählt werden (vgl. kritisch Heidemann 2020).

tungen Bildungsurlaubsveranstaltungen vor dem Hintergrund der gesetzlichen Vorgaben, der bildungspolitischen und öffentlichen Diskussionen, der gewerkschaftlichen Forderungen, der arbeitgeberseitigen Widerstände und der geringen Teilnahmequote konzipieren, planen und begründen. Ein zentraler Befund ist, dass es nicht einen einheitlichen Bildungsurlaubsdiskurs in der Weiterbildung gibt, sondern dass Bildungsurlaub träger- und fachbereichsspezifisch ausgelegt wird.

In dem Beitrag wird zunächst der diskursanalytische Forschungszugang vorgestellt und der Bildungsurlaub als Diskursfeld beleuchtet. Dann werden die empirische Untersuchung sowie zentrale Forschungsergebnisse zu den Bildungsurlaubsdiskursen in der Weiterbildung skizziert. Abschließend wird ein Fazit gezogen und ein Ausblick gegeben.

## 2. Diskursanalytische Forschungsperspektive auf Bildungsurlaub

In den letzten Jahrzehnten hat die Diskursforschung in verschiedenen sozial- und geisteswissenschaftlichen Disziplinen, so auch in den Erziehungs- und Bildungswissenschaften, enorm an Bedeutung gewonnen. Inzwischen liegen eine Vielzahl diskurstheoretischer und -analytischer Ansätze vor (einen Überblick gibt Keller 2011, 13–64), wobei der Begriff Diskursanalyse keine spezifische Methode meint, sondern eine Forschungsperspektive auf „besondere, eben als Diskurse begriffene Forschungsgegenstände" (ebd., 9). In der Erwachsenenbildungsforschung fokussieren die diskursanalytischen Arbeiten insbesondere das Verhältnis von Bildungspolitik und Erwachsenenbildung (vgl. u.a. die Studien von Forneck/Wrana 2005, Kossack 2006, Rothe 2011 und Rosenberg 2015).

Ein aktueller, prominenter, methodologisch und methodisch umfassend begründeter Ansatz, auf den auch in der Dissertationsstudie Bezug genommen wurde (vgl. Pohlmann 2018, 109–124), ist der Ansatz der wissenssoziologischen Diskursanalyse (WDA) nach Keller (2011). In Anlehnung an den Diskursbegriff von Foucault (1969) definiert Keller (2013) Diskurse als „historisch entstandene und situierte, geregelte Aussagenpraktiken, welche die Gegenstände konstituieren, von denen sie handeln" (ebd., 30). Demnach bilden Diskurse die Welt nicht ab, sondern erzeugen die Realität in spezifischer Weise. Indem Diskurse ein bestimmtes Wissen über einen Gegenstand (re-)produzieren, Differenzbildungen erzeugen und Ein- und Ausschlüsse vornehmen, entsteht eine Kopplung von Wissen und Macht (vgl. Truschkat 2013). In Abgrenzung zum Habermasschen Diskursbegriff, bei dem es um die Begründung und Reflexion von Normen und deren Geltung im Medium eines herrschaftsfreien Dialoges geht, hebt der Foucaultsche Diskursbegriff die Abhängigkeit der Individuen von den Beschränkungen dessen, was und wie etwas gesagt werden kann, hervor. Diskurse bestimmen, „worüber zu einem gegebenen Zeitpunkt in einer gegebenen gesellschaftlichen Formation gesprochen werden kann" (Nolda 2010, 68). Mit der WDA stellt Keller (2011) eine Forschungsperspektive zur Verfügung, die sich auf als Diskurse verstandene Forschungsgegenstände und -fragen bezieht und ein analytisches Vokabular bereitstellt, das Fragen von Wissen, Macht, Interessen und Beziehungen in den Fokus rückt.

Für den Forschungsgegenstand Bildungsurlaub ermöglicht die diskursanalytische Perspektive eine differenzierte Betrachtung und Beschreibung des Bildungsurlaubs als politisch umkämpftes Diskursfeld. Am augenscheinlichsten wird dies an den Begriffsverschiebungen von Bildungsurlaub (1960er/1970er Jahre) über Bildungsfreistellung (1990er/2000er) zu Bildungszeit (seit den 2010er Jahren), die auf den zeitgeschichtlichen Wandel der diskursiven Begründungen des Bildungsurlaubs in Bildungspolitik, Weiterbildungspraxis und Erwachsenenbildungsdisziplin verweisen (vgl. ausführlich Pohlmann 2018, 31 – 78).

Im Diskursfeld Bildungsurlaub lassen sich verschiedene Diskursarenen und Diskurskoalitionen identifizieren, in die die Angebotsplanung von Bildungsurlaubsveranstaltungen auf komplexe Weise verwoben ist. Vereinfacht gesagt, können auf der Ebene der Aussagen zwei gegensätzliche Positionen im Diskursfeld Bildungsurlaub unterschieden werden: Die Position „Pro" und die Position „Kontra" Bildungsurlaub. In der Diskursarena der Sozialpartner argumentieren auf der einen Seite Arbeitnehmervertreterinnen und -vertretern für den Bildungsurlaub aufgrund seiner gesellschaftspolitischen Bedeutung für die Herstellung von Chancengleichheit und die Förderung gesellschaftlicher Teilhabe. Auf der anderen Seite beklagen Arbeitgebervertreterinnen und -vertreter die hohen Kosten, die durch die Freistellung der Arbeitnehmerinnen und Arbeitnehmer entstehen sowie den fehlenden Nutzen und das fehlende Mitspracherecht der Unternehmen bei der Auswahl der Bildungsurlaubsseminare. Die konträren Positionen der Sozialpartner spiegeln sich auf der Ebene der Bildungspolitik und der Weiterbildungspraxis wider. Eine eindeutige Position pro Bildungsurlaub vertreten Wissenschaftler und Wissenschaftlerinnen aus den Bildungswissenschaften. Neben den Spezialdiskursen in den gesellschaftlichen Teilarenen, in denen nur ausgewählte soziale Akteure Sprecherpositionen besetzen können, gibt es eine öffentliche Diskursarena, z.B. in den Massenmedien und in den sozialen Medien, in der unterschiedliche Standpunkte zum Bildungsurlaub vertreten werden.

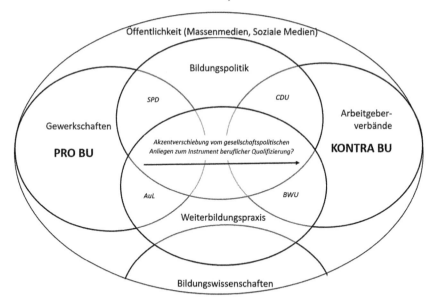

**Abbildung 1: Bildungsurlaub als Diskursfeld**
**Quelle: Pohlmann 2018, S. 117**

Die Diskurse sind nicht statisch, sondern verändern sich im Zeitverlauf und in Abhängigkeit von gesellschaftlichen Entwicklungen: Während die ursprüngliche, gewerkschaftlich getragene Bildungsurlaubsidee der 1960er/1970er Jahre mit gesellschaftspolitischen Zielen verbunden war, wird mit den Gesetzesnovellen seit den 1990er Jahren eine stärkere Orientierung an der Wirtschafts-, Berufs- und Arbeitswelt forciert, um die Akzeptanz für Bildungsurlaub und die Teilnahmequote zu erhöhen (vgl. Schmidt-Lauff 2005).

Eine diskursanalytische Untersuchung des Bildungsurlaubs in den verschiedenen Diskursarenen stellt ein Forschungsdesiderat dar. Sie würde zeigen, mit welchen (Macht-) Interessen der Bildungsurlaub verhandelt wird und zu einer Steigerung der Reflexivität in der diskursiven Auseinandersetzung um den Bildungsurlaub beitragen.

## 3. Empirische Untersuchung der Bildungsurlaubsdiskurse in der Weiterbildung

Im empirischen Teil der Dissertationsstudie (vgl. Pohlmann 2018) wurde die Diskursarena der Weiterbildungspraxis fokussiert. Das Erkenntnisinteresse richtete sich auf die Perspektive der pädagogischen Mitarbeiterinnen und Mitarbeiter, die Bildungsurlaubsveranstaltungen in den Weiterbildungseinrichtungen planen: Wie positionieren sie sich im kontroversen Bildungsurlaubsdiskurs? Welche Spuren von anderen Diskursen sind in den Bildungsurlaubsangeboten wiederzufinden? Und welche Spezialdiskurse werden (re-)produziert?

Mit Nolda (1998, 204) ist anzunehmen, dass der pädagogische Diskurs von anderen Diskursen durchdrungen ist, dass aber eine relative Autonomie im pädagogischen Planungshandeln unterstellt werden kann. Denn erwachsenenpädagogische Programmplanung findet weder in isolierten pädagogischen Provinzen statt, noch steht sie in einem direkten Ableitungsverhältnis anderer gesellschaftlicher Bereiche. Vielmehr ist sie durch ein Wechselwirkungsverhältnis gekennzeichnet: Zum einen ist die pädagogische Planung in gesellschaftliche, historische, soziale, kulturelle und ökonomische Entwicklungen eingebettet und orientiert sich an gesellschaftlichen Bedarfen und individuellen Bedürfnissen. Zum anderen haben pädagogische Planerinnen und Planer Gestaltungsfunktion, indem sie die gesellschaftlichen Anforderungen in pädagogisch legitime transformieren und eigene Spezialdiskurse produzieren, die sich in den Planungsentscheidungen, -begründungen und schließlich in den Bildungsangeboten und -programmen materialisieren. Wie Seismographen rezipieren die Planerinnen und Planer bei der Bedarfserschließung und Themenentwicklung verschiedene Diskurse und selektieren, filtern und bearbeiten diese entsprechend des Trägerinteresses und des Bildungsauftrags der Weiterbildungseinrichtung sowie der eigenen professionellen Haltung. Im Sinne eines kommunikativ-vernetzten Angleichungshandelns (vgl. Gieseke 2003) beziehen die Planerinnen und Planer verschiedene Positionen ein, verhandeln unterschiedliche (Macht-)Interessen (vgl. Cervero/Wilson 2006) und gehen mit gesellschaftlichen Widerspruchskonstellationen und pädagogischen Antinomien um (vgl. von Hippel 2011), wobei von organisationsspezifischen Planungskulturen auszugehen ist (vgl. Dollhausen 2008). Planerinnen und Planer reagieren also nicht einfach linear auf gesellschaftliche Entwicklungen im Sinne einer Anpassung, sondern sind relativ autonom, d.h. sie besitzen die Fähigkeit, feldexterne Zwänge und Anforderungen zu brechen und in die eigene pädagogische Logik zu übersetzen (vgl. Forneck/Wrana 2009, 176). Indem sich Erwachsenenpädagoginnen und -pädagogen selbstbewusst mit den gesellschaftlichen Anforderungen auseinandersetzen, können sie auch gegensteuernd wirken (vgl. Schäffter 2001). Dies setzt eine disziplinäre Eigenlogik des Erwachsenenbildungsfeldes voraus, die von anderen Feldern anerkannt wird. Diskursanalytische Studien (vgl. Forneck/Wrana 2009, Rosenberg 2015) konstatieren jedoch, dass das Selbstverständnis der Erwachsenenbildung sehr fragil sei und die politischen und ökonomischen Felder das Weiterbildungsfeld funktionalisieren. Wenn nun mit der Eigenlogik eines Feldes argumentiert wird, stellt sich die Frage, worin genau die pädagogische Eigenlogik des Erwachsenenbildungsfeldes in Abgrenzung zu einer ökonomischen oder politischen Denk- und Handlungslogik besteht. Mit dieser Frage beschäftigt sich u. a. die allgemeine Pädagogik. Benner (2015) entwirft einen pädagogischen Grundgedanken, der für die vielfältigen Handlungsfelder der pädagogischen Praxis allgemeine, überhistorische Geltung beansprucht (vgl. ebd., 5). Der pädagogische Grundgedanke basiert auf einer allgemeinen Handlungstheorie und geht von einem philosophischen, an der praktischen Vernunft ausgerichteten Begriff menschlichen Handelns aus, der in der Leiblichkeit, Freiheit, Sprachlichkeit und Geschichtlichkeit menschlicher Existenz und Koexistenz begründet ist und zwischen einer politischen, ökonomischen, ethischen, religiösen, ästhetischen und pädagogischen Praxis als Grundphänomene menschlicher Praxis unterscheidet (vgl. ebd., 30). Der pädagogische Grundgedanke besteht in der Annahme, dass jeder Mensch eine von Natur aus unbestimmte Bildsamkeit besitzt (vgl. ebd., 74) und seine Bestimmung zu rezeptiver und spontaner Leiblichkeit, Sprachlichkeit, Geschichtlichkeit und Freiheit durch Aufforderung zur Selbsttätigkeit erlangen kann (vgl. ebd., 82). Um in pädagogischen Interaktionen Wechselwirkungen zwischen Selbst- und Welttätigkeit zu stimulieren, müssen gesellschaftliche Anforderungen und Einflüsse in pädagogisch legitime transformiert werden (vgl. ebd., 108). Dies setzt voraus, dass sich die menschlichen Einzelpraxen Ökonomie, Politik, Ethik, Religion, Kunst und Pädagogik gegenseitig anerkennen und in einem nicht-hierarchischen und nicht-teleologischen Ordnungsverhältnis zueinander stehen (vgl. ebd., 118). Die beiden konstitutiven Prinzipien der unbestimmten Bildsamkeit und der Aufforderung zur Selbsttätigkeit beziehen sich auf die individuelle Seite der pädagogischen Praxis. Die beiden regulativen Prinzipien der Transformation gesellschaftlicher Einflüsse in pädagogisch legitime und der nicht-hierarchischen Ordnung menschlicher Gesamtpraxis beziehen sich auf die gesellschaftliche Seite pädagogischer Praxis. Diese vier Prinzipien fungieren, so Benner (ebd., 61), als Grundbegriffe pädagogischen Denkens und Handelns und konfrontieren die verschiedenen pädagogischen Professionen mit dem Anspruch der pädagogischen Praxis, thematisieren deren Selbstverhältnis sowie deren Beziehungen zu anderen Praxen.

In Bezug auf die erwachsenenpädagogische Konzeption und Planung von Bildungsurlaubsangeboten lässt sich mit Benner fragen und prüfen, inwieweit diese die vier Prinzipien pädagogischen Denkens und Handelns berücksichtigen.

Orientiert sich die Auswahl der Bildungsinhalte ausschließlich an den subjektiven Bedürfnissen und der individuellen Kräfteentwicklung bzw. ausschließlich an den objektiven Bedarfen der Gesellschaft (bzw. Wirtschaft oder Politik), handelt es sich um problemverkürzende Ansätze pädagogischer Angebotsplanung. Im ersten Fall wird die Welt nur als Instrument, das der Entfaltung der Kräfte des Menschen dienen soll, betrachtet. Der Fragehorizont wird auf die individuelle Seite pädagogischer Praxis verkürzt und es wird eine Primatstellung der pädagogischen Praxis gegenüber den anderen Praxen beansprucht. Werden die Bildungsinhalte lediglich aus gesellschaftlichen Anforderungen abgeleitet, wie im zweiten Fall, besteht die Gefahr der Instrumentalisierung. Pädagogisches Planungshandeln ließe sich dann von anderen Praxisbereichen, wie der Politik oder Wirtschaft, in den Dienst nehmen und wäre lediglich Erfüllungsgehilfe für andere Zwecke. In Abgrenzung zu den beiden problemverkürzenden Ansätzen ist der Fragehorizont einer nicht-affirmativen pädagogischen Planungstheorie thematisch offen, d.h. pädagogisch-professionelles Planungshandeln muss die unbestimmte Bildsamkeit der Lernerinnen und Lerner anerkennen und im Sinne des Prinzips der Aufforderung zur Selbsttätigkeit versuchen, Angebote zu entwickeln, die bei den Lernerinnen und Lerner Wechselwirkungen der Denk- und Welttätigkeit anregen und die Partizipation an gesellschaftlichen Praxisbereichen ermöglichen. Pädagogisch-professionelles Planungshandeln steht vor der Herausforderung, gesellschaftliche Anforderungen in pädagogisch legitime zu transformieren und dabei die nicht-hierarchischen Verhältnisse der Einzelpraxen zu berücksichtigen.

In diesem Sinne wurde im empirischen Teil der Dissertation untersucht, an welchen Bezugshorizonten sich die pädagogischen Mitarbeiterinnen und Mitarbeiter bei der Konzeption und Planung von Bildungsurlaubsangeboten orientieren, ob eine eigenständige (erwachsenen)pädagogische Begründungslogik für den Bildungsurlaub entwickelt wurde, inwiefern Angleichungshandeln und relative Autonomie im professionellen Planungshandeln realisiert werden können bzw. inwiefern es Durchsteuerungen und Anpassungen gibt.

## 4. Empirische Befunde zu den Bildungsurlaubsdiskursen in der Weiterbildung

Auf der Grundlage der vorliegenden Programmanalysen des Bremer Bildungsurlaubsangebots (vgl. Körber u.a. 1995, Schrader 2011, Rippien 2015) und der Interviews mit den pädagogischen Mitarbeiterinnen und Mitarbeiter in verschiedenen Bremer Weiterbildungseinrichtungen (vgl. Pohlmann 2018, 134 f.)

konnten in der empirischen Untersuchung drei Spezialdiskurse zum Bildungsurlaub identifiziert werden (vgl. ebd., 257):

Der erste Spezialdiskurs knüpft an den Diskurs der 1960er/1970er Jahre an
und begründet den Bildungsurlaub als gesellschaftspolitisches Instrument. Es
sind insbesondere die gewerkschaftlichen, politischen Bildungsurlaubsanbieter,
aber auch die Volkshochschulen und die konfessionellen Weiterbildungseinrichtungen, die die ursprüngliche Bildungsurlaubsidee aufgreifen, an die demokratischen Ziele aus der Konstitutionsphase des Bildungsurlaubs anknüpfen und diese vor dem Hintergrund aktueller gesellschaftlicher Herausforderungen reinter-
pretieren. Die Herstellung von Chancengleichheit und die Förderung von
Mitbestimmung werden von den Planerinnen und Planern damals wie heute als
zentrale gesellschaftspolitische Zielsetzungen des Bildungsurlaubs benannt.
Zum einen können mit Bildungsurlaub soziale Ungleichheiten und Weiterbil-
dungsbarrieren, wie fehlende Lernzeit und Lernwiderstände aufgrund negativer
Schulerfahrungen, überwunden und bildungsbenachteiligte Zielgruppen erreicht werden. Ein interessanter Befund in diesem Zusammenhang ist, dass sich
das Zielgruppenverständnis verändert hat: Bildungsbenachteiligt sind aus Sicht
der Planerinnen und Planer nicht mehr (nur) Menschen mit negativen Schulerfahrungen bzw. niedrigen Schulabschlüssen, sondern Arbeitnehmerinnen und
Arbeitnehmer in Beschäftigungsverhältnissen oder Betrieben, die kaum Lernzeit einräumen. Der Faktor Zeit wird von den befragten Planerinnen und Planern als zentrale Weiterbildungsbarriere angesehen. Zum anderen fördert Bildungsurlaub aus Sicht der Planerinnen und Planer die Mitbestimmung in verschiedenen gesellschaftlichen Bereichen. Exemplarisch steht das Zitat aus dem
Interview mit einer im Programmbereich politische Bildung tätigen pädagogischen Mitarbeiterin von Arbeit und Leben Bremerhaven aus dem Jahr 2011:

*„Wir haben ein Konzept, das sich sehr an den Arbeitnehmerinneninteressen ori-
entiert. Im Grunde genommen geht jedes Seminar ein auf Arbeitsbedingungen,
auf die Möglichkeit der Partizipation nicht nur im gesellschaftlichen Alltag, sondern auch im Arbeitsalltag."* (AuL, PB, 2011, 76–81)

Der interviewte pädagogische Mitarbeiter des Evangelischen Bildungswerks in
Bremen betont zudem die Bedeutung des Bildungsurlaubs als einer der wenigen
milieu-, generationen- und geschlechterübergreifenden Diskussionsorte (vgl.
Ev. BW, 2011, 185). Mit Bildungsurlaub werden auch trägerunspezifische, „kir-
chenferne" Zielgruppen erreicht. Weiterhin schreiben die Interviewpartner*innen
dem Bildungsurlaub eine Regenerations- und Entschleunigungsfunktion zu; vor

dem Hintergrund zunehmender Arbeitsverdichtung, Stress und Erschöpfung in prekären Beschäftigungsverhältnissen soll der Bildungsurlaub als ein Moratorium fungieren. Dementsprechend wird insbesondere in der politischen Bildung das Format der fünftägigen Kompaktwoche präferiert und es werden Lernorte gewählt, die mit Regeneration und Entschleunigung assoziiert sind, wie z. B. ein Kloster oder das Wattenmeer. Ein Beispielangebot ist der von der Wirtschafts- und Sozialakademie Bremen im Jahr 2012 angebotene Bildungsurlaub „Arbeitsdruck und innere Erschöpfung – Wege zur Bewahrung von Engagement in Beruf und Alltag" (WiSoAk, 2012). In den Bildungsurlaubsangeboten der politischen Bildung werden die Arbeitsbedingungen, beispielsweise der Schichtarbeit, kritisch reflektiert und zeitentschleunigende Hilfen angeboten.

Der zweite Spezialdiskurs greift den neoliberalen Modernisierungsdiskurs der 1990er Jahre auf, der durch eine verstärkte Wirtschafts-, Berufs- und Arbeitsorientierung gekennzeichnet ist, und legt Bildungsurlaub als Instrument beruflich-betrieblicher Qualifizierung aus. Dieser Diskurs wird insbesondere von den gewerblichen Weiterbildungsanbietern und von den Unternehmensverbänden getragenen Anbietern reproduziert. Angesichts beruflicher Qualifikationsanforderungen soll Bildungsurlaub primär der Förderung beruflicher Qualifizierung und Kompetenzentwicklung dienen. Das Zitat aus dem Interview mit einem Bildungsmanager eines gewerblichen Weiterbildungsanbieters der beruflichen Bildung aus dem Jahr 2011 steht exemplarisch für die an wirtschaftlichen Bedarfen orientierte Bildungsurlaubsplanung:

*„Wir orientieren uns also nicht, wie es manche Träger machen, nach dem Motto: Was kann ich irgendwie verkaufen, wofür finde ich irgendwie einen Teilnehmer? Nach dem Motto ,Teetrinken auf Samoa' oder sowas. Sondern wir orientieren uns an den Bedarfen tatsächlich in der Wirtschaft." (Fortbildung direkt, BB, 2011, 35–38)*

Betont wird der berufliche Nutzen des Bildungsurlaubs für Arbeitgeberinnen und Arbeitgeber und Arbeitnehmerinnen und Arbeitnehmern. Das Ziel besteht in einer beruflich-betrieblichen Qualifizierung im engeren Sinne, d. h. die Bildungsurlaubsangebote weisen häufig einen unmittelbaren Tätigkeits- bzw. Arbeitsplatzbezug auf. Beispielangebote sind „Betriebsbeauftragter für Abfall" und „Optimierte Materialdisposition" (Fortbildung direkt, Programm 2012). Dementsprechend werden spezifische Berufsgruppen, Branchen bzw. Funktions- und Statusgruppen adressiert, es wird berufliches Fachwissen vermittelt und die Angebote sind im Zugang beschränkt. Meist handelt es sich um regulär angebotene Seminare beruflicher Bildung, die als Bildungsurlaub anerkannt werden können, d.h. die Bildungsurlaubsangebote unterscheiden sich konzeptionell nicht von anderen beruflichen Weiterbildungsformaten. Auch in der beruflichen Bildung wird das Thema Zeit aufgegriffen, z.b. in Bildungsurlaubsangeboten aus dem Bereich Schlüsselqualifikationen zum Thema „Zeitmanagement". Anders als in der politischen Bildung stellen diese Angebote eher zeitbeschleunigende Hilfen zur Verfügung, d.h. es geht um die Frage, wie Zeit noch effektiver genutzt werden kann. In diese Logik des Zeitsparens reihen sich auch die überwiegend angebotenen Kurzzeitformate (ein-, zwei- oder dreitägige Bildungsurlaubsveranstaltungen) ein.

Der dritte Spezialdiskurs begründet den Bildungsurlaub erwachsenenpädagogisch als temporale Ressource zur Realisierung lebenslangen Lernens und als Instrument zur freiheitlichen Bildungspartizipation. Es sind insbesondere die Volkshochschulen, deren Bildungsarbeit ein weiter Bildungsbegriff zu Grunde gelegt wird, der Persönlichkeitsentwicklung und Identitätsbildung, emotionale Bildung und leiblich-physische Stabilisierung, demokratische Teilhabe sowie Beruflichkeit, Arbeitsfähigkeit und Employability umfasst (vgl. hierzu auch Robak 2015b, 48). Beispielhaft steht das Zitat aus dem Interview mit einer hauptamtlich beschäftigten pädagogischen Mitarbeiterin einer Volkshochschule, die den Fachbereich Gesundheitsbildung verantwortet:

> *„Und es geht immer um die Frage: Wie kann ich Menschen darin stärken, mit der eigenen Gesundheit autonom umzugehen ohne die Gesellschaft aus der Pflicht zu lassen über ein vernünftiges Gesundheitswesen eben auch die Versorgung sicher zu stellen. (…) Also, sich nicht nur auf Experten verlassen, nicht ständig zum Arzt rennen bei jeder kleinen Geschichte, sondern einfach seinen Körper auch besser kennen lernen."* (VHS, GB, 2011, 796–800)

Die Angebotsplanung orientiert sich an gesellschaftlichen Bedarfen und individuellen Bedürfnissen und zielt auf die Ermöglichung vielfältiger Lern- und Bildungsprozesse, die Förderung von Mündigkeit, Autonomie und kritischer Reflexion sowie biografischer Reflexionsfähigkeit, Beziehungsfähigkeit und Ausdifferenzierung von Emotionalität. Die Themen und Formate sind dementsprechend vielfältig und bedienen differenzielle Lern-Verwertungsinteressen der Teilnehmenden (vgl. Robak 2015b, Heidemann 2020).

In Bezug auf zeitliche Aspekte ist in der Gesamtschau der Befunde die Erkenntnis interessant, dass die Planerinnen und Planer über die verschiedenen Weiterbildungseinrichtungen und Fachbereiche hinweg die Diagnose einer zunehmenden Beschleunigung, Flexibilisierung, Entgrenzung, Verdichtung und Zeitknappheit teilen. Dies spiegelt sich auf allen Analyse-Ebenen wider: In den didaktisch-methodischen Begründungen und Bildungsurlaubszielen, den thematischen Schwerpunktsetzungen, der Formatauswahl und der Zielgruppenbestimmung. Allerdings werden unterschiedliche Lösungen zum Umgang mit den diagnostizierten Zeittendenzen angeboten, die sich danach unterscheiden lassen, ob sie eher zeitbeschleunigende oder zeitentschleunigende Hilfen darstellen. Mit Schmidt-Lauff (2008, 196 f.) sind die zeitbeschleunigenden Maßnahmen kritisch zu hinterfragen, denn Zeitmanagement und Zeitsparen verhindern widersinniger Weise die angestrebten Zeiterfahrungen von Langsamkeit, Sorgfalt, Nachdenken, Hören auf die innere Stimme, Anerkennung, subjektiver Eigenzeiten. Zeitsparanstrengungen führen zu noch mehr Zeitsparanstrengungen, weil die gewonnene Zeit bereits für andere Aktivitäten investiert wird (vgl. ebd.). „Bildung als Gegenort zum Tempo Welt" (ebd., 219) lautet stattdessen der pädagogisch-professionelle Bildungsanspruch.

## 5.   Fazit und Ausblick

Die diskursanalytische Untersuchung des Bildungsurlaubs in der Weiterbildungspraxis zeigt, dass es nicht einen (einheitlichen) Bildungsurlaubsdiskurs gibt, sondern ausdifferenzierte, verschlungene, zum Teil diametral verlaufende Spezialdiskurse, die historisch gewachsen sind, träger- und fachbereichsspezifische Profilierungen aufweisen und im Spannungsfeld gesellschaftspolitischer, erwachsenenpädagogischer und ökonomischer Bezugshorizonte rekonstruiert werden können.

Nach der Konstitutionsphase in den 1960er und 1970er Jahren und der Transformationsphase in den 1990er und 2000er Jahren lassen sich die aktuellen Entwicklungen des Bildungsurlaubs in der Weiterbildungspraxis als Differenzierungsphase deuten (vgl. Pohlmann 2018, 257 f.).

In Bezug auf die Frage nach der relativen Autonomie bestätigen die Forschungsergebnisse zum Bildungsurlaub einerseits die Befunde vorliegender Diskursanalysen (vgl. Forneck 2009, Rosenberg 2015), die dem Weiterbildungsfeld eine geringe Autonomie bescheinigen. Insbesondere bei den gewerblichen Anbietern und bei den von den Unternehmensverbänden getragenen Weiterbildungseinrichtungen wird deutlich, dass der Bildungsurlaub unter einer beruflich-betrieblichen Verwertungsperspektive ausgelegt wird, während gesellschafts- und weiterbildungspolitische Ziele kaum eine Rolle spielen. Damit sollen diese Anbieter und Angebote nicht dämonisiert werden; berufliche Kompetenzzentwicklung war und ist ein wichtiges Ziel des Bildungsurlaubs, vorausgesetzt die Bildungsurlaubsangebote werden nicht einseitig für betriebliche Weiterbildungsbedarfe instrumentalisiert. Vorliegende Ansätze zur Integration von beruflicher, allgemeiner und politischer Bildung (vgl. u.a. Faulstich 2006) bieten das Potential, einen weiten Bildungsbegriff in beruflichen Bildungsurlaubsformaten zu realisieren.

Gleichzeitig zeigen die Befunde, dass sich die öffentlich geförderten Weiterbildungseinrichtungen an einer erwachsenenpädagogischen Eigenlogik orientieren und diese auch gegenüber ökonomischen und politischen Ansprüchen „verteidigen". Mit ihren Argumentationen greifen die Planerinnen und Planer der öffentlichen Weiterbildungseinrichtungen die gesellschafts- und weiterbildungspolitischen Begründungen aus der Konstitutionsphase des Bildungsurlaubs auf und legen diese angesichts aktueller gesellschaftlicher Anforderungen neu aus. Zudem kommen neue Funktionszuschreibungen, wie die Ermöglichung von Regeneration und Entschleunigung in Zeiten zunehmender Arbeitsverdichtungen, hinzu. Thesenartig zugespitzt, variiert der Grad der Autonomie in den Weiterbildungseinrichtungen in Abhängigkeit vom Träger.

Die Forschungsergebnisse verweisen zum einen auf die Notwendigkeit einer stabilen öffentlichen Förderung, die Voraussetzung für professionelles pädagogisch begründetes Planungshandeln ist. Zum anderen verweisen die Befunde auf die Notwendigkeit erwachsenenpädagogischer Begriffs- und Theoriebildungen sowie auf die erwachsenenpädagogische Professionalisierung des Weiterbildungspersonals, damit die Planerinnen und Planer ihre Arbeit gegenüber anderen Interessenvertreterinnen und -vertretern erwachsenenpädagogisch begründen können.

## Literatur

Benner, Dietrich (2015): Allgemeine Pädagogik. Eine systematisch-problemgeschichtliche Einführung in die Grundstruktur pädagogischen Denkens und Handelns. 8., überarb. Aufl., Weinheim.

Bilger, Frauke/Strauß, Alexandra (2019): Weiterbildungsverhalten in Deutschland 2018. Ergebnisse des Adult Education Survey – AES Trendbericht. In URL: https://www.bmbf.de/pub/Wei terbildungsverhalten_in_Deutschland_2018.pdf (letzter Zugriff: 21.01.2020).

Cervero, Ronald M./Wilson, Arthur L. (2006): Working the Planning Table: Negotiating Democratically for Adult, Continuing and Workplace Education. 1. ed. San Francisco.

Dollhausen, Karin (2008): Planungskulturen in der Weiterbildung. Angebotsplanungen zwischen wirtschaftlichen Erfordernissen und pädagogischem Anspruch. Bielefeld.

Faulstich, Peter (2006): Zeit zum Lernen öffnen. Bildungsurlaub und zeitgemäße Strategien kompetenzorientierter Arbeitszeitverkürzung. In: Meisel, Klaus/Schiersmann, Christiane. (Hg.): Zukunftsfeld Weiterbildung. Standortbestimmungen für Forschung, Praxis und Politik. Ekkehard Nuissl von Rein zum 60. Geburtstag. Bielefeld, S. 233–245.

Foucault, Michel (2013/1969): Archäologie des Wissens. 16. Auflage. Frankfurt/M.

Forneck, Hermann-Josef/Wrana, Daniel (2009): Professionelles Handeln und die Autonomie des Feldes der Weiterbildung. In: Friebertshäuser, Barbara/Rieger-Ladich, Markus/Wigger, Lothar (Hg.): Reflexive Erziehungswissenschaft. Forschungsperspektiven im Anschluss an Pierre Bourdieu. Wiesbaden, S. 175–189.

Forneck, Hermann-Josef/Wrana, Daniel (2005): Ein parzelliertes Feld. Eine Einführung in die Erwachsenenbildung. Bielefeld.

Gieseke, Wiltrud (2003): Programmplanungshandeln als Angleichungshandeln: Die realisierte Vernetzung in der Abstimmung von Angebot und Nachfrage. In: Dies. (Hg.): Institutionelle Innensichten der Weiterbildung. Bielefeld, S. 189–211.

Heidemann, Lena (2020): Weiterbildungspartizipation und Bildungsurlaubsteilnahme. Theoretische Grundlegung, forschungsbezogene Standortbestimmung und empirische Analyse (in Vorbereitung).

Hippel, Aiga von (2011): Programmplanungshandeln im Spannungsfeld heterogener Erwartungen. Ein Ansatz zur Differenzierung von Widerspruchskonstellationen und professionellen Antinomien. In: Report: Zeitschrift für Weiterbildungsforschung, 34 (2011) 1, S. 45–57.

Keller, Reiner (2011): Diskursforschung: Eine Einführung für SozialwissenschaftlerInnen. 4. Aufl., Wiesbaden.

Keller, Reiner (2013): Zur Praxis der Wissenssoziologischen Diskursanalyse. In: Keller, Reiner/ Truschkat, Inga (Hg.): Methodologie und Praxis der Wissenssoziologischen Diskursanalyse. Wiesbaden, S. 27–68.

Körber, Klaus/Kuhlenkamp, Detlef/Peters, Roswitha/Schultz, Erhard/Schrader, Josef/Wilckhaus, Fritz (1995): Das Weiterbildungsangebot im Lande Bremen. Strukturen und Entwicklungen in einer städtischen Region. Bremen.

Kossack, Peter (2006): Lernen beraten. Eine dekonstruktive Analyse des Diskurses zur Weiterbildung. Bielefeld.

Nolda, Sigrid (1998): Programme der Erwachsenenbildung als Gegenstand qualitativer Forschung. In: Nolda, Siegrid/Pehl, Klaus/Tietgens, Hans (Hg.): Programmanalysen. Programme der Erwachsenenbildung als Forschungsobjekte. Frankfurt/M., S. 139–235.

Nolda, Sigrid (2010): Diskurs. In: Arnold, Rolf/Nolda, Sigrid/Nuissl, Ekkehard (Hg.): Wörterbuch Erwachsenenbildung. Stuttgart, S. 68–69.

Pohlmann, Claudia (2018). Bildungsurlaub – Vom gesellschaftspolitischen Anliegen zum Instrument beruflicher Qualifizierung? Eine Analyse der Bildungsurlaubsdiskurse in der Weiterbildung. Berlin.

Rippien, Horst (2015): Programmanalyse – Bildungsbereiche, Anbieter und Formate im diachronen Vergleich. In: Robak, Steffi/Rippien, Horst/Heidemann, Lena/Pohlmann, Claudia (Hg.): Bildungsurlaub – Planung, Programm und Partizipation. Eine Studie in Perspektivverschränkung. Frankfurt/M., S. 113–184.

Robak, Steffi (2015a): Qualitative Interviews mit Bildungsurlaubsteilnehmenden: Funktionen der Partizipation an Bildungsurlaub – Anschlusslernen und Lern-Verwertungsinteressen. In: Robak, Steffi/Rippien, Horst/Heidemann, Lena/Pohlmann, Claudia (Hg.): Bildungsurlaub – Planung, Programm und Partizipation. Eine Studie in Perspektivverschränkung. Frankfurt/M., S. 207–272.

Robak, Steffi (2015b): Anschlusslernen und Lern-Verwertungsinteressen als Untersuchungskategorien für Partizipation an Bildungsurlaub. In: Robak, Steffi/Rippien, Horst/Heidemann, Lena/Pohlmann, Claudia (Hg.): Bildungsurlaub – Planung, Programm und Partizipation. Eine Studie in Perspektivverschränkung. Frankfurt/M., S. 43–65.

Robak, Steffi/Rippien, Horst/Heidemann, Lena/Pohlmann, Claudia (2015): Bildungsurlaub – Planung, Programm und Partizipation. Eine Studie in Perspektivverschränkung. Frankfurt/M.

Rosenberg, Hannah (2015): Erwachsenenbildung als Diskurs. Eine wissenssoziologische Rekonstruktion. Bielefeld.

Rothe, Daniela (2011): Lebenslanges Lernen als Programm: eine diskursive Formation in der Erwachsenenbildung. Frankfurt/M.

Schäffter, Ortfried (2001): Weiterbildung in der Transformationsgesellschaft. Zur Grundlegung einer Theorie der Institutionalisierung. Baltmannsweiler.

Schmidt-Lauff, Sabine (2008): Zeit für Bildung im Erwachsenenalter. Münster u.a.

Schmidt-Lauff, Sabine (2005): Chancen für individuelle Lernzeiten. Bildungsurlaubs- und Freistellungsgesetze. In: Recht der Jugend und des Bildungswesens, 53 (2005) 2, S. 221–235.

Schrader, Josef (2011): Struktur und Wandel der Weiterbildung. Bielefeld.

Truschkat, Inga (2013): Zwischen interpretativer Analytik und GTM. In: Keller, Reiner/Truschkat, Inga (Hg.): Methodologie und Praxis der Wissenssoziologischen Diskursanalyse. Wiesbaden, S. 69–87.

Zeuner, Christine/Pabst, Antje (2019): Bildungsurlaub als Initialzündung und Impulsgeber – Wirkungszusammenhänge zwischen Mehrfachteilnahme und biographischen Entwicklungen. In: Die Österreichische Volkshochschule. Magazin für Erwachsenenbildung. Nr. 267, H. 1/2019, S. 20–24.

IRIS PFEIFFER, SASKIA RIEGER

# Das Bildungszeitgesetz Baden-Württemberg – Zu wenig Zeit für Weiterbildung?

„Zeit" ist eine der wichtigsten Ressourcen in der Erwachsenenbildung. Zeit wird unumgänglich benötigt, wenn es darum geht, Lern- und Bildungsprozesse im Lebensverlauf und im Alltäglichen zu realisieren. Während Zeit in der Schul- und Berufsausbildung systematisch zur Verfügung gestellt wird, sind für Erwachsene keine gesellschaftlich institutionalisierten „Lernzeitfenster" vorhanden (Schmidt-Lauff 2010, 213). Investitionen von Zeit in Bildung stehen daher häufig in einem Spannungsverhältnis zu anderen Aktivitäten, z.B. beruflichen und privaten Aufgaben sowie alltäglichen Verpflichtungen.

Mit dem Instrument des Bildungsurlaubs bietet sich eine Möglichkeit, dieses Spannungsverhältnis zugunsten des lebensbegleitenden Lernens aufzulösen: Es wird jährlich Zeit für individuelle Weiterbildung per Rechtsanspruch eingeräumt, Unternehmen müssen ihre Arbeitnehmer*innen freistellen und Löhne in dieser Zeit fortzahlen. Diesem Muster folgt auch das im Jahr 2015 eingeführte Bildungszeitgesetz Baden-Württemberg (BzG BW). Es gewährt Beschäftigten mit Tätigkeitsschwerpunkt in Baden-Württemberg einen Anspruch auf einen bezahlten Bildungsurlaub an bis zu fünf Arbeitstagen im Jahr (Landtag von Baden-Württemberg 2015). Dieser Anspruch gilt für die Teilnahme an geeigneten Maßnahmen der beruflichen und politischen Weiterbildung sowie der Qualifizierung für Tätigkeiten im Ehrenamt bei anerkannten Bildungseinrichtungen (ab 2016). Der Anspruch auf Qualifizierungen im letztgenannten Weiterbildungsbereich wird im Rahmen einer entsprechenden Rechtsverordnung (VO BzG BW) geregelt.

Das Forschungsinstitut Betriebliche Bildung (f-bb) hat das BzG BW im Jahr 2018 im Auftrag des baden-württembergischen Wirtschaftsministeriums evaluiert. Dabei wurden verschiedene Perspektiven auf die (zeitliche) Inanspruchnahme, den Nutzen und die Zufriedenheit mit dem Gesetz untersucht. Insgesamt wurden neun quantitative und qualitative Datenerhebungen sowie ergänzende Dokumenten- und Sekundärdatenanalysen durchgeführt. Im Fokus der Erhebungen standen die zentralen Beteiligtengruppen des Bildungsfreistellungsgesetzes: Teilnehmende von Bildungszeitmaßnahmen nach dem BzG BW, Anspruchsberechtigte, anerkannte Bildungseinrichtungen und Träger, Unternehmen sowie zentrale Interessenvertretungen in Baden-Württemberg. Insgesamt wurden im Rahmen der Erhebungen über 1.750 Interviews ausgewertet. Die dargestellten Ergebnisse entstammen dem Evaluationsbericht zum BzG BW aus dem Jahr 2019 (Pfeiffer u.a. 2019).

## Zu wenig in Anspruch genommene „Zeit"?

Was bereits andere Untersuchungen zur Nutzung von Bildungsfreistellungsgesetzen in den Bundesländern zutage förderten, bestätigt sich auch für das Land Baden-Württemberg: Bildungszeit wird nur in einem geringen Maße von anspruchsberechtigten Personen genutzt. Auf Basis einer Befragung aller für das BzG BW anerkannten Bildungseinrichtungen und Träger innerhalb der Evaluation (Trägerbefragung) konnte ermittelt werden, dass im Jahr 2017 mit hochgerechnet 53.000 Teilnehmenden lediglich ein Anteil von ca. 1,12 Prozent der grundsätzlich anspruchsberechtigten Personen Bildungszeit genutzt hat. Auch in anderen Bundesländern machen weniger als ein Prozent bis zu zwei Prozent der Arbeitnehmer*innen ihren Anspruch auf Bildungsurlaub pro Jahr geltend (Reichling 2014, 22). Die Anspruchsberechtigten verwenden also in deutlich geringerem Ausmaß Zeit für Bildung über gesetzliche Bildungsfreistellungen als dies möglich wäre.

Interessant ist in dieser Hinsicht die Betrachtung des zeitlichen Umfangs der in Anspruch genommenen Bildungszeit. Sie kann individuell bis zu einer Höhe von fünf Tagen im Jahr variieren. In der Evaluation des BzG BW wurden dazu über 500 Personen befragt, die anhand einer quotierten Stichprobe aus der anspruchsberechtigten Wohnbevölkerung in Baden-Württemberg ausgewählt wurden (Anspruchsberechtigtenbefragung). Hier gaben 24 Prozent der befragten Personen, die Bildungszeit im Jahr 2017 genutzt hatten, an, eine Freistellung von bis zu vier Tagen genutzt zu haben. Mit 77 Prozent ließen sich die Befragten mehrheitlich für den gesamten Anspruchszeitraum von fünf Tagen freistellen. Im Durchschnitt nahmen die Befragten, die im Jahr 2017 an Bildungszeitmaßnahmen teilnahmen, 4,45 Tage der gesetzlich bereitgestellten Bildungszeit in Anspruch. Somit wird – wenn Bildungszeit genutzt wird – zumeist fast die gesamte Anspruchsdauer ausgeschöpft.

Die Inanspruchnahme von Bildungszeit setzt voraus, dass die potenziell Anspruchsberechtigten Kenntnis von ihrem Rechtsanspruch haben. Das ist nicht flächendeckend der Fall, wie die durchgeführte Anspruchsberechtigtenbefragung ergab. Demnach war der Großteil der über 500 Befragten über das Gesetz und die damit verbundene Möglichkeit, Bildungszeit zu nehmen, nicht informiert. Lediglich ein Drittel der Befragten gab an, dass ihnen das Bildungszeit-gesetz bereits vor der Befragung bekannt war. Die Bekanntheit war dabei signifikant größer in der Altersgruppe der 18- bis 44-Jährigen. Etwa 40 bis 47 Prozent der Befragten in diesem Alter kannten das BzG BW. Im Gegensatz dazu liegt dieser Anteil bei Personen über 45 Jahren bei lediglich 22 bis 25 Prozent. Entsprechend der altersspezifischen Bekanntheitsunterschiede zeigte sich auch bei der Inanspruchnahme, dass von der Bildungsfreistellung relativ häufiger in jüngeren Altersgruppen Gebrauch gemacht wurde. Befragte Personen im Alter von 18 bis 24 Jahren, die das Gesetz kannten, haben Bildungszeit in drei Viertel der Fälle genutzt; Personen im Alter von 45 bis 54 Jahren nur in 19 Prozent der Fälle.

Auch der beschäftigende Betrieb und die eigene Stellung können bei der Inanspruchnahme von Bildungszeit eine Rolle spielen. Die Unterschiede hinsichtlich der Betriebsgröße und der Übernahme von Führungsverantwortung sind signifikant: Bildungszeit wird verhältnismäßig häufiger in Unternehmen mit 250 bis 499 Mitarbeiter*innen genutzt als in kleineren Unternehmen; Personen, die innerhalb ihrer Tätigkeit Führungsverantwortung ausüben, nehmen mit 52 Prozent deutlich häufiger die Bildungsfreistellung in Anspruch als Personen ohne Führungsverantwortung (29 Prozent). Solche beschäftigungsbezogenen Faktoren der Teilhabemöglichkeiten sind bereits aus Studien zur betrieblichen Weiterbildung bekannt (Schönfeld/Behringer 2017, 63 ff.; Demary u. a. 2013, 50 f.).

Nicht alle Befragten, denen das Gesetz bereits vor der Befragung bekannt war, nutzten auch den dadurch eingeräumten Rechtsanspruch. Nur etwa ein Drittel der befragten Anspruchsberechtigten, die das Gesetz kannten, haben Bildungszeit seit Bestehen des Gesetzes ein- oder mehrmals genutzt. Die Untersuchung ergab, dass, obwohl das Gesetz in vielen Fällen bekannt war, die Anspruchsberechtigen das Gefühl hatten, wesentliche Informationen darüber nicht zu besitzen. Zwar bietet das Regierungspräsidium Karlsruhe mit einer eigenen Website und einer telefonischen Sprechstunde die Möglichkeit, sich näher über den Anspruch zu informieren, Informationen sind dennoch bei den Anspruchsberechtigten nicht verbreitet bzw. sind diesen nicht verständlich. Die Befragten, die das BzG BW kannten, sahen für sich hauptsächlich noch einen Informationsbedarf zu den bestehenden bildungszeitfähigen Weiterbildungsmaßnahmen, zu den Voraussetzungen der Beantragung sowie zum Antragsstellungsprozess beim Arbeitgeber. In der Erhöhung des Bekanntheitsgrads des Instruments liegt der erste Hebel, um Menschen nach Schule und Ausbildung mehr Zeit für Bildung zu ermöglichen.

## Bildungszeit als sinnvoll genutzte Zeit?

Die Befragung aller anerkannten Bildungseinrichtungen und Träger für das BzG BW zeigt, dass Bildungszeit am häufigsten für berufliche Weiterbildungen genutzt wird. Damit wird das Ergebnis einer bereits zuvor stattgefundenen Trägerabfrage durch das Regierungspräsidium Karlsruhe bestätigt. So besuchten 2017 schätzungsweise drei Viertel der Personen, die Bildungszeit nahmen, eine berufliche Weiterbildung. Politische Weiterbildungen und Ehrenamtsqualifizierungen wurden deutlich seltener besucht, wobei die beiden Bereiche hinsichtlich ihrer Anteile in den Befragungen variierten. Dass gesetzliche Bildungsfreistellungen überwiegend für berufliche Weiterbildungen verwendet werden, kann auch für andere Ländergesetze festgestellt werden (Hessisches Ministerium für Soziales und Integration 2017, 9; Ministerium für Wissenschaft, Weiterbildung und Kultur Rheinland-Pfalz 2017, 16).

Die Beteiligung an Weiterbildung ist für Individuen mit verschiedenen Motiven und Zielen verbunden. In der baden-württembergischen Evaluation wurden über 480 Personen, die Bildungszeit im Jahr 2018 in Anspruch genommen hatten (Teilnehmendenbefragung), unter anderem dazu befragt, welche Ziele sie mit den Weiterbildungen verfolgten. Für die Teilnehmenden, die in ihrer Bildungszeit eine berufliche Weiterbildung besucht haben, stand hauptsächlich die Erweiterung von Wissen und Fähigkeiten zu einem ausgewählten Thema im Fokus. Die Teilnahme an einer Ehrenamtsqualifizierung geht auf das Motiv zurück, die ehrenamtliche Tätigkeit dadurch besser ausführen zu können. Rund 86 Prozent der Teilnehmenden einer Ehrenamtsqualifizierung gaben dies als Zweck an.

In der Regel werden die mit der besuchten Bildungsmaßnahme verbundenen persönlichen Zielsetzungen für die Befragten erreicht. Das bestätigten 78 Prozent von den 361 Teilnehmenden einer beruflichen Weiterbildung und 89 Prozent von den 99 Teilnehmenden einer Ehrenamtsqualifizierung. Die hohen Zustimmungswerte sprechen dafür, dass Teilnehmende die für das BzG BW geeigneten Bildungsmaßnahmen für sich sinnvoll einsetzen können.

Erwähnenswert ist weiterhin, dass Bildungszeit v. a. auch für solche Weiterbildungen zum Einsatz kommt, die deutlich über einer Dauer von fünf Tagen – und damit über der vom Gesetz abgedeckten Anspruchsdauer – liegen. In Bezug auf die aktuell bzw. zuletzt besuchte Bildungsmaßnahme wurden 368 Angaben zum Titel der Maßnahme und des Themenbereiches in der Teilnehmendenbefragung erfasst. Eine vertiefte Analyse der Maßnahmentitel/-beschreibungen ergab, dass 91 Angaben und damit ca. 25 Prozent aller im Bereich beruflicher Weiterbildungen genannten Maßnahmen Arten von Aufstiegsfortbildungen darstellten.

70

Es zeigte sich, dass „Führung und Management, z.B. Projektmanagement" und „Betriebswirtschaft und Recht" die am häufigsten gewählten Themenfelder bei beruflichen Weiterbildungen waren. Unter diesen Feldern wurden vielfach länger andauernde Weiterbildungsformen wie Aufstiegsfortbildungen (Meister*in/ Techniker*in), Weiterbildungen zum/zur (technischen) Fachwirt*in, Wirtschaftsfachwirt*in, Betriebswirt*in oder (berufsbegleitende) Master- und Bachelorstudiengänge genannt. Bildungszeit wird demnach auch als ergänzende, zusätzliche Ressource für die langfristige Berufs- und Karriereentwicklung genutzt.

## Zusätzliche Zeit für Bildung?

Die Bildungsfreistellungsgesetze der Länder sollen für Arbeitnehmerinnen und Arbeitnehmer Zeit(-räume) für Bildung schaffen und die Teilnahme an Weiterbildung erhöhen. Hinweise dazu, ob letzteres gelingt, wurden mittels der Frage *„Stellen Sie sich vor, es gäbe kein Bildungszeitgesetz in Baden-Württemberg. Hätten Sie diese Bildungsmaßnahme auch besucht, wenn es keine Freistellung über Bildungszeit gegeben hätte?"* erhoben. Wenngleich die Fragestellung kontrafaktisch formuliert ist und ein sozial erwünschtes Antwortverhalten hervorrufen kann, werden ähnliche Fragen häufig zur Wirksamkeitsuntersuchung im Rahmen der Förderung von Weiterbildungsmaßnahmen genutzt (Bauer u.a. 2019, 63). In der im Rahmen der Evaluation des BzG BW durchgeführten Befragung von Teilnehmenden von Bildungszeitmaßnahmen gaben etwa 28 Prozent der 439 Befragten an, dass sie die Bildungsmaßnahme, an der sie aktuell oder zuletzt teilgenommen hatten, ohne die Freistellung nicht besucht hätten. Etwa 60 Prozent gaben an, dass sie auch ohne diese Möglichkeit die betreffende Maßnahme besucht hätten, weitere 13 Prozent antworteten mit „Weiß nicht". Dieses Ergebnis legt die Vermutung nahe, dass zumindest für einige Arbeitnehmer*innen zusätzliche Freiräume für die Teilnahme an Weiterbildungen geschaffen werden konnten und das Gesetz seine intendierte Wirkung entfaltet – auch wenn hierzu erst vertiefte Wirkungsanalysen Auskunft geben könnten.

Der Anteil der Befragten, für den auch ohne die Bildungsfreistellung genügend Anreiz bestanden hätte, eine Weiterbildungsmaßnahme umzusetzen, fällt unter Teilnehmenden, die Aufstiegsfortbildungen machten, besonders hoch aus. Etwa vier von fünf dieser Befragten geben an, dass sie die Weiterbildung auch ohne die Freistellung über das BzG BW gemacht hätten. Dieser Befund könnte darauf hinweisen, dass bei länger andauernden Maßnahmen, für die gleichzeitig ein höherer Einsatz finanzieller Ressourcen vonnöten ist, die Bildungszeit weniger geeignet ist, zusätzliche Weiterbildungsbeteiligung zu fördern. Die Nutzung der Bildungszeit für langandauernde Aufstiegsfortbildungen spricht eher dafür, dass das Instrument unterstützend zur Umsetzung der Maßnahmen eingesetzt wird. Dies wird insbesondere in der offenen Antwort eines befragten Teilnehmers der Studie deutlich, die die zeitliche Entlastung skizziert, die Bildungszeit im Rahmen einer berufsbegleitenden Aufstiegsfortbildung bedeutet:

> *„Ich finde es gut, dass es dies [Ann.: die Bildungszeit] gibt. Es ist beinahe unmöglich, ohne diese eine freie Woche pro Jahr an z. B. einem so umfangreichen Meisterkurs [...] teilzunehmen. Dieser ist in viele Präsenzwochen aufgeteilt + abends und am Wochenende. Mit meinem gesamten Urlaub 30 Tage und Überstunden 120h schaffe ich es nur gerade so immer teilzunehmen. Die eine Woche Bildungszeit hilft hier also ungemein, seinen Urlaub nicht für Schule, sondern wirklich für Urlaub benutzen zu können." [Offene Angabe eines befragten Teilnehmers, Evaluation des BzG BW, Befragung der Teilnehmenden 2018]*

Die Ergebnisse deuten darauf hin, dass Bildungsfreistellungsgesetze für die Teilnahme an Weiterbildungen, die mit hohen Kosten und einer längeren Dauer verbunden sind, zwar die Teilnahme erleichtern können, die Weiterbildungsquote als solche dadurch aber vermutlich nicht erhöht wird.

## „Zu wenig Zeit" als Weiterbildungshemmnis?

Die Wahrscheinlichkeit einer Teilnahme an Weiterbildungen wird maßgeblich durch die dafür zur Verfügung stehende Zeit beeinflusst. Die Weiterbildungsforschung belegt, dass zeitliche Belastungen durch berufliche und familiäre Verpflichtungen wichtige Gründe sind, die Personen an einer (weiteren) Weiterbildungsteilnahme hindern (Bilger/Käpplinger 2017, 269 f.). Fehlende Zeit ist als Hürde demzufolge noch bedeutsamer als fehlende finanzielle Mittel. Die hohe Bedeutung der Ressource „Zeit" für die Nicht-Teilnahme an Weiterbildung zeigt sich auch in der Evaluationsstudie für Baden-Württemberg. Die befragten Teilnehmenden von Bildungszeitmaßnahmen, die angaben, dass sie ohne Bildungszeit nicht an der betreffenden Weiterbildung teilgenommen hätten, geben zeitliche Gründe als häufigste Ursache für ihre Einschätzung an (62 Prozent, siehe Abbildung). Zum Vergleich: Etwa die Hälfte dieser Personen hätte aus finanziellen Gründen nicht an der Weiterbildung teilgenommen. Ebenfalls ein wichtiger Befund, denn durch die bezahlte Freistellung entfallen für Teilnehmende die indirekten Kosten der Weiterbildung, im Sinne des dadurch entgangenen Arbeitslohnes.

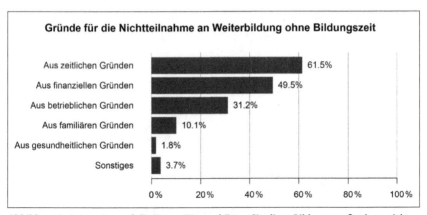

**Abbildung 1: Antworten auf die Frage „Warum hätten Sie diese Bildungsmaßnahme nicht besucht?".** Datenquelle: Evaluation des BzG BW, Befragung der Teilnehmenden 2018, Angaben in Prozent der Fälle, n=109 (Mehrfachnennungen: n=172)

Häufig geht die zeitliche Freistellung für Weiterbildungen mit einer finanziellen Unterstützung für die Maßnahmenteilnehmenden einher. Die Befragung zeigt, dass Personen, die an einer beruflichen Weiterbildung teilnahmen, nicht nur zeitlich freigestellt, sondern in über 50 Prozent der Fälle auch finanziell durch den Arbeitgeber unterstützt wurden. In 15 Prozent der Fälle erfolgte darüber hinaus eine Unterstützung in Form einer öffentlichen Förderung. Von den 91 Befragten, die ihre Bildungszeit für eine Art der Aufstiegsfortbildung nutzten, wurde mehr als ein Drittel vom Arbeitgeber finanziell unterstützt. 30 Prozent dieser Befragten erhalten Unterstützung durch eine öffentliche Förderung wie das Aufstiegs-BAFöG nach dem Aufstiegsfortbildungsförderungsgesetz (AFBG). Bei Befragten, die eine Ehrenamtsqualifizierung besuchten und hierfür finanzielle Unterstützung erhielten, wurden Kosten für die Qualifizierung in 63 Prozent der Fälle von einem ehrenamtlichen Verein oder einer Organisation (mit-)getragen.

Die geringe Inanspruchnahme von Bildungsurlaubsgesetzen wirft die Frage danach auf, in welchen Fällen mögliche Weiterbildungshemmnisse nicht durch das BzG BW abgemildert werden können. Anspruchsberechtigte, die das Bildungszeitgesetz kannten, die Bildungsfreistellung bisher jedoch nicht in Anspruch genommen haben, wurden zu den Hintergründen der Nicht-Inanspruchnahme befragt. Als häufigster Grund wird von den 111 Befragten in 24 Prozent der Fälle angegeben, dass bereits ausreichend an Weiterbildung teilgenommen wurde. 23 Prozent geben „Weiß nicht" an. Zeitliche, betriebliche sowie Gründe mangelnder Information über das Gesetz sind in jeweils etwa 10 Prozent der

Fälle ausschlaggebend dafür gewesen, dass Bildungszeit bisher nicht in Anspruch genommen wurde.

Was die Hürde „mangelnde Zeit" betrifft, betonen die Befragten in den offenen Antworten, dass sie durch ihren Beruf, z.T. in Verbindung mit familiären Verpflichtungen wie der Kinderbetreuung oder Pflege von Angehörigen, zu eingebunden sind. Dies zeigt auf, dass das in der Empirie belegte Spannungsverhältnis zwischen privaten bzw. elterlichen/beruflichen Pflichten und Weiterbildung anscheinend nicht in allen Fällen mit der geltenden Freistellungsmöglichkeit des BzG BW überwunden werden kann (Brödel/Yendell 2008, 83 ff.). Wenn betriebliche Gründe der Inanspruchnahme des BzG BW entgegenstehen, ist v. a. eine zu geringe Personaldecke und Überlastung durch zu viele Aufträge im Unternehmen gemeint. Ein Fehlen am Arbeitsplatz wird für die Befragten dadurch enorm erschwert.

## „Zeitliche" Verbesserungen für Bildungszeit?

Die Zufriedenheit mit der Bildungszeit in Baden-Württemberg ist im Allgemeinen hoch. Die Anspruchsberechtigtenbefragung in der Evaluation zeigte auf, dass zwei Drittel der 185 Personen, denen das Gesetz bekannt war, dieses als sehr gut oder gut bewerteten; ca. 23 Prozent waren geteilter Meinung; etwa 2 Prozent bewerteten das Gesetz als schlecht oder sehr schlecht. Innerhalb der Teilnehmendenbefragung konnten vertiefte Einblicke darüber gewonnen werden, welche Verbesserungen sich Personen wünschen, die Bildungszeit bereits nutzen. In Bezug auf die Anspruchsdauer pro Jahr sei es aus Teilnehmendensicht wünschenswert, mehr als fünf Tage zur Verfügung zu haben. Alternativ oder in Ergänzung dazu wurde der Wunsch geäußert, die Möglichkeit einzurichten den Anspruch über zwei Jahre „anzusparen" und damit z. B. auch zeitlich umfangreichere Weiterbildungen und Ehrenamtsqualifizierungen realisieren zu können. Die Möglichkeit der Kumulation von Bildungsfreistellungstagen ist in anderen Bundesländern möglich. Auch die Nutzung von „halben" Bildungszeittagen bei kürzeren Veranstaltungen wurde als nützlich angeführt; genauso die Nutzung von Bildungszeit auch für Maßnahmen, die Wochenenden einschließen und für die keine Ausgleichsmöglichkeit unter der Woche bestehen.

Deutlich geworden ist auch der Wunsch der Teilnehmenden nach mehr Klarheit und Transparenz über den Anspruch, die Antragstellung und das zur Verfügung stehende Bildungsangebot. 63 Prozent der befragten Anspruchsberechtigten, die das Gesetz kennen, gaben innerhalb der Evaluation an, dass ihnen die Formulierungen im Gesetz bzw. der Verordnung unklar sind. Das zur

Verfügung stehende Bildungsangebot und der Beantragungsprozess sind mehr als der Hälfte der Personen nicht bekannt oder nur teilweise bekannt. Die befragten Anspruchsberechtigten sowie auch die befragten Teilnehmenden sehen die Notwendigkeit, inhaltliche Informationen zum Gesetz und zur Verordnung besser aufzubereiten und zu vermitteln. Hier besteht v. a. der Wunsch nach Formulierungen in leicht verständlicher Sprache sowie der Unterfütterung durch Beispiele und Checklisten. Die befragten Anspruchsberechtigten sind zudem der Meinung, dass eine bessere Informationsgrundlage bei ihren Arbeitgebern, verbunden mit der Verdeutlichung des rechtlichen Anspruchs auf Bildungszeit, geschaffen werden sollte. Sie möchten korrekte Informationen zur Bildungszeit auch direkt vom Arbeitgeber erhalten. Arbeitgeber, und auch Vereine, sollten besser über den Rechtsanspruch informiert werden.

Ein großer Wunsch der befragten Teilnehmenden ist die Erhöhung der Bekanntheit der Bildungszeit, da sie wahrnehmen, dass diese in ihrem persönlichen Umfeld nicht immer gegeben ist. Durch Werbung sollte die Bekanntheit erhöht und auch die Akzeptanz bei Arbeitgebern gefördert werden.

## Das BzG BW – zu wenig Zeit für Weiterbildung?

Die Evaluation des Bildungszeitgesetzes Baden-Württemberg ermöglicht verschiedene Blickwinkel auf das Thema „Zeit". Insgesamt findet das Instrument der Bildungszeit in der Breite der anspruchsberechtigten Bevölkerung kaum Nachfrage. Das entspricht den Beobachtungen in anderen Bundesländern. Wenn es angewendet wird, dann jedoch häufig erschöpfend mit der ganzen zur Verfügung stehenden Zeit von fünf Tagen.

Die Evaluationsergebnisse legen verschiedene Gründe für die Nicht-Inanspruchnahme der Bildungszeit nahe. So wird die Freistellung von Anspruchsberechtigten z.B. nicht genutzt, wenn aus deren Sicht auch ohne die Freistellung bereits genügend Zeit für Weiterbildung aufgewendet wurde. Mit dem Angebot zusätzlicher Zeit kann bei dieser Personengruppe keine Mobilisierung stattfinden. Da sie jedoch ohnehin an Weiterbildung partizipiert, steht sie mitunter nicht im Fokus des Gesetzes. Daneben verdichten sich die Hinweise darauf, dass weiterbildungsinaktive Personen und solche, die aufgrund privater und beruflicher Verpflichtungen stark eingebunden sind, noch zu wenig erreicht werden. Weiterbildungsangebote, die stärker an den Ansprüchen dieser Personengruppe orientiert sind und z.B. eine Kinderbetreuung vorsehen, könnten in dem Zusammenhang genauso sinnvoll sein wie die Möglichkeit, Bildungszeit nicht allein tageweise, sondern auch über einige Stunden beanspruchen zu können. So ergeben sich verschiedene Optionen, die Bildungszeit für weitere Zielgruppen attraktiver zu gestalten. Was die Ergebnisse der Evaluation aber vor allem zeigen: Bildungszeit ist in der Bevölkerung weitgehend unbekannt, Informationen dazu sind nicht immer verständlich und scheinbar nicht über geeignete Kanäle abrufbar. Somit kann als eigentliche Schwachstelle weniger die „Zeit" als solches, also die zur Verfügung stehende Anspruchsdauer, betrachtet werden, sondern vielmehr die geringe Bekanntheit. Damit ist auch eine erforderliche Sensibilisierung und Akzeptanz der gesetzlichen Freistellungsmöglichkeit unter Arbeitgeber- und Arbeitnehmer*innen verbunden. Durch bessere Informationskonzepte und Öffentlichkeitsarbeit besteht die Chance, die insgesamt in Baden-Württemberg in Anspruch genommene Zeit für Bildung über das BzG BW weiter zu fördern und auch weitere Zielgruppen zu erreichen.

Was darüber hinaus im Kontext der Untersuchung von Bildungsfreistellungsgesetzen wünschenswert ist, sind vertiefte Ansätze zur Erhebung der Nutzungs- und Wirkungsstrukturen, z.B. über experimentelle Designs. Weiterbildungsteilnahmen werden als multifaktoriell bedingte Entscheidungen betrachtet (Käpplinger/Kulmus/Haberzeth 2013, 18), insofern können weitere Untersuchungen hilfreich sein, um zu klären, wie bestimmte Untergruppen von Anspruchsberechtigten stärker von Bildungsfreistellungen profitieren können. Auch mit Blick auf die betriebliche Sichtweise solcher Gesetze sind weitere Forschungsarbeiten notwendig. Betriebe tragen die Kosten von bezahlten Freistellungen, an ihnen hängt auch ein Großteil der Akzeptanz und der Verbreitung von Bildungszeit. Für Baden-Württemberg konnte bereits erfasst werden, dass die Betriebe landesseitig z.B. durch Entbürokratisierung oder bessere Informationsstrukturen entlastet werden könnten. Gesellschaftlich institutionalisierte Lernzeitfenster im Sinne des lebensbegleitenden Lernens zu schaffen, bedarf somit weiterer Anstrengungen, auch nach Einführung eines Bildungsfreistellungsgesetzes. Es bedarf aber auch weiterer Forschung, die die verschiedenen Zielgruppen, Perspektiven und Hemmnisse in den Blick nimmt.

## Literatur

Bauer, Philipp/Boockmann, Bernhard/Brändle, Tobias/Gensicke, Miriam/Hartmann, Josef/Kreider, Irina/Pfeiffer, Iris/Zühlke, Anne (2019): Evaluation des Bundesprogramms Bildungsprämie (BiP). Endbericht. Kantar, Public Division. München.

Bilger, Frauke/Käpplinger, Bernd (2017): Barrieren für die Bildungsbeteiligung Erwachsener. In: Bilger, Frauke/Behringer, Friederike/Kuper, Harm/Schrader, Josef (Hg.) (2017). Weiterbildungsverhalten in Deutschland 2016 – Ergebnisse des Adult Education Survey (AES), S. 265–275.

Brödel, Rainer/Yendell, Alexander (2008): Weiterbildungsverhalten und Eigenressourcen. NRW-Studie über Geld, Zeit und Erträge beim lebenslangen Lernen. Bielefeld.

Demary, Vera/Malin, Lydia/Seyda, Susanne/Werner, Dirk (2013): Berufliche Weiterbildung in Deutschland. Ein Vergleich von betrieblicher und individueller Perspektive. IW-Analyse No. 87. Institut der deutschen Wirtschaft, Köln.

Gesetzesblatt Baden-Württemberg vom 29. Dezember 2015: Verordnung der Landesregierung zur Regelung der Bildungszeit für die Qualifizierung zur Wahrnehmung ehrenamtlicher Tätigkeiten (VO BzG BW).

Hessisches Ministerium für Soziales und Integration (2017): Vorlage der Landesregierung. Betreffend den Erfahrungsbericht an den Hessischen Landtag über die Durchführung des Hessischen Gesetzes über den Anspruch auf Bildungsurlaub (2011–2014) nach § 14 Abs. 2 HBUG. Wiesbaden.

Käpplinger, Bernd/Klein, Rosemarie/Haberzeth, Erik (2013): Wirkungsforschung in der Weiterbildung: „… es kommt aber darauf an, sie zu verändern." In: Käpplinger, Bernd/Klein, Rosemarie/Haberzeth, Erik (Hg.): Weiterbildungsgutscheine. Wirkungen eines Finanzierungsmodells in vier europäischen Ländern. Bielefeld, S. 15–35.

Käpplinger, Bernd/Kulmus, Claudia/Haberzeth, Erik (2013): Weiterbildungsbeteiligung: Anforderungen an eine Arbeitsversicherung. Expertise im Auftrag der Abteilung Wirtschafts- und Sozialpolitik der Friedrich-Ebert-Stiftung. WISO-Diskurs 04/2013.

Landtag von Baden-Württemberg (2015): Bildungszeitgesetz Baden-Württemberg (BzG BW). Gesetzesblatt Baden-Württemberg (Auszug). In der Fassung der Landtags-Drucksache 15/6403.

Ministerium für Wissenschaft, Weiterbildung und Kultur Rheinland-Pfalz (2017): Zwölfter Bericht der Landesregierung gemäß § 9 Satz 1 Bildungsfreistellungsgesetz über Inhalte, Formen, Dauer und Teilnahmestruktur der Bildungsfreistellung für die Jahre 2015/2016. Drucksache 17/3262 vom 09.06.2017.

Pfeiffer, Iris/Gagern, Saskia/Hilse, Patrick/Hauenstein, Timo (2019): Evaluation des Bildungszeitgesetzes Baden-Württemberg BzG BW. Endbericht. Forschungsinstitut Betriebliche Bildung (f-bb). Nürnberg.

Reichling, Norbert (2014): Bildungsurlaub -„Oldtimer" oder Zukunftsmodell? Nutzungstendenzen, bildungspolitischer Rahmen und die politische Weiterbildung. In: Außerschulische Bildung, 1/2014, S. 20–26.

Schmidt-Lauff, Sabine (2010): Zeitfragen und Temporalität in der Erwachsenenbildung. In: Tippelt, Rudolf/von Hippel, Aiga (Hg.): Handbuch Erwachsenenbildung/Weiterbildung. 4. Auflage. Wiesbaden, S. 213–228.

Schönfeld, Gudrun/Behringer, Friederike (2017): Betriebliche Weiterbildung. In: Bilger, Frauke/Behringer, Friederike/Kuper, Harm/Schrader, Josef (Hg.): Weiterbildungsverhalten in Deutschland 2016 – Ergebnisse des Adult Education Survey (AES). Deutsches Institut für Erwachsenenbildung, Bonn, S. 56–73.

SABINE SCHMIDT-LAUFF, HANNAH HASSINGER,
JÖRG SCHWARZ

# Zeitlichkeit und Zeitmodalitäten

## Ein multiperspektivischer empirischer Zugang zu Zeit im Bildungsurlaub

## 1. Einleitung

Der Bildungsurlaub stellt in der Form eines individuellen Rechtsanspruchs ein gesellschaftlich institutionalisiertes Zeitfenster zur Förderung selbstbestimmter Bildungsprozesse Erwachsener dar. So entfaltet er eine ganz eigene zeitliche Besonderheit: Während das Lernen im Erwachsenenalter vielfach in solchen Formen gesellschaftlich befördert wird, die eine möglichst reibungslose Integration in die bestehenden Zeitmuster im Alltag von Erwachsenen zu ermöglichen scheinen (kurze, eintägige v.a. berufsbezogene Weiterbildungen während der Arbeitszeit (AES 2019) oder als flexibles, selbstgesteuertes Online-Lernen (BMBF 2020)), setzt der Bildungsurlaub bereits begrifflich auf das Heraustreten aus dem Alltag. Dabei ist er als Bildungsfreistellung bereits in seinem ursprünglichen Terminus Bildungs*urlaub* immer wieder durchaus kontrovers diskutiert worden (vgl. zuletzt bei Robak/Rippien/Heidemann/Pohlmann 2015, S. 378 ff.), wobei er *kollektiv* als Bildungs*zeit*gesetz (vgl. aktuelle DGB-Initiativen Sachsen und Bayern) für jahrzehntelange Auseinandersetzungen um die kooperative Verfügungskultur von Zeit für Lernen über die Lebensspanne steht (Faulstich 2001) und *individuell* auf einen durchaus positiven Bruch mit gewohnten Zeitmustern verweist sowie auf die Option veränderter Zeitqualitäten in und durch Lernprozesse.

Aus einer solchen Forschungsperspektive heraus interessierte uns insbesondere die konkrete zeitliche Ausgestaltung dieser ‚Zeitinstitution‘[1] Bildungsur-

---

laub': Auf einer ersten Ebene lässt sich dabei empirisch zeigen, dass – entgegen der Kurzformel von ‚einer Woche pro Jahr' – bereits die in der Realität vorfindbaren und quantifizierbaren Zeitstrukturen von Bildungsurlaubsangeboten eine durchaus große Variabilität aufweisen (bezogen auf Dauer und Umfang; vgl. Pohlmann 2018; Schwarz/Schmidt-Lauff 2019). Auf einer zweiten Ebene können weitergehend qualitative Aspekte von Zeit als spezifische Zeitlichkeiten von Bildungsurlaubsangeboten untersucht werden. Hier zeigen erste Ergebnisse eines explorativen Forschungsprojekts (s.u.) wie kollektive Zeitpraktiken und subjektives Lernzeiterleben sich aufeinander bezogen immer wieder neu im Kursgeschehen entwickeln und dabei individuell sehr unterschiedlich – und auch kontrovers – erlebt werden. Im Folgenden werden wir dazu zunächst knapp die theoretischen Perspektiven und methodischen Vorgehensweisen der Untersuchung darstellen (Abschnitt 2). Der Schwerpunkt liegt dann auf zwei kontrastierenden Fällen, die gewählt wurden, um über die Analyse der Kursbeobachtung und je eines Teilnehmerinterviews[2] triangulativ erste zeitbezogene Ergebnisse vorzustellen (Abschnitt 3 und 4). Im anschließenden Vergleich beider Fälle werden die Unterschiede und Gemeinsamkeiten in kollektiven Zeitpraktiken und subjektivem Lernzeiterleben herausgearbeitet, um abschließend noch eine temporal-kritische Perspektive auf den Bildungsurlaub zu ermöglichen (Abschnitt 5).

## 2. Theoretische Perspektiven und empirisches Vorgehen einer ‚zeitrelationalen Methodik'

Während unsere alltägliche Auffassung von Zeit stark durch die Vorstellung einer ‚natürlichen Zeit' (universal, stetig, invariabel) geprägt ist, interessiert sich eine sozial- und erziehungswissenschaftliche Zeitforschung maßgeblich für eine ‚soziale Zeit' (Sorokin/Merton 1937): Diese weist Merkmale wie z.B. Partikularität, Rhythmik, Variabilität auf, die das gesellschaftskulturell und historisch wandelbare wie konstruierbare Moment von Zeit betonen. Zeit ist dann das Ergebnis soziokultureller Konstruktionsleistungen und gesellschaftlicher Institutionalisierungsfolgen (Stichwort ‚Beschleunigung'). Damit rückt die Frage in den

---

2    Im vorliegenden Beitrag sind dies unter den fokussierten Perspektiven zwei männliche Interviewpartner, die herausgegriffen sind, wobei wir an dieser Stelle keine geschlechtsspezifische Differenzierung vornehmen, die ansonsten im Kontext von Lernen und Zeitverwendung allerdings interessant und durchaus ergiebig ist.

Mittelpunkt, wie sich in bestimmten soziokulturellen Gebilden, wie z.B. in Gesellschaften, Familien oder Organisationen, aber auch – wie im Falle unseres aktuellen Forschungsprojekts – in Bildungsurlaubskursen der Erwachsenenbildung, je spezifische Zeitlichkeiten herausbilden.

Anknüpfend an eine praxistheoretische Theorieperspektive (Reckwitz 2003) und ein relationstheoretisches Verständnis von Zeit (Schäffter 1993) gehen wir davon aus, dass *Zeitlichkeit* prozessual im Miteinander von Kursleitenden und Teilnehmenden, auf der Grundlage ihres praktischen Wissens, unter Einbezug von Artefakten und in konkreten räumlichen Arrangements sowie im Kontext gesellschaftlicher und feldspezifischer Zeitinstitutionen hergestellt wird (Schwarz/Schmidt-Lauff 2019). Wir untersuchen weitergehend, wie sich dadurch im Kurskontext ein je individuelles (Lern)Zeiterleben einstellt, das wir in Anlehnung an Edmunds Husserls (1859–1938) Phänomenologische Zeitphilosophie mit dem Konzept der *Zeitmodalitäten* fassen. Zeitmodalitäten richten sich auf die Bewusstseins- und Wahrnehmungswelt des Einzelnen.

Mithilfe eines von uns als ,*zeitrelationale Methodik*' bezeichneten rekonstruktiven Verfahrens, gelingt es, die Beziehungen zwischen der spezifischen Zeitlichkeit von Kursen und den Zeitmodalitäten des Lernens ihrer Teilnehmenden herauszuarbeiten und vergleichend zu untersuchen (vgl. ausführlich Schwarz/Hassinger/Schmidt-Lauff 2020). Diesen genuin *zeit*bezogenen Zugang haben wir im Rahmen eines explorativ angelegten Forschungsprojekts[3] erprobt, indem wir auf der Grundlage einer regionalen Angebotssondierung Bildungsurlaubsveranstaltungen ausgewählt haben, die mindestens fünf Tage dauerten, nicht als Bildungsreise angelegt waren und den Themenbereichen der politischen bzw. beruflichen Bildung zuzurechnen waren. In drei ausgewählten Fallbeispielen fanden dann protokollierte (fokussierte) teilnehmende Beobachtungen am ersten und am letzten Tag des Kurses statt, da zu diesen Zeitpunkten zahlreiche zeitbezogene Aushandlungen auftreten. Im Rahmen des Kurses wurden Teil-

---

3   Das Forschungsvorhaben hat explorativ die Konfiguration zeitbezogener Strukturen und Praktiken in Kursen (kollektive Zeitlichkeiten) und der Zeiterfahrung und Zeitgestaltung im Lernen ihrer Teilnehmer*innen (individuelle Zeitmodalitäten) untersucht. Ziel war es einen Zugang und Instrumente zu entwickeln, um dem Zusammenspiel bzw. Konstitutionsverhältnis von Zeit und Bildung auf die Spur zu kommen. Gefördert wurde das Projekt von 7/2018–6/2019 durch die Interne Forschungsförderung (IFF) der Helmut-Schmidt-Universität/Universität der Bundeswehr Hamburg (vgl. https://www.hsu-hh.de/wb/iff-forschungsprojekt [Stand: 24.04.2020]).

nehmende für Interviews angefragt, die (in kurzem zeitlichen Abstand) nach dem Kurs stattfanden. In diesen narrativen Interviews schilderten die Teilnehmenden ihren (bildungs-)biographischen Weg sowie ihre Lern-Zeit-Erfahrungen während des Bildungsurlaubs. Die Analysen vollzogen sich auf Basis der dokumentarischen Methode (vgl. Bohnsack 2014) mit dem Ziel, die Rekonstruktion der Zeitlichkeit im Kurs auf Grundlage der teilnehmenden Kursbeobachtungen (Friebertshäuser 1997) systematisch mit der Rekonstruktion des subjektiven Zeiterlebens der Teilnehmenden auf Grundlage narrativer Einzelinterviews (Nohl 2012; Schütze 1983) zu verschränken (triangulieren). Im Folgenden wollen wir diesen Forschungszugang und seine Ergebnisse anhand zweier kontrastiver Fälle veranschaulichen (bestehend je aus den Ergebnissen der Kursbeobachtung sowie eines ausgewählten, zugehörigen Teilnehmendeninterviews).

## 3.    Fall A – Ein AdA-Intensivkurs

### 3.1    „Schritt für Schritt werden Sie da hingebracht" – *Zeitlichkeit* des Kursgeschehens

Das von einem privaten Träger angebotene Seminar „Ausbildung der Ausbilder" (AdA) wurde explizit als „Intensivkurs" beworben. Über die Dauer von zwei Wochen fand der Kurs montags bis freitags jeweils von 08:00 bis 15:00 Uhr statt. Als wir am ersten Kurstag den Seminarraum um 07:36 Uhr betreten, haben sich schon zwei Teilnehmer*innen (TN) auf ihren Plätzen niedergelassen. Während nach und nach weitere TN ankommen und sich ihre Plätze suchen, tritt die Kursleiterin (KL) um 07:42 Uhr zum ersten Mal in Erscheinung. Sie wirkt sehr geschäftig und verlässt immer wieder den Raum, um weitere Materialien zu besorgen. Um 08:00 Uhr, pünktlich zum Seminarbeginn, wendet sie sich an die TN, um anzukündigen, dass sie noch einmal „verschwinden" müsse und dass sie bei ihrer Rückkehr starten würden. Nachdem sie um 08:03 Uhr zurückkommt, eröffnet sie den Kurs mit der Bitte, die Namensschilder zu beschriften. Eine Überprüfung, ob alle TN anwesend sind, erfolgt zu diesem Zeitpunkt nicht. Bis auf die erste Reihe sind jedoch alle Plätze belegt.

Nachdem alle ihre Namensschilder beschriftet haben, hält die KL ihres hoch, stellt sich dem Seminar kurz namentlich vor und geht anschließend auf den Ablauf des ersten Tages ein. Dazu hat sie entsprechende Punkte auf ein Whiteboard geschrieben:

*„Begrüßung, Organisatorisches, Seminarablauf*
*‚Gäste‘*
*Übersicht über Inhalte – Ziele – AdA-Prüfung*
*Vorstellungsrunde"*[4] (BP-A1, o.Z.)[5]

Den Punkten des ‚Tagesplans‘ folgend wendet sie sich nach der kurzen Begrüßung dem Organisatorischen und dem Seminarablauf zu:

*Heute solle es zunächst um das Ziel und die Perspektive im Kurs gehen, das Ma-*
*terial werde durchgesehen, es gehe also insgesamt darum, zu schauen „was kommt*
*auf Sie zu". Die KL geht auch auf die Zeitstruktur des heutigen Tages ein: Es*
*würde „wie aus Bildungsveranstaltungen gewohnt" „immer diese eineinhalb Stun-*
*den" geben und dazwischen jeweils 15-minütige Pausen sowie eine längere Mit-*
*tagspause „gegen 13 Uhr". Gleichzeitig betont die KL, dass es aber immer auch mal*
*Abweichungen von dieser Struktur geben könne, zum Beispiel, wenn man gerade*
*in einer Gruppenarbeit sei oder wenn ein Thema eher durch sei, dann ginge es auch*
*eher in die Pause. (Z. 123–130)*

In dieser Passage lassen sich zwei zeitbezogene Aspekte identifizieren: Eine in
die nahe Zukunft des Kurses gerichtete Perspektive, der Blick also darauf, was
auf die TN „zukommt", welche zunächst in ihrer vagen Formulierung so stehen
bleibt und eine konkret dargestellte Zeitstruktur des Tages. Die Formulierung
„was kommt auf Sie zu" adressiert die TN zunächst als passive ‚Empfänger‘ des
Zukünftigen. Mit der konkreten Formulierung der Tagesstruktur wird dann jedoch den TN insofern ein gewisser Handlungsspielraum überlassen, als dass die
zur Verfügung stehende Zeit in Gruppenarbeitsphasen in Abhängigkeit des
Fortgangs der Bearbeitung ausgedehnt, genauso aber komprimiert werden könne. Die Formulierung der Tagesstruktur beinhaltet neben dem erwähnten
‚Handlungsspielraum‘ eine weitere interessante Zeitperspektive: Indem die KL
von „immer diese eineinhalb Stunden" spricht, wie sie „aus Bildungsveranstaltungen gewohnt" seien, macht sie einen zeitlichen Erfahrungshorizont in Bezug

---

4   Im Folgenden markieren kursiv gesetzte Zitate Passagen aus den Beobachtungsprotokol-
    len bzw. den Interviewtranskripten. Innerhalb von Auszügen aus den Beobachtungspro-
    tokollen sind wortwörtliche Äußerungen der Anwesenden in Anführungszeichen gesetzt.
    Die Beobachtungsprotokolle und die Interviewtranskripte sind anonymisiert. Die Na-
    men der interviewten Personen wurden geändert.

5   Beobachtungsprotokoll (BP) des ersten Falles (A) am ersten Kurstag (1), alle folgenden
    Passagen des Falles A entstammen demselben Protokoll.

auf klassische Zeitformate auf, ohne das klar ist, inwiefern dieser von den TN tatsächlich geteilt wird. Gleichzeitig wird über den genannten ‚Handlungsspielraum' deutlich, dass es sich bei diesen etablierten Zeitstrukturen nicht um eine unumstößliche Entität handelt.

Die Zeit im Kurs erfährt in dieser ersten Passage unmittelbar eine klare Vorstrukturierung durch die KL in kleinere, in diesem Bildungsbereich scheinbar übliche Zeiteinheiten. Diese zeitliche Vorstrukturierung entspricht dem übergeordneten Prinzip der KL eines „peu a peu" (Z. 391). Das von ihr geäußerte Versprechen, dass die TN Schritt für Schritt durch die Unterrichtseinheiten des Kurses gebracht werden, spiegelt sich in einer klaren zeitlichen Strukturierung des Kurses auf ein definiertes Lernziel. Dabei ist eine an den TN orientierte, aber stets durch die KL zu autorisierende Flexibilisierung dieser Zeitstruktur durchaus vorgesehen, womit eine Verlängerung oder Verkürzung zugleich als Abweichung von der eingeführten Zeitnorm markiert wird. Die so gestaltete kollektive Zeitlichkeit dieses Kurses zeigt sich im weiteren Verlauf v.a. in Gruppenarbeitssituationen und Diskussionen innerhalb des Kreises der TN in wiederholten Aushandlungsprozessen. Ein Beispiel dafür ist die erste inhaltliche Gruppenarbeit des Tages. Die TN bekommen ein Arbeitsblatt und sollen in vier Gruppen jeweils eine Aufgabe daraus bearbeiten und anschließend die Ergebnisse präsentieren:

*Aus dem TN-Kreis kommt die Nachfrage, wie viel Zeit zur Verfügung stehe [für die Gruppenarbeit]. Die KL fragt sich selbst hörbar, wieviel Zeit sie vorgesehen habe und schaut dazu auf das Arbeitsblatt: „20 Minuten. Die berühmten 20 Minuten." Nach einem kurzen Blick auf die Uhr ergänzt sie: „Die geb ich Ihnen auch!". Die TN finden sich nun an unterschiedlichen Positionen im Raum in ihren Kleingruppen zusammen. (Z. 487–491)*

Ziemlich genau nach Ablauf dieser 20 Minuten fragt die KL: „Sind Sie soweit?" (Z. 556) und die TN starten umgehend mit ihren Präsentationen. Während die Gruppenarbeit problemlos innerhalb der gesteckten 20 Minuten absolviert wurde, zeigt sich in den auf die Präsentationen folgenden Diskussionen eine zeitliche Flexibilisierung: Nachdem die zweite Gruppe ihre Präsentation abgeschlossen hat, entspannt sich eine Diskussion zwischen zwei TN, die viel Zeit in Anspruch nimmt und von der KL zunächst so laufen gelassen wird. Schließlich greift die KL doch ein und fragt: „Können wir das abkürzen?" (Z. 578), doch erst nach einer weiteren Intervention beenden die beiden TN die Diskussion. Mit einem Blick auf ihre Uhr (laut Seminarzeit soll in zehn Minuten Mittagspause sein) beschließt die KL, dass zumindest die dritte Gruppe noch genügend Zeit hat zu präsentieren: „Ja, die Arbeitgeber kriegen wir noch hin!" (Z. 584). Tatsächlich können dann sogar die beiden verbliebenen Gruppen noch vor der Pause präsentieren und es entstehen, wie in einem stillen Übereinkommen, keine weiteren Diskussionen. Offenbar nehmen die TN den Hinweis der KL auf die Uhrzeit sehr genau wahr und richten ihre zeitliche Praxis daran aus: Es ergibt sich eine (ohne explizite Abstimmung) aufeinander abgestimmte kollektive Zeitpraxis, die schließlich den Abschluss der Arbeitsphase vor der Mittagspause ermöglicht und die Pausenzeit sichert.

Dass ein kollektives zeitliches Zusammenwirken über die konkrete Kurssituation hinausgeht, zeigt sich auch bereits in der Vorstellungsrunde. Als die TN die Hoffnung äußern, im zeitlichen Rahmen des Kurses alles vermittelt zu bekommen und „hoffentlich nicht jeden Abend noch drei Stunden lernen" (Z. 447) zu müssen, wird dies von der KL enttäuscht, indem sie explizit zusätzliche Lernzeit außerhalb des Kurses als notwendig mit Blick auf die Prüfung einfordert. Dass die Realisierung dieser individuellen Lernzeit im Alltag eine Herausforderung bedeuten kann, scheint der KL durchaus bewusst zu sein, ihr Lösungsvorschlag aber kann die TN, die diesen mit einem allgemeinen Gelächter quittieren, scheinbar nicht überzeugen: „Ja, ich steh halt ne Stunde früher auf" (Z. 240).

### 3.2 „Mehr Zeit hab ich definitiv gehabt" – *Zeitmodalitäten* des Lernens bei Timo Peters

Timo Peters (TP) ist zum Zeitpunkt des Interviews 41 Jahre alt, Angestellter in Vollzeit im kaufmännischen Bereich, ist verheiratet und hat Kinder. Den AdA-Kurs besucht er als Bildungsurlaub auf eigenen Wunsch und wird dabei von seinem Arbeitgeber durch die entsprechende Freistellung und die Übernahme der Teilnahmegebühren unterstützt.

Initiiert durch die Erzählaufforderung des Interviewers (I) beginnt Timo zunächst mit einem biographischen Rückblick:

I: „[…] ja von daher würds mich erstmal freun, wenn Sie einfach Ihre Geschichte erzählen könnten, wie Sie (.) jetzt auch konkret zu dieser Weiterbildung gekommen sind, was Sie dahin geführt hat,[…]."

TP: „Vorgeschichte. Also ich fass das mal kurz zusammen, grundlegend ähm:: kann ich jetzt den Beruf ausbilden, den ich vor knapp 20 Jahren mal erlernt habe, (.) das war letztendlich Ziel des Ganzen, (..) ähm:: ich hab mich schon immer für jemand gehalten, der relativ gut vermitteln kann, weil ich von der Person her recht

*ruhig bin und:: ja ich würd auch sagen geduldig bin, ähm grundlegend macht mir
das Spaß, der klassische Lehrer war nie mein Ziel, ä:hm jetzt werd ich sicherlich
irgendwann so ne Art (.) Lehrerfunktion mal einnehmen können dadurch äh das
ist auch grad ganz fleißig in der Mache, u::nd äh von daher bin ich eigentlich ja,
ich sach mal eigeninitiativ da rangegangen. Ich will schon seit seit vielen Jahren
ausbilden und äh jetzt hab ich mal die Zeit gehabt und die Möglichkeit (.) mich
damit auseinanderzusetzen u::nd ähm das mitm Arbeitgeber abgesprochen, dann
entsprechend mich eingeschrieben für den Vorbereitungskurs, Bildungsurlaub genommen u::nd äh (.) ja, den (.) Kurs halt absolviert, zwei Wochen in Vollzeit. Das
war son bisschen die Intention, die dahintersteht."* (EI-A2, Z. 3–21)[6]

Timo entfaltet seine „Vorgeschichte" zwischen seiner eigenen Ausbildung und
der nun erlangten Qualifikation als Ausbilder: Er kann „jetzt den Beruf ausbilden", den er „vor knapp 20 Jahren mal erlernt" hat. Er betont, dass er bereits seit
vielen Jahren eine Rolle als „Lehrer" (Ausbilder) anstrebt, ihm bislang jedoch
immer wieder „die Zeit" und „die Möglichkeit" fehlten, dieses Ziel zu verfolgen.
Die fehlende Zeit, so zeigt sich im weiteren Verlauf des Interviews, lässt sich auf
Diskontinuitäten in Timos Berufsbiographie zurückführen: „der Gedanke war
da, dann hab ich vielleicht irgendwann gesagt, jetzt geh ich den ersten Schritt,
im nächsten Schritt hab ich das Unternehmen verlassen" (Z. 175f). Die Umsetzung seines Bildungswunsches auf dem Weg zu einer ‚Lehrfunktion' ist für Timo ein schrittweiser Prozess. Durch mehrmalige Unternehmenswechsel muss er
immer wieder einen ‚Schritt zurückgehen', sodass dieser Prozess stets unterbrochen wird. Erst mit der Perspektive beruflicher Kontinuität in seinem jetzigen
Unternehmen („das ist echt was Längerfristiges" Z. 181), eröffnet sich für Timo
eine konkrete „Möglichkeit" nachdem für ihn alle Voraussetzungen passen und
er die Zeit „jetzt mal" für den Bildungsurlaub „gehabt hat".

Seine Lernzeiterfahrung ruht auf einer anfänglichen Ambivalenz: Auf der
einen Seite erwartet Timo Abwechslung und zeitliche Entlastung vor allem im
Vergleich zum beruflichen Alltag, auf der anderen Seite hat er „keine Lust auf
Vollzeitschule" im Blick auf vergangene Erfahrungen. Die antizipierte Entlas-
tung tritt tatsächlich ein, während aber die befürchtete Wiederholung negativer
Schulerfahrung ausbleibt:

---

6  Einzelinterview Fall A Nummer zwei, Name geändert.

*TP: „[…] in erster Linie hab ich gedacht äh:: (.) „Mal gucken, wies wird, komplett raus aus der Arbeit", hab dann gedacht „ja Mensch, toll, (.) endlich mal wieder in die Schule", seh das ja bei meinen Kindern, morgens um acht bis irgendwann mittags und letztendlich der Kurs fand statt von acht bis fünfzehn Uhr, (.) plus minus n paar Minuten, äh meine Arbeit findet statt von sieben Uhr dreißig bis (3) ich sach mal sechzehn, siebzehn Uhr, also ich arbeite natürlich mehr wie wie so n Schulkurs geht, (.) ähm der Schulkurs hat (.) geregelte Pausenzeiten, was natürlich auch mal ganz angenehm ist, das war so das Erste wo ich gedacht: „och, das ist doch mal ganz angenehm, ist ja mal ne Abwechslung". Und dafür wirste auch noch bezahlt. Ähm (.) zweite Überlegung war: Schule? Hatte ich eigentlich keine Lust zu. Weil äh ich hab ja schon erzählt, dass ich doch die letzten (.) Schulja:hre, und das waren einige, echt müde von der Schule war und da hab ich mir gedacht: Na, mh::: (.) eigentlich haste keine Lust auf Vollzeitschule, das hab ich in der Firma auch kommuniziert; (.) „Ja, komm, du hast Dich dafür angemeldet, da musst du jetzt durch." hats dann geheißen, ist ja auch richtig so, letztendlich wollt ich ja n Ziel erreichen; also ich bin so n bisschen mit gemischten Gefühlen da hin."*
(Z. 441–454)

Die subjektive Zeitlichkeit im Bildungsurlaub (antizipierte Entlastung) kann Timo an ganz konkreten Zeiten festmachen, indem er den Stundenumfang von Kurs- und Arbeitsalltag in eine direkte Beziehung setzt: Auf einer Oberflächenebene sind es die klar geregelten Zeitstrukturen (vor allem festgelegte Pausenzeiten) und ein verkürzter Stundenumfang insgesamt, die er als Argument anführt. Aber es sind nicht nur die vom Arbeitsalltag abweichenden Zeitstrukturen, die für Timo eine Entlastung bringen. Im Gegensatz zum beruflichen Alltag kann sich Timo im Lernprozess individuelle Zeit-Freiheiten schaffen und sich sowohl innerhalb der Kurszeit eigene Pausenzeiten einrichten, als auch in der Lernzeit daheim. Er muss nicht „hundert Prozent […] funktionieren" (Z. 604) und erfährt so eine Form der ‚Zeitautonomie', die ihm den Freiraum der individuellen Gestaltbarkeit gibt (individuelle Zeitmodalisierung): „[…] wenn ich dann der Meinung war, ich brauch mal gedanklich ne Pause und wollte mal irgendwo n bisschen abschweifen, dann hab ich mich zurückgelehnt und hab mal ich sach mal auch ausm Fenster geguckt" (Z. 607). Und auch außerhalb der Kurszeit empfindet Timo eine zeitliche Entlastung während seines Bildungsurlaubs. So genießt er es, „zeitiger zu Hause" (Z. 646) zu sein und nicht „nochmal ins Büro zu fahren" (Z. 645). Diese Entlastung ermöglicht ihm dann, das notwendige Lernen zu Hause strukturiert einzuplanen. Auf der Grundlage dieser Zeitgestaltung kann er schließlich sogar ein Lernen in Muße genießen:

*TP: „[…] meine Nachbereitung, die konnt ich ganz gemütlich äh vom Sofa aus oder auch am Küchentisch machen, ähm (..) Flasche Wein aufgemacht, Glas Wein eingeschenkt und gemütlich die Hausaufgaben gemacht". und wenn ich der Meinung war: Gut, ich brauch jetzt mal fünf Minuten Pause, dann hab ich mir die Pause auch genommen, ähm von daher (.) warn das auch zwei Wochen, wo ich sach da ist die Lebensqualität auch nochmal gewachsen." (Z. 647–652)*

### 3.3 Zur Relationierung von Zeitlichkeit und Zeitmodalitäten im Fall A

Timos habituelle Grundhaltung in Bezug auf ein strukturiertes Vorgehen stellt eine hohe Passung zu den Bedingungen des Kurses, wie sie von der KL vorgegeben werden, dar. Die zeitliche Ordnung und Klarheit bietet ihm die Möglichkeit, sich Freiräume innerhalb und außerhalb des Kurses bezüglich seiner Lernzeitbedürfnisse zu schaffen. Eine wichtige Rolle nehmen dabei die Pausenzeiten ein, die in der Zeitstruktur des Kurses festgelegt sind und sowohl von der KL als auch von den TN eingehalten werden. Diese Verlässlichkeit ‚Pause machen' zu können, unterscheidet sich von Timos Berufsalltag und drückt sich während des Kursbesuches als wahrgenommene Entlastung aus. Das Motiv des ‚schrittweisen Lernens' übernimmt Timo in der Planung täglicher Lernzeit außerhalb des Kurses, die er mit einer gewissen Muße in seine Abendroutine integriert[7]. In diesem Zusammenspiel der kollektiven Zeitlichkeit des Kurses und seiner individuellen Lernzeitmodalisierung gewinnt Timo mit seiner ersten Teilnahme an einer Bildungsurlaubsveranstaltung zugleich völlig neue Lern(zeit)erfahrungen.

### 4.    Fall B – Ein Kurs zur Geschichte der Arbeit

### 4.1    „Wir lassen hier keinen hängen" – *Zeitlichkeit* des Kursgeschehens

Das von einem gewerkschaftsnahen Träger ausgerichtete Seminar findet im dritten Stock eines Bildungszentrums statt, direkt gegenüber des Seminarraums befindet sich eine Dachterrasse, wo bereits verschiedene Gruppen von Männern[8] zusammenstehen, Kaffee trinken und sich unterhalten, als wir zwanzig Minuten vorm geplanten Seminarbeginn um 10.00 Uhr ankommen. Im Seminarraum selbst sind derweil die beiden Kursleitenden (KL1/KL2) sowie ein Hospitant (H) mit Vorbereitungen befasst. Während um 9.48 Uhr nur zwei TN an den u-för-

---

7    Dies kann – wie der kursinterne Fallvergleich zeigt – vor dem Hintergrund anderer habitueller Dispositionen und objektiver Rahmenbedingungen durchaus als große Herausforderung erlebt werden (vgl. ausführlich hierzu Schwarz/Hassinger/Schmidt-Lauff 2020).

8    Am Kurs nahmen ausschließlich männliche Teilnehmer teil.

mig arrangierten Tischen sitzen, sind von draußen Gespräche und wechselseitiges Begrüßen zu hören. Offenbar kennen sich einige der TN bereits („Ach, so sieht man sich wieder"). Weiter dazu aus dem Beobachtungsprotokoll:

> *Um 10.00 Uhr sind 11 TN im Raum, KL1 artikuliert – halb an KL2, halb an die Anwesenden gewandt: „Die Hälfte sollte da sein auf jeden Fall – 16 sind angemeldet?". Ein TN antwortet, dass draußen „noch n paar" seien. KL1 weist darauf hin, dass einige die Namensschilder schon beschriftet haben und empfiehlt, die Rückseite ebenfalls zu beschriften, damit auch Sitznachbarn den Namen sehen können. Um 10.03 Uhr verlässt KL2 den Raum, derweil unterhalten sich zwei TN miteinander, ein Dritter wird schließlich einbezogen. Um 10.06 betritt ein weiterer TN den Raum mit einem freundlichen „Moin" und einem Schnittchen in der Hand. Um 10.07 Uhr merkt KL1 an, dass KL2 „grad noch unten" sei, offenbar scherzhaft wird mit Blick auf die Abwesenheit der restlichen TN angemerkt: „Die dürfen dann länger machen am Freitag". (BP-C1, Z. 73–81)[9]*

Dass zur geplanten Startzeit des Seminars erst zwei Drittel der erwarteten Teilnehmer im Raum sind, scheint kein Problem für die KL darzustellen: Mit seiner Äußerung markiert KL1 zwar, dass er sich der Uhrzeit und der daran gekoppelten Erwartung eines baldigen Veranstaltungsbeginns bewusst ist. Dies hat aber keinen mahnenden oder appellativen, sondern eher einen positiv-bilanzierenden Charakter im Modus einer Selbstvergewisserung. Nicht KL2, sondern ein TN weist darauf hin, dass sich direkt vorm Seminarraum noch TN aufhalten, daraus resultiert aber nicht etwa, dass KL1 diese nun hereinholt. Vielmehr bittet er die anwesenden TN, schon mal ihre Namensschilder zu beschriften, wodurch er implizit vermittelt, dass zunächst auf die weiteren TN gewartet wird und zugleich wird den Anwesenden ein Angebot zur Zeitnutzung unterbreitet. Auch ein verspätet eintreffender TN zeigt mit Schnittchen in der Hand und fröhlichem „Moin", dass ihm die Verspätung keineswegs unangenehm ist und er – nicht der Uhrzeit nach, sondern entsprechend der im Seminarraum vorzufindenden sozialen Situation – gerade rechtzeitig in der Phase allgemeinen Ankommens eintrifft. KL2 nimmt schließlich doch kritisch (wenngleich scherzhaft) Bezug auf die noch nicht eingetroffenen Teilnehmer: „Die dürfen dann länger machen am Freitag" verweist auf ein implizites Modell der Seminargleitzeit (oder auch der Überstunden), das von einem Gesamtstundenumfang ausgeht, den alle TN er-

---

9    Beobachtungsprotokoll des dritten Falls (C), erster Kurstag (1). Im vorliegenden Beitrag sprechen wir von Fall B, bezogen auf die beiden hierfür ausgewählten Fälle.

bringen müssen: Obgleich durch den verzögerten Beginn inhaltlich nichts verpasst wird, soll zeitlich etwas nachgeholt werden. Zugleich markiert KL1 damit für die Wartenden, dass diese am Freitag pünktlich werden gehen können. Mit elf Minuten Verspätung startet das Seminar schließlich mit einer kurzen Begrüßung durch die KL und der Aufforderung, bitte in der Mitte des Raums zusammenzukommen: Alle sollen sich geordnet nach der Dauer ihrer Gewerkschaftszugehörigkeit in einem Kreis aufstellen und sich dann mit ihrem Namen vorstellen und mitteilen, wie lange sie schon Gewerkschaftsmitglied sind und wie häufig sie bereits Bildungsurlaub gemacht haben. Durch dieses methodisch-räumliche Arrangement wird Zugehörigkeit zelebriert und Gemeinschaft gestiftet. Obwohl das Seminarangebot jedem offensteht, wird hier offenbar, dass es sich bei den Teilnehmern faktisch um einen – hier methodisch in Szene gesetzten – geschlossenen Kreis handelt: Alle sind (z.T. langjährig) Mitglied der Gewerkschaft und bis auf einen TN haben alle bereits Bildungsurlaubserfahrung. Zwar impliziert die Sortierung zunächst eine soziale Ordnung nach dem Senioritätsprinzip, die spezifische Form des Kreises (im Gegensatz zu einer Linie) aber fokussiert die Gleichheit der Teilnehmer (und auch der Kursleiter). Dieser stark symbolisch aufgeladene Auftakt ist zeitbezogen auch deshalb von Bedeutung, weil er die vorangegangene Sequenz in ein spezifisches Licht rückt: In diesem Kreis wird auf jeden Einzelnen gewartet und auch die KL übernehmen dabei keine hervorgehobene, direktiv-steuernde Rolle. Aspekte von Gemeinschaftlichkeit und Gleichheit verbinden sich mit – nicht zuletzt zeitlicher – Selbstläufigkeit und sozial geteilter Zeitautonomie.

In der nächsten Phase steht die Klärung organisatorischer Fragen an. Dabei werden auch die Seminarzeiten besprochen, die lediglich durch externe Faktoren (wie die Essenszeiten des Seminarhauses) vorstrukturiert sind, jenseits davon aber keine vorgegebene Taktung aufweisen. Vielmehr fragt KL2, ob es unter den TN Raucher gebe: Diese (und schließlich weitet er dies auf alle TN aus) sollen Bescheid geben, „wenn die Seminarzeit zu lange wird" (Z. 103), der zeitliche Ablauf erfolgt also bedürfnisorientiert, wobei wieder alle gleichermaßen berechtigt sind, aber auch in die Pflicht genommen werden, eigene (und fremde) Bedürfnisse abzuwägen und die zeitlichen Abläufe mitzubestimmen. Zugleich wird damit implizit eingeräumt, dass sich ohne solche Interventionen die Zeitlichkeit im Kurs als ein selbstläufiges Zeitgeschehen entwickeln kann, aus dem heraus es dann auch zu einem Flow-Erleben (Zeitvergessenheit im inhaltlichen Tun) kommen könnte. Dieses Motiv zeigt sich im weiteren Verlauf immer wieder: Die Inhalte des Seminars geben so viel her, dass nur die bedürfnisorientierte Selbststeuerung einerseits und extern vorgegebene Zeitstrukturen (wie z.B. die Essenszeiten des Seminarhauses) andererseits thematische Auseinandersetzungen begrenzen. Schon im Wochenüberblick verdeutlichen die KL: „und eigentlich müssten wir dann noch ne Woche dranhängen" (Z. 158). Denn „Bildung braucht Zeit" (Z. 185f) wie die KL explizieren und diese Überzeugung verteidigen sie sogar gegenüber teilnehmerseitigen Bedürfnissen: „wenn Euch das zu langsam geht, okay – aber wir brauchen die Zeit" (Z. 187f). In einer der nun folgenden Einzel- und Gruppenarbeitsphasen zeigt sich schließlich, wie auch die TN diese spezifische Zeitlichkeit praktisch hervorbringen:

*Um 14.28 Uhr fragt KL1: „Seid Ihr alle soweit?", eine Gruppe scheint noch beschäftigt zu sein, hier fragt er nach: „TN1, TN2, noch beim Thema?", woraufhin TN1 antwortet: „Ach, ist ja schon abgelaufen" und KL1 entgegnet: „Kein Problem, wenn ihr noch dabei seid." Um 14.33 Uhr versichert sich KL1, dass nur noch TN1 mit dem Beschriften von Kärtchen befasst ist: „TN1 schreibt noch, aber Ihr anderen seid soweit fertig?" und versichert, dass es vollkommen okay sei, wenn jemand mehr Zeit benötige: „Wir lassen hier keinen hängen". Um 14.35 Uhr erfolgt die Aufforderung: „So, beginnen wir". Ein TN kommt daraufhin nach vorne und beginnt, die Ergebnisse zu präsentieren, unterdessen unterhält sich aber das Duo angeregt weiter. Auf Nachfrage von KL1 hin antworten sie, dass sie noch am Thema diskutieren: „Wir kommen auf keinen grünen Zweig". Daraufhin lässt KL1 die beiden weiter diskutieren. Als sie schließlich präsentieren, leiten sie ein: „Wir hamm n bisschen länger gebraucht, dafür hamm wir jetzt die ultimative Aussage!"* (Z. 241–253)

In dieser Gruppenarbeitssituation zeigt sich zunächst noch einmal das Motiv der Gemeinschaftlichkeit, indem allen die zur Ausarbeitung der Ergebnisse benötigte Zeit auch tatsächlich zugestanden wird – selbst wenn Einzelne länger brauchen. Explizit wird als Regel der Gemeinschaft (welche im ‚wir' die TN einschließt) formuliert: „Wir lassen hier keinen hängen". Zugleich zeigt sich auf Seiten der TN, dass sich ein Flow, ein zeitvergessenes inhaltliches Arbeiten in der Gruppenarbeit ergibt („Ach, ist ja schon abgelaufen."). Diese inhaltliche Affiziertheit verbindet sich dabei mit einer an Exaktheit orientierten Arbeitsweise, die die KL in dieser Situation auch stark machen, indem sie sehr genau die von den Gruppen formulierten Ergebnisse inhaltlich auseinandernehmen und für begriffliche Differenziertheit sorgen. So spricht die Gruppe in ihrer Präsentation schließlich genau diese Relation zwischen Zeitbedarf und inhaltlich gutem Ergebnis an: „Wir hamm n bisschen länger gebrauch, dafür hamm wir jetzt die ultimative Aussage!".

## 4.2 „Und natürlich könnte man das (.) mit Sicherheit auch noch auf zwei Wochen ausdehnen" – *Zeitmodalitäten* des Lernens bei Thomas Kirchner

Thomas Kirchner ist zum Zeitpunkt des Interviews 55 Jahre alt und arbeitet aufgrund gesundheitlicher Probleme in Teilzeit. Als langjähriges Gewerkschaftsmitglied hat er vor vielen Jahren schon einmal Bildungsurlaub gemacht – seit vier Jahren aber besucht er Kurse aus dem Angebot der Gewerkschaft alljährlich. Dabei wählt er vor allem Angebote aus dem Themenbereich Geschichte und knüpft damit an ein langjähriges persönliches Interesse an:

*I: „[...] und würd Dich bitten, aus Deiner Sicht einfach mal zu erzählen, ja, was so Deine Geschichte ist, die Dich letzten Endes bis bis hierher gebracht hat und alles, was Dir dabei wichtig erscheint. "*

*TK: „Ja das fängt schon vor (.) langer Zeit an. Also bin jetzt 55 Jahre. In der Schule hab ich mich schon für den Geschichtsunterricht interessiert, da war natürlich auch viel (.) Schlacht im Teutoburger Wald, also was dann nochmal n paar hundert Jahre zurücklag und das dritte Reich war leider (.) nicht ganz so ausgiebig, (.) aber das was da so rüberkam, das war natürlich (.) natürlich einseitig erzählt und ich glaube, wir hatten damals nur eine Stunde Geschichte in der Woche. Denk ich mal. U::nd (.) ja, es war mal irgendwann n interessantes Thema. Ich hab irgendwann angefangen, (.) da war ich so vielleicht um die dreißig Jahre alt, mit Ahnenforschung. Und zwar wollt ich wissen, w::o komm ich her oder wo kommen meine Eltern her, wo kommen deren Eltern her und was waren das für Leute. "*
(EI-C1, Z. 2–13)[10]

Mit der Bitte an Thomas „seine Geschichte" zu erzählen und der Formulierung „die dich hierher gebracht hat", setzt der Interviewer zunächst einen konkreten Erzählhorizont hin zum untersuchten Kurs. Der Kursbesuch wird vom Interviewten in einen (direkten) biographischen Zusammenhang gestellt. Seine Geschichte beginnt in der Schulzeit und durch die Nennung seines aktuellen Alters wird die zeitliche Dimension „lange" unterstrichen. Neben der biographischen zeitlichen Dimension und dem allgemeinen Interesse für Geschichte, zieht Thomas auch eine inhaltliche Verbindung zwischen Schule und dem aktuellen Kurs. Die Behandlung des „dritte[n] Reich[es]" war für Thomas nicht „ausgiebig" genug und „einseitig erzählt". Der rein quantitative Zeitumfang des Ge-

---

10  Einzelinterview Fall C, Nummer eins, Name geändert.

schichtsunterrichts wird von Thomas ebenfalls problematisiert („nur eine Stunde Geschichte in der Woche"). Anschließend dokumentiert sich in Thomas Erzählung insofern eine biographische Lücke in Bezug auf sein Interesse an Geschichte, als dass der nächstgenannte Zeitpunkt mehrere Jahre nach seinem Schulabschluss liegt. Diesen Zeitpunkt seiner Geschichte gibt er zunächst zeitlich sehr vage mit „ich hab irgendwann angefangen" an, um aber dann doch konkret zu werden: „ich war vielleicht um die dreißig Jahre alt". Mit der zeitlichen Konkretisierung geht auch eine inhaltliche Konkretisierung einher. Nachdem er zu Beginn der Eingangserzählung zunächst relativ breit vom Interesse an Geschichtsunterricht sprach, wird nun mit seinem Anliegen der Ahnenforschung ein spezieller Zugang gewählt, der ebenfalls auf die Auseinandersetzung mit der eigenen Biographie bezogen wird („wo komm ich her"). Kann die von Thomas betriebene Ahnenforschung per se noch nicht als Lernen begriffen werden, so wird doch deutlich, dass sich vielfältige Lernprozesse zur Aneignung der benötigten Methoden und Techniken daran knüpfen. Für sein aufwändiges Hobby investiert er schließlich immer auch Urlaubstage, um z.B. Kirchenarchive aufzusuchen und zu recherchieren.

Die Orientierung von Thomas, sein persönliches Interesse an der Familiengeschichte mit dem besuchten Kurs in Verbindung zu bringen, zeigt sich an den unterschiedlichsten Stellen des Interviews. Für ihn bedeutet die Auseinandersetzung mit „Geschichte" vor allem die Befassung mit menschlichen Schicksalen. Die Beschäftigung mit der Vergangenheit unterstützt Thomas möglicherweise in seiner persönlichen Identitätsbildung. Lernen i.w.S. außerhalb des Kurses und lernen i.e.S. während des Kurses sind für Thomas ineinandergreifende Lernzeiten, die, abgesehen von einem räumlichen Aspekt, nicht voneinander abgegrenzt werden:

*TK: „Man ist (.) einfach (.) man ist mal ne Woche raus, (.) dieses was ich in der Vergangenheit gemacht hab da, dieses was meine Eltern erzählt haben, die Bilder die ich gesehn hab, die Ahnenforschung die ich gemacht hab und die andern Kurse die ich besucht hab das (.) baut alles im Kopf so inein- aufeinander auf irgendwie."* (Z. 138–141)

### 4.3 Zur Relationierung von Zeitlichkeit und Zeitmodalitäten im Fall B

Thomas ist erfahrener Gewerkschafter und Bildungsurlauber. Die spezifische Zeitlichkeit im Bildungsurlaub scheint ihm bereits vertraut zu sein – sogar so vertraut, dass er diese im Interview nur als „üblich" charakterisieren kann und sich in Bezug auf die Gestaltung des Kurses eher in eine Expertenrolle begibt.

Sein eigenes Erleben kommt maßgeblich in Bezug auf die Inhalte des Kurses zum Ausdruck, die sich in sein (lebenslanges) Interesse an Geschichte einfügen. Er zeigt eine ausgeprägte Beziehung zu Kurs und Thematik und bezieht diese stets auf sich selbst und die eigene Biographie. Wie schon im Rahmen seines Hobbys, der Ahnenforschung, nutzt er den Bildungsurlaub zwar durchaus, um „einfach mal ne Woche rausgewesen" zu sein, aber v.a., um sich in dieser Zeit selbstbestimmt seiner „Gierde nach Wissen" (Z. 79) zu widmen. Dabei schließt er auch den informellen Austausch mit anderen TN am Abend ein, das erlebte „Zusammengehörigkeitsgefühl" (Z. 330) und „dass die Leute ähnlich denken, ähnlich ticken" (Z. 331) ist ebenfalls Grundlage dafür, „dass ich für mich was mitnehmen kann" (Z. 320). Die selbstläufige Zeitlichkeit in dem von ihm besuchten Bildungsurlaubskurs und das selbstbestimmte, an biographisch erworbenen Interessen anknüpfende Lernen im Rahmen einer Gemeinschaft sind wesentlich für Thomas' Bildungserfahrung. Zeitliche Strukturen erscheinen v.a. als externe Begrenzungen. So kommt er vor dem Hintergrund beschränkter zeitlicher und ökonomischer Ressourcen zur Grundüberlegung: „Was kann man in eine Woche unterbringen?", zugleich ist für ihn ebenso klar: „natürlich könnte man das (.) mit Sicherheit auch noch auf zwei Wochen ausdehnen" (Z. 279 f.).

## 5. Vergleich und Ausblick: Bildungsurlaub zwischen effizienter Lernzeitnutzung und Muße für Bildung

Wenn wir den Bildungsurlaub – wie eingangs dargestellt – als eine Lernzeitinstitution der Gegenwart und als gesellschaftliche Errungenschaft zur Sicherung und Kultivierung von Lernzeit im Erwachsenenalter begreifen (Zeuner 2017), so kommen dabei mehr als seine Rahmenvorgaben einer zeitlichen Anspruchsregelung in den Blick (Schmidt-Lauff 2018). Diese temporale Oberflächenstruktur von i.d.R. 5–10 Tagen Lernzeit pro Jahr bricht sich vielfach auf der Ebene der konkreten Bildungsveranstaltungen und führt zu überaus unterschiedlichen und jeweils spezifischen Zeitlichkeiten in den verschiedenen Kursen und bei den Teilnehmenden. Wir haben versucht zu zeigen, dass Bildungsurlaub nie gleich Bildungsurlaub ist.

Im Vergleich der beiden hier dargestellten Fälle zeigt sich erstens eine unterschiedliche *zeitliche Steuerung*: mit einer a) didaktisch stark durch die Kursleitende vorstrukturierten Zeitlichkeit, die aber auch situative Abweichungen zulässt (Fall A) und einer b) auf Basis bedürfnisorientierter, gemeinschaftlich ausgeübter Kontrolle ruhenden selbstläufigen Zeitlichkeit (Fall B). Darüber hinaus erfolgen zweitens ganz unterschiedliche *zeitliche Dimensionierungen zwischen*

*Vergangenheit, Gegenwart und Zukunft*: Während im Fall A die nahe Zukunft der folgenden Kurstage und die nähere Zukunft der bevorstehenden Prüfung als manifester zeitlicher Bezugspunkt dient, auf den hin sich das Kursgeschehen zielförmig ausrichtet, zeigt sich im Fall B ein relativ ausgeglichener Zeitbezug und eine sinnbezogene Verschränkung der drei Zeitdimensionen (Vergangenheit, Gegenwart, Zukunft). Zudem lässt sich ein Unterschied in der *Rhythmik* der Inanspruchnahme von Bildungsurlaubsangeboten erkennen: Während im zweiten Fall der untersuchte Kurs sowohl anbieterseitig als auch im Erleben der Teilnehmer *eine* Episode innerhalb einer längerfristigen Auseinandersetzung mit bestimmten Themen darstellt, die jährlich den Bildungsurlaub nutzt, fungiert der Bildungsurlaub im ersten Fall als eine *rein singuläre* Möglichkeit, lang gehegte Bildungswünsche endlich zu einem erfolgreichen Abschluss und damit zu einem guten Ende zu bringen.

Im Vergleich der beiden vorgestellten Fälle aus unserer Untersuchung ließe sich entlang dieser unterschiedlichen Dimensionen die temporale Variationsbreite des Bildungsurlaubs plakativ zwischen ‚effizienter Lernzeitnutzung' und ‚Muße für Bildung' pointieren. Diese Pole dürfen jedoch nicht als dichotome Kategorisierung missverstanden werden, der sich die untersuchten Fälle zuweisen oder in die sich Bildungsurlaubsangebote generell einteilen lassen. Vielmehr erscheinen sie als Referenzmuster *zwischen* denen die Zeitlichkeiten der Kurse und die individuellen Zeitmodalitäten des Lernens ihrer Teilnehmenden vielgestaltig changieren. Wie unterschiedlich Zeit in Bildungsurlaubskursen gestaltet wird (z.B. mehr oder weniger KL-gesteuert; zwischen autorisierter Flexibilität und vorgegebener Offenheit) und welche Wechselwirkungsverhältnisse für die Lernenden entstehen (z.B. zeitliche Freiräume durch klare Zeitformalisierung; Zielfokussierung mit Kursende; biographische Langzeitinteressen an Bildungsthemen) konnte mindestens in Ansätzen gezeigt werden. Genauso finden sich aber auch verbindende Elemente zwischen den beiden Fällen: So zeigt unsere Untersuchung, dass die zumeist sehr intensiv erlebte Zeit des Bildungsurlaubs keinesfalls *Urlaub*charakter entfaltet und der zeitliche Bruch mit dem Alltag (Beruf wie Familie) und mit biographischen Vorerfahrungen von Lernen (v.a. Schule) eine wichtige Grundlage dafür bildet, dass neue und nachhaltige Bildungserfahrungen gemacht werden können.

Auf Grundlage der Erkenntnisse unserer explorativen Studie könnte zukünftig gezielt daran weitergearbeitet werden, diese Relationen z.B. einer zuverlässigen, generalisierenden Typisierung zu unterziehen. Es gilt aber ebenso, die komparativen Analysen auf andere Angebotsformate der Erwachsenenbildung auszuweiten. Bislang fehlen vergleichende Untersuchungen, die die *zeitbezoge-*

*nen Besonderheiten* unterschiedlichster Lernsettings in der Erwachsenenbildung in Rechnung zu stellen vermögen. Dies gilt besonders auch im bildungspolitisch derzeit beflügelten Kontext von ‚Digitalisierung', durch den sich das Lernen im Erwachsenenalter grundlegend auch im Hinblick auf dessen Zeitlichkeit verändert (Stichwort: Verheißung eines ‚Lernens jederzeit und überall'). Hier gilt es umso deutlicher, besondere zeitliche Merkmale der Lernzeitinstitution Bildungsurlaub und durch ihn entstehende Zeitqualitäten herauszuarbeiten und gegen temporale Verzerrungen (verdichtet, digital, beschleunigt, entgrenzt usw.) zu schützen. Dies kann in genuin zeitfokussierten wie zeitkritischen Perspektivnahmen weiter verfolgt und ausdifferenziert werden.

## Literatur

AES (2019): Weiterbildungsverhalten in Deutschland 2018. Ergebnisse des Adult Education Survey – AES-Trendbericht. URL: https://www.bmbf.de/upload_filestore/pub/Weiterbildungsverhalten_in_Deutschland_2018.pdf (letzter Zugriff: 24.04.2020).

BMBF (2020): Digitalisierung in der Weiterbildung. URL: https://www.bmbf.de/upload_filestore/pub/Digitalisierung_in_der_Weiterbildung.pdf (letzter Zugriff: 24.04.2020).

Bohnsack, Ralf (2014): Rekonstruktive Sozialforschung: Einführung in qualitative Methoden. Opladen.

Faulstich, Peter (2001): Zeitstrukturen und Weiterbildungsprobleme. In: Dobischat, Rolf/Seifert, Hartmut (Hg.): Lernzeiten neu organisieren: Lebenslanges Lernen durch Integration von Bildung und Arbeit. Berlin, S. 33–60.

Friebertshäuser, Barbara (1997): Feldforschung und teilnehmende Beobachtung. In: Friebertshäuser, Barbara/Prengel, Annedore (Hg.): Handbuch Qualitative Forschungsmethoden in der Erziehungswissenschaft. Weinheim, S. 503–534.

Giddens, Anthony (1988): Die Konstitution der Gesellschaft: Grundzüge einer Theorie der Strukturierung. Frankfurt/M.

Nohl, Arnd-Michael (2012): Interview und dokumentarische Methode: Anleitungen für die Forschungspraxis. 4. Auflage. Wiesbaden.

Pohlmann, Claudia (2018): Bildungsurlaub – Vom gesellschaftspolitischen Anliegen zum Instrument beruflicher Qualifizierung? Eine Analyse der Bildungsurlaubsdiskurse in der Weiterbildung. Berlin u.a.

Reckwitz, Andreas (2003): Grundelemente einer Theorie sozialer Praktiken: Eine sozialtheoretische Perspektive. In: Zeitschrift für Soziologie 4/2003, S. 282–301.

Robak, Steffi/Rippien, Horst/Heidemann, Lena/Pohlmann, Claudia (Hg.) (2015): Bildungsurlaub – Planung, Programm und Partizipation: Eine Studie in Perspektivverschränkung. Frankfurt/M.

Schäffter, Ortfried (1993): Die Temporalität von Erwachsenenbildung. Überlegungen zu einer zeittheoretischen Rekonstruktion des Weiterbildungssystems. In: Zeitschrift für Pädagogik 3/1993, S. 443–462.

Schmidt-Lauff, Sabine (2018): Zeittheoretische Implikationen in der Erwachsenenbildung. In: Tippelt, Rudolf/von Hippel, Aiga (Hg.): Handbuch Erwachsenenbildung/Weiterbildung. Wiesbaden, S. 319–338.

Schütze, Fritz (1983): Biographieforschung und narratives Interview. In: Neue Praxis 3/1983, S. 283–293.

Schwarz, Jörg/Hassinger, Hannah/Schmidt-Lauff, Sabine (2020). Subjektives Lernzeiterleben und kollektive Zeitpraktiken in der Erwachsenenbildung: zur empirischen Rekonstruktion von Zeitmodalitäten in Lern- und Bildungsprozessen [50 Absätze]. *Forum Qualitative Sozialforschung/ Forum: Qualitative Social Research*, *21*(2), Art. 3. URL: http://dx.doi.org/10.17169/fqs-21.2. 3489 (letzter Zugriff: 17.4.2020).

Schwarz, Jörg/Schmidt-Lauff, Sabine (2019): (Spät-)Moderne Zeitregime, kollektive Zeit-praktiken und subjektives Lernzeiterleben. In: Dörner, Olaf/Iller, Carola/Schüßler, Inge-borg/von Felden, Heide/Lerch, Sebastian (Hg.): Erwachsenenbildung und Lernen in Zeiten von Globalisierung, Transformation und Entgrenzung. Opladen, S. 49–60. URL: https://doir.org/10. 3224/84742345 (letzter Zugriff: 17.4.2020).

Sorokin, Pitirim A./Merton, Robert K. (1937): Social Time: A Methodological and Function-al Analysis. In: American Journal of Sociology 5/1937, S. 615–629.

Zeuner, Christine (2017): Bildungszeit für alle? Gedanken zur Bildungsfreistellung. URL: http:// edoc.sub.uni-hamburg.de/hsu/volltexte/2017/3172/ (letzter Zugriff: 17.4.2020).

THEA KLÜVER

# Was bewegt zur Bildungsfreistellung?

## Handlungsleitende Interessen milieuspezifisch interpretiert

## 1. Einleitung

Menschen entwickeln Bildungsinteressen auf sehr unterschiedliche Weise. Sie können mit Handlungsdiskrepanzen verbunden sein, die Menschen im Rahmen ihrer alltäglichen Handlungsformen und Handlungsanforderungen erfahren. Sie können sich aus Fragen zur eigenen Biographie und Identität, aus der Suche nach Gewissheit oder einfach aus einer Lernlust und Neugier für das Unbekannte heraus ergeben. Eine Möglichkeit, die allen Beschäftigten offensteht, besteht darin, individuelle Bildungsinteressen regelmäßig im Rahmen von Bildungsfreistellungsangeboten nachzugehen. Bildungsfreistellungsgesetze ermöglichen es Beschäftigten jeweils fünf Tage pro Jahr von Erwerbsarbeit freigestellt zu werden, um an selbstgewählten anerkannten Bildungsveranstaltungen teilnehmen zu können. Solche Gesetze existieren in 14 von 16 Bundesländern, die ersten wurden bereits in den 1970er Jahren verabschiedet. Grundsätzlich zeigt sich jedoch, dass das mit ihnen verbundene Individualrecht auf bezahlte Bildungsfreistellung nur in einem sehr geringen Umfang wahrgenommen wird. Laut der wenigen statistischen Erhebungen nutzen lediglich ein bis zwei Prozent aller Anspruchsberechtigten die Bildungsfreistellung (Bilger u. a. 2017). Zugleich finden sich Hinweise, dass ein Teil von ihnen wiederholt und regelmäßig Bildungsfreistellung in Anspruch nimmt (Frühwacht u. a. 2007). Hier setzen die folgenden Fragen an, die in diesem Beitrag[1] näher beantwortet werden:

---

1   Der Beitrag wurde auf Basis der Masterarbeit der Autorin verfasst. Die Masterarbeit beinhaltet eine Sekundäranalyse auf der Grundlage biographiebezogener Interviews mit Mehrfachteilnehmenden, die im Rahmen der Studie „Bildungsfreistellung: Hintergründe, Entwicklungen und Perspektiven. Strukturelle und biographische Aspekte zum Lernen im Lebenslauf" (Zeuner/Pabst 2019) durchgeführt wurden. Die Autorin war lange Zeit als studentische Hilfskraft im Rahmen dieser Studie tätig.

- *Welche handlungsleitenden Interessen finden sich bei Mehrfachteilnehmer\*innen in ihrem Zugang zu Bildungsfreistellungen?*
- *Lassen sich diese subjektiven Interessen und Zugänge milieuspezifisch interpretieren?*

Das Forschungs- und Erkenntnisinteresse dieses Betrags zielt damit auf die Motivationen, handlungsleitenden Interessen und Erfahrungen von Mehrfachteilnehmer\*innen in Bezug auf ihre Zugänge zur Bildungsfreistellung sowie auf die Frage, inwiefern diese individuellen Zugänge milieuspezifisch eingeordnet werden können. In Anlehnung an die Methode der Habitus-Hermeneutik (Bremer 2004, Bremer/Teiwes-Kügler 2010, 2013, Lange-Vester/Teiwes-Kügler 2013) werden aus den Interviews gewonnene Informationen über die Bildungsbiographie der befragten Personen zu handlungsleitenden Interessen herausgearbeitet, die sich als handlungsleitende Prinzipien (Bourdieu 1982) verstehen, aus denen heraus die Bildungsangebote wahrgenommen werden. Es wird eine subjektwissenschaftliche Perspektive aus der Sicht der Teilnehmenden eingenommen, mit der sich die Zugänge zur Teilnahme an einer Bildungsfreistellung und ihre unterschiedlichen Hintergründe und Intentionen rekonstruieren lassen.

Die heterogenen Muster der Intention (und ggf. Wirkung) der Bildungsfreistellungsbesuche, die sich aus dieser Analyse ergeben, können verdeutlichen, dass die Motivation und Intention, aber gleichsam auch Wirkung für und von eine/r Teilnahme an einer Bildungsfreistellungsveranstaltung sozial verortet werden kann. Wenn habitus- und milieuspezifische Zugänge zu Bildungsfreistellungsveranstaltungen ausgemacht werden können, könnten diese Handlungslogiken wiederum Aufschluss darüber geben, wer warum und welche Art von Bildungsfreistellung in Anspruch nimmt und wie die Wirkung der Teilnahme an Bildungsfreistellungsveranstaltungen milieubezogen zu interpretieren ist. So kann man zu einer detaillierten Einschätzung der Wirkungsweise von Bildungsfreistellungen gelangen.

Der folgende Beitrag umfasst zunächst eine kurze Darstellung des Ausgangsprojekts, der theoretischen Basis zu milieuspezifischen Perspektiven und der angewandten Auswertungsmethode. Im Hauptteil finden sich die Präsentationen der beiden Portraits mit den herausgearbeiteten handlungsleitenden Interessen und der milieuspezifischen Einordnung, abschließend folgen Fazit und Ausblick.

## 2.  Das Projekt „Bildungsfreistellung: Hintergründe, Entwicklungen und Perspektiven. Strukturelle und biographische Aspekte zum Lernen im Lebenslauf" als Ausgangspunkt

Das Forschungsprojekt „Bildungsfreistellung: Hintergründe, Entwicklungen und Perspektiven. Strukturelle und biographische Aspekte zum Lernen im Lebenslauf" beleuchtet die (bildungs-)biographischen Bedeutungen der Bildungsfreistellung (Zeuner/Pabst 2018b; Zeuner/Pabst 2019). Die zentralen Forschungsfragen des Projekts sind daher:

*   Mit welchen Intentionen besuchen Menschen wiederkehrend Bildungsangebote im Rahmen von Bildungsfreistellung?
*   Welche langfristigen subjektiven (bildungs)-biographischen Wirkungen haben diese Besuche für sie?

Um diesen Forschungsfragen nachzugehen, wurden im Zeitraum von Juni 2017 bis März 2019 über 40 Interviews mit Expert*innen der Anerkennungsstellen, Bildungsakteur*innen und Teilnehmenden in Hamburg und Rheinland-Pfalz durchgeführt. Die vom Forschungsteam definierte Mikro-Ebene (Begründungsorientierung: subjektive Erfahrungen, Wirkungen, Bedeutungen) umfasst bei Abschluss der Datenerhebung 25 explorativ-narrative biographiebezogene Interviews mit Mehrfachteilnehmer*innen von Bildungsfreistellungsveranstaltungen[2], die zum Ziel hatten, eine Analyse der langfristigen individuellen, subjektiven aber auch gesellschaftlichen Wirkungen und Effekte auf die Biographie eines Menschen durch die Mehrfachteilnahme an Bildungsfreistellungsveranstaltungen zuzulassen.

Die Interviews der Mikro-Ebene bieten einen umfassenden Überblick über die Bildungsfreistellungs-Erfahrungen von Mehrfachteilnehmer*innen unterschiedlicher Profession, Intention, sozialer Herkunft, Alter und Geschlecht. Die Erzählstimuli zielten allerdings nicht explizit auf die Darlegung der sozialen Herkunft, von Kindheitserfahrungen oder anderen milieuspezifischen Indikatoren. Diese Themenfelder wurden von einigen Proband*innen zwar im natürlichen Erzählfluss angeschnitten, die Milieuverortung war aber nicht intendierte Absicht des Forschungsvorhabens. Alle Ergebnisse zu diesem Aspekt sind dementsprechend zufällige Hinweise und Ergebnisse. In den explorativ biographie-

---

2    Insgesamt wurden 27 Interviews mit Teilnehmenden durchgeführt, ein Teilnehmer hatte jedoch erst zwei Mal an Bildungsfreistellungsveranstaltungen teilgenommen und ein zweiter Teilnehmer wurde im Rahmen seiner ersten Bildungsfreistellungsveranstaltung befragt. Mehrfachteilnahme umfasst für diese Studie den Besuch von mindestens drei Bildungsfreistellungsveranstaltungen (Zeuner/Pabst 2018b, 11).

bezogenen Interviews lassen sich aber detailreiche und vielfältige Einstellungen zu Bildung, Lernen und Arbeiten wiederfinden. Es galt also, die Interviews einer Sekundäranalyse zu unterziehen und die Interessen zu erforschen, die die befragten Personen möglicherweise zur Teilnahme an Bildungsfreistellungen motivierten. Zusätzlich wurde geprüft, inwiefern die Ergebnisse anlehnend an die Habitus-Hermeneutik milieuspezifische Verortungen zulassen.

Insgesamt konnten vier Interviews ausgewählt werden, die trotz des nicht implizierten Forschungsinteresses verhältnismäßig viele milieuspezifische Rückschlüsse zulassen. Im Folgenden werden zwei dieser Portraits präsentiert. Die beiden portraitierten Frauen kommen aus unterschiedlichen Herkunftsmilieus und durchlebten ganz unterschiedliche Bildungsbiographien. Auf diese Weise lassen sich unterschiedliche Motivationen verdeutlichen und vorsichtige Rückschlüsse auf das Milieu formulieren.

## 3. Eckpunkte der Auswertung: Habitus- und milieuspezifische Perspektiven

Als theoretische Grundlage für die Sekundäranalyse dienten Bourdieus Habituskonzept und dessen Weiterentwicklung im Milieumodell von Vester u.a. (2001, Bremer/Lange-Vester 2014). Ziel war es, eine soziale Verortung der Motivation zur Inanspruchnahme von Bildungsfreistellungsveranstaltung vorzunehmen.

Der Habitus ist nach Bourdieu der *„Erzeugungsmodus der Praxisformen"* (Bourdieu 1982, 283), in dem sich Individuelles und Gesellschaftliches zu einem verinnerlichten Muster zusammenführt. Er ist als einheitsstiftendes Prinzip die Basis aller sozialen Praxen (Bourdieu 1982, 283). Bourdieu eruiert, dass der Habitus das gesamte Auftreten eines Individuums sei, angefangen von der Sprache, über die Kleidung bis hin zum Lebensstil – er ist ein Produkt früherer Erfahrungen und hat Auswirkungen auf Wahrnehmungs-, Denk- und Handlungsschemata, die auf einen bestimmten Lebensstil hinweisen.

Eine Weiterentwicklung dieses Konzepts nahmen Vester u.a. (2001, Bremer/Lange-Vester 2014) vor. Vester u.a. argumentieren, dass sich die Lebensbedingungen und somit auch die gesellschaftlichen Großgruppen im sozialen Raum Deutschlands geändert haben, die *„Traditionslinien der Mentalität"* (Vester u.a. 2001, 16) aber immer noch existieren. Die Traditionslinien erweitern Bourdieus Konzept des sozialen Raumes und unterteilen sich in die Traditionslinie von Macht und Besitz sowie der Traditionslinie der Akademischen Intelligenz (obere gesellschaftliche Milieus), der Traditionslinie der Facharbeit und der praktischen Intelligenz, der ständisch-kleinbürgerlichen Traditionslinie (mittlere gesellschaftliche Milieus) sowie der Traditionslinie der Unterprivilegierten (unterprivilegiertes Milieu).

Wenn es also milieuspezifische Differenzierungen gibt, die sich in Sprache, Kleidung und Lebensstil zeigen, kann auch von unterschiedlichen handlungsleitenden Interessen im Zugang zu Bildung ausgegangen werden, die sich ebenso in den Zugängen zur Bildungsfreistellung wiederfinden.

Ferner lassen die unterschiedlichen Alltagspraxen der Menschen vermuten, dass auch die Zugänge und Einstellungen zu Weiterbildungsveranstaltungen im Rahmen von Bildungsfreistellung vielfältig sind. Für die Interviews der oben genannten Studie finden sich bspw. folgende Zugänge: So erfährt eine Mitarbeitende des Jugendamtes durch ihre Freundinnen von Bildungsfreistellungen und besucht zusammen mit ihrem Mann eine politische Bildungsreise. Der Angestellte einer IT-Firma belegt einen fortgeschrittenen Englisch-Sprachkurs, um seine Aufstiegschancen im Betrieb zu erhöhen. Ein anderes Interview wird mit einem Feuerwehrmann geführt, der Bildungsfreistellung nutzt, um sich u.a. Methoden der Gewerkschaftsarbeit anzueignen.

Die Auswertungsmethode der Habitus-Hermeneutik wurde ausgewählt, weil sie von der sozialen Praxis der Proband*innen an Bildungsfreistellungsveranstaltungen einen Rückschluss auf die Verortung in sozialen Milieus ermöglicht (Bremer 2004, Bremer/Teiwes-Kügler 2010, 2013, Lange-Vester/Teiwes-Kügler 2013). Der Habitus als handlungsleitendes Prinzip ist in den Praktiken der Interviewten wie eine gewisse Handschrift wiederzufinden, *„die jedoch in den Praxisformen codiert enthalten ist und durch Interpretationsarbeit entschlüsselt werden muss"* (Bremer/Teiwes-Kügler 2013, 94). Nach der Rekonstruktion der Subjektperspektive werden die analysierten Äußerungen im Rahmen des sozialen Kontextes des jeweiligen Individuums betrachtet. Dabei betonen die Autor*innen, dass die theoretisch-methodologischen Konzepte der Habitus-Hermeneutik in jeder Forschung neu auf dem Prüfstand stehen und in der empirischen Anwendung stets weiterentwickelt werden müssen (ebd., 112).

Es wurden jeweils mehrere Sequenzen der vorliegenden Interviews ausgewählt, in denen sich nach einer ersten Sichtung der Interviews, Passagen mit einer besonders ausgeprägten metaphorischen Dichte und Möglichkeit auf Rückschlüsse zu Habituskonzepten finden ließen. Diese wurden in mehreren vergleichenden Interpretationsrunden rekonstruierend aufgeschlossen.

Die nachfolgenden Präsentationen beinhalten zunächst eine kurze Darlegung der Lebenssituation, sodann wird jedes Porträt in zwei Interpretationsschritten hermeneutisch bearbeitet. Im ersten Interpretationsschritt *„versuchen*

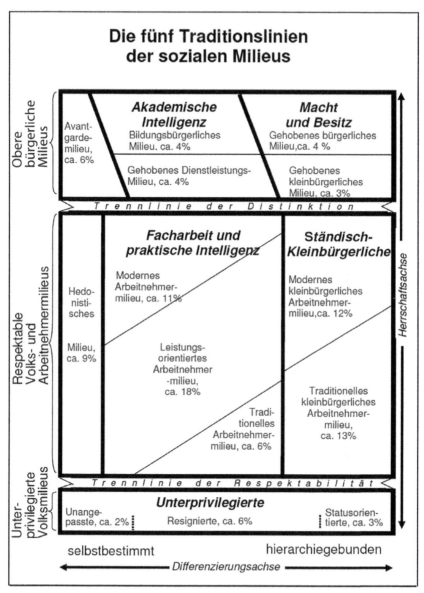

# Die fünf Traditionslinien der sozialen Milieus

**Obere bürgerliche Milieu**

Avantgardemilieu, ca. 6%

**Akademische Intelligenz**
Bildungsbürgerliches Milieu. ca. 4%

Gehobenes Dienstleistungs-Milieu, ca. 4%

**Macht und Besitz**
Gehobenes bürgerliches Milieu,ca. 4 %

Gehobenes kleinbürgerliches Milieu, ca. 3%

*T r e n n l i n i e    d e r    D i s t i n k t i o n*

**Respektable Volks- und Arbeitnehmermilieus**

Hedonistisches Milieu, ca. 9%

**Facharbeit und praktische Intelligenz**
Modernes Arbeitnehmermilieu, ca. 11%

Leistungsorientiertes Arbeitnehmer-milieu, ca. 18%

Traditionelles Arbeitnehmermilieu, ca. 6%

**Ständisch-Kleinbürgerliche**
Modernes kleinbürgerliches Arbeitnehmermilieu,ca. 12%

Traditionelles kleinbürgerliches Arbeitnehmermilieu, ca. 13%

*Herrschaftsachse*

*T r e n n l i n i e    d e r    R e s p e k t a b i l i t ä t*

**Unterprivilegierte Volksmilieus**

Unangepasste, ca. 2%

**Unterprivilegierte**
Resignierte, ca. 6%

Statusorientierte, ca. 3%

selbstbestimmt                    hierarchiegebunden

◄── *Differenzierungsachse* ──►

Abbildung 1: Die fünf Traditionslinien der sozialen Milieus der BRD.
Quellen: Vester et al. 2001, S. 49; Vester 2015, S. 149

*wir, die subjektive Perspektive der Akteure nachzuvollziehen und zu rekonstruieren"*, um dann *„in einem zweiten Schritt die subjektive Konstruktionsakte mit den sozialen Kontexten ihrer Genese"* (Bremer/Teiwes-Kügler 2013, 101 f.) in Beziehung zu bringen.

## 4. Wege zur Bildungsfreistellung – Präsentation zweier ausgewählter Fälle

### 4.1 UTE – Bildungsfreistellung als Weg der Abgrenzung vom Elternhaus und der Identitätssuche als Weltbürgerin

**Skizzierung der Lebenssituation**

Ute[3] ist weiblich, 63 Jahre alt, ledig und hat keine Kinder. Die befragte Person hat nach ihrem Abschluss an der Volksschule drei Jahre als schon verbeamtete Dienstanfängerin in der Verwaltung gearbeitet. Anschließend befand sie sich drei Jahre im gehobenen Dienst und war nach ihrem Abschluss an einer Fachhochschule Diplom-Verwaltungswirtin. Seitdem arbeitete sie zunächst als Sachbearbeiterin und ist nun als Sachgebietsleiterin und Vormündin im Jugendamt tätig. Ute ist seit 1969 bei der Stadt angestellt. Sie ist kulturell vielseitig interessiert und geht gerne ins Theater, in die Oper oder ins Kino.

Die Interviewte nimmt seit Mitte der 1970er Jahre jedes Jahr an Bildungsfreistellungen teil. Damit kommt sie auf eine stattliche Anzahl von ca. 40 beanspruchten Bildungsfreistellungen. Hinzu kommt, dass sie viele Jahre zusätzlich an einer weiteren Bildungsfreistellungsveranstaltung teilnahm, für die sie reguläre Urlaubstage nutzte. Während sie über viele Jahre hinweg eher an bildungspolitischen Reisen interessiert war, legt sie ihren Fokus mittlerweile mehr auf ökologische Themen. Sie ist besonders am osteuropäischen Raum interessiert. Ute hat im Kontext von Bildungsfreistellungsreisen schon viele Länder bereist. So war sie in Israel, Kuba, in der ehemaligen Sowjetunion, Polen, Tschechien, Malta, Albanien und vielen mehr.

**Utes Bildungsbiographie im Kontext der sozialen Herkunft**

Ute erzählt im Vergleich zu den anderen Proband*innen verhältnismäßig viel über die Verhältnisse ihrer Herkunftsfamilie. Sie beschreibt sich als politisch und berichtet von ihrem ausgeprägten Gerechtigkeitssinn (*„Gerechtigkeitsmensch"*

---

3   Beide Portraits werden anonymisiert dargestellt. Die hier ausgewählten Namen lassen keine Rückschlüsse auf die Identität der beiden Frauen zu.

(Z. 280)). Auf die Frage nach Schlüsselerlebnissen, aus denen heraus dieses Gerechtigkeitsdenken entstanden sei, äußert sich Ute zu ihrer Herkunftsfamilie.

Gleich zu Beginn ihrer Ausführungen verdeutlicht Ute, dass ihr Vater, *„was ich damals nicht wusste"* (Z. 309), früh seine Eltern verloren hat und *„als fünftes Rad"* (Z. 311) bei seinen Cousins aufgewachsen ist. Es scheint so, als würde sie dies als Legitimierung und Entschuldigung für die Darlegung ihrer Erziehung voraussetzen. Gleichzeitig weist das Nicht-Wissen der Kinder über die Herkunftsgeschichte ihres Vaters auf eine Familienkultur hin, die wenig Platz für Kommunikation und Empathie zwischen den Familienmitgliedern gehabt zu haben scheint. Traditionelle und ordnungsbezogene Tugenden waren den Eltern in der Erziehung wichtig. Aus den Erzählungen geht hervor, dass der Vater vor Gewalt nicht zurückschreckte und die Mutter aufgrund von Abhängigkeitsverhältnissen sowohl in der Vergangenheit als auch in späteren Gesprächen mit Verdrängungsmechanismen reagierte und die Augen vor den Gewaltausbrüchen des Vaters verschloss. Schon hier bemängelt Ute, dass auch sie als Kind abhängig von ihrem Vater war. Drohungen wie: *„Wenn du eine Fünf oder Sechs hast, dann kommst du ins Heim"* (Z. 359 f.) gehörten zu ihrem Alltag.

Ute erzählt, dass sie die Realschule besuchte und aufgrund eines blauen Briefes in die Hauptschule wechseln musste. Die Dringlichkeit für diesen Wechsel kam aber nicht von der Schule, sondern seitens des Vaters. Ute führt aus: *„Und das alleine hat genügt, um zu sagen: ‚Meine Tochter ist doof, die kann hier nicht bleiben. Wenn sie das nicht schafft, dann bleibt es wieder an mir hängen. Und deswegen soll sie lieber auf die Hauptschule gehen.'"* (Z. 346 ff.). Aus ihrer Sicht bangte der Vater also um das öffentliche Ansehen der Familie und nahm schlechtere Bildungschancen für die Tochter somit eher in Kauf als Bildungsinvestitionen in seine Tochter vorzunehmen.

Diese Entscheidung hatte weitreichende Konsequenzen für die weitere Lernbiographie von Ute. In der Hauptschule wurde sie als neue leistungsstarke Schülerin nicht gut im Kreis der anderen Kinder aufgenommen, sodass sie *„sehr gelitten"* (Z. 351) habe. Auch später habe ihr dieser Wechsel, verursacht durch die Züchtigungen des Vaters, *„beinahe das Genick gebrochen, weil ich ja bei der Stadt fast Mittlere Reife gebraucht hätte, und die ich nicht hatte"* (Z. 315 ff.).

Die Folgen der Unterschätzung und Zurückstufung in ihrer Kindheit durch ihren Vater registriert und reflektiert Ute erst in späteren Jahren ihrer Biographie, als sie bereits eine gestandene Frau im (Berufs-)Leben ist, im Zusammenhang mit altersbedingten Veränderungen. Sie sei so *„furchtbar drauf"* (Z. 318 f.) gewesen, dass sie sich in psychologische Behandlung begab. Diese habe ihr die Nachwirkungen ihrer Kindheit transparent gemacht, sodass ihr noch einmal sehr bewusst geworden sei, dass sie aufgrund von beschriebenen Erfahrungen stets sehr eigenwillig gewesen sei und darauf bestanden habe, ihren eigenen Weg zu gehen. Sie hat darauf hingearbeitet, selbstständig und unabhängig zu sein: *„Ich tue mich niemandem mehr unterwerfen"* (Z. 321 f.) und *„ich finanziere das selbst und ich bin nicht mehr abhängig"* (Z. 331 f.) wiederholt sie mantrenartig nach einigen Sequenzen.

## Handlungsleitende Interessen

Für das Portrait „Ute" konnten drei handlungsleitende Interessen herausgearbeitet werden: Der Besuch von Bildungsfreistellungen und der damit verbundene Wissenszugewinn helfen ihr, sich vom Elternhaus abzugrenzen und die Vielfalt der Themenauswahl unterstützen sie bei der Identitätssuche. Das Format der Bildungsreisen sind für Ute ideal, da Inhalte so für sie erfahrbar werden können.

### Distinktion vom Elternhaus

Ute erzählt von einer Bildungsreise nach Albanien: *„… also wenn ich dahin gehe, gucke ich mir vorher immer alles an, dass ich so weiß, wo was ist"* (Z. 152 f.), und fährt fort: *„… und dann kann ich das unterscheiden auch, wenn ich wieder zurück bin und wenn die mir was vom Pferd erzählen, wie es da ist oder so"* (Z. 158 f.).

So lässt Ute in diesen Sequenzen des Interviews erahnen, dass sie mit einer stetigen Stigmatisierung und einhergehenden Unterschätzung zu kämpfen hat. Informiert sein, sich sowohl örtlich als auch in gesellschaftspolitischen Diskursen orientieren zu können und die damit verbundene Wissensakkumulation, scheinen sie vor den Herabsetzungen ihrer Außenwelt zu schützen. Hierfür muss sie zwar immer wieder *„den inneren Schweinehund"* (Z. 602) überwinden, trotzdem bekundet Ute, dass sie großen Spaß am Lernen habe. Fremdwörter benutze sie nicht gerne und versucht Argumentationsketten in einfacher Sprache auszudrücken: *„Und meine Kollegen sagen dann immer: Ja, ja, ich weiß, Hauptschule."* (Z. 616). Inzwischen könne sie mit solchen Kommentaren umgehen, *„aber am Anfang war das mein Problem, was ich auch meinem Vater sehr übelgenommen habe. Weil ich hätte das bestimmt auch geschafft und hätte dann eine weiterführende Schule, hätte vielleicht studiert. Obwohl ich sehr glücklich bin in meinem Beruf, das ist nicht das Wesentliche. Aber ich habe es nicht in der Hand gehabt. Und deswegen habe ich jetzt alles selbst in der Hand"* (Z. 617 ff.). Wie das Zitat verdeutlicht, möchte Ute wiederholt die Relevanz der Errungenschaft ihrer Autonomie und der Kontrolle über ihre Bildungsbiographie hervorheben.

### Identitätssuche

Eine weitere Intention hinter den vielen Bildungsfreistellungsbesuchen Utes, ist die Neugierde und Freude daran, ihr regional nicht bekannte Orte zu erkunden/ kennenzulernen und Menschen aus diesen, aber auch anderen Gegenden zu begegnen. So betont sie, dass ihr die bundesweite Teilnehmer*innenschaft der Bildungsfreistellungsveranstaltungen die Möglichkeit gebe, viele verschiedene Menschen kennenzulernen und sie es *„ganz toll"* findet, *„viele verschiedene Dialekte zu hören"* (Z. 168 f.). Ferner macht Ute an mehreren Stellen deutlich, dass sie eine gewisse Faszination für Osteuropa und die altsowjetischen Länder hegt. Ute bereiste, neben Ostdeutschland, viele östliche Länder (Lettland, Slowenien, Slowakei, Albanien, Polen …). Auf die Frage, woher ihre Präferenz für Reisen nach Osteuropa komme, sieht Ute keinen erwähnenswerten Ursprung. Trotzdem erinnert Ute erneut Ressentiments ihres Vaters: *„Das hatte dann eskaliert, wenn mein Vater gesagt hat: ,Ei, geh doch dahin, wenn es dir besser gefällt'"* (Z. 250) und weiterhin *„ …, dann lass dich doch da einspannen'"* (Z. 273). Die provokative Reaktion des Vaters (*„… dann lass dich doch da einspannen"* (Z. 273)) lässt auf eine konservative Position gegenüber den damaligen Gesellschaften/Ländern des Realsozialismus schließen, die sich für die Zeit der Auseinandersetzung als CDU-nah verorten lassen könnte.

Angesichts dieser Äußerungen lässt sich vermuten, dass Ute ihre Distinktion gegenüber ihrem Elternhaus mit dem ausgeprägten Interesse für östliche Länder noch einmal unterstreichen und verdeutlichen möchte. Es stellt sich weiter noch die Frage, ob die Befragte gerade wegen der Ressentiments des Vaters, unter dem sie so gelitten hat, ein besonderes Interesse für diese Themen pflegt – und das nicht nur in den ,revolteüblichen' Adoleszenzjahren, sondern weit in das Erwachsenenalter hinein.

Wie oben erwähnt, antwortet Ute auf die Frage nach dem Grund ihrer Präferenz: *„Ich kann nur sagen, dass ich da überhaupt nichts mit zu tun habe"* (Z. 248). Es ist auffällig, wie die Interviewte mehrmals wiederholt und paraphrasiert: *„Und ich kann es nicht erklären"* (Z. 251), *„also ich hatte nie einen Bezug zum Osten gehabt"* (Z. 257) und nochmals unterstreicht: *„nein, ich habe überhaupt keinen Bezug zum Osten"* (Z. 264 f.). Utes redundantes Beharren auf dem Nicht-Bezug zum Osten zeigt erneut ihre Emanzipationsenergie: Dieses Hobby und Interessensgebiet hat sie sich selbst ausgesucht, kein*e andere*r hat sie zu diesem Thema hingeleitet, sondern es ist vollkommen ,ihr eigenes'. Dies scheint für Ute sinnstiftend und macht sie stolz, so erzählt sie im Anschluss von einer Skireise, an der auch mehrere Frauen aus den neuen Bundesländern teilnahmen: *„Und dann haben die gesagt: ,Was du alles von hier weißt, das wissen wir ja nicht'"* (Z. 259 f.).

### Bildungsfreistellung als ein Weg zur Weltbürgerin

Die bereits beschriebenen etablierten Emanzipationsstrategien haben sich für Ute als sinn- und identitätsstiftend bewiesen. In ihrem Alltag bildet sich Ute ganz bewusst, vielfältig und stetig fort: Sie liest viele Bücher, schaut sich Polit-Sendungen im Fernsehen an, lernt in ihrer Freizeit Englisch, nimmt lokale Vorträge wahr und besucht Theater- und Opernveranstaltungen. Es ist interessant zu sehen, wie Ute durch die Horizonterweiterung, die ihr u.a. die Bildungsfreistellung ermöglicht, ihr Geschichts- und Politikbewusstsein schärft und ihre eigene Geschichte als politisch gemachte versteht. So erforscht und exploriert sie zunächst Fachgebiete, die ihr sehr fern scheinen (‚der Osten') und zu denen sie bisher keinerlei Bezüge hat, um im damit verbundenen Lernprozess und durch die zeitliche Distanz immer mehr auch auf sich selbst und ihre eigene Positionierung in der Geschichte und Gesellschaft rückschließen zu können: Ute erzählt von Veranstaltungen über die 1968er-Bewegung, die sie zwar miterlebt, aber nicht mehr im Bewusstsein habe. Sinnbildlich beschreibt sie die Erweiterung ihres Blickwinkels: *„Früher gab es Deutschland, dann gab es Europa. Aber heute gibt es die Welt. Es ist alles interessant"* (Z. 407f.).

### Zusammenfassung

Ute erzählt von einem autoritären und gewalttätigen Vater sowie einer Mutter, die sie aufgrund von Abhängigkeitsverhältnissen mittels Bagatellisierungen der physischen und psychischen Gewalt des Vaters nicht in den Schutz nimmt, um Ute u. A. vor einem Schulwechsel zu bewahren. Durch Utes erzwungenen Schulwechsel wird deutlich, dass der Vater einen schlechteren Schulabschluss der Tochter eher in Kauf nimmt, als den öffentlichen Ruf der Familie durch einen möglichen Misserfolg Utes zu gefährden. Diese sehr sicherheitsorientierte sowie auf eigenes Ansehen bedachte Handlung des Vaters ist ein Hinweis auf eine Verortung im traditionellen Arbeitermilieu. Um sich ‚aus den Fängen' ihrer Herkunftsfamilie zu emanzipieren, erwies sich für Ute Weiterbildung und Qualifizierung als eine sehr fruchtbare Strategie.

Der Besuch von Bildungsfreistellungsveranstaltungen ermöglicht Ute die Erschließung eines eigens ausgewählten Fachgebiets, mit dem sie sich mittels angehäuften Wissens weiterhin entschlossen gegen ‚das Hauptschul-Stigma' und das Milieu ihrer Herkunftsfamilie behaupten kann. Das Erschließen von eigenen Themengebieten verhilft zu Expert*innenwissen und Selbstvertrauen und wirkt somit als ein wichtiger identitätsstiftender Faktor.

Bildungsreisen fungieren für Ute als Instrument für einen ganzheitlichen Bildungsgang. Ute verbringt in ihrer Freizeit viel Zeit mit dem Lesen von Büchern und möchte das angeeignete Wissen mit der Wirklichkeit abgleichen: „*... und wenn du dann worüber was liest, und dann willst du das auch mal sehen*" (Z. 263 f.), denn häufig lässt die ganzheitliche Erfahrung für sie noch einmal einen ganz anderen Blickwinkel zu: „*... wenn ich mir so vorstelle, was die hier über Israel zum Beispiel vermitteln oder so, das sieht ganz anders aus, wenn du dort bist*" (Z. 393 f.).

Die Bildungsfreistellungen machen sie zur Weltbürgerin, sie kann über den Tellerrand blicken und ihre Horizonte erweitern. Bildungsfreistellungsreisen unterstützen und fördern Utes ambitionierte Bestrebungen nach Unabhängigkeit vom Elternhaus und ihrer Abgrenzung zum Herkunftsmilieu. So wird Ute zur Bildungsaufsteigerin, ihr sind Respektabilität und ein angesehener Status wichtig, sodass man sie mittlerweile an der ständisch-kleinbürgerlichen Traditionslinie verorten könnte. Für Ute hat sich lebenslanges Lernen durch die vielen Bildungsfreistellungen, an denen sie kontinuierlich teilnimmt, zu einer identitätsstiftenden Kompetenz manifestiert.

## 4.2 SARAH – Bildungsfreistellung als Weg der Integration, Professionalisierung und Möglichkeit den Bildungshunger auf erschwingliche Weise zu stillen

### Skizzierung der Lebenssituation

Die Befragte ist zum Zeitpunkt des Interviews 50 Jahre alt und arbeitet als Projektleiterin in einer Anerkennungsstelle für im Ausland erworbene Zertifikate. Sarah war immer in der Verwaltung oder in administrativen Tätigkeiten in internationalen Organisationen tätig, teilweise auch in einer Rechts- oder Human Resources-Abteilung.

Sie lebt seit 2010 in Deutschland. Ursprünglich kommt die Befragte aus Afghanistan. Sie floh als sehr junge Frau nach ihrem ersten akademischen Abschluss gemeinsam mit ihren Eltern nach Pakistan. Später arbeitete sie nach einem weiteren Studium der romanischen Sprachwissenschaften in Paris und Genf. Aktuell lebt sie in einer deutschen Großstadt, ist unverheiratet und ohne eigene Kinder. Sarah spricht Französisch, Spanisch, Englisch, Deutsch, Urdu, Persisch und lernt Arabisch.

Bildungsfreistellung nutzt sie vor allem für die berufliche Weiterbildung. 2013 beanspruchte sie das erste Mal Bildungsfreistellung für eine 14-tägige Sprachreise nach Barcelona, 2015 fuhr sie mit einem diakonischen Anbieter nach Brüssel, um dort mehr über die Migrationspolitik der EU-Kommission zu erfahren, da sie gerade eine Organisation für Geflüchtete mit aufbaute. 2018 belegte sie einen Moderationsworkshop, da sie im Kontext ihrer Arbeit des Öfteren mit Moderationsaufgaben konfrontiert ist.

### Sarahs Bildungsbiographie im Kontext der sozialen Herkunft

Sarahs Wunsch war es nach ihrem Abitur Jura in Afghanistan zu studieren. Da sie aber die Aufnahmeprüfung nicht bestand, schrieb sie sich für romanische Sprachwissenschaften ein. Mit dem Plan, sich nach einem Semester wieder zu exmatrikulieren und erneut die Aufnahmeprüfung für Jura anzutreten, begann sie das sprachwissenschaftliche Studium. Sarah berichtet: *„Ich hab so gute Noten bekommen und immer wieder so/Gut, ich war so siebzehn, fast achtzehn. Und in der Zeit, wo man so ganz gelobt wird, ist auch anders. Ich bin einfach so geblieben."* (Z. 226 f.) Die Gewichtung der Lobe im akademischen Kontext lassen auf Respekt und Anerkennung dieser Institutionen schließen. Weiterhin erzählt Sarah: *„Und zu Hause haben sie auch gesagt: ‚Also vielleicht hast du so Talent in der Sprache. Warum willst du Jura machen? Mach das einfach weiter.' und so, dann bin ich einfach/ wurde ich überredet."* (Z. 228 f.). Sarah beugt sich dem Wunsch ihrer Eltern und wechselt nicht mehr das Studienfach.

Sarah berichtet von ihrer Herkunft: *„Ich komme aus einer Umgebung, wo das Lernen, Studieren ein Luxus ist. (…) Auch wenn ich nur das gelernt habe, nur den Bachelor habe, ich habe keinen höheren Hochschulabschluss, (…) also ich bin dankbar meinen Eltern, dass sie es mir überhaupt ermöglicht haben"* (Z. 711 f.). Die Wortwahl (*„nur"* (Z. 713), *„überhaupt"* (Z. 715)) impliziert, dass Sarah einen recht hohen Anspruch an sich selbst hat und eventuell gern einen höheren Bildungsabschluss erreicht hätte. Der Bachelor scheint für sie das ‚Mindeste' zu sein, dass man erreichen sollte. Anderen will sie die ‚Schuld' für diesen Missstand aber nicht geben.

### Handlungsleitende Interessen

Hinsichtlich Sarahs Portrait konnten mehrere handlungsleitende Interessen kontrastiert werden: Sie belegt Bildungsfreistellungen, da sie ihr zur weiteren Integration verhelfen und sie ein bildungshungriger Mensch ist, der hinzukommend durch die Möglichkeit der Bildungsfreistellung in Kontakt mit vielen verschiedenen Menschen kommen kann – und das für vergleichsweise ‚kleines Geld'. Weiterhin unterstützen die verschiedenen Bildungsfreistellungsseminare bei der weiteren Professionalisierung in ihrem Beruf.

### Das Erlernen von Sprachen als Sicherheits- und Orientierungsstrategie

Sarahs erste Bildungsfreistellung war eine Sprachreise nach Barcelona. Im Verlauf des Interviews wird deutlich, dass Sarah das schnelle Erlernen von Sprachen schon oft geholfen hat, sich in neue Heimaten einzufinden und zu orientieren. Sarah flieht von Afghanistan nach Pakistan, von Pakistan nach Frankreich, arbeitete in der Schweiz und migrierte letztendlich nach Deutschland. Diese vielen Ortswechsel brachten in ihr eine ausgeprägte Assimilationsstrategie hervor: Es ist davon auszugehen, dass die Befragte bürgerkriegsspezifische Erfahrungen machen musste und mittels der häufigen Migrationen nach Sicherheit strebt. Diese konstruiert sich für Sarah durch eine rasche Anpassung, die in erster Linie das schnelle Erlernen der Sprache voraussetzt.

Schon in Pakistan stand Sarah vor Herausforderungen, mit denen sie, aufgrund der Nähe zu ihrem Herkunftsland Afghanistan nicht gerechnet hätte („*Ich hatte mich auch getäuscht. Ich dachte, ich bin im Nachbarland*" (Z. 803 f.)). Sarah berichtet von kulturellen Unterschieden, deren Tücken und Besonderheiten sie zunächst erst einmal ausmachen musste. So konnte sie zwar Paschtu sprechen, welches auch die dominierende Sprache in der Region sei, in der sie wohnte, trotzdem gab es Bevölkerungsgruppen, die ausschließlich auf Urdu kommunizierten. Um den neuen Ort für sich selbst zu einem Zuhause zu machen, entwickelt Sarah also folgende Assimilationsstrategie: „*Dann musste ich das* (Urdu) *lernen. Und um mich wohlzufühlen. Und da bin ich da, was das Lernen in einem fremden Land, für mich ist es immer so, dass ich für mich mache*" (Z. 805 ff.). Obwohl Sarah sich eigentlich mit Paschtu gut hätte in der pakistanischen Region orientieren können, verschafft es ihr ein zusätzliches Sicherheitsgefühl auch die Minderheitensprache beherrschen zu können. Das Zugehörigkeitsgefühl, die Fähigkeit in allen Situationen alles zu verstehen, einordnen zu können und sich mit der neuen Region auseinanderzusetzen, manifestieren Sarahs sinnstiftendes ‚Zuhausegefühl', obwohl ihr im Vorhinein bewusst gewesen ist, dass sie nicht lange in Pakistan bleiben wird.

Für diese relativ kurze Zeit das Erlernen einer neuen Sprache auf sich zu nehmen, die man im Alltag nur in Ausnahmesituationen benötigt, zeugt von einer enormen Bildungsmotivation, die sich für Sarah als unverzichtbarer Katalysator für ihre Integrationsstrategien erwiesen hat. So lernte sie in Frankreich innerhalb kürzester Zeit mittels einer Fernlernmethode Französisch, denn: „*... die Leute auf der Straße können kein Englisch. Und wenn ich sie beschränke, nur weil sie mir was verkaufen wollen, dass ich sie unterdrücke, dass sie/also dass ich immer wieder Englisch rede und sie ihre suchen, was ich sagen will*" (Z. 821 ff.). In ihrer Argumentationsstruktur wird Sarahs Vorstellung von gelungener Integration verbildlicht: Sie ist diejenige, die in ein fremdes Land migriert und die Menschen vor Ort behindert, gar *„unterdrückt"* und *„beschränkt"*, wenn sie nicht ihre Sprache spricht. Sarah ist in der Position der Unsicheren, denn *„jetzt im Moment bin ich mehr in Not"* (Z. 830). Das Erlernen der hiesigen Sprache fungiert dementsprechend für sie neben der Assimilierung als Akt der Höflichkeit.

Das Nutzen von Bildungsfreistellungsangeboten zur Intensivierung ihrer umfangreichen Sprachkenntnisse ist folglich eine Weiterführung früh angeeigneter handlungsleitenden Interessen als Sicherheits- und Orientierungsstrategie.

### Bildungshunger und Kontakt

Auffällig bei Sarahs Erzählungen ist das Sichtbar-Werden einer sehr ehrgeizigen Handlungsstrategie. Sie möchte ihren Job gut machen und so wenig Angriffsfläche wie möglich bieten: *„Ich bin kein Profi dafür und auch von Person her auch nicht diejenige, die sehr so einfach laut und stark eintritt"* (Z. 343 f.). Hierzu verschafft sie sich so viele Kompetenzen wie möglich. Diese Strategie hat sich bisher als gewinnbringend gezeigt, so hat sie auf den vielen unterschiedlichen Stationen ihrer Bildungsbiographie immer gut Fuß fassen können, um einen respektablen Lebensstil gewährleisten zu können. So hört sie aber nicht auf zu lernen, sobald sie z. B. fließend Deutsch kann, sondern sucht sich indes die nächste Herausforderung. Wöchentlich nimmt sie privat einen Arabischkurs in Anspruch, weil sie im Rahmen ihrer Arbeit u. a. Arabisch benötigt. Sie möchte bald in der Lage sein, einen Intensivkurs besuchen zu können, so *„dass ich endlich meine Blockade in arabischer Sprache loswerde"* (Z. 390). Diese Formulierungen zeigen, wie gewohnt Sarah den Prozess des Erlernens einer Sprache schon ist – es macht den Eindruck als ‚schlummerten' die Sprachen schon in ihr und sie muss nur die *„Blockaden"* (Z. 390) lösen. Auf der anderen Seite unterstreicht es auch noch einmal, dass sie schon fast ungeduldig (*„endlich"* (Z. 390)) mit sich selbst ist und einen schnelleren Lernprozess anstrebt – obwohl sie Vollzeit arbeitet, einen Train-the-Trainer-Schein absolviert, Tanz- und Gesangskurse besucht, Harmonium spielt und derzeit Gitarre spielen lernt. Diese Befunde zeigen, dass Sarah eine bildungshungrige Frau ist, die es genießt, als Frau in einem friedlichen demokratischen Land leben und vielfältigen Interessen nachgehen zu können.

Ein weiterer Nutzen, den Bildungsfreistellung für Sarah erfüllt, ist die Geselligkeit. Das Andocken mit den anderen Bildungsfreistellungteilnehmenden ermöglicht es ihr, sich zu vernetzen und neue Perspektiven zu erlangen: *„In jeder Veranstaltung sind viele Leute, die aus gleichem Interesse dort sind und dann, dass ich so mich ausgetauscht habe und vieles gehört habe und vom Wissen von anderen profitiert habe, das waren so persönlich, denke ich, es war eine Bereicherung für mich"*

(Z. 608 ff.). Bildungsfreistellungsbesuche, die Chormitgliedschaft, Tanzkurse und andere kulturelle Aktivitäten sind für Sarah ein wichtiger Bestandteil ihres sozialen Alltaglebens.

### Bildungsfreistellung als Instrument zur Professionalisierung

Wie oben ausgeführt, fühlt Sarah sich in Situationen am sichersten und wohlsten, wenn sie einen möglichst ganzheitlichen Überblick über den Kontext der Situation hat. Bildungsfreistellung erweist sich für diesen Anspruch als ein hilfreiches Instrument, um sich genau die Wissensbestände und Kompetenzen anzueignen, die Sarah in ihren neuen Kontexten benötigt. So beschreibt sie, dass sie ihr Spanisch verbessern wollte und aus diesem Gedanken heraus die erste Bildungsfreistellung in Anspruch nahm. Sie absolvierte zunächst einen Einstufungstest und nahm daraufhin an einer Bildungsreise nach Barcelona teil: *„Also ich war in Spanien nicht als Touristin, sondern einfach ganz intensiv und mit allem habe ich mich so beschäftigt. Und das hat vieles gebracht, also vor allem die Sicherheit"* (Z. 76 f.). Ihrer eher asketischen Orientierung entsprechend erzählt sie, dass sie sogar die Mittagspausen mit Besuchen von Impulsvorträgen und kulturellen Aktivitäten gefüllt hat: *„Aber ich hatte einfach auch davon profitieren wollen, dass das dieses Angebot gab"* (Z. 154).

Aus einer ähnlichen Intention heraus nutzte Sarah ihre nächste Bildungsfreistellung. Sowohl aufgrund ihrer persönlichen Lebensgeschichte als auch im Bezugsrahmen ihrer Arbeit in der Anerkennungsberatung ist Sarah ständig mit dem Thema Flucht und Migration konfrontiert. Mit der Diakonie besuchte sie mehrere Organisationen in Brüssel und versuchte sich einen Überblick über die Abläufe in der EU-Kommission zu verschaffen: *„Aber wie dieses Konstrukt funktioniert und wo welche Organisationen sind, und wie ist dieses Netzwerk und alles, das war für mich natürlich eine große, ja, große Hilfe, persönlich da hinzugehen und so ein ganz persönliches/also ein Bild zu bekommen, wie das alles so läuft"* (Z. 279 f.). Der Zugewinn von Informationen verhilft Sarah zu vermehrter Orientierung in diesem Fachgebiet und begünstigt die zunehmende Vertrautheit mit dem ihr fremden Kontinent als auch Europa als die europäische Union, die als internationale Organisation Flucht und Migration maßgeblich politisch mitbestimmt. Auch ein Moderationsworkshop, den sie einst mittels Bildungsfreistellung belegte, brachte Sarah Zugewinn hinsichtlich ihrer Moderationskompetenzen im Beruf.

### Finanzielle Vorteile

Schlussendlich machen die finanziellen Vorteile von Bildungsfreistellungen es Sarah erst möglich, an diesen Angeboten teilzunehmen. Sarah erwähnt an mehreren Stellen, dass ihre finanziellen Möglichkeiten begrenzt seien und sie demnach immer im Überblick behalten muss, *„was ich mir leisten kann"* (Z. 529).

## Zusammenfassung

Sarahs Orientierung an akademischen Errungenschaften sowie beruflichen Erfolgen lassen auf eine materiell abgesicherte und auf Bildung und Repräsentation ausgerichtete soziale Herkunft schließen, die neben Bildungsinvestitionen der Eltern unter Umständen auch die wiederholten Migrationen ermöglichte, die ggf. mit einer gewissen monetären Aufbringung verbunden gewesen sein mussten. Die wenigen Hinweise, die Sarah auf das Verhältnis zu ihren Eltern gibt, deuten zwar auf einen eher direktiven Erziehungsstil, aber dennoch unprätentiösen Familienzusammenhang, in dem gute Leistung anerkannt und gefördert wurde. Bildung kann auch in kriegsähnlicher Situation ermöglicht werden, was auf ein bildungsbürgerliches Herkunftsmilieu verweist.

Die Entbehrungen, die Sarah durch Kriegs- und Fluchterfahrungen machen musste, brachten in ihr eine hohe Bildungsmotivation hervor. Ihre sprachlichen Kompetenzen dienten sowohl im Studium als auch im weiteren Berufsleben als Instrument der Befreiung und der Aneignung des Fremden. Bildungs- und Freizeitveranstaltungen bieten ihr einen besonderen Zugang zur hiesigen Bevölkerung, die ihr die weitere Integration ermöglichen. Ihre Interessen in Bildung und Kultur indizieren auf einen Habitus, der weiterhin für ein bildungsbürgerliches Milieu typisch ist.

Bildungsfreistellung erweist sich für Sarah, die nach ihren handlungsleitenden Interessen Integration, Bildungshunger und Professionalisierung agiert, als äußerst gewinnbringend. Das Angebot ist effizient, planbar, sicher und finanziell günstig. Diese Errungenschaft begeistert sie und steht komplementär zu fehlenden Weiterbildungsangeboten, die sie bisher auf ihrem Bildungsweg erleben musste: *„Und dieses System in Deutschland ist so einmalig. Ich habe Familie und Freunde rund um die Welt, also das ist ganz interessant, wenn man so/Für viele ist es auch einfach unglaublich, 14 Tage freizubekommen"* (Z. 634).

## 5. Fazit und Ausblick

In den dargestellten Porträts ließen sich aus den subjektiven Positionen verschiedene handlungsleitende Interessen unter der methodischen Berücksichtigung der Habitus-Hermeneutik (Bremer 2004; Bremer/Teiwes-Kügler 2010; 2013; Lange-Vester/Teiwes Kügler 2013) herausarbeiten. Diese sind durch die jeweilige Bildungsbiographie und die soziale Herkunft individuell hergeleitet und drücken sich durch viele Unterschiede aus, doch lassen sich auch Gemeinsamkeiten und Parallelen entdecken. Aufgrund der wenigen – weil nicht direkt erfragten – Hinweise auf die soziale Herkunft der Befragten, lassen sich die Ergebnisse nicht zu „Fällen" und zugehörigen Habitusmustern zusammenfassen, es sind lediglich Hinweise auf milieuspezifische Differenzierungen zu finden, die einzelne handlungsleitende Interessen erklären oder in einen biographisch individuellen Kontext setzen.

Die erarbeiteten handlungsleitenden Interessen zur Wahl einer Bildungsfreistellung sind vielfältig: Ute agiert unter den Handlungsmotiven der Abgrenzung vom Elternhaus und Identitätssuche und profitiert dabei von der Ganzheitlichkeit des Bildungsangebotes: Durch die vielen Bildungsreisen kann sie politische Kontexte vor Ort erfahren und wird mehr zur ‚Weltbürgerin'. Sarah kann sich mittels Bildungsfreistellung mit ihrer neuen Heimat und den politischen Zusammenhängen auseinandersetzen, professionalisiert sich so weiterhin für ihre Arbeit, befriedigt ‚nebenbei' ihre hohe Bildungsmotivation und lernt viele neue Menschen kennen.

Die Darstellungen der Porträts weisen darauf hin, dass diese handlungsleitenden Interessen durchaus milieuspezifisch gedeutet werden können: So ist Ute, die einem traditionell kleinbürgerlichem Arbeitnehmer*innen-Herkunfsmilieu zuzuordnen ist und in ihrer Kindheit nicht von Bildungsinvestitionen ihrer Eltern profitieren konnte, begeistert von der Möglichkeit, sich auch im Berufsleben berufsunabhängig, kostengünstig und regelmäßig fortbilden zu können. Die Erschließung eigener neuer Themengebiete erweisen sich für sie sinn- und identitätsstiftend. Sarah, die zwar von einem bildungsbürgerlichen Elternhaus profitieren konnte, aber durch Flucht und Migration mit erschwerten Zugängen zu Bildung zu kämpfen hatte, wird durch Bildungsfreistellung eine attraktive Option für politische und berufliche Weiterbildung geboten, die sich als wertvoller Integrationsmotor für sie manifestiert.

Die Befunde zeigen, dass Bildungsfreistellungen Menschen die Möglichkeit geben, verpasste oder nicht zugängliche Bildungschancen in Teilen nachzuholen, und das, ohne aus dem Beruf ausscheiden zu müssen, weniger Geld zu verdienen oder besonders viel Geld investieren zu müssen. So können Chancenungleichheiten, die im Schulbildungssystem durch unterschiedliche Herkunftsmilieus reproduziert wurden in gewissen Maßen ausbalanciert werden. Die Bildungsfreistellungen haben beiden Frauen eine wertvolle Ressource zur Verfügung gestellt, die angesichts heutiger Bildungsbiographien oft zur Mangelware zu werden scheint: Zeit.

- Zeit zur persönlichen Entwicklung parallel zum Berufsalltag
- Zeit abseits von verpflichtender Produktivität und Selbstoptimierung und
- Zeit zur Integration erfahrenen Wissens in eigene Denk- und Handlungsstrukturen.

Sowohl Ute als auch Sarah verzeichnen in ihren Bildungsbiographien sehr unterschiedliche Brüche: Curriculare Konflikte (Loch 2006), wie das Vorenthalten von Bildungschancen durch Utes Vater oder kriegs- und fluchtspezifische Einflussfaktoren im Studium in Sarahs Biographie, erzeugten Lernhemmungen. Nach Loch entstehen Lernhemmungen z.b., wenn einem*einer „... *Hindernisse in den Weg gelegt werden, etwas zu lernen, weil das, was man lernen will, in der Gesellschaft, sozialen Klasse, Schicht oder Gruppe, der man angehört, nicht üblich oder nicht wünschenswert ist"* (Loch 2006, 80). Bildungsfreistellung kann hier als gezielte Lernhilfe fungieren, wodurch Lernhemmungen behoben und Lernerfolge möglich gemacht werden können.

Beide Portraits ermöglichen somit einen spannenden Blick darauf, wie lebenslanges Lernen und im Speziellen Bildungsfreistellung zum Nachholen von Bildungszeit, Habitustransformationen und sozialer Mobilität verhelfen kann. Auch wenn die beiden Frauen aus unterschiedlichen Herkunftsmilieus stammen, funktioniert für beide Bildungsfreistellung als ganzheitliches Lernerlebnis und ermöglicht eine Befähigung aus der Befreiung von Unsicherheiten, eine Kontextualisierung von sich selbst mit der Umwelt und einer adoleszensfernen Emanzipation vom Elternhaus.

## Literatur

Bilger, Frauke/Behringer, Friederike/Kuper, Harm/Schrader, Josef (Hg.) (2017). Weiterbildungsverhalten in Deutschland 2016. Ergebnisse des Adult Education Survey (AES). Im Auftrag des BMBF. Bielefeld. URL: https://www.demografie-portal.de/SharedDocs/Downloads/DE/Be richteKonzepte/Bund/Weiterbildungsverhalten-in-Deutschland.pdf?__blob=publicationFile &v=2 (letzter Zugriff 30.07.2020).

Bourdieu, Pierre (1982): Die feinen Unterschiede. Kritik der gesellschaftlichen Urteilskraft. Frankfurt/M.

Bourdieu, Pierre (1987): Sozialer Sinn. Kritik der theoretischen Vernunft. Frankfurt/M.

Bremer, Helmut (2004): Von der Gruppendiskussion zur Gruppenwerkstatt. Ein Beitrag zur Methodenentwicklung in der typenbildenen Mentalitäts-, Habitus- und Milieuanalyse. Münster.

Bremer, Helmut/Teiwes-Kügler, Christel (2010): Typenbildung in der Habitus- und Mileuforschung: Das soziale Spiel durchschaubarer machen. In: Ecarius, Jutta/Schäffer, Burkhard (Hg.):

Typenbildung und Theoriegenerierung. Methoden und Methodologien qualitativer Biographie- und Bildungsforschung. Leverkusen-Opladen, S. 251–276.

Bremer, Helmut/Teiwes-Kügler, Christel (2013): Zur Theorie und Praxis der „Habitus- Hermeneutik". In: Brake, Anna/Bremer, Helmut/Lange-Vester, Andrea (Hg.): Empirisch arbeiten mit Bourdieu. Theoretische und methodische Überlegungen, Konzeptionen und Erfahrungen. Weinheim und Basel, S. 94–127.

Frühwacht, Rosemarie/Gemein, Franz-Josef/Schröder, Antonius (2007): Vorlage der Landesregierung betreffen den Erfahrungsbericht an den Hessischen Landtag über die Durchführung des Hessischen Gesetzes über den Anspruch auf Bildungsurlaub (2003–2006) nach § 14 Abs. 2 HBUG. (Hg.). Hessisches Sozialministerium.

Loch, Werner (2006): Der Lebenslauf als anthropologischer Grundbegriff einer biographischen Erziehungstheorie. In: Krüger, Heinz-Hermann/Marotzki, Winfried (Hg.): Handbuch erziehungswissenschaftliche Biographieforschung. Wiesbaden, S. 71–89.

Vester, Michael/Oertzen, Peter v./Geiling, Heiko/Hermann, Thomas/Müller, Dagmar (2001): Soziale Milieus im gesellschaftlichen Strukturwandel. Zwischen Integration und Ausgrenzung. Frankfurt/M.

Zeuner, Christine/Pabst, Antje (2018a): Zwischenbericht zum Forschungsprojekt 'Bildungsfreistellung: Hintergründe, Entwicklungen und Perspektiven. Strukturelle und biographische Aspekte zum Lernen im Lebenslauf. Helmut-Schmidt-Universität Hamburg: Unveröffentlicher Bericht.

Zeuner, Christine/Pabst, Antje (2018b): Eigenzeit für Bildung: Nachhaltige biographische Wirkungen. Vortrag zur Fachtagung „Bildungszeit sichert Zukunftschancen!' 25 Jahre Bildungsfreistellung in Rheinland-Pfalz", 12. April 2018 in Mainz. URL: https://www.hsu-hh.de/eb/wp-content/uploads/sites/662/2018/07/BF-in-RLP_Vortrag_12.04.2018_Zeuner-Pabst.pdf (letzter Zugriff: 19.07.2020).

Zeuner, Christine/Pabst, Antje (2019): Vorläufiger Abschlussbericht zu dem Projekt: Bildungsfreistellung: Hintergründe, Entwicklungen und Perspektiven. Strukturelle und biographische Aspekte zum Lernen im Lebenslauf. Helmut-Schmidt-Universität Hamburg: Unveröffentlicher Bericht.

KATJA PETERSEN, KATJA SCHMIDT

# „Erfahrung ist eine Funktion der Zeit."
# Überlegungen zur ärztlichen Weiterbildung aus erwachsenenbildnerischer Perspektive

> Das Leben ist kurz, die Kunst aber langwierig;
> die günstige Gelegenheit ist flüchtig,
> der Versuch nicht ungefährlich und das Urteil schwierig.
> Es ist notwendig, daß nicht allein von seiten des Arztes
> alles Erforderliche geschieht, sondern auch vom Kranken selbst
> und von dessen nächster Umgebung, wobei die Einflüsse
> der Außenwelt auch nicht außer acht gelassen werden sollten."
> (Hippokrates Aph. I in Sack 1927, 18)

Hippokrates, Wanderarzt und Gründer einer Schule von Ärzten auf der griechischen Insel Kos (Flashar 2016), schafft mit seinen Schriften einen Berufsethos, der Kulturen übergreifend die ärztliche Haltung bestimmen und in einem Eid seinen Ausdruck finden wird, der auch heute noch in vielen medizinischen Fakultäten zum Beispiel bei Promotionsfeiern verlesen wird. In dem oben zitierten ersten Aphorismus thematisiert Hippokrates zwei Dimensionen ärztlichen Handelns, die nach wie vor von Bedeutung sind: Zeit und Erfahrung. Das Bedauern darüber, dass die günstige Gelegenheit flüchtig sei, spielt auf Kairos an, den Gott des richtigen Augenblicks, den es am Schopfe zu packen gilt, will man den Augenblick und den passenden Moment nutzen, um zu handeln. Das kurze Leben und die langwierige Kunst verweisen auf Chronos, den Gott der messbaren Zeit, die Chronologie, das berechenbare Maß, das Strukturen vorgibt und Systeme unterstützt. Von Ärzten und Ärztinnen werden beide Zeitdimensionen wahrgenommen: der gegenwärtige Augenblick innerhalb eines standardisierten Ablaufs im System (zur Standardisierbarkeit ärztlichen Handelns siehe z.B. Somm u.a. 2018). Kairos und Chronos schließen sich eigentlich aus und gehören doch zusammen. Sie ergänzen sich. Beide setzen auf Erfahrung – auch darauf bezieht sich der erste Teil des Aphorismus.

Wie die Zeit, so hat auch die Erfahrung in der Medizin unterschiedliche Konnotationen: Erfahrungen werden über Ärztegenerationen hinweg tradiert, sie lassen sich in ihrer Entwicklung chronologisch darstellen. Erfahrung meint auch die praktischen Fähigkeiten und klinische Befundungen, die von Älteren an Jüngere weitergegeben werden. In der Gegenwart tritt dieser Eminenz die Evidenz gegenüber: nicht die Kunst der Erfahrenheit, sondern das messbare Wissen, das innerhalb der heutigen Medizin so schnell obsolet wird. Doch trotz aller Evidenz: Erfahrung und ärztliche Kunst, die sich auch in den Momenten des flüchtigen Augenblicks zeigen, haben nach wie vor Relevanz für das ärztliche Handeln. Wie genau man diese Erfahrung weitergeben kann, ist jedoch unklar.

Die etymologische Betrachtung des Wortes „Erfahrung" zeigt, dass es sich bei der Erfahrung um eine Aufgabe bzw. eine Tätigkeit handelt, die etwas mit Bewegung zu tun hat. Die Bewegung von einem Ort zum anderen erfolgt, um etwas (Neues) kennenzulernen oder um mit etwas oder jemandem in Berührung bzw. Kontakt zu kommen. Damit können durchaus nicht absehbare Folgen verbunden sein, Unerwartetes, Unvorhersehbares, Unfälle und Ungereimtheiten können eintreten und machen doch gerade die Erfahrung aus (vgl. Bollnow 1968). Hierin steckt die Ambivalenz zwischen der Notwendigkeit und der Unbestimmtheit von Erfahrung: Ohne den anderen gibt es keine Erfahrung, aber gleichzeitig kann niemand anderes die Erfahrungen für einen selbst machen. Erfahrungen sind die am eigenen Leib erfahrenen, nicht die erzählten, nicht die aus zweiter oder dritter Hand. Man muss sich also selbst den Mühen der *Fahrt* unterziehen: „Erfahren heisset nicht nur äusserlich einer Sache wegen Kundschafft einziehend, wie es hin und wieder in Heiliger Schrifft zu finden, sondern auch etwas in der That empfinden und fühlen" (Zedler 1731–1754, 829). Das bedeutet, dass nicht allein die Feststellung von Tatsachen Erfahrungen ausmachen, sondern notwendig sind das Empfinden und damit letztendlich auch das Erleben von Erfahrungen.

Spuren zur Bedeutung der Erfahrung für Ärzte in vergangenen Zeiten finden sich ebenfalls im Zedler „Universal-Lexicon":

„Erfahrung: experientia (lat.), ist eine Zusammenfassung desjenigen, was man durch die Sinne unmittelbar erlanget, so sagt man zum Beispiel von einem Medico, dass er gute Erfahrung habe, wenn er den Nutzen und Gebrauch eines Medikaments so inne hat, daß es nicht ein sondern vielmahl bei solchen Kranckheiten grossen Nutzen geschaffet, so kann man solches mit größerem Rechte weiter gebrauchen." (Ebd., 829 f.)

Erfahrung unterliegt in diesem Beispiel der zeitlichen Dimension der Wiederholung, hier im Laufe eines ärztlichen Berufslebens. Ausgegangen wird dann von einer kontinuierlichen Erfahrung des Bewährten. Möglich sind jedoch auch Diskrepanzerfahrungen (vgl. ausführlicher z. b. Faulstich/Grotlüschen 2006), die Anlässe für Lernen geben:

> Das Subjekt muß [...] – da das Vorgelernte zu deren Bewältigung nicht ausreicht – aus einer primären Handlungsproblematik eine spezifische *Lernproblematik* ausgliedern. [...] Damit stellt sich aber die Frage, wie das Lernsubjekt erfahren kann, daß und ggf. in welcher Hinsicht es sich dabei um unvollständige, oberflächliche Strukturmerkmale des Lerngegenstandes [...] handelt. Es besteht demnach nicht nur objektiv eine *Diskrepanz* zwischen dem Stand des Vorgelernten und dem Lerngegenstand, sondern diese Diskrepanz muß mir im Zusammenhang einer Lernproblematik auch *erfahrbar* werden können, ich muß also bemerken, daß es mit Bezug auf den jeweiligen Gegenstand *mehr zu lernen* gibt, als mir jetzt *schon zugänglich* ist [...]." (Holzkamp 1993, 212, Hervorhebungen im Original)

Im Folgenden möchten wir auf die Bedeutung von Zeit und Erfahrung im oben aufgezeigten Spannungsfeld von Kontinuität und Diskrepanz, Chronos und Kairos in der ärztlichen Weiterbildung eingehen.[1] Dafür möchten wir die an der ärztlichen Weiterbildung Beteiligten, die Weiterbildungsbefugten sowie die Weiterbildungsassistentinnen und Weiterbildungsassistenten eines Hamburger Krankenhauses selbst zu Wort kommen lassen. Sie haben uns ihre Erfahrungen mit der ärztlichen Weiterbildungszeit in Interviews und in Fragebögen mitgeteilt. Unser Forschungsprojekt „E.K.I. – Evaluation, Konzeptionalisierung und Implementierung arbeitsprozessorientierter ärztlicher Weiterbildung" unter-

---

1    Ärztliche Weiterbildung ist der Begriff für die Facharztausbildung. Sie wird definiert als: „Ärztliche Weiterbildung beinhaltet das Erlernen spezieller ärztlicher Fähigkeiten und Fertigkeiten nach abgeschlossenem Studium der Humanmedizin und nach Erteilung der Erlaubnis zur Ausübung der ärztlichen Tätigkeit" (WBO 2018, S. 7). Die Akteure in der ärztlichen Weiterbildung werden mit den Begriffen „Weiterbildungsbefugter" bzw. „Weiterbildungsbefugte" und „Weiterbildungsassistent" bzw. „Weiterbildungsassistentin" benannt. Weiterbildungsbefugte finden sich in den jeweiligen Abteilungen von Krankenhäusern und sind verantwortlich für die ärztliche Weiterbildung der Ärzte und Ärztinnen. Die ärztliche Weiterbildung ist bundeslandspezifisch rechtlich verankert. Grundlage dafür bildet die Musterweiterbildungsordnung der Bundesärztekammer. Weiterbildungsbefugnisse werden von den Ärztekammern vergeben.

sucht das Weiterbildungshandeln sowie Lehr-Lernprozesse der an der ärztlichen Weiterbildung beteiligten Akteure und Akteurinnen. Ärztliche Weiterbildung findet innerhalb von institutionellen und gesellschaftlichen Rahmenbedingungen statt. Im klinischen Alltag kommt es zu einer Verzahnung von ärztlicher Weiterbildung und den Anforderungen an die Rolle des Arztes bzw. der Ärztin. Diese Verzahnung umfasst z. B. auch eine zunehmende Spezialisierung und Fluidität von Wissen und Praktiken oder die Bedeutung von Arbeiten in Handlungsgemeinschaften in der arbeitsteiligen Patientenversorgung. Dies führt zur Notwendigkeit der Aneignung überfachlicher Kompetenzen, was mehr ist als medizinisches Fachwissen. Herausforderung für alle an der ärztlichen Weiterbildung Beteiligten ist es, eine das Berufsleben begleitende Lehr-Lernbereitschaft mit professionellem Handeln in der ärztlichen Arbeit zu verbinden. Hier setzt E.K.I. an und erforscht die Bedingungen, unter denen ärztliche Weiterbildung im klinischen Alltag stattfindet und die Einfluss auf die Lehr-Lernprozesse und das Weiterbildungshandeln haben. Mittels eines qualitativen Forschungsansatzes werden leitfadengestützte Interviews sowohl mit Weiterbildungsbefugten als auch Weiterbildungsassistentinnen und Weiterbildungsassistenten durchgeführt. Neben Experteninterviews finden in dem auf drei Jahre ausgerichteten Projekt außerdem Fragebogenerhebungen mit Weiterbildungsassistentinnen und Weiterbildungsassistenten statt. Eine erste Auswertung der erhobenen Daten zeigt, dass Erfahrung und Zeit innerhalb der ärztlichen Weiterbildung nicht zu unterschätzende Komponenten darstellen.[2]

## Ärztliche Weiterbildung: Zeiterfahrungen als Ressource

Ärztliches berufliches Handeln und Weiterbildung unterliegen der Zeit: in ihrer geschichtlichen Entwicklung, in der alltäglichen, organisationalen Praxis und im Lernen. Angesichts einer stetigen Ökonomisierung der ärztlichen Berufspraxis wird Zeit allerdings mehr denn je reduziert auf einen Faktor, eine Ressource, die es bestmöglich (aus-) zu nutzen gilt. Zeit für den Patienten, Zeit für das ärztliche Weiterbildungslernen, Zeit für das Sammeln von Erfahrungen werden als Rarität empfunden und als diametral zur zeitlichen ökonomisch orientierten Kosten-Nutzen-Bilanzierung gesehen. Der Umgang mit und das Empfinden von Zeit wird so zum Spiegelbild unternehmerischen Denkens vieler Akteure im Gesundheitssystem. Auch die ärztliche Weiterbildung soll zählbar und damit als

---

2    Ausführlichere Informationen zum Forschungsprojekt unter https://www.hsu-hh.de/eb/forschung/eki

zeitlicher Prozess kalkulierbar sein. Ausdruck dafür ist auch die Reduktion der Weiterbildungsordnungen in der ärztlichen Weiterbildung auf zu erbringende (An-)Zahlen, die keine Auskunft darüber geben, ob die erforderlichen Techniken bzw. Methoden wirklich erfolgreich gelernt wurden, sondern nur, dass sie erbracht wurden (vgl. WBO 2018). Zeit wird demnach nicht selten in der ärztlichen Weiterbildung reduziert auf eine zählbare und messbare Größe und so ihrer wichtigsten Komponente, der Erfahrung beraubt. „Zeit [ist] weder subjektiv noch objektiv, sondern als Schema beteiligt […] an der Sicht von Welt" (Dörpinghaus 2019, 457). Dörpinghaus spricht in diesem Zusammenhang von den „Praktiken der Zeit", die er „als Umgangsweisen mit Zeit, als Einübungen in Erfahrungskonstitutionen" charakterisiert (ebd., 457f.).

Exemplarisch lässt sich dies unter dem Stichwort „Zeit am Patienten" zeigen: Zum einen lassen sich Krankengeschichten als Abläufe, als Pathologien darstellen. In den Blick rücken dann nicht nur statistische Befunde, sondern auch Verläufe, die sich objektiv darstellen lassen. Nicht nur der aktuelle Zustand eines Patienten, sondern auch die Anamnese – die „Erinnerung" – sind wichtig. Die Prognose, die Epikrise und die Katamnese, das Akute und das Chronische sind in der ärztlichen Praxis temporale Ausdrücke, die auf Grundlage von Erfahrung erlernt werden (vgl. Riha 2015). Zum anderen spielen auch hier Diskrepanzerfahrungen eine Rolle, zum Beispiel wenn standardisierte Prozesse sich als nicht zielführend erweisen, wie eine weiterbildungsbefugte Person (WB) berichtet.

> *„Ja, Wahrscheinlichkeiten, das ist natürlich fortgeschritten, Wahrscheinlichkeiten abwägen, so Differentialdiagnosen, das ist ja die große Kunst des Internisten, Differentialdiagnosen, und dann zu gewichten, gewichten und einzusortieren. Ja, aber, man lernt, man weiß, 90 Prozent der Diagnose ist die Anamnese und die Untersuchung. Und diese Anamnese und Untersuchung, stelle ich immer wieder fest, ist häufig schlampig, weil man sagt: ‚Na, dann machen wir ein Herz-Echo, einen Ultraschall, ein Röntgenbild, und wenn das alles nichts hilft, machen wir noch ein CT, und dann kriegen wir schon unsere Diagnose.' Also, das ist ganz, ganz, dass die neue Generation verlässt sich nicht auf sich, sondern auf die Technik." (WB I, Z. 214–222)*

Patienten sind außerdem Bestandteil eines Zeitmanagements, das sich im Laufe der ärztlichen Weiterbildung entwickelt und zum Beispiel von einem Weiterbildungsbefugten so thematisiert wird:

*„Die Entwicklung ist ja ziemlich rasant und auch enorm wichtig, weil da jetzt ja verschiedene Dinge zusammenkommen. Die reine Weiterbildungszeit, wenn ich sie definiere als der direkte Kontakt von Weiterbilder und Weiterbildungsassistent, wird eher geringer. Die reine Zeit in der Weiterbildungsstätte ist limitiert und wird ja jetzt vielleicht durch das neue, durch diese neue Reform vom Arbeitsschutzgesetz noch mal verschärft, und das heißt, die tatsächliche Kontaktzeit ist limitiert. Die Zeit am Weiterbildungsobjekt, also am Patienten oder an der Operation, ist durchaus limitiert, weil die Nebenaufgaben wie Dokumentationen und so weiter ja einen enormen Zeitaufwand bedeuten. Das heißt, aus meiner Sicht ist der Anteil der Weiterbildungszeit in der zur Verfügung stehenden Arbeitszeit zumindest mal nicht mehr geworden, und die Möglichkeiten, das zumindest ein bisschen auszugleichen, sind darin gegeben, dass man über digitale Weiterbildungsmethoden oder Techniken oder Devices auch bestimmte Dinge zumindest in kompakterer Form aufbereiteter, fokussierter sehen kann." (WB II, Z. 713–727)*

Die erlebte Zeit mit dem Patienten wird häufig unter Bezugnahme auf damit verbundene Kompetenzen und Eigenschaften beschrieben: Neben Fachkompetenz sind dies insbesondere Gewissenhaftigkeit und Empathie (vgl. z.B. Hasske 2020). Demgegenüber steht die zur Verfügung stehende Zeit für und mit dem Patienten, die sich zum Beispiel während einer Visite auf ca. drei Minuten kalkulieren lässt. Ursache dafür ist ein Rücktritt der Erfahrung zugunsten der Evidenz: Evidenzfokussierte Mediziner und Medizinerinnen suchen den Weg der Objektivierung des Pathologischen und sprechen dem subjektiv geäußerten Empfinden des Patienten weniger Bedeutung zu. Das subjektive Leiden des Patienten und die Erfahrung im Umgang damit kann jedoch Wege jenseits des standardisierten ärztlichen Handelns, jenseits von Labor und Bildgebung aufzeigen.

*„Ich bremse ein. Wenn ich es beeinflussen kann, bremse ich ein. Dann sage ich, also, es ist ja auch sehr beliebt, internistische Patienten, multimorbide Patienten, dann sagt der: ‚Ich habe immer Schluckauf.‘ Dann ist der HNO-Arzt mit im Boot. ‚Ich sehe übrigens schon seit sechs Jahren schlecht, wollte gerne mal zum Augenarzt.‘ Da ist der Augenarzt mit im Boot. Also das sind dann so Ressourcenfresser. [...] in diesen Fällen sage ich dann klipp und klar: ‚Stopp! Jetzt wollen wir mal gemeinsam nachdenken. Warum ist der Patient hier? Was ist unser Arbeitsauftrag? Können Sie das formulieren? Formulieren Sie das einfach mal mit ein oder zwei Sätzen.‘ [...] Das hat dann auch die Auswirkungen auf die Briefschreibung. [...] Und ich versuche dann immer so ganz zurückzugehen, zu sagen: ‚Warum ist er hier? Weshalb haben Sie ihn aufgenommen?‘ Und dann entwickle ich, also: ‚Wir*

*haben das und das und das. Was brauchen wir, um das zu unterstützen? Was haben wir? Was fehlt uns noch? Was müssen wir machen?' Also ich [...] persönlich in meiner Ausbildung bin kein Vorkauer, sondern ich stelle ganz, ganz viele Fragen, lasse dann zu Schlüssen kommen, und sage: ‚Mmh, sehe ich nicht so, aber wenn Sie denken, Sie würden das gerne mal ausprobieren, oder Sie denken daran, dann machen wir das. Wir sind ein Ausbildungsbetrieb und ich erhebe kein Anrecht darauf, den Schrein der Weisen gefunden zu haben. Wenn Sie das wissen wollen, komm, dann gehen wir mal, dann gehen wir mal diesen Weg auch.'" (WB I, Z. 254–276)*

Die vom Weiterbildungsbefugten kritisierte ressourcenorientierte Diagnosefindung zeigt exemplarisch, dass evidenzbasiertes Handeln nur vermeintlich (zeitlich) effektiver sein kann. Außerdem führt es im Zeitempfinden der Weiterbildungsassistentinnen und Weiterbildungsassistenten zu weiteren negativen Konnotationen: Viele beklagen, dass sie mehr Zeit aufwenden müssen für die technischen Untersuchungen, die Aus- und Bewertung von Befunden, das Schreiben von Arztbriefen und die administrativen Tätigkeiten.

Thematisiert wird auch das Verhältnis von Arbeits-, Lern- und Freizeit (vgl. z.B. Bachmayer/Faulstich 2006, Schmidt-Lauff 2012), in dem sich insbesondere intergenerationelle Diskrepanzerfahrungen zeigen, denen ein Konfliktpotential zwischen Weiterbildungsassistentin bzw. Weiterbildungsassistent und Weiterbildungsbefugtem innewohnen kann:

*„Also, wenn ich jetzt noch mal so jung wäre und zwei Kinder. Ich meine, damals hat kein Mensch danach gefragt, dass ich zwei Kinder hab. Dienste waren Dienste. ‚Wie jetzt, Du kannst keinen Dienst machen?!' Ich hab jeden zweiten Tag Dienst gemacht. ‚Wie jetzt, Du willst jetzt nach Hause?!' ‚Ja, ich hatte Dienst.' ‚Aber wir müssen erst noch die Visite gehen.' Dann warst du von früh um acht bis nächsten Mittag um eins da, das hat keinen Menschen interessiert. Arbeitszeit?! ‚Aber XY, wenn Sie in der vorgeschriebenen Arbeitszeit nicht fertig werden, haben Sie ein Organisationsproblem. Ich habe Ihnen keine Überstunden angeordnet.'" (WB III, Z. 499–506)*

In unserer Untersuchung haben wir gefragt, wie viel Zeit die Weiterbildungsassistentinnen und Weiterbildungsassistenten für ihre Weiterbildung aufwenden. Es zeigt sich, dass Weiterbildungsassistentinnen und Weiterbildungsassistenten diese Zeit sehr unterschiedlich beziffern. Die Spannbreite der Antworten reicht von *„eine Stunde am Tag"* bis *„immer"*. Hier zeigt sich exemplarisch die Diskrepanz zwischen der durch die Ärztekammer vorgegeben (zeitlichen) Strukturierung der ärztlichen Weiterbildung und ihrer Umsetzung im klinischen Alltag. Der Anfang und das Ende der ärztlichen Weiterbildung sind rechtlich geregelt. Dazwischen liegen jedoch sowohl Zeitabschnitte, die nicht als ärztliche Weiterbildungszeit empfunden werden, als auch die Erfahrung, dass das Lernen kein Ende findet:

> *„Das ist ja, wie ich gesagt habe, etwas sehr Stetiges, und, also, begleitet mich jeden Tag, und es ist immer wie so eine kleine Wolke, die einen begleitet, weil man muss immer, halt, lernen. Es ist halt wirklich wie ein, ja, enger Freund letztlich, vielleicht auch 'ne Hassliebe.“ (WBAss I, Z. 114–117)*

Ärztliche Weiterbildung findet im Prozess der Arbeit statt. Daher besteht die Notwendigkeit von Transparenz, Struktur und Begleitung durch erfahrene Fachärztinnen und Fachärzte. So kann verhindert werden, dass ärztliche Weiterbildung als derart überfordernd wahrgenommen wird, dass keine Zeit mehr zum Lernen bleibt. Zudem bedarf es offenbar weiterer zusätzlicher Zeiträume, um diese Lernzeit als Weiterbildungszeit reflektieren zu können, d. h. gemachte Erfahrungen als Lernerfahrungen zu erkennen.

> *„Ja, also Erfahrung ist etwas, was einen tatsächlich auch weiterbringt, weil man … Also Erfahrung hat auch was damit zu tun, wie man Patienten einschätzt beispielsweise, und je mehr Patienten ich gesehen hab – das ist ja letztlich etwas erfahren, umso besser kann ich auch in Zukunft einschätzen, wie geht es dem Patienten: Handelt es sich hier um einen kranken Patienten? Liegt eine kritische oder eine nichtkritische Situation vor? In dem Sinn ist es schon halt zusätzlich zum reinen Fachwissen schon wichtig, dass man einfach aufgrund seiner Berufserfahrung einschätzen kann, in welche Richtung die Situation läuft.“ (WBAss I, Z. 103–110)*

Wie die Ausrichtung der Weiterbildungsordnung auf die quantifizierbaren Fallzahlen zeigt, berücksichtigt die zeitliche Organisation ärztlicher Weiterbildung nicht die individuellen Lernwege von Weiterbildungsassistentinnen und Weiterbildungsassistenten. Die Auswertung des erhobenen Datenmaterials zeigt, dass Zeit für ärztliche Weiterbildung zum einen unter dem Aspekt der linearen Entwicklung verstanden wird: Zeit, die für eine Handlung oder Leistung zur Verfügung steht, und die Entwicklung einer umfassenden beruflichen Handlungskompetenz, die in Kompetenzstufen gegliedert wird (WBO 2018). Innerhalb der Weiterbildungsordnung wird außerdem von einer Kontinuität der Weiterbildungszeit ausgegangen, d.h. es gibt einen bestimmbaren Anfang und ein bestimmbares Ende der Weiterbildungszeit oder der jeweiligen Weiterbildungseinheit. Dies zeigt exemplarisch der folgende Auszug aus der Weiterbildungsordnung für die ärztliche Weiterbildung im Fachgebiet Anästhesie:

> „Weiterbildungszeit:
> *60 Monate* bei einem Weiterbildungsbefugten an einer Weiterbildungsstätte gemäß § 5 Abs. 1 Satz 1, davon
> • *48 Monate* in der Anästhesiologie, davon können bis zu
>   o 12 Monate Weiterbildung in anderen Gebieten der unmittelbaren Patientenversorgung angerechnet werden
>   o 18 Monate im ambulanten Bereich abgeleistet werden
> • *12 Monate* in der Intensivmedizin, davon können
>   o 6 Monate Intensivmedizin in einem anderen Gebiet angerechnet werden." (WBO 2015, 26, Hervorhebungen im Original)

Diese Parameter stehen jedoch im Gegensatz zu einem Erfahrungsbegriff, welcher die Aspekte von Linearität, Kontinuität und Ordnung nicht negiert, ihnen jedoch auch die vermeintlich ineffektiven, abweichenden und überschreitenden Aspekte von Lernen und Bildung an die Seite stellt.

> „Die Formel von der ‚Erfahrung verhinderter Erfahrung' unterstreicht einen fundamentalen Sachverhalt: In unserer Zeit gehört zu jeder gelungenen Erfahrung ein negatives Moment. Das heißt: Erfahrung schließt Verunsicherungen, Ängste und Enttäuschungen im wörtlichen Sinn ein. Der falsche Schein wird zerrissen, die Täuschung kommt ans Licht – und mit ihr ein Stück verborgene, uneingestandene Wirklichkeit [...]." (Pongratz 2010, 103)

Auch diese werden sowohl von den weiterbildenden Ärztinnen und Ärzten als auch von den Weiterbildungsassistentinnen und Weiterbildungsassistenten thematisiert:

> *„Ich halte es für extrem wichtig, dass derjenige oder diejenige, die die Weiterbildung innehat, eine hohe oder zumindest angemessene Zeit in dem sich weiterbildenden Team auch erkennbar ist, und da ist, und diese Weiterbildungsleistung auch erkennbar durchführt. Denn es ist aus meiner Sicht eine enorme Diskrepanz der Situation, um es jetzt hier am Beispiel der Zeit des klinischen Direktors am*

*Schreibtisch und der tatsächlich eins zu eins durchgeführten Weiterbildungsleistung. Die ist seitdem erheblich geringer, als sie für mich als leitender Oberarzt war, weil ich da den ganzen Tag nur mit den Leuten operiert habe oder auf Station das gemacht habe. Das heißt, ich habe zwar jetzt die Weiterbildungsermächtigung übernommen, führe die Weiterbildung aber tatsächlich im geringeren Maße durch als vorher." (WB II, Z. 216–227)*

## Ärztliche Weiterbildung: Erfahrungen im Augenblick der Zeit

Innerhalb der ärztlichen Weiterbildung geht es darum, Erfahrungen handhabbar zu machen, sie in ihrer ihnen eigentümlichen Bedeutsamkeit zu erkennen. Bedauerlicherweise haben Erfahrungen häufig die Eigenschaft, schmerzhaft, mühselig oder qualvoll zu sein:

> *„Das ist intuitiv. Tatsächlich. Also, ich habe es nicht gelernt. Ich habe es nicht gelernt, aber ich habe am eigenen Kummer gelernt. Also, das ist ja durch eigene, ja, aber, das kann man so pauschal gar nicht sagen, weil die eigene Jammererfahrung muss ja nicht in diese Verhaltensweise münden." (WB I, Z. 519–522)*

Das ist für sowohl für die weiterbildenden als auch weiterzubildenden Ärzte und Ärztinnen eine eher schwierige Konstellation für das Zulassen von Erfahrungen-Machen, auch weil immer Folgen für den Patienten damit verbunden sind. Der Durchgang durch Erfahrungen ist nicht vollständig plan- und damit zeitlich erfassbar. Deshalb haben wir in unserem Forschungsprojekt gefragt, welche Rolle den Weiterbildenden zukommt, wenn die jungen, noch unerfahrenen Kolleginnen und Kollegen aus Erfahrungen lernen sollen.

In unseren Interviews mit Weiterbildungsbefugten zeigte sich, dass diese sich durchaus darüber im Klaren sind, dass es zum „Erfahrung machen lassen" gehört, Kontrolle abzugeben und sich selbst zurückzunehmen, obwohl man aufgrund seiner Erfahrungen in der eigenen ärztlichen Weiterbildungszeit um die möglichen Probleme und Schwierigkeiten weiß. Dennoch, so die nahezu einhellige Meinung der Befugten, können Weiterbildungsassistentinnen und Weiterbildungsassistenten nur Erfahrungen machen, wenn man ihnen dafür Raum und Zeit gibt. Erfahrungslose Assistentinnen und Assistenten hingegen, die als Personalressource eingesetzt und nicht als Lernende verstanden werden, stellen eine noch größere Gefahr dar, weil sie letztlich ungeübt und ungelenk bleiben. Ihre Erfahrungen in der eigenen Weiterbildungszeit speisen sich dann aus negativen Erlebnissen wie z.B. der Überforderung. Auf sich allein gestellt, ist es für sie die Kontinuität der erlebten Unerfahrenheit, die verhindert, unter Anleitung Linearität und Sicherheit für das eigene ärztliche Handeln zu gewinnen.

Die enge Kopplung von Zeit und (Un-)Erfahrenheit zeigt sich auch in den genannten Kommunikationsformen sowie im Lehr-Lernhandeln, welche in den Interviews beschrieben werden. Beispielhaft, neben vielen anderen, seien an dieser Stelle das Gespräch, Besprechungen, Wiederholungen und das Innehalten genannt, welche in Zusammenhängen mit der Zeit betrachtet werden:

*„[…], dass man an bestimmten Schritten eben noch mal innehält und guckt, so, wie geht's jetzt weiter, aber in der Zeit eben auch Ruhe ist, dass man das unterbricht auch tatsächlich und hinterher mit dem gemeinsamen Betrachten des Films eben losgelöst von der OP-Situation. Weil, […] man eben auch frei davon ist, weil das ist ja jetzt schon Vergangenheit, auch noch mal durchgehen kann, und es dann auch noch mal theoretisch bewerten kann." (WB II, Z. 645–650)*

Die Erfahrung sorgt dafür, dass man etwas verändert, eine Sichtweise, eine Handlung, eine Herangehensweise und – wenn man so will – einen Bildungsprozess durchläuft. Die Weiterbildungsbefugten haben zwei Aufgaben zu meistern: erstens den Weiterbildungsassistentinnen und Weiterbildungsassistenten eigene Erfahrungen zu ermöglichen, zweitens den Patienten zu schützen und zu kurieren.

Aber auch der und die Weiterbildungsbefugte ist im Hinblick auf seinen klinischen Lernweg nicht erfahrungslos. Hier zeigt sich in den Interviews, dass es manchmal sogar notwendig sein kann, die eigenen Lernerfahrungen ganz bewusst abzustreifen, um dem Nachwuchs das Lernen überhaupt zu ermöglichen. Insbesondere negative berufliche Lern- und Sozialisationserfahrungen werden von den Weiterbildungsbefugten als Hemmnis in der Ermöglichung und Schaffung von Lernräumen benannt, *„weil die können sich aus meiner Sicht oft nicht davon lösen, was sie selber mal erfahren haben aus einer anderen Zeit, wo das vielleicht tatsächlich nicht ging oder einfach nicht möglich war, nicht toleriert wurde, aber heute ist es anders" (WB II, Z. 312–315).*

Die Ermöglichung von Erfahrungen in der ärztlichen Weiterbildung bedeutet, sich auf etwas Unkalkulierbares einzulassen. Notwendig ist es, alte Erfahrungen neu zu reflektieren. Sie lassen sich nicht abstreifen, sondern machen letztendlich auch den Habitus und die fachkulturellen Unterschiede aus, die sich im Laufe der Zeit in der Medizin etabliert haben. Auch das wird in den Interviews mit den Befugten als eine Schwierigkeit bewertet, die im Klinikalltag nicht leicht zu meistern ist. So kann es nicht nur schmerzhaft sein, Erfahrungen zu machen, es kann ebenso schmerzhaft sein, sich bereits gemachte Erfahrungen bewusst zu machen, um sie zu reflektieren und so Platz für neue Erfahrungen zu schaffen:

*„Ich bin auch immer so durch ein persönliches Jammertal durchgegangen, und ich glaube, wer da nicht so Jammertalerfahrungen hat und dann so Struggle for Life gemacht hat und sich überlegt hat, wie komme ich denn am besten mit meinen vorhandenen Ressourcen jetzt über den Tag. Also, wer sich nicht mit sich selber beschäftigt hat, der kann, glaube ich, dann auch da in diese Richtung sich gar nicht so entwickeln. Weil die Didaktik selber, so was lernen wir ja nicht. Wir lernen ja wirklich, also ich weiß nicht, wie es heute ist, aber wir lernen ja nur Medizin."* *(WB I, Z. 537–543)*

In unserer Untersuchung zeigt sich, dass die Erfahrungen von Ärztinnen und Ärzten nicht immer in Form eines gegenständlichen Wissens vorliegen, das einfach zu verbalisieren wäre, sondern eher als ein Können, das nur schwer beschreibbar ist. Für die Weiterbildungsassistentinnen und Weiterbildungsassistenten ist es jedoch wichtig, die Möglichkeit zu bekommen, ggf. geteilte Erfahrungen der Weiterbildungsbefugten mit eigenem Erlebten anzufüllen, anderenfalls bleibt das Verständnis leer.

## Schluss

Trotz aller zu erreichenden Kompetenzstufen und Standardisierungen gibt es auch in der ärztlichen Weiterbildung das Moment der Unbestimmtheit, das sich in den Interviews insbesondere unter dem Begriff der ärztlichen Kunst subsumiert (siehe dazu z.B. ausführlicher Merl 2011). Ärztliche Kunst, so thematisieren es die meisten Weiterbildungsbefugten, zeigt sich in der Intuition, die sich spontan einstellt, aber ohne Erfahrungen nicht hervorgebracht werden kann. Ärztliche Kunst wird in den Interviews nicht als kunstvolle Technik begriffen, sondern als etwas, das jenseits von Standards auftritt. Also der Moment des flüchtigen Augenblicks, der ergriffen wird, weil das Empfinden des Zeitpunkts der gemessenen Erfahrung gegenübertritt.

*„Ich denke, dass dieses nach außen wie Kunst und wie Leichtfertigkeit aussehende Handeln, das die wirkliche Erfahrung und die Fähigkeit ist, richtig zu analysieren und richtige Entscheidungen zu treffen. Manchmal, wahrscheinlich in vielen Fällen sogar nach außen absolut intuitiv, [...] dieser letztes Jahr verstorbene Chef [...], der hat immer versucht, die Sachen zu standardisieren. [...] Es gibt ein paar*

*Leute, [...] die auch [...] nicht ausmessen müssen, die wissen das so. [...] Und der [...] einfach wusste, wo er der hin muss [...], der ist schon so ein Künstler."*
*(WB IV, Z. 563–597)*

Im Fall der ärztlichen Weiterbildungszeit in Deutschland wurde bisher zu wenig beachtet, dass – gerade aus Sicht der Erwachsenenbildung – die ärztliche Weiterbildungszeit eine qualitative Größe ist und sein soll, die methodisch und didaktisch gestaltet werden muss. Dabei ist zu berücksichtigen, dass Zeit nicht auf eine ökonomische Ressource reduziert wird, sondern in ihrem Spannungsfeld zwischen messbarer und flüchtiger, festgelegter und individuell empfundener Zeit für ärztliche Weiterbildung betrachtet werden sollte. Notwendig ist es deshalb, Bedingungen zu schaffen, um allen an der ärztlichen Weiterbildung Beteiligten „bildende Erfahrungen" (Dörpinghaus 2019, 458) zu ermöglichen. Dies beinhaltet auch in der als individuell verschieden erlebten Zeit, Reflexionszeiträume zu schaffen, in denen über Erfahrungen und die Gründe von Handlungen nachgedacht werden kann. So können Diskrepanzerfahrungen thematisiert und „verhinderter Erfahrung" begegnet werden:

„Soll Bildung also auf den Weg kommen, dann beginnt sie mit der Erfahrung verhinderter Erfahrung [...]. Die Erschließung des Bildungs- als Erfahrungsprozess wird damit zum Angelpunkt kritischer Reflexion in der Erwachsenenbildung." (Pongratz 1990, 138)

## Literatur

Bachmayer, Birgit/Faulstich, Peter (2002): Zeit als Thema in der Erwachsenenbildung. Hamburg.

Bollnow, Otto Friedrich (1968): Der Erfahrungsbegriff in der Pädagogik. In: Zeitschrift für Pädagogik, 03/1968, S. 221–252.

Bundesärztekammer (WBO) (2015): (Muster-)Weiterbildungsordnung 2033 in der Fassung vom 23.10.2015. Berlin.

Bundesärztekammer (WBO) (2018): (Muster-)Weiterbildungsordnung 2018 in der Fassung vom 20.09.2019. Berlin.

Dörpinghaus, Andreas (2019): Schonräume der Langsamkeit. Grundzüge einer temporal phänomenologischen Erwachsenenpädagogik (2008). In: Brinkmann, Malte (Hg.): Phänomenologische Erziehungswissenschaft von ihren Anfängen bis heute. Eine Anthologie. Wiesbaden, S. 457–464.

Faulstich, Peter/Grotlüschen, Anke (2006): Erfahrung und Interesse beim Lernen – Konfrontation der Konzepte von Klaus Holzkamp und John Dewy. In: Kritische Psychologie, 50/2006. URL: https://www.kritische-psychologie.de/2006/erfahrung-und-interesse-beim-lernen (letzter Zugriff: 27.02.2020).

Flashar, Hellmut (2016): Hippokrates. Meister der Heilkunst. München.

Hasske, Eva (2020): Der kompetente Arzt im klinischen Bereich: Eine Fallstudie zur weiterführenden ärztlichen Kompetenzentwicklung. Wiesbaden.

Holzkamp, Klaus (1993): Lernen. Subjektwissenschaftliche Grundlegung. Frankfurt/M.

Merl, Tanja (2011): Ärztliches Handeln zwischen Kunst und Wissenschaft. Eine handlungstheoretische Analyse der ärztlichen Praxis im Kontext allgemeiner Entwicklungen im Gesundheitssystem. Augsburg. URL: https://opus.bibliothek.uni-augsburg.de/opus4/frontdoor/deliver/in dex/docId/1713/file/Dissertation_Tanja_Merl.pdf (letzter Zugriff: 27.02.2020).

Riha, Ortrun (2015): Medizin und Zeit – (nicht nur) medizinhistorische Überlegungen. In: Denkströme. Journal der Sächsischen Akademie der Wissenschaften, 15/2015, S. 50–67.

Pongratz, Ludwig A. (1990): Bildung und Halbbildung. Zur Logik des Verfalls von Subjektivität. In: Pongratz, Ludwig A.: Sammlung. Fundstücke aus 30 Hochschuljahren. Darmstadt, S. 131–139. URL: http://tuprints.ulb.tu-darmstadt.de/2439/1/Ludwig_Pongratz_-_Sammlung.pdf (letzter Zugriff: 27.02.2020).

Pongratz, Ludwig A. (2010): Kritische Erwachsenenbildung. Analysen und Anstöße. Wiesbaden.

Sack, Arnold (1927): Hippokrates. Eine Auslese seiner Gedanken über den gesunden und kranken Menschen und über die Heilkunst. Berlin.

Schmidt-Lauff, Sabine (2012): Zeit und Bildung. Annäherungen an eine zeittheoretische Grundlegung. Münster.

Somm, Irene/Hajart, Marco/Mallat, Anja (2018): Grenzen der Standardisierbarkeit ärztlichen Handelns. Personale Kompetenz in pädiatrischen Vorsorgeuntersuchungen. Wiesbaden.

Zedler, Johann Heinrich (1731–1754): Grosses vollständiges Universal-Lexicon aller Wissenschaften und Künste, Bd. 8E, Halle/Leipzig.

SUSANNE UMBACH

# Zeit(er)leben in der Digitalisierung – Von Sachzwängen und Gestaltungsräumen

„Nun gut", meinte Herr Fusi, „das alles kann ich tun, aber die Zeit,
die mir auf diese Weise übrigbleibt – was soll ich mit ihr machen?
Muß ich sie abliefern? Und wo? Oder soll ich sie aufbewahren?
Wie geht das Ganze vor sich?" „Darüber", sagte der graue Herr und
lächelte zum zweiten Mal dünn, „machen Sie sich nur keine Sorgen.
Das überlassen Sie ruhig uns. Sie können sicher sein, daß uns von Ihrer
eingesparten Zeit nicht das kleinste Bisschen verlorengeht.
Sie werden es schon merken, daß Ihnen nichts übrigbleibt."
(Ende 1973, 67)

## 1.    Zeit (er)leben – Zeit (ver)messen

Zeit kann man haben, man kann sie verlieren, sie kann einem gestohlen werden,
man kann sie verschenken und verschwenden, sie ist zu nutzen, zu genießen, sie
kann lang werden oder immer zu kurz sein. Zeit wird gemessen, gestaltet, optimiert und – last but not least – investiert.

Die Zeit ist eine treue Begleiterin des Lebens. Die Spanne von der Geburt
bis zum Tod eines Lebewesens ist wiederum eine der Möglichkeiten, an denen
das Phänomen „Zeit" festgemacht werden kann. Sie durchdringt und umgibt
unser Leben, auf das sie als *soziale Zeit* (Görtler 2016, Schmidt-Lauff 2008) tiefgreifend Einfluss nimmt.

Das Wesen der Zeit, ihre Wirklichkeit und Wirksamkeit sind seit Men-
schengedenken eine Herausforderung für Philosophie und Naturwissenschaften,
in neuerer Zeit auch für die Sozial-, Kultur- und Erziehungswissenschaft (Görtler 2016). Doch trotz der langen, auch erziehungswissenschaftlichen Tradition,
das Phänomen „Zeit" und seine Bedeutung für Bildung und Lernen zu befragen,
ist es nach wie vor so, „dass die Bedeutung von Zeit an vielen Stellen implizit
mitschwingt, aber selten expliziert wird" (ebd., 22). In der Bildungspraxis verweist „Zeit" in der Regel auf die messbare, gemessene, zur Verfügung stehende

Zeit (Schmidt-Lauff 2008, 13), während die erlebte Zeit selten thematisiert wird.

Im Folgenden soll versucht werden, der erlebten Zeit in ihrem Unterschied zur gemessenen Zeit nachzuspüren. Dies geschieht ausgehend von einer Studie in der Arbeitswelt, die viele Hinweise darauf enthält, wie Zeiterleben in der Digitalisierung eingebettet ist in eine spezifische Kultur des Messens und Optimierens, die auch, aber nicht nur die Arbeitswelt durchzieht. Dafür werden mit den Begriffen der „Digitalität" (Stalder 2016) und der „vermessenen Gesellschaft" (Mau 2017) zwei Perspektiven auf aktuelle gesellschaftliche Entwicklungen eingeführt, die das Phänomen Zeit auf eigene Weise fassen. Anschließend werden anhand empirischer Beobachtungen einige Gedanken dazu entwickelt, was Zeit im Kontext von Digitalisierung bedeuten kann, warum es wichtig ist, die gelebte Zeit nicht mit der gemessenen Zeit zu verwechseln, und was das mit Lernen und Bildung zu tun hat.

## 2. Digitalisierung und gesellschaftlicher Wandel

Es ist verblüffend wie sehr sich die Wortwahl bei den Beschreibungen des relativ neuen Phänomens „Digitalisierung" und des Phänomens „Zeit" ähneln: Digitalisierung durchdringt alle Lebensbereiche und umgibt uns bei (fast) allem, was wir tun. Sie ist aus privatem wie öffentlichem Leben, aus Arbeit und Muße nicht (mehr) wegzudenken. Und sie beeinflusst die Lebensgestaltung in Form sozialer Erwartungen, Anforderungen und Selbstverständlichkeiten auf nicht unerhebliche Weise (Stalder 2016).

Dabei handelt es sich bei der Digitalisierung im engeren Sinne um eine technische Entwicklung, die nicht älter als 20 Jahre ist (Ball 2014). Ihre Grundlagen wurden allerdings schon lange vorher gelegt: Die Informatisierung, die das Erheben und Sammeln von Informationen bezeichnet, hat ihre Anfänge in der tayloristischen Produktion zu Beginn des letzten Jahrhunderts. Hier wurden zum Zwecke der Optimierung möglichst umfassende Informationen über alle Bereiche der Arbeit gesammelt, zusammengeführt und ausgewertet (Stalder 2016, Mau 2017). In der Phase der Computerisierung, der flächendeckenden Nutzung des Mikrochips in seiner elaborierten Form als Personalcomputer, wurde seit den 80er Jahren des letzten Jahrhunderts – zunächst ebenfalls vor allem in der Arbeitswelt – das Verarbeiten großer Datenmengen zunehmend einfacher und schneller. Die Computer und andere Nutzer von Mikrochips waren jedoch noch nicht vernetzt und dienten daher vor allem dazu, die Arbeit vor Ort zu beschleunigen. Das, was heute als Digitalisierung bezeichnet wird, setzte ein mit der Vernetzung der Einzelgeräte und der Entwicklung des Internet zum allgegenwärtigen Ort von Kommunikation, Konsum, Produktion und Dienstleistung. Die Entwicklung und Nutzung digitaler Technik beschränkte und beschränkt sich in seinen Wirkungen längst nicht mehr auf den Bereich Arbeit, sondern durchzieht das Alltagsleben und nimmt Einfluss auf soziale und gesellschaftliche Entwicklungen und wird von diesen beeinflusst (Stalder 2016).

Aus dem Ineinandergreifen von Technik und Gesellschaft ist eine „Kultur der Digitalität" (ebd.) erwachsen, d. h. eine spezifische Weise der gesellschaftlichen Aushandlung dessen, was sozial von Bedeutung ist (ebd., 16 f.). Die Anfänge dieser spezifischen Kultur macht Stalder bereits im Übergang in das 20. Jahrhundert fest, wo er die Anfänge neuer Formen der Ökonomie beobachtet, in denen Wissen und Konsum eine immer größere Rolle spielen. Aus dieser Perspektive *ermöglichen* und *beschleunigen* die Entwicklungen digitaler Technik i. e. S. schon angelegte ökonomische und gesellschaftliche Entwicklungen und ihre Verbreitung.

Ein Aspekt der Kultur der Digitalität ist das, was Steffen Mau als „[d]ie Quantifizierung des Sozialen" (Mau 2017) bezeichnet. Die Sammlung großer Informationsmengen, die anschließend als scheinbar aussagekräftige Daten die Grundlage für Entscheidungen darstellen, verändere, so Mau, unsere Sicht auf die Gesellschaft und die Menschen, die sie bilden. Welchen Wert ein Ding, eine Leistung oder ein Mensch hat oder welche Wertvorstellungen die Grundlage einer Entscheidung sein sollen, sei in vielen Fällen nicht mehr das Ergebnis von Aushandlungen. Stattdessen stellten Rankings, Scorings und Benchmarks auf der Basis schwer durchschaubarer Algorithmen „Wertigkeiten" her, die mit ihrer scheinbaren Objektivität ein „Ungleichheitsregime" (ebd., 257 ff.) zementierten, das Wettbewerb und Leistung honoriere, ohne dabei zu fragen, warum etwas als Leistung angesehen werde und ob das, was als Leistung und Erfolg erscheine, tatsächlich erstrebenswert sei (ebd.).

Die Messung von Zeit und ihre Umwandlung in Kennzahlen, die die Optimierung von Abläufen ermöglichen und zugleich abbilden sollen, ist möglicherweise einer der folgenreichsten Effekte dieser Quantifizierung des Lebens auf der Basis digitaler Hilfsmittel. In der „vermessenen Gesellschaft" ist Zeit eine Ressource, die effizient zu nutzen und einzusetzen ist. Das gilt sowohl für den Bereich des Privaten als auch für die Arbeitswelt.

## 3. Digitalisierung und Zeit in Logistik und Einzelhandel

In einem Forschungsprojekt, das mit einem personalorientierten Fokus nach den Chancen und Risiken der Digitalisierung für die Kompetenzentwicklung in der Arbeitswelt[1] fragte, wurden umfangreiche Interviews in drei Betrieben aus dem Bereich Logistik und in Filialen drei verschiedener Einzelhandelsunternehmen geführt (vgl. z. B. Böving et al. 2019, Umbach et al. 2020). Bei allen Unternehmen handelt es sich um Großunternehmen. Der Schwerpunkt lag auf der Perspektive der Beschäftigten der ausführenden Ebene (35 Interviews). Diese wurde verschränkt mit der Perspektive von Vertreter*innen der Unternehmensleitungen, der Betriebsräte und der Personalentwicklungsabteilungen (18 Interviews). Flankiert wurden die Interviews von Betriebsbegehungen.

Auch wenn das Datenmaterial nicht mit dem Fokus auf Zeit entstanden ist, wird deutlich, dass das Phänomen „Zeit" in der digitalen Arbeitswelt auf vielfältige Weise Thema und Gegenstand von Aushandlungsprozessen ist.

### 3.1 Zeitoptimierung als Leitgedanke in der Logistik

Die Beschäftigten in der Logistik sind vor allem mit den Effekten einer schon in der Grundanlage auf maximale (Zeit-)Effizienz ausgelegten Branche konfrontiert. Warenlager und Verteilzentren sind auf eine Weise organisiert, die es möglich macht, mit kurzen Wegen, einem Minimum an Platz und einer geringen Anzahl an Handgriffen eine große Menge verschiedener Waren anzunehmen, zu lagern und wieder zu verteilen, und das alles mit möglichst wenig Irrläufern, also Waren, die am falschen Zielort ankommen oder an der falschen Stelle im Lager stehen und dann nicht mehr aufzufinden sind. Ein Beispiel für derartig großangelegte Warenlager sind z. B. auch Containerterminals, die letztendlich Logistikzentren in größerem Maßstab sind.

Die Arbeit in der Verkehrslogistik, das heißt in denjenigen Bereichen, die die Transportmittel und -wege für Güter und Menschen vorhalten, hat eine ähnliche Zielsetzung: Die notwendigen Transportmittel müssen zur richtigen Zeit dort sein, wo sie benötigt werden, und die entsprechenden Wege, z. B. das Schienennetz, müssen instandgehalten werden. In beiden Fällen, und in der Logistik

---

1 „Kompetenzverschiebungen und Kompetenzentwicklung im Digitalisierungsprozess: Betriebsfallstudien" durchgeführt von der Universität Hamburg in Kooperation mit der Pädagogischen Hochschule Zürich. Gefördert vom Bundesministerium für Bildung und Forschung im Förderschwerpunkt „Innovative Ansätze zukunftsorientierter beruflicher Weiterbildung" (Laufzeit: 11/2015 – 12/2018). Programmträger: Bundesinstitut für Berufsbildung (BIBB).

insgesamt, spielt Zeit als knappe Ressource, aber auch als Erfolgskriterium eine wesentliche Rolle: Pünktlichkeit ist die Größe, die für das Zur-Verfügung-Stellen von Verkehrsmitteln ausschlaggebend ist, und die Herausforderung der Instandhaltung besteht darin, die engen Zeitfenster zu nutzen, in denen Schienen und Straßen nicht (so stark) befahren sind, um sie zu warten, bzw. bei Störungen möglichst schnell dafür zu sorgen, dass alles wieder seinen Gang geht. Die Möglichkeiten der Prozessoptimierung sind in der Logistikbranche im Zuge der Digitalisierung enorm gewachsen und werden dort in großem Maßstab genutzt. Integrierte Computersysteme sorgen dafür, dass Abläufe immer besser aufeinander abgestimmt und damit automatisierbar werden. Das Spektrum reicht von der vollautomatisierten Steuerung von Fahrzeugen für den Containertransport bis hin zum Lagersystem im Verteilzentrum, in dem die Beschäftigten im sogenannten Pick-by-Light-System von Leuchten an den Regalen durch den Packprozess geführt werden, während die Regale automatisiert befüllt werden (vgl. auch Staab/Nachtwey 2016).

### 3.2 Zeiteffizienz versus Kund*innenorientierung im Einzelhandel

Im stationären Einzelhandel hingegen sind neben Optimierungsprozessen, die natürlich auch hier eine Rolle spielen, andere Kriterien wesentlich für den Erfolg. Im Mittelpunkt der Aufmerksamkeit steht die Kundschaft, die es gilt „glücklich zu machen", indem ein Laden gut sortiert und aufgeräumt ist, die Beschäftigten aufmerksam sind und die Kundinnen und Kunden bei ihren Einkäufen unterstützen, wo nötig und gewünscht. Dazu gehört auch, dass die Beschäftigten gut informiert sind über das Sortiment und die Kundschaft entsprechend beraten können. Außerdem sollte der Einkauf nicht durch Wartezeiten unterbrochen werden, denn das führt zu Frustration und evtl. dem Verlust von Kundschaft.

Im Hintergrund ist jedoch auch der stationäre Einzelhandel von Digitalisierungsprozessen geprägt, die der Optimierung der Abläufe und letztlich der Kostensenkung dienen sollen. Das ist besonders im Filialgeschäft zu beobachten, wo sich die Einführung kostspieliger Warenwirtschaftssysteme rechnet (Buss 2018). Mit ihrer Einführung werden die Abläufe der Warenbestellung in weiten Teilen automatisiert. Die Daten aus den Filialen laufen in der Zentrale zusammen und bilden die Grundlage für Entscheidungen über die künftige Ausrichtung. Die Kassensysteme sind ebenfalls mit dem Warenwirtschaftssystem verknüpft, sodass eine Auskunft über den Warenbestand jederzeit möglich ist und eine händische Inventur überflüssig werden soll. Kosten, Kundenzahlen, Umsätze und bauliche oder sonstige Besonderheiten können ebenfalls für jede

Filiale zentral erfasst werden und ermöglichen einen Vergleich der Filialen untereinander.

## 4. Menschliche und technische Zeit

Das oben Skizzierte umreißt die technisch-objektiven Gegebenheiten, die in Logistik und stationärem Einzelhandel vom Prozess der Digitalisierung betroffen sind, sich mit und in diesem Prozess verändert haben und nach wie vor verändern. Was in dieser Darstellung fehlt ist ein wesentlicher Aspekt des Verhältnisses von Zeit und Digitalisierung: der Mensch. Maschinen und Prozesse haben kein Zeit*empfinden*. Für Maschinen ist ausschließlich die messbare, die objektive Zeit relevant: Für sie ist ausschlaggebend, ob ein Gegenstand oder eine Person zum erwarteten Zeitpunkt am jeweils „verabredeten" Ort ist. Ist das der Fall, kann der Prozess weitergehen, ist das nicht der Fall, stockt der Prozess. Evtl. gibt es vorgegebene Alternativen, ggf. sucht ein Algorithmus sogar selbsttätig nach dem Fehler oder möglichen (Behelfs-)Lösungen, aber keine Maschine hat mit Überforderung, Langeweile oder Unlust zu kämpfen, mit widersprüchlichen Ansprüchen an sich oder andere, mit Angst, Müdigkeit oder Hunger und erst recht nicht mit der Frage, ob sie ihre Zeit wohl sinnvoller verwenden könnte. Die technische Zeit ist keine empfundene, sondern eine gemessene Zeit, und die Präzision dieser Messung übersteigt die menschlichen Erfahrungsmöglichkeiten bei weitem: Nanosekunden sind keine Zeiteinheit, die für das menschliche Handeln aussagekräftig ist.

Menschen hingegen *leben* in der Zeit und sie leben *in* der Zeit. Für sie bestimmt sich Zeit darüber, was in einem Abschnitt des Tages geschehen ist oder was sie selbst in dieser Phase getan oder erlebt haben. Für sie ist weit weniger wichtig, *wie viel* Zeit sie haben, als *wofür* sie Zeit haben bzw. hatten und wie sie dieses Wofür bewerten. Ihre Tätigkeit (oder ihr Nichtstun) ist das Maß, in dem sie (das Vergehen von) Zeit beschreiben: „Ich habe es geschafft, die ganze Wohnung zu saugen, bevor die Kinder heimkamen.", „Ich habe mal wieder versucht, Telefonieren und Einkaufen unter einen Hut zu bringen.", „Wir haben einfach nur auf der Bank gesessen und ins Tal geschaut." Oft werden solche Aussagen mit Zeitangaben wie „drei Stunden lang", „den ganzen Nachmittag", „nur noch fünf Minuten" ergänzt, doch zentral ist immer das Wofür.

Menschen als leibliche Wesen sind in der Zeit verankert. Ihre Körperlichkeit bindet sie an einen Ort und setzt der Geschwindigkeit ihrer Handlungen Grenzen. Ihr Denken und ihr Wissenserwerb basieren auf Erfahrung, Abwägung und Austausch und diese verlieren an Qualität, setzt man Menschen dauerhaft unter (Zeit-)Druck (Geißler 2010). Die Frage nach dem Sinn, also der Bedeutsamkeit einer Handlung, einer Entscheidung, einer Situation bildet die Grundlage jeden Nachdenkens. Dieser Sinn erschöpft sich nicht in der kognitiven Bewertung, sondern ist durchzogen von emotional-affektiven Aspekten, die die Verbindung herstellen zwischen einer Person und einer Handlung, einem Ding, einer Situation. Diese Verbindung entsteht jedoch nicht per Knopfdruck und ist auch nicht in Sekundenschnelle „ausgewertet". Das Handeln, das mehr sein soll als bloße Reaktion, braucht Zeit, vor allem dann, wenn es um Handeln in neuen Kontexten und den Umgang mit Fragen oder Problemen geht, die nicht aus der Routine zu beantworten sind.

Das gilt auch für den Teil des Lebens, den Menschen mit Erwerbsarbeit verbringen. Hier stoßen gemessene Zeit und gelebte Zeit aufeinander und sind aufs Engste verwoben. Die Arbeitswelt ist einerseits das Paradebeispiel für eine Welt, in der Stunden, Minuten und Sekunden den Takt vorgeben, auf diese Weise komplexe und feinst abgestimmte Abläufe ermöglichen und die „Verschwendung" von Zeit verhindern (Abel u.a. 2013). Andererseits sind Menschen in dieser durchgetakteten Welt eine wesentliche Größe und bringen ihre ganz eigene Zeit mit, in der Minuten nicht immer gleich lang sind, Handlungen nicht immer gleich schnell vonstattengehen und in der der empfundene Sinn oder Unsinn einer Tätigkeit bei ihrer Bewertung als Zeitfresser oder Zeitnützling ausschlaggebend sein kann.

## 5.    Zeiterleben

Wenn Beschäftigte über Zeit sprechen, wie z.B. in den Interviews im Rahmen des oben angesprochenen Forschungsprojekts, geht es in der Regel darum, *wofür* sie genug, zu wenig oder zu viel Zeit haben und wie sie damit umgehen. Und es geht darum, welchen Einfluss digitalisierte Abläufe und der Versuch, Zeit zu erfassen und zu kontrollieren, auf das Erleben von Zeit und das Handeln in ihr haben. Diese Einblicke in das Zeiterleben von Beschäftigten bieten ein anderes Bild vom Arbeiten in der digitalisierten Welt, als die Betrachtungen der technischen Seite. Und sie zeigen auf, wie sehr die objektive und die subjektive Seite von Zeit aufeinander verweisen.

### 5.1    … im Einzelhandel

Im stationären Einzelhandel erleben die Beschäftigten die Entwicklung der Digitalisierung als etwas, das mit ihrer „eigentlichen" Arbeit nur wenig zu tun hat. Interaktion und Kommunikation spielen beim Umgang mit der Kundschaft nach wie vor eine zentrale Rolle, und die können auch nicht durch auf der Verkaufsfläche verteilte Informations- oder SB-Terminals ersetzt werden. Dennoch sind digitale Geräte und digital basierte Abläufe allgegenwärtig in ihrem Arbeitsalltag. Das führt zu widersprüchlichen Anforderungen, mit denen die Beschäftigten umgehen müssen:

Eine große Veränderung im Hinblick auf Gestaltung und Erleben von Zeit ist der vermehrte Einsatz neuer technischer Geräte, die Dienstleistungen zur Verfügung stellen sollen, indem sie von der Kundschaft eigenständig bedient werden. Da allerdings die Bedienung z. b. der Fotodrucker, wie sie in Drogeriemärkten zu finden sind, nicht für alle Nutzerinnen und Nutzer gleichermaßen selbsterklärend ist, müssen die Beschäftigten immer wieder unterstützend eingreifen, was unter Umständen einiges an Zeit in Anspruch nimmt. Das ist einerseits im Sinne der Kundenbetreuung Teil der selbstverständlichen Arbeit, dennoch haben die Beschäftigten immer wieder das Gefühl, dass die „eigentliche" Arbeit liegen bleibt.

In vielen Fällen sind die Auswirkungen der Digitalisierung auf den Umgang mit Zeit indirekt. So kommen Kundinnen und Kunden häufig mit einer veränderten Erwartungshaltung in den Laden oder an den Schalter. Sie wollen so bedient werden, wie sie das vom Einkaufen im Internet gewohnt sind: Jederzeit sofort an der Reihe sein, niedrigste Preise, schnelle Abwicklung und prompte Lieferung egal wohin. Diese Diskrepanz führt immer wieder zu Konflikten und spannungsreichen Situationen, wenn beispielsweise eine Reiseverbindung einen größeren Buchungsaufwand und damit Zeit erfordert oder das günstige Angebot, „das gestern doch noch da war!", nicht mehr zu bekommen ist.

## 5.2 … in der Logistik

In der Logistik spielt die Möglichkeit der zeitlichen Überwachung eine zentrale Rolle im Hinblick auf den Umgang mit Zeit. Digitale Steuerungssysteme, die kleinteilig jede Bewegung eines Krans oder eines Fahrzeugs registrieren und weitergeben, oder Auftragsvergabe und -dokumentationssysteme, die von den Beschäftigten regelmäßige und zeitnahe Eingaben fordern und diese für die zentrale Planung weitermelden, sind in der Logistik eine Selbstverständlichkeit (Staab/Nachtwey 2016). Derartige Systeme bilden einen sehr speziellen Rahmen, in dem sich die Beschäftigten bewegen (müssen): Jeder nicht vorgesehene Handgriff, jede Pause, jeder Umweg kann u. U. ein Nachspiel haben oder andersherum: jede Tätigkeit ist als Teil von Aufträgen vorgegeben, Wege sind entsprechend der Vorschläge digitaler Routenplaner zu gestalten und unvorhergesehene Pausen sind zu melden. Die Beschäftigten reagieren auf diese Bedingungen erhöhter Kontrollierbarkeit auf sehr unterschiedliche Art. Die einen, oftmals die Jüngeren, die keine anderen Arbeitsstrukturen kennen, halten sich an die Vorgaben, erledigen die Aufträge (und nur die Aufträge!) und stoßen sich nicht an der Kontrolle ihres Tuns. Sie halten sie für selbstverständlich und nachvollziehbar. Die anderen, oftmals die Älteren, empfinden diese Steuerung als (Zeit-)Korsett, das ihnen und ihrer Arbeit angelegt wird. Die Beschränkungen sind nicht mit ihrem weiten Auftragsbegriff kompatibel, der auch Abweichungen erlaubt bzw. diese sogar vorsieht, wenn nicht kalkulierte Arbeiten am Weg liegen, für die sonst nochmal „jemand rausfahren müsste". Sie leben mit der Unsicherheit, ob sie sich diese Art der Arbeit auf die Dauer werden erlauben können, oder wann ihnen jemand sagt, dass ihre Arbeit in dieser oder jener Kennzahl von den Vorgaben abweicht und sie mit Konsequenzen rechnen müssen.

Die Zeit ist hier die Größe, die aus der Sicht der Betriebe möglichst effizient zu nutzen ist, was sie auf der Grundlage von Zeitmessungen und entsprechender Vorgaben und mithilfe engmaschiger Rückmeldungen und Dokumentationen sicherstellen wollen. Aus der Sicht der Beschäftigten hingegen braucht qualitativ hochwertige Arbeit Zeit, die sich nicht abstrakt und im Vorhinein in Aufträgen festlegen lässt. Zu dieser Art von Arbeit gehört auch der Blick über den Rand eines Auftrags hinaus, der es erlaubt wahrzunehmen, wenn irgendwo etwas nicht so läuft oder aussieht wie vorgesehen. Diese Art des umsichtigen Arbeitens verhindert Störungen und Ausfälle und trägt auf ganz andere Weise zu effizienten Prozessen bei, als das auftragsgetreue Abarbeiten planbarer Vorgaben. Darüber hinaus wird die engmaschige Zeitkontrolle von den Beschäftigten als Zeichen des Misstrauens ihnen gegenüber gewertet.

### 5.3 Informationsmanagement als Zeitfaktor

Was in Logistik und Einzelhandel in unterschiedlichen Kontexten, letztendlich aber übereinstimmend als zunehmend problematisch erlebt wird, ist der veränderte Umgang mit Informationen. Einerseits sind das solche Informationen, die als Daten dienen, um Prozesse zu optimieren. Sie werden häufig automatisch generiert, in vielen Fällen aber auch von Beschäftigten erstellt (s.o.). Für die Facharbeiter*innen in der Instandhaltung, sind die Dokumentationstätigkeiten, die im Kontext digitalisierter Auftragsvergabesysteme nicht mehr am Ende einer Schicht, sondern quasi ständig zu verrichten sind, Anlass zu der Frage, ob sie ihre Zeit nicht sinnvoller verbringen könnten: Während sie zeitaufwändig mit dem Smartphone den letzten Auftrag dokumentieren, könnten sie (gefühlt) bereits den nächsten Auftrag erledigt haben.

Andererseits werden große Mengen an Informationen an die Beschäftigten herangetragen – als (persönliche) Mail, auf internen Plattformen oder in Newslettern. Diese müssen von den Beschäftigten gesichtet, zugeordnet und ggf. als „für mich doch nicht relevant" aussortiert oder weitergeleitet werden. Auch hier kommt es zu konflikthaften Situationen, in denen etwa eine Person in der Reiseberatung *eben nicht* zu Beginn ihrer Schicht zunächst die relevanten Informationen lesen und verarbeiten kann, denn da warten schon Kundinnen und Kunden, deren Beratung eigentlich immer Vorrang hat. Das Aufnehmen und Verarbeiten oder aber das Erstellen von Informationen wird als *zusätzliche* Aufgabe empfunden, die immer wieder in Konkurrenz zur *eigentlichen* Arbeit gerät.

## 5.4 Sozialität als Zeitfaktor

In Kontexten, in denen Menschen in Teams oder Gruppen zusammenarbeiten, sind in der Regel Zeiten vorgesehen, in denen Informationen ausgetauscht, Besonderheiten und Schwierigkeiten besprochen und Konflikte bearbeitet werden. Diese Briefings, Teambesprechungen oder Gruppentreffen sind die institutionalisierte Seite des sozialen Aspekts von Arbeit. Hier bildet sich Zugehörigkeit heraus, es wird Verantwortung übernommen, der direkte Kontakt mit Kolleginnen und Kollegen ermöglicht Absprachen und die Weitergabe von Wissen und Erfahrungen. In Zeiten von Intranetplattformen, Messenger-Diensten und E-Mail-Korrespondenz verschwinden diese Zeit-Räume der face-to-face-Begegnung jedoch zunehmend.

Häufig wird die Notwendigkeit von Gelegenheiten der direkten Begegnung jedoch aus wirtschaftlicher Sicht grundsätzlich infrage gestellt. Der Beitrag derartiger Möglichkeiten der Kommunikation und Interaktion zur Produktivität ist nur schwer in Zahlen zu fassen, und in der Folge werden die dafür genutzten Zeiten auf ein Minimum reduziert oder gänzlich auf andere Aufgaben verteilt. In den Interviews zeigt sich jedoch, dass es gerade diese Zeiten sind, in denen aus gemeinsam arbeitenden Einzelpersonen Teams werden, indem gemeinsame Ziele formuliert, bei Schwierigkeiten Lösungen gesucht und erfolgreich gemeisterte Herausforderungen im Nachgang analysiert, aber auch „gefeiert" werden.

Bei diesen Gelegenheiten lernen sich die Beschäftigten nicht nur als fachlich versierte Kolleginnen und Kollegen kennen, sondern erfahren etwas über die Menschen, mit denen sie den Arbeitsalltag verbringen. Das kommt dann zum Tragen, wenn es z.B. darum geht zu wissen, wer Polnisch spricht, wenn ein polnisch-sprechender LKW-Fahrer auf dem Containerterminal Unterstützung beim Check-In braucht. Aber auch wenn es darum geht, Teams so zusammenzustellen, dass sie *tatsächlich*, d.h. jenseits ihrer Qualifikationen, gut miteinander arbeiten können, ist es hilfreich sie ein wenig *als Menschen* zu kennen. Die nach außen so unscheinbar wirkenden Begegnungen, denen gern unterstellt wird, sie seien vor allem ein Vorwand, um nicht zu arbeiten, sind nicht ohne Wirkung für die Qualität der Arbeit, nicht nur, weil sie Reibungsverluste verringern, sondern auch deshalb, weil die Beschäftigten sich in ihnen als Menschen wahrgenommen sehen und nicht nur als komplizierter Teil einer gut geölten Maschinerie.[2]

## 6.   Lernen und Zeiterleben in der Digitalisierung

Das Arbeiten unter Bedingungen der Digitalisierung hat tiefgreifende Folgen für das Leben in und mit der Zeit. Die an vielen Stellen problematisierten Prozesse von Standardisierung und Verdichtung haben nicht nur Auswirkungen auf die psychische und physische Gesundheit von Beschäftigten, sie wirken sich auch aus auf die Möglichkeiten, sich lernend mit der eigenen Tätigkeit auseinanderzusetzen.

Aus der Konkurrenz zwischen digitaler und analoger Arbeit resultiert ein Gefühl des Zeitdrucks. Dieser und die real verkürzte Zeit, die Tätigkeiten in Anspruch nehmen dürfen, vermindern die Aufmerksamkeitsspanne, die für die jeweilige Arbeit zur Verfügung stehen kann. Wenn mit dem Beenden einer Aufgabe sofort der nächste Auftrag auf dem Display des Smartphones, des Tablet oder des PC erscheint, oder wartende Menschen die Aufmerksamkeit erfordern, verschwindet die Zeit des Nachsinnens und Rekapitulierens des Getanen (Geißler 2010) ebenso, wie das sich innerlich Einstellen auf die nächste Arbeit, die nächste Aufgabe. Das sind jedoch genau die Momente, die es ermöglichen im und aus dem Arbeitshandeln zu lernen: Besonders in den Fällen, in denen Routine nicht ausreicht, in denen entweder neue Geräte oder Softwareanwendungen verwendet werden sollen, oder aber unerwartete Vorkommnisse den normalen Ablauf stocken lassen, wird Arbeit zu einem Lernfeld. Neues oder selten Angewandtes muss ausprobiert werden, es geht um Exploration und Abwägung, um Erinnern und Vorausschauen, um die neuartige Situation zu erfassen und zu bewältigen bzw. sich zu erarbeiten, wie das neue Gerät, die neue Anwendung funktionieren könnte (Böhle 2017). Die für diese Art des Handelns und der Reflexion benötigte Zeit wird außer Acht gelassen, wenn Prozesse optimiert werden, denn das heißt in der Regel, dass sich Abläufe verdichten (Böhle 2004).

---

2   Das gleiche gilt für die Möglichkeiten der Begegnung, die informellen Charakter haben: der gemeinsame Gang in die Kantine, der Schwatz zu Schichtbeginn, die Zeit zwischen zwei Aufträgen, bei denen man einer Kollegin oder einem Kollegen begegnet. Diese Zeiten sind produktiv *wegen* ihrer Unproduktivität (vgl. Geißler 2010).

Arbeitsverdichtung bedeutet damit nicht nur die Notwendigkeit, mehr Arbeit in kürzerer Zeit zu erledigen, und damit das Verschwinden von „Mikropausen" (Abel u. a. 2013, 31), die der körperlichen und geistigen Erholung dienen können, sondern sie verhindert im schlechtesten Fall, dass aus Erlebnissen Erfahrungen werden, weil sie die Reflexion und Vertiefung des Erlebten unmöglich macht. In der „pausenlosen Gesellschaft" (Ball 2014) der digitalen Vernetzung ist die Zeit für die Zurücknahme aus dem Akuten, die Nachfrage, das Sacken-Lassen nicht vorgesehen. Es entsteht ein Zustand des Dauer-Alert-Seins, in dem Multitasking zum Normalmodus des Handelns wird, obwohl wir mittlerweile wissen, dass das Arbeiten unter derartigen Bedingungen die Leistungsfähigkeit deutlich mindert (ebd., 24) und Lernprozesse unterbleiben (Albert 2003, 207).

Menschliche Kommunikation und soziales Miteinander geraten in der Arbeitswelt zunehmend unter Druck. Werden sie digitalisiert (s.o.) sind die Beschäftigten allerdings nicht nur weniger mit „unproduktivem" Reden und mehr mit (messbar) produktiven Tätigkeiten befasst, es fallen außerdem all jene Gelegenheiten weg, in denen Erfahrungen ausgetauscht, Erlebnisse im Arbeitsalltag analysiert und neue Handgriffe und Abläufe besprochen oder gezeigt werden, kurz: in denen voneinander und miteinander gelernt wird.

Ähnliches gilt für die Gestaltung betrieblich-beruflicher Weiterbildung: Auch das Lernen in Präsenzveranstaltungen ist mittlerweile kein selbstverständliches Format mehr. Mit Lernen in internet- oder mindestens computerbasierten Lernräumen soll der Problematik begegnet werden, dass die Innovationszyklen digitaler Geräte und Anwendungen immer kürzer werden, dass also der Bedarf an lernender Auseinandersetzung zunimmt. Zugleich wird damit auch versucht, die Zeit, die für eine lernende Aneignung gebraucht wird, zu „optimieren", d. h. in der Regel, dass Lernen möglichst wenig Zeit in Anspruch nehmen und die Beschäftigten möglichst wenig „von der Arbeit abhalten" soll (vgl. z. B. Stich et al. 2015). Letzteres Anliegen liegt auch darin begründet, dass die Personaldecke in Unternehmen oft derart ausgedünnt ist (die Ursachen dieser Unterbesetzung sollen hier nicht ausgeführt werden), dass es immer schwieriger wird, Beschäftigte bei Bedarf für eine Fortbildung oder eine Schulung freizustellen.

Was bei der digital basierten Art der Aneignung des Neuen auf jeden Fall fehlt, ist der Austausch und die Diskussion mit anderen, der Blick aus fremden Augen auf ein Problem, die Perspektive und Erfahrungen von Kolleginnen und Kollegen. Vielleicht ist es daher nicht verwunderlich, wenn sowohl im hier beispielhaft angeführten Projekt, aber auch in einer Studie mit dual Studierenden verschiedener Fachbereiche (Feldhoff et al. 2019), der Einsatz digitaler Medien in der Weiterbildung bzw. Lehre eher skeptisch beurteilt wird, während dem Austausch im Seminar- oder Schulungskontext und damit der Möglichkeit der Diskussion mit und Nachfrage bei Lehrenden *und* anderen Lernenden ein ganz eigener Wert zugesprochen wird.

## 7.    Zum Abschluss: Zeit und Bildung?!

Wenn wir annehmen, dass das bisher Beschriebene nicht einfach über uns kommt, dass also Zeit und Zeiterleben nicht *von der Technik gemacht* werden, sondern Ergebnisse sind des gesellschaftlichen Umgangs mit den Möglichkeiten, die Technik eröffnet (Wajcman 2016), und wenn einerseits Karlheinz Geißler (2010) ein „Lob der Pause" anstimmt, während andererseits Rafael Ball ein Loblied auf die „digitale Permanenz" (Ball 2014) singt, die dem Menschen eine völlig neuartige Freiheit verschaffe (ebd., 118), dann wird eines offensichtlich: Wir sind gefordert, uns damit auseinanderzusetzen, welche Folgen für das menschliche Zusammenleben die derzeitige Entwicklung hat, in der Digitalisierung ein wichtiger Faktor ist. Und dieses Zeiterleben, das ist wichtig zu erkennen, ist etwas gänzlich anderes als die messbare Zeit, die sich mittels self-tracking oder Kennzahlen optimieren lässt. Dieses Erleben von Zeit verweist auf die Leiblichkeit des Menschen, seine Leben und Lernen in und mit der Zeit (vgl. Faulstich 2013) und auch auf seine Begrenzungen, im Hinblick auf eine unendliche Beschleunigung. Es verweist aber auch darauf, dass Zeit für Menschen keine leere Kategorie ist. Ähnlich wie Lernen, das immer das Lernen *von Etwas* ist, ist Zeit etwas, das nur erlebbar ist, wenn sie „gefüllt" ist – wobei dieses Gefüllt-Sein nicht unbedingt Aktivität sein muss (Geißler 2010). Die Bewertung von Zeit als „sinnlos" oder „sinnvoll" verbracht, das Erleben von Zeitkonkurrenz zwischen „eigentlicher" Arbeit und dem, was stattdessen stattfindet, zeigt, dass Zeit immer „*Zeit für etwas*" ist, und dass es nicht gleichgültig ist, womit ich (meine Lebens-)Zeit verbringe.

Lernen ist mehr als intentionales Lernen. Diese Art des informellen, beiläufigen Lernens und Erfahrungen-Machens, die in der digitalen Arbeitswelt eine besondere Rolle spielt (Böhle 2017), ist nur dann möglich, wenn Erlebnisse „verdaut" werden können, wenn sie körperlich-emotional und reflexiv verarbeitet werden. Diese Vorgänge brauchen Unterbrechungen im Fluss der Arbeit, sonst bleiben die Erlebnisse unverbunden als solche stehen und fließen eben *nicht* als Erfahrung positiv in die Arbeit ein (Faulstich 2013). Wachsender Zeitdruck und der Versuch, durch Multitasking Zeit wett zu machen, unterstützen diesen Effekt fehlender Zeit für Innehalten und Reflexion systematisch.

Judy Wajcmans Hinweis darauf, dass die Effekte von Technik im Hinblick auf Zeit auch ein Abbild einer Gesellschaft und ihrer Art und Weise sind, Technik zu nutzen (Wajcman 2016), ist besonders im Hinblick auf Bildung in einer zunehmend digitalisierte(n) Gesellschaft und für diese aufschlussreich: Wenn die Verbindung von digitaler Technik mit den Effekten von Beschleunigung von Arbeit und Gesellschaft nicht zwangsläufig sind, sondern abhängig von den Praktiken und Werthaltungen der Gesellschaft, in deren Kontext sie genutzt werden, dann tun sich Möglichkeiten auf, neu zu fragen und zu verstehen, weshalb wir in einer Gesellschaft leben, in der Pausen nicht vorgesehen sind, welche Folgen das für die Menschen und ihre Zusammenleben hat und ob das so bleiben soll bzw. welche Möglichkeiten der Veränderung es gibt.

Derartige Fragen sind auch deshalb sinnvoll, weil aus dieser Perspektive deutlich wird: Womit wir unsere (Arbeits-)Zeit verbringen, wird nicht von technischen Geräten oder Systemen bestimmt, sondern – vermittelt über gesellschaftliche Strukturen – von uns allen. Das „Zeitregime der Technik" ist letztendlich eines unserer Gesellschaft in ihrer derzeitigen Verfassung, in der Zeit einer begrenzten Ressource gleicht, die optimal zu nutzen und zu investieren ist (und das nicht nur in der Wirtschaft, sondern auch und nicht zuletzt in der Bildung), wobei die Entscheidung darüber, was „sinnvoll genutzte" Zeit ausmacht, durchaus zu diskutieren wäre. Eine „Medienbildung für den Beruf" (Roth-Ebner 2018, 125) und die Frage, „welche Kompetenzen Beschäftigte in computergestützten Arbeitsumgebungen benötigen und wie sie bei ihren individuellen Umgangsweisen und Aushandlungsprozessen am besten unterstützt werden können" (ebd.), greifen hier zu kurz, da sie die Problematik m. E. unzulässig individualisieren. Den Zusammenhang von *Gesellschaft, Umgang mit Zeit* und *Verwendung von Technik als gesellschaftlich vermittelte Praxis* zu verstehen, stellt selbst schon einen Lerngegenstand dar (Görtler 2016, Heuwinkel 2006). Derartige Fragen sind noch viel mehr deswegen sinnvoll, weil mit einem Verständnis dieser Zusammenhänge möglicherweise (wieder) Zeiten erstritten werden können, die – auch in Arbeitskontexten – für Reflexion, Muße, Erholung und Begegnung zur Verfügung stehen und trotz (oder gerade wegen!) ihrer für den Unternehmensgewinn oder die Karriere nicht messbaren Effekte als wertvoll angesehen und verteidigt werden. Streiten um die Art und Weise, wie der gesellschaftliche Umgang mit Zeit zu gestalten ist – das wäre expansives Lernen oder gar Bildung par excellence. Und das braucht Zeit!

144

# Literatur

Abel, Jörg/Ittermann, Peter/Steffen, Marlies (2013): Wandel von Industriearbeit. Herausforderungen und Folgen neuer Produktionssysteme in der Industrie. Soziologisches Arbeitspapier Nr. 32. Technische Universität Dortmund.

Albert, Bernhard (2003): Zeit für Zukunft. Vom Einfluss der Zeitvorstellungen und der gesellschaftlichen Zeitorganisation auf Zukunftsvorstellungen und Lebensperspektiven. Inauguraldissertation Frankfurt/M. Online Veröffentlichung 2005. URL: http://publikationen.ub.uni-frank furt.de/volltexte/2005/692/index.html (letzter Zugriff: 08.02.2020).

Ball, Rafael (2014): Die pausenlose Gesellschaft. Fluch und Segen der digitalen Permanenz. Stuttgart.

Böhle, Fritz (2004): Die Bewältigung des Unplanbaren als neue Herausforderung in der Arbeitswelt – Die Unplanbarkeit betrieblicher Prozesse und erfahrungsgeleitetes Arbeiten. In: Böhle, Fritz/Pfeiffer, Sabine/Sevsay-Tegethoff, Nese (Hg.): Die Bewältigung des Unplanbaren. Wiesbaden, S. 12–54.

Böhle, Fritz (2017): Digitalisierung braucht Erfahrungswissen. In: Denk-doch-mal.de 01-17 URL: http://denk-doch-mal.de/wp/fritz-boehle-digitalisierung-erfordert-erfahrungswissen/ (letzter Zugriff: 10.02.2020).

Böving, Hanna/Glaß, Elise/Haberzeth, Erik/Umbach, Susanne (2019): Digitalisierte Arbeit und menschliche Initiative. Empirische Analysen aus Logistik und Einzelhandel. In: Dobischat, Rolf/Käpplinger, Bernd/Molzberger, Gabriele/Münk, Dieter (Hg.): Bildung 2.1 für Arbeit 4.0? Bildung und Arbeit 6. Wiesbaden, S. 141–160. URL: https://doi.org/10.1007/978-3-658 -23373-0_8 (letzter Zugriff: 08.02.2020).

Buss, Klaus-Peter (2018): Auf dem Weg in den Handel 4.0? Digitalisierung in kleinen und mittleren Handelsunternehmen. SOFI-Arbeitspapier 2018-14. Göttingen.

Ende, Michael (1973): Momo oder die seltsame Geschichte von den Zeit-Dieben und von dem Kind, das den Menschen die gestohlene Zeit zurückbrachte. Ein Märchen-Roman. Stuttgart.

Faulstich, Peter (2013): Menschliches Lernen. Eine kritisch-pragmatistische Lerntheorie. Bielefeld.

Feldhoff, Annika/Zeiner-Fink, Susann/Heim, Yvonne/Bullinger, Angelika C. (2019): So will ich lernen! Nutzeranforderungen an die Qualifizierung für Arbeit 4.0. In: HMD Praxis der Wirtschaftsinformatik 4/2019, S. 840–856.

Geißler, Karlheinz (2010): Lob der Pause: warum unproduktive Zeiten ein Gewinn sind. München.

Görtler, Michael (2016): Politische Bildung und Zeit. Wiesbaden.

Heuwinkel, Ludwig (2006): Umgang mit Zeit in der Beschleunigungsgesellschaft. Schwalbach/Ts.

Mau, Steffen (2017): Das metrische Wir. Über die Quantifizierung des Sozialen. Berlin.

Roth-Ebner, Caroline (2018): Berufswelten 2.0. In: Kalina, Andreas/Krotz, Friedrich/Rath, Matthias/Roth-Ebner Caroline (Hg.): Mediatisierte Gesellschaften. Medienkommunikation und Sozialwelten im Wandel. Baden-Baden, S. 107–130.

Schmid-Lauff, Sabine (2008): Zeit für Bildung im Erwachsenenalter. Münster.

Stalder, Felix (2016): Die Kultur der Digitalität. Berlin.

Staab, Philipp/Nachtwey, Oliver (2016): Die Digitalisierung der Dienstleistungsarbeit. In: Aus Politik und Zeitgeschichte 18–19/2016. URL: https://www.bpb.de/apuz/225692/die-digitalisierung-der-dienstleistungsarbeit?p=0 (letzer Zugriff: 08.02.2020).

Umbach, Susanne/Haberzeth, Erik/Böving, Hanna/Glaß, Elise (2020): Kompetenzverschiebungen im Digitalisierungsprozess. Veränderungen für Arbeit und Weiterbildung aus Sicht der Beschäftigten. Bielefeld: wbv. DOI: 10.3278/6004593w

Wajcman, Judy (2016): Pressed for Time. The Acceleration of Life in Digital Capitalism. The University of Chicago Press.

# II. Bildungsfreistellung: Erfahrungen aus der Praxis

## Berichte aus den Ländern

RAINER CHRIST

# Bildungsfreistellung als wichtiges Element einer zukunftsorientierten Weiterbildungspolitik

**Rheinland-pfälzische Erfahrungen – Perspektiven für die Zukunft**

### Vorbemerkung

In 14 von 16 Bundesländern gibt es Bildungsfreistellungsgesetze. Alle haben ihre eigene Entstehungsgeschichte. In Rheinland-Pfalz fungierte das Bildungsfreistellungsgesetz (BFG) als wichtiger Teil einer umfassenden Weiterbildungsinitiative. In dem folgenden Beitrag soll untersucht werden, wie sich dies seit 1993 auf den Beitrag der Bildungsfreistellung zur Weiterbildungspraxis in Rheinland-Pfalz ausgewirkt hat. Die Ergebnisse werden als Grundlage genutzt für einige Empfehlungen für die Weiterbildungspolitik.

### 1. Bildungsfreistellung als wichtiges Element der landesweiten Weiterbildungsinitiative ab 1991

Nach 40 Jahren CDU-geführter Landesregierungen in Rheinland-Pfalz kam es durch die Landtagswahl am 21. April 1991 zu einem Regierungswechsel. SPD und FDP bildeten eine Koalition unter dem neuen Ministerpräsidenten Rudolf Scharping. Zu den prioritären Zielen der Landesregierung gehörten die Neuausrichtung und Förderung der Weiterbildung. In der Regierungserklärung vom 5.6.1991 heißt es dazu:

„Mit Unterstützung des Landes und in Kooperation mit den Verbänden wollen wir eine Initiative für Fort- und Weiterbildung starten. Ziel ist, die Weiterbildung zu einem festen Bestandteil des Arbeitslebens und zur vierten Säule des Bildungssystems auszubauen. Dabei hilft der [...] gesetzliche Anspruch auf Freistellung für berufliche und staatsbürgerliche Fortbildung." (Regierungserklärung 1991, 33)

Dieser Schwerpunktsetzung wurde bereits beim Zuschnitt der Ressorts Rechnung getragen. Das Ministerium für Wissenschaft und Weiterbildung (MWW) entstand. Minister wurde Prof. Dr. Jürgen E. Zöllner.

Noch im gleichen Jahr kam es zur förmlichen Gründung einer landesweiten Weiterbildungsinitiative, der sich 26 Organisationen anschlossen, darunter alle anerkannten Träger der Weiterbildung, die Gewerkschaften, der Unternehmerverband, alle Wirtschaftskammern und die kommunalen Spitzenverbände. Die Initiative trat mit dem Dokument „Eckpunkte und Einzelelemente der Weiterbildung" an die Öffentlichkeit (MWW). Darin findet sich auch die Bildungsfreistellung als politisches Ziel.

Als eine Art von Eröffnungsbilanz legte das MWW bereits im Juli 1992 den „Bericht Weiterbildung" vor (MWW 1992). In dem Dokument wurden alle zugänglichen Daten zur Weiterbildung in Rheinland-Pfalz unter Mitwirkung der wichtigen Akteure und Akteurinnen zusammengetragen und bewertet. Gesonderte Auswertungen rückten das Weiterbildungsangebot für spezielle Zielgruppen in den Fokus. Die Prioritäten für die Weiterbildungspolitik der Landesregierung wurden im Schlusskapitel „Perspektiven zukünftiger Weiterbildungspolitik in Rheinland-Pfalz" (ebd., 145ff) formuliert:

- Novellierung des Weiterbildungsgesetzes; Optimierung der Vorschriften für die Anerkennung und die Förderung der Weiterbildungsträger durch das Land; Stärkung der Hauptamtlichkeit in der Weiterbildung
- Verabschiedung eines Bildungsfreistellungsgesetzes
- Deutliche Steigerung des Haushaltsansatzes für die Weiterbildung
- Verbesserung der Transparenz des Weiterbildungsangebots; Nutzung vorhandener und neuer Datenbanken; Schaffung von Beratungskapazitäten
- Mindeststandards und Zertifizierungen zur Absicherung einer ausreichenden Bildungsqualität; Schaffung ausreichender Weiterbildungsangebote für die Mitarbeitenden in Weiterbildungseinrichtungen
- Förderung der Kooperation zwischen den verschiedenen Weiterbildungsträgern auf allen Ebenen
- Förderung der Innovation in der Weiterbildung durch Modellprojekte und Schwerpunktmaßnahmen.

## 2. Das Bildungsfreistellungsgesetz aus dem Jahr 1993

Das MWW ging umgehend an die Erarbeitung eines Referentenentwurfs für ein Bildungsfreistellungsgesetz. Das Thema Bildungsfreistellung war nicht neu im Landesparlament. Zwischen 1970 und 1988 hatte es drei Versuche der oppositionellen SPD-Fraktion gegeben, ein Bildungsfreistellungsgesetz zu verabschieden. Sie scheiterten alle an der ablehnenden Haltung der jeweiligen politischen Mehrheiten im Landtag, namentlich an der CDU.

Die Erste Lesung des Gesetzentwurfs im Landtag erfolgte am 12. November 1992 (Landtag Rheinland-Pfalz 1992a, Drucksache 12/2130). Der Gesetzentwurf, die Einbringungsrede von Minister Zöllner (Landtag Rheinland-Pfalz 1992c, 2978ff) sowie die Stellungnahme des weiterbildungspolitischen Sprechers der SPD-Fraktion, Gerhard Schmidt (ebd., 2884), enthielten ehrgeizige Ziele, die mit dem BFG erreicht werden sollten:

*   Die Weiterbildungsbereitschaft der abhängig Beschäftigten erhöhen und zur Vermittlung ökonomischer, ökologischer, sozialer und politischer Kompetenzen beitragen
*   Die Teilnahme am gesellschaftlichen Leben fördern und damit einen Beitrag zur Stärkung der Demokratie leisten
*   Zur Gleichstellung von Männern und Frauen beitragen
*   Die Weiterbildungsteilnahme von Teilzeitbeschäftigten, insbesondere von alleinerziehenden Frauen, fördern
*   Die Motivation zur Weiterbildungsteilnahme von Arbeitnehmern ohne qualifizierten Berufsabschluss erhöhen
*   Rechtssicherheit für die Beschäftigten bei der Inanspruchnahme von Bildungsfreistellung garantieren
*   Sowohl bei Arbeitnehmern als auch bei Arbeitgebern die Akzeptanz für die Bildungsfreistellung erhöhen.

Während die Fraktion Bündnis90/Die Grünen den Gesetzentwurf als nicht weitgehend genug kritisierte und einen eigenen Gesetzentwurf vorlegte (Landtag Rheinland-Pfalz 1992b, Drucksache 12/2168), lehnte die CDU den Entwurf ab. Als Begründung führte der ehemalige Kultusminister Georg Gölter als Sprecher der CDU-Fraktion die schwierige Wirtschaftslage und den durch ein Freistellungsgesetz legitimierten Eingriff in die Eigenverantwortung der Unternehmen ab. Namentlich die Fortzahlung des Arbeitsentgelts für Veranstaltungen der gesellschaftspolitischen Bildung beurteilte Gölter grundsätzlich kritisch (Landtag Rheinland-Pfalz 1992c, 2886). Der Gesetzentwurf wurde nach ausführlichen Ausschussberatungen am 25. März 1993 mit den Stimmen der Regierungsfraktionen in dritter Lesung verabschiedet und trat am 1. April 1993 in Kraft (Landtag Rheinland-Pfalz 1993, 3814).

Das BFG enthielt folgende Regelungen: Der Freistellungsanspruch beträgt zehn Tage in einem Zweijahreszeitraum. Der Anspruch gilt für Veranstaltungen der beruflichen und der gesellschaftspolitischen Weiterbildung sowie deren Verbindung. Der Anspruch gilt für alle Beschäftigten in Betrieben mit mehr als fünf Beschäftigten sowie für Landes- und Kommunalbeamte. Die Weiterbildungsveranstaltungen sollen in der Regel mindestens drei Tage dauern und pro Tag im Durchschnitt sechs Unterrichtsstunden umfassen. Auszubildende haben einen Freistellungsanspruch von drei Tagen im Laufe ihrer Ausbildung für gesellschaftspolitische Bildungsveranstaltungen. Arbeitgeberinnen und Arbeitgeber mit weniger als 50 Beschäftigten können auf Antrag eine pauschalierte Erstattung des für den Zeitraum der Freistellung fortzuzahlenden Arbeitsentgelts erhalten. Die Höhe der Pauschale beträgt 50 Prozent des durchschnittlichen Arbeitsentgelts aller rheinland-pfälzischen Beschäftigten. Die Beteiligung der Sozialpartner an der Durchführung des BFG wird durch ein regelmäßig tagendes Begleitgremium gesichert, in dem Vertretungen der Arbeitgeber- und der Arbeitnehmerseite sowie des Landesbeirats für Weiterbildung mitarbeiten. Das zuständige Ministerium wird verpflichtet, alle zwei Jahre einen Bericht über die Entwicklungen bei der Bildungsfreistellung an den Landtag zu erstatten.

## 3.  Weiterbildungspolitische Wegmarken nach 1991

Neben der Verabschiedung des BFG konnten in der ersten Legislaturperiode der SPD/FDP-Koalition eine Reihe der angekündigten weiterbildungspolitischen Reformen umgesetzt werden:

Der Weiterbildungstitel im Landeshaushalt stieg von 7,65 Mio. DM im Haushaltsjahr 1991 rasch auf 13,6 Mio. DM im Haushaltsjahr 1993 und dann weiter auf 15,3 Mio. DM im Haushaltsjahr 1999.

Ab 1992 ermöglichte eine Modellprojektförderung von mehr als 1,5 Mio. DM pro Jahr viele innovative Vorhaben. Arbeit und Leben Rheinland-Pfalz konnte so im Rahmen eines aufwendigen Projektes neue Formate der politischen Bildung für die Bildungsfreistellung realisieren und hierfür Marketingstrategien entwickeln. Zur Stärkung der Professionalisierung in der Weiterbildung trug ein großes Modellvorhaben „Fortbildung für die Weiterbildenden (FWL)" in Trägerschaft des Landesverbandes der Volkshochschulen bei, aus dem 1998 die Arbeitsstelle für die Weiterbildung der Weiterbildenden an der Universität Koblenz-Landau (AWW) hervorging.

Zum 1. Januar 1996 trat eine umfassende Novellierung des Weiterbildungsgesetzes (WBG) und der entsprechenden Durchführungsverordnung (WBGD-
VO) in Kraft. Damit wurden die Anerkennung von Weiterbildungsträgern und
die Förderung der Weiterbildung durch das Land an die Realitäten in der rheinland-pfälzischen Weiterbildungslandschaft angepasst. Das WBG ermöglichte in
erheblichem Umfang Personalkostenzuschüsse für die Landesorganisation der
Weiterbildung in freier Trägerschaft und die Volkshochschulen. Sowohl auf
Landesebene wie in den Regionen wurden auf Kooperation der verschiedenen
Akteure in der Weiterbildung ausgerichtete Beteiligungsgremien geschaffen.
Auf die regionalen Kooperationsstrukturen setzte ein mehrjähriges Förderpro-
gramm für Geschäftsstellen der Kreis- und Stadtbeiräte der Weiterbildung auf,
das neben der Förderung von Personalstellen auch die Finanzierung regionaler
Datenbanken für Weiterbildungsangebote enthielt.

Nach dieser Phase intensiver gesetzgeberischer und finanzpolitischer Aktivitäten folgte in der rheinland-pfälzischen Weiterbildung eine Zeit der Konso-
lidierung. Neuen Schwung sollte die Berufung eines „Sachverständigenrats Weiterbildung" bringen. Wissenschaftlerinnen und Wissenschaftler sowie Vertreterinnen und Vertreter von Weiterbildungsträgern wirkten an der Arbeit des
Gremiums mit. Am 17.10.2005 wurde der Abschlussbericht mit 29 Thesen zu
den Themen Teilnahme, Transparenz, Qualität, Professionalisierung, Modulari-
sierung, Lehr- und Lernkulturen und Finanzierung der Weiterbildung vorgelegt (MWWFK 2005). Die Empfehlungen konnten in der Folgezeit allerdings
keine nennenswerte politische Wirkung entfalten. Aufgrund ungünstiger finanzpolitischer Rahmenbedingungen stagnierte der Haushaltsansatz für die
Weiterbildung für eine Reihe von Jahren. Trotzdem gelang es, ein mehrfach von
der Stiftung Warentest ausgezeichnetes Weiterbildungsportal für Rheinland-
Pfalz und eine leistungsfähige Informationsdatenbank für Bildungsfreistel-
lungsmaßnamen aufzubauen. Weiterhin entstand ein beeindruckendes Koope-
rationsprojekt der anerkannten Weiterbildungsträger im Bereich Alphabetisierung und Grundbildung, das vom BMBF im Rahmen der „Nationalen Strategie
für Alphabetisierung und Grundbildung Erwachsener" gefördert wurde. Mit
Mitteln aus dem Europäischen Sozialfond wurde das Projekt 2015 in ein dau-
erhaftes Grundbildungs-Netzwerk mit einem stabilen hauptamtlichen Kern
überführt.

Auf die Verabschiedung von verbindlichen Mindeststandards für die Qualität in der Weiterbildung wurde verzichtet zugunsten von auf die jeweilige Situation der Weiterbildungsträger und -einrichtungen angepasste Qualitätssiche-
rungsstrategien.

Ab 2014 stellten die rasch steigenden Flüchtlingszahlen insbesondere die Volkshochschulen aber auch freie Träger der Weiterbildung vor nie gekannte Herausforderungen, namentlich im Bereich der Sprach- und Integrationsförderung. Mit der inzwischen aufgebauten hohen fachlichen Kompetenz, einer einzigartigen Kultur der Zusammenarbeit zwischen den Weiterbildungsträgern und einem enormen Engagement konnte diese wichtige Aufgabe in Rheinland-Pfalz gemeistert werden. Die Landespolitik honorierte diese Leistung durch einen deutlichen Mittelaufwuchs von 8,7 Mio. € im Haushaltsjahr 2015 auf 11,4 Mio. € im Haushaltsjahr 2020. Aufgrund dieser positiven Rahmenbedingungen konnten seither insbesondere in den Bereichen Digitalisierung in der Weiterbildung, Förderung innovativer Ansätze in der politischen Bildung und Inklusion in der Weiterbildung weitere große Fortschritte gemacht werden.

## 4. Ein Resümee – 25 Jahre Bildungsfreistellung in Rheinland-Pfalz

Im Folgenden wird dargelegt, inwieweit die im zweiten Abschnitt beschriebenen Ziele, die im Kontext der Verabschiedung des BFG auch parlamentarisch diskutiert wurden, realisiert werden konnten. In den letzten sechs Legislaturperioden wurden alle Regierungen von der SPD geführt. Am BFG wurde nur eine relevante Änderung vorgenommen: Seit dem 1. Januar 2013 haben Auszubildende ein Anrecht auf fünf Freistellungstage für jedes Ausbildungsjahr. Für die folgende Darlegung wurden Daten aus den 13 bisher veröffentlichten Berichten der Landesregierung zur Entwicklung der Bildungsfreistellung herangezogen sowie weitere Dokumente und Erfahrungen aus der Umsetzungspraxis des Gesetzes.

### Erhöhung der Weiterbildungsbereitschaft der abhängig Beschäftigten

Die Entwicklung der absoluten Zahl der Teilnahmefälle sowie die Quote der Inanspruchnahme im Vergleich zur Gesamtzahl der nach dem BFG freistellungsberechtigten Beschäftigten verlief seit 1993 in zwei Phasen. Bis 2007/08 blieb die absolute Zahl mit etwa 11.000 Fällen pro Zweijahreszeitraum einigermaßen konstant; die Quote schwankte zwischen 1,0 Prozent und 1,2 Prozent. Seither kann eine stetige Aufwärtsentwicklung registriert werden bis auf 25.037 Teilnahmen im Berichtszeitraum 2017/18. Die Quote stieg auf 2,2 Prozent, sie gilt jeweils für einen Zweijahreszeitraum (MWWK 2019, 5). Für den Vergleich mit anderen Bundesländern ist die Jahresquote sinnvoll. Sie lag für 2017/18 bei 1,1 Prozent. Im Vergleich zu anderen Flächenländern nimmt Rheinland-Pfalz damit eine mittlere Position ein. So betrugen die letzten berichteten Quoten für

Hessen 0,45 Prozent (HMSI 2017, 9,) und für Niedersachsen 1,48 Prozent (NMWK 2015, 10).

Der Anstieg beschränkt sich überwiegend auf die berufliche Weiterbildung. Insbesondere für berufsbegleitende Studiengänge wird in stark steigendem Umfang Freistellung in Anspruch genommen. Diese Entwicklung korrespondiert mit dem wachsenden Studienangebot und der stark steigenden Zahl von berufsbegleitend Studierenden. Auch für Meister- und Technikerfortbildungen der rheinland-pfälzischen Kammern wird in erheblichem Maße Bildungsfreistellung in Anspruch genommen. Die im § 5, Abs. 4 BFG geregelte Möglichkeit, Freistellungsansprüche aus vier aufeinanderfolgenden Jahren mit Zustimmung der Arbeitgeberin/des Arbeitgebers blocken zu können, ermöglicht eine Freistellung von bis zu 20 Tagen innerhalb eines Jahres und erweist sich als wirkungsvoll. Im Berichtszeitraum 2017/18 erfolgten 20 Prozent aller Freistellungen im Bereich der beruflichen Bildung für Maßnahmen, die länger als zehn Tage dauerten (MWWK 2019, 18).

Die Erstattung eines Anteils des anfallenden Arbeitsentgelts an Arbeitgeberinnen und Arbeitgeber mit weniger als 50 Beschäftigten bewirkt, dass der Anteil von Freistellungsfällen in diesen Betrieben stabil bei knapp einem Viertel aller Fälle liegt. Sie betrug 2018 64,30 € pro Freistellungstag und erfolgte mit wenigen Ausnahmen für Veranstaltungen der beruflichen Weiterbildung. In der Regel wird ein qualifiziertes Zertifikat erworben (ebd., 25ff). Damit hat sich das BFG zu einem wirksamen Instrument der Fachkräftesicherung für Rheinland-Pfalz entwickelt.

**Förderung der Teilnahme an gesellschaftspolitischen Bildungsmaßnahmen**
Der Anteil der Teilnahmen für Veranstaltungen mit gesellschaftspolitischen Inhalten sank von anfangs rund 30 Prozent im Berichtszeitraum 1993/94 (MBWW 1995, 7) auf 17 Prozent aller Teilnahmen im Berichtszeitraum 2011/12 ab (MBWWK 2013, 7). Auf dieser Höhe verharrt der Wert seitdem. Jede sechste Teilnahme wird aktuell für die politische Bildung verwandt. Ein Blick auf die absoluten Teilnahmezahlen relativiert dieses ungünstige Bild ein wenig. Sie stiegen innerhalb der letzten sechs Jahre von ca. 2.800 für die Jahre 2011/12 auf ca. 4.300 Teilnahmefälle im Berichtszeitraum 2017/18 an (MWWK 2019, 18). Auch die politische Bildung profitiert von der steigenden Inanspruchnahme der Bildungsfreistellung.

Die Werte bei den Auszubildenden bewegten sich von Beginn an auf einem sehr niedrigen Niveau, auch weil der Freistellungsanspruch für Auszubildende nur drei Tage während der gesamten Ausbildung umfasste. Die bereits erwähn-

te Ausweitung auf fünf Tage pro Ausbildungsjahr war mit einer Informations-
kampagne des Ministeriums und der DGB-Jugend verbunden und führte für die
Jahre 2013/14 zu einem deutlichen Anstieg auf ca. 800 Fälle. Das entsprach einer Teilnahmequote von 1,2 Prozent (MBWWK 2015, 3). Schon im Berichtszeitraum 2015/16 sank dieser Wert allerdings wieder auf knapp 600 Fälle. Die
Quote betrug 0,9 Prozent (MWWK 2017, 7). Da in jedem Jahr etwa ein Drittel der Auszubildenden die Ausbildung abschließt und ein weiteres Drittel die
Ausbildung neu beginnt, ist eine flächendeckende Information jeder neuen Generation von Auszubildenden notwendig. Das ließ sich nur zum Teil realisieren.

**Leistung eines Beitrags zur Gleichstellung von Männern und Frauen**
In den ersten 14 Geltungsjahren bewegt sich der Anteil von Teilnahmefällen, die
von Frauen in Anspruch genommen werden, zwischen einem Maximum von
47 Prozent im Berichtszeitraum 1999/2000 (MBWW 2001, 12) und einem Minimum von 43 Prozent für die Jahre 2005/06 (MBWJK 2007, 13). Danach fällt
die Quote für den Berichtszeitraum 2007/08 plötzlich ab auf nur noch rund
31 Prozent (MBWJK 2009, 13) und verharrt danach auf diesem niedrigen Niveau. Im entsprechenden Bericht wird festgestellt, dass die Teilnahme weiblicher
Beschäftigter insbesondere bei Betrieben mit weniger als 50 Beschäftigten stark
abnahm. Die Ursachen hierfür konnten letztlich nicht aufgeklärt werden. Erst
für den Zeitraum 2015/16 konnte wieder ein Anstieg auf knapp 40 Prozent berichtet werden (MWWK 2017, 19). Dieser Anstieg setzte sich in den Folgejah-
ren fort auf aktuell 42 Prozent (MWWK 2019, 22). Der Anteil der Frauen an
den sozialversicherungspflichtigen Beschäftigten in Rheinland-Pfalz liegt derzeit bei 47 Prozent (StaLa 2020). Der Beitrag des BFG zur Gleichstellung von
Frauen fällt daher eher bescheiden aus.

**Erhöhung der Weiterbildungsteilnahme von Teilzeitbeschäftigten, insbesondere
von alleinerziehenden Frauen**
Nach wie vor arbeiten in Rheinland-Pfalz ca. 29 Prozent aller erwerbstätigen
Frauen in Teilzeitarbeitsverhältnissen (StaLa 2020). Leider existieren nur für die
ersten fünf Berichtszeiträume des BFG statistische Angaben zur Bildungsfreistellung von Teilzeitbeschäftigten. Im Jahr 2003 wurde ein bundesweiter Be-
richtsbogen für die Erfassung von Teilnahmedaten im Bereich der Bildungsfreistellung eingeführt, in dem dieser Indikator nicht berücksichtigt wurde. Rheinland-Pfalz schloss sich diesem Verfahren an. Doch zumindest für die ersten zehn
Geltungsjahre kann eine positive Wirkung des BFG für die Weiterbildungsteilnahme von Teilzeitbeschäftigten konstatiert werden: In dieser Zeit stieg ihr Anteil an allen Freistellungsfällen von gut zwei Prozent (MBWW 1995, 9) auf

knapp zehn Prozent deutlich an (MWWFK 2003, 12). Die Teilnahme alleinerziehender Frauen wurde nie erhoben.

### Erhöhung der Motivation zur Weiterbildungsteilnahme von Arbeitnehmerinnen und Arbeitnehmern ohne qualifizierten Berufsabschluss

Das Qualifikationsniveau der freigestellten Beschäftigten wurde in Rheinland-Pfalz nie gesondert erhoben. Eher indirekte Hinweise deuten darauf hin, dass dieses Ziel weitgehend verfehlt wurde. So nehmen berufsbegleitende Studiengänge inzwischen die Spitzenstellung mit aktuell rund 24 Prozent aller Freistellungsfälle ein. Auch die Fortbildungskurse der Kammern als zweigrößter Bereich mit 17 Prozent sind, wie die Studiengänge, aufgrund ihrer Zugangsbedingungen für Beschäftigte ohne eine abgeschlossene Berufsausbildung nicht erreichbar (MWWK 2019, 17). Für große Bereiche der beruflichen Weiterbildungsangebote gilt Gleiches. Nur die Bildungsangebote mit gesellschaftspolitischen Inhalten sind für alle Beschäftigten, ohne Rücksicht auf die Vorbildung, offen. Das waren im Berichtszeitraum 2017/18 ca. 18 Prozent (ebd., 17).

### Schaffung von Rechtssicherheit für die Beschäftigten bei der Inanspruchnahme von Bildungsfreistellung

Lediglich zwei Gerichtsverfahren zum BFG sind bekannt. Im Jahr 1995 wies das Arbeitsgericht Koblenz die Klage eines Arbeitgebers gegen die Gültigkeit einer Anerkennung für eine gesellschaftspolitische Veranstaltung der gewerkschaftlichen Bildung ab (Arbeitsgericht Koblenz 1995). Die Entscheidung hatte bis zum Bundesarbeitsgericht Bestand.

Außerdem wurde beim Arbeitsgericht Mainz erfolglos die Definition des Zweijahreszeitraums beklagt, für den ein Anspruch von zehn Tagen Bildungsfreistellung besteht. Da das Gesetz in einem ungeraden Jahr in Kraft trat, legte das Ministerium bei der Bestimmung des Zweijahreszeittraums fest, dass immer von einem ungeraden und dem dann folgenden geraden Jahr auszugehen ist (MBWJK 2007, 3).

Vergleicht man die Zahl von zwei Gerichtsverfahren in 25 Jahren mit den Erfahrungen aus anderen Bundesländern – in Baden-Württemberg gab es innerhalb des ersten Geltungsjahrs bereits ein Dutzend abgeschlossener Arbeitsgerichtsverfahren (Pfeiffer 2019, 118) – schaffte das BFG eine hohe Rechtssicherheit für Beschäftigte, die Bildungsfreistellung in Anspruch nehmen.

## Akzeptanz bei Arbeitnehmer*innen und Arbeitgeber*innen für die Bildungsfreistellung

Auf Seiten der rheinland-pfälzischen Arbeitnehmerinnen und Arbeitnehmer und ihren Gewerkschaften gibt es nach wie vor eine hohe Akzeptanz für das Recht auf Bildungsfreistellung. Mehr als 12.000 Inanspruchnahmen pro Jahr zeigen das.

Die geringe Zahl von juristischen Auseinandersetzungen und die Erfahrungen des Autors aus der Beratungspraxis des Ministeriums zwischen 2011 und 2018 lassen auf einen konstruktiven Umgang mit der Bildungsfreistellung in vielen Unternehmen deuten. Auch im Begleitgremium nach § 7, Abs. 2 BFG, das sich mit Grundsatzfragen der Anerkennung beschäftigt, funktioniert die Zusammenarbeit der Sozialpartner sehr gut. Die Anerkennungspraxis konnte im vom BFG vorgegebenen Rahmen erfolgreich auf sich wandelnde Bedarfe angepasst werden. Einstimmige Beschlüsse ermöglichten u.a. die Erweiterung der Anerkennung auf Prüfungstage und die Anerkennung von Veranstaltungstypen für die Dauer von zwei Jahren. Gesundheitsbildung wurde als berufliche Bildung eingestuft und anerkennungsfähig, soweit ein ausreichender Bezug zur Arbeit erkennbar ist.

Die öffentliche Positionierung der Unternehmerverbände allerdings beschränkt sich nach wie vor auf eine harsche Ablehnung der Bildungsfreistellung. Das gilt für die Landesvereinigung Unternehmerverbände Rheinland-Pfalz (LVU) genauso wie für die Stellungnahmen aus dem Arbeitgeberlager zu den in den letzten Jahren verabschiedeten Bildungsfreistellungsgesetzen in Baden-Württemberg (2015) und Thüringen (2016). Sie zeichneten sich durch eine vehemente Ablehnung jedes Rechtsanspruchs auf Bildungsfreistellung für Beschäftigte aus.

## 5. Gemischte Bilanz

Die Untersuchung der in den Jahren 1992 und 1993 von der rheinland-pfälzischen Landesregierung im Zusammenhang mit der Verabschiedung des BFG formulierten Ziele ergibt ein differenziertes Bild: Die berufliche Weiterbildung profitiert in wachsendem Maße vom BFG, die politische Bildung weniger. Die Förderung der Weiterbildung von Beschäftigten ohne abgeschlossene Schul- bzw. Berufsausbildung durch das BFG wurde nicht erreicht. Gleichstellungspolitisch wirkt das BFG bestenfalls neutral; die Teilnahmequoten der Geschlechter entsprechen in etwa der Gesamtbeschäftigung. Dank der Erstattungsmöglichkeit im BFG profitieren Beschäftigte in Kleinbetrieben. Rechtssicherheit wurde sichergestellt. Fortschritte bei der Akzeptanz der Bildungsfreistellung sind erkennbar, mit Ausnahme des organisierten Arbeitgeberlagers.

## 6. Konklusion

Mit den folgenden drei Thesen soll abschließend eine politische Standortbestimmung zur zukünftigen Bedeutung der Bildungsfreistellung vorgestellt werden.

### 6.1 Das Recht auf Bildungsfreistellung muss umfassend flankiert werden, um wirken zu können

Die rheinland-pfälzischen Erfahrungen zeigen, dass die Schaffung eines Rechtsanspruchs für Bildungsfreistellung bei weitem nicht ausreicht, um die Weiterbildungsaktivitäten abhängig Beschäftigter nachhaltig zu steigern. Dazu bedarf es einer Reihe von unterstützenden Maßnahmen.

Von grundlegender Bedeutung ist die flächendeckende Information aller abhängig Beschäftigten und der Auszubildenden über ihr Recht auf Freistellung. Eine einmalige Information bei Verabschiedung eines Bildungsfreistellungsgesetzes reicht nicht aus, denn mit jedem Jahr starten viele Menschen neu in ihr Erwerbsleben bzw. ihre Ausbildung. Es bedarf einer fortlaufenden und flächendeckenden Öffentlichkeitsarbeit, die gerade auch die digitalen Medien einschließt. Der Kooperation mit Gewerkschaften und Betriebs- und Personalräten kommt hierbei eine zentrale Bedeutung zu. Zu diesem Informationsangebot gehört auch ein einfacher, digitaler Zugang zum Weiterbildungsangebot, für das Freistellung in Anspruch genommen werden kann sowie zu allen wichtigen Informationen – inklusive eines Links zur Anmeldung.

Die Erstattung der durch die Inanspruchnahme von Bildungsfreistellung verursachten Entgeltkosten im Bereich von Kleinbetrieben erhöht die Akzeptanz der Bildungsfreistellung. In Rheinland-Pfalz werden dafür Steuergelder zur Verfügung gestellt. Alternativ sind hierfür auch Fonds vorstellbar, in die alle Betriebe einzahlen. Mit diesem Modell könnte die Bereitschaft der Betriebe, Bildungsfreistellung zu fördern, gesteigert werden, da dann ihre eigenen Beschäftigten in den Genuss der Zahlungen an den Fond kämen.

### 6.2 Bildungsfreistellung für politische Bildung ist wichtiger denn je und bedarf entschiedener Unterstützung

Die Förderung der politischen Bildung bildete ein wichtiges Ziel bei der Verabschiedung des BFG. Leider wird nur etwa jede sechste Teilnahme für politischen Bildung in Anspruch genommen. Eine wichtige Ursache hierfür liegt in der polarisierten öffentlichen Diskussion über die Bildungsfreistellung, bei der immer wieder der Missbrauch der Freistellung für die politische Bildung unterstellt wird. Exemplarisch zeigt dies die Erklärung des Hauptgeschäftsführers der LVU Rheinland-Pfalz, Werner Simon, aus Anlass des 25jährigen Jubiläums des BFG 2018:

> „Gerade im Bereich der politischen Bildung ermöglicht das BFG völlig abseitige Bildungsmaßnahmen, die diesen Namen nicht verdienen." (LVU 2018)

Vor dem Hintergrund dieser öffentlichen Diskussionen kann es für Beschäftigte gerade in Privatbetrieben eine Herausforderung darstellen, Freistellung für eine Veranstaltung der politischen Bildung zu beantragen.

Ein weiterer limitierender Faktor liegt in dem seit den neunziger Jahren zurückgehenden Angebot im Bereich der politischen Bildung. Im Unterschied zu berufsbezogenen Bildungsangeboten können mehrtägige Seminare der politischen Bildung i.d.R. nicht kostendeckend angeboten werden. Zuschüsse der Träger oder aus öffentlichen Mitteln sind unverzichtbar. Letztere wurden seit den 1990er und 2000er Jahren auf vielen Ebenen zurückgefahren, genauso wie die Förderung von hauptamtlichem Personal in der außerschulischen politischen Jugend- und Erwachsenenbildung. Die regelmäßige Förderung für Bildungsfreistellungsveranstaltungen in Höhe von 40.000 € pro Jahr in Rheinland-Pfalz konnte diesen Rückgang auch nicht ansatzweise ausgleichen.

Unter dem Eindruck stark wachsender antidemokratischer und rassistischer Tendenzen und Vorfälle in den letzten Jahren werden große Förderprogramme auf Bundes- und Länderebene aufgelegt; beispielhaft hierfür steht das Programm „Demokratie Leben" des Bundesjugendministeriums. Diese Programme müssen auf Dauer gestellt werden und neben einer Projektförderung muss eine ausreichende personelle Infrastruktur in der außerschulischen politischen Bildung finanziert werden.

Die Träger der politischen Bildung selbst sind in der Verpflichtung, mit innovativen Veranstaltungsformaten die Attraktivität ihrer Angebote zu verbessern. Hier existiert ein erkennbarer Nachholbedarf. In Rheinland-Pfalz stellen sich die Weiterbildungsträger seit 2018 mit großem Erfolg dieser Herausforderung, unterstützt durch ein entsprechendes Förderprogramm der Landesregierung.

### 6.3 Arbeit 4.0 erfordert eine Weiterbildungsinitiative mit Bildungsfreistellung als unverzichtbarem Element

Der rasante technische Fortschritt, namentlich im Bereich der Künstlichen Intelligenz, mit seinen absehbaren Folgen für die Arbeitsgestaltung erfordert eine

Ausweitung des Freistellungsanspruchs und die Verbesserung der Rahmenbedingungen für Weiterbildungsaktivitäten. In vielen Branchen zeichnet sich ein erheblicher Qualifizierungsbedarf für die Beschäftigten ab. Dabei geht es neben den fachlichen Qualifikationen, die für die Arbeit mit den neuen Techniken erforderlich sind, auch um Kompetenzen, die die Beschäftigten befähigen, auf die zukünftigen Arbeitsstrukturen erfolgreich Einfluss nehmen um sie menschengerecht mitgestalten zu können. Dies schließt politische Bildung notwendig ein. Weiterbildungsangebote, die dazu ermutigen, sich in die betrieblichen Abläufe bei der Einführung neuer Technologien frühzeitig einzumischen, sind genauso erforderlich wie die Vermittlung von Kenntnissen über die betriebliche Mitbestimmung, den Datenschutz, den Gesundheits- und Arbeitsschutz u.v.m.

Da die Digitalisierung bereits heute ermöglicht, Lernprozesse ganz oder teilweise netzgestützt abzuwickeln, muss sich die Bildungsfreistellung hierauf einstellen. In Rheinland-Pfalz werden aktuell nur Bildungsveranstaltungen mit ihren Präsenzphasen anerkannt. Grundsätzlich spricht aber viel dafür, E-Learning ebenfalls durch Bildungsfreistellung zu unterstützen. Dafür muss der zeitliche Umfang für das Lernen am eigenen Endgerät mit vertretbarem Aufwand und unter Berücksichtigung des Datenschutzes nachvollziehbar dokumentiert werden. Das sollte in absehbarer Zeit möglich sein.

Erfreulicherweise wird gerade in jüngster Zeit im politischen Raum wieder über einen bundesgesetzlich geregelten erweiterten Freistellungsanspruch gesprochen. Saskia Esken, Co-Vorsitzende der SPD, stellte 2019 ein Digitalkonzept vor, in dem unter anderem ein bundesweiter Rechtsanspruch auf Bildungsfreistellung von zwölf Tagen pro Jahr mit verpflichtendem Charakter enthalten ist. Als übergreifendes Ziel wird angestrebt, das Beschäftigte insgesamt dreieinhalb Jahre in ihrem Arbeitsleben für Weiterbildung verwenden können, um sich an die veränderten Bedingungen in Gesellschaft und Arbeitswelt anpassen zu können (Esken 2019).

## 7. Ausblick: Das weiterbildungspolitische Potential der Bildungsfreistellung kommt erst im Rahmen einer breit angelegten, nachhaltigen Weiterbildungsoffensive zur Geltung

In diesem Beitrag wurde versucht, die Entwicklung der Bildungsfreistellung in Rheinland-Pfalz im Gesamtzusammenhang der Weiterbildungspolitik des Landes – zumindest in ihren wichtigen Abschnitten – nachzuzeichnen und auf ihre Wirkungen für Bildungsaktivitäten der Arbeitnehmerinnen und Arbeitnehmer zu untersuchen. Es wird deutlich, dass ein durch Gesetz geregelter Anspruch auf bezahlte Freistellung für die Weiterbildung nur dann eine Breitenwirkung erzielen kann, wenn sich dieses Anrecht einordnet in eine umfassende weiterbildungsfreundliche Politik. Der besondere Beitrag der Bildungsfreistellung liegt in der Möglichkeit zur eigenverantwortlichen Entscheidung zur Weiterbildung. Das unterscheidet sie von betrieblich angeordneten Bildungsveranstaltungen genauso wie von Maßnahmen im Rahmen des SGB III. Eine eigenverantwortliche Entscheidung zur Bildung ermöglicht wesentlich wirksamere und nachhaltigere Bildungsprozesse. Die Ergebnisse des von Rheinland-Pfalz und Hamburg gemeinsam geförderten Projekts der Helmut-Schmidt-Universität Hamburg zu den bildungsbiografischen Aspekten der Bildungsfreistellung im Lebenslauf zeigen dies eindrucksvoll (Zeuner/Pabst 2020).

Weiterhin muss die Engführung auf die berufliche Weiterbildung, wie sie aktuell wieder bei der Nationalen Weiterbildungsstrategie (BMAS/BMBF 2019) zu beobachten ist, zugunsten eines breiten Spektrums an Bildungsinhalten aufgebrochen werden. Die allgemeine und insbesondere die politische Bildung sind gleichberechtigte Teile der Weiterbildung. Das erfordert eine spürbare Erhöhung der Ressourcen für diese Bereiche, sowohl auf Bundes- wie auf Länderebene und in den Kommunen.

Obwohl seit Jahrzehnten von allen Akteuren die Notwendigkeit einer deutlichen Erhöhung der Weiterbildungsbeteiligung von Menschen ohne qualifizierten Bildungs- und/oder Berufsbildungsabschluss postuliert wird, nehmen nach wie vor nur sehr wenige aus dieser großen Gruppe an Weiterbildungsmaßnahmen teil. Hier hat nur eine integrierte Strategie, die die Arbeits- und Lebenssituation dieser Zielgruppe berücksichtigt, ihre oft negativen Erfahrungen mit Bildungsprozessen einbezieht und innovative, geeignete Bildungsformate entwickelt, Aussicht auf Erfolg.

Schließlich muss endlich ein Umdenken auf Arbeitgeberseite – namentlich bei den einschlägigen Verbänden – stattfinden. Die in diesem Beitrag referierten Ergebnisse für die rheinland-pfälzische Praxis genauso wie Untersuchungen anderer Bundesländer zeigen, dass die durch bezahlte Freistellung ermöglichte Weiterbildung in aller Regel mit erkennbaren Vorteilen für den betroffenen Betrieb verbunden ist. Die rein ideologisch begründete Negativposition der Arbeitgeberseite zur Bildungsfreistellung passt nicht mehr in unsere Zeit.

# Literatur und Quellen

Arbeitsgericht Koblenz: Gerichtsverfahren zur Bildungsfreistellung1994/95, Az 4 Ca 2430/94.

BMAS – Bundesministerium für Arbeit und Soziales/BMBF – Bundesministerium für Bildung und Forschung (2019): Wissen teilen. Zukunft gestalten. Zusammen wachsen. Nationale Weiterbildungsstrategie. Berlin.

Ministerium für Bildung, Wissenschaft und Weiterbildung Rheinland-Pfalz (MBWW) (Hg./1995): Erster Bericht der Landesregierung über Inhalte, Formen, Dauer und Teilnahmestruktur der Bildungsfreistellung für die Jahre 1993/1994. Mainz, Landtag Rheinland-Pfalz, 4. Juli 1995.

Ministerium für Bildung, Wissenschaft und Weiterbildung Rheinland-Pfalz (MBWW) (Hg./2001): Vierter Bericht der Landesregierung über Inhalte, Formen, Dauer und Teilnahmestruktur der Bildungsfreistellung für die Jahre 1999/2000. Mainz, Landtag Rheinland-Pfalz, 5. Juni 2001.

Ministerium für Bildung, Wissenschaft, Jugend und Kultur Rheinland-Pfalz (MBWJK) (Hg./2007): Siebter Bericht der Landesregierung über Inhalte, Formen, Dauer und Teilnahmestruktur der Bildungsfreistellung für die Jahre 2005/2006. Mainz, Landtag Rheinland-Pfalz, 17.4.2007.

Ministerium für Bildung, Wissenschaft, Jugend und Kultur Rheinland-Pfalz (MBWJK) (Hg./2009): Achter Bericht der Landesregierung über Inhalte, Formen, Dauer und Teilnahmestruktur der Bildungsfreistellung für die Jahre 2007/2008. Mainz, Landtag Rheinland-Pfalz, 5. Mai 2009.

Ministerium für Bildung, Wissenschaft, Weiterbildung und Kultur Rheinland-Pfalz (MBWWK) (Hg./2013): Zehnter Bericht der Landesregierung über Inhalte, Formen, Dauer und Teilnahmestruktur der Bildungsfreistellung für die Jahre 2011/2012. Landtag Rheinland-Pfalz, 14. Juni 2013.

Ministerium für Bildung, Wissenschaft, Weiterbildung und Kultur Rheinland-Pfalz (MBWWK) (Hg./2015): Elfter Bericht der Landesregierung über Inhalte, Formen, Dauer und Teilnahmestruktur der Bildungsfreistellung für die Jahre 2013/2014. Mainz, Landtag Rheinland-Pfalz, 2. Juni 2015.

Ministerium für Wissenschaft, Weiterbildung und Kultur Rheinland-Pfalz (MWWK) (Hg./2017): Zwölfter Bericht der Landesregierung über Inhalte, Formen, Dauer und Teilnahmestruktur der Bildungsfreistellung für die Jahre 2015/2016. Mainz, Landtag Rheinland-Pfalz, 19. Juni 2017.

Ministerium für Wissenschaft, Weiterbildung und Kultur Rheinland-Pfalz (MWWK) (Hg./2019): Dreizehnter Bericht der Landesregierung über Inhalte, Formen, Dauer und Teilnahmestruktur der Bildungsfreistellung für die Jahre 2017/2018. Mainz, Landtag Rheinland-Pfalz, 28. März 2019.

Landesregierung Rheinland-Pfalz (Hg./1993): Bildungsfreistellungsgesetz (BFG). GVBl 1993, Nr. 8. Mainz, S. 157–159.

Hessisches Ministerium für Soziales und Integration (HMSI) (Hg./2017): Erfahrungsbericht an den Hessischen Landtag über die Durchführung des Hessischen Gesetzes über den Anspruch auf Bildungsurlaub (2011–2014). Wiesbaden.

Landesvereinigung Unternehmerverbände Rheinland-Pfalz (LVU) (2018): 25 Jahre Bildungsfreistellungsgesetz: „Kein Grund zum Feiern". Pressemeldung vom 11.04.2018. URL: https://lvu.de/presse/pressemeldungen/archiv-pressemeldungen/archiv-pressemeldungen-2018/25-jahre-bildungsfreistellungsgesetz-kein-grund-zum-feiern/ (letzter Zugriff: 08.04.2020).

Landtag Rheinland-Pfalz (1991): Regierungserklärung durch den Ministerpräsidenten. Plenarprotokoll 12/2, 12. Wahlperiode, 2. Sitzung, 5. Juni 1991. Mainz.

Landtag Rheinland-Pfalz (1992a): Gesetzentwurf der Landesregierung. Landesgesetz über die Freistellung von Arbeitnehmerinnen und Arbeitnehmern für Zwecke der Weiterbildung (Bildungsfreistellungsgesetz – BFG -). Drucksache 12/2130 vom 26.10. 1992. Mainz.

Landtag Rheinland-Pfalz (1992b): Gesetzentwurf der Fraktion DIE GRÜNEN/Bündnis 90. Bildungsurlaubsgesetz (BUG). Drucksache 12/2168 vom 4.11.1992 Mainz.

Landtag Rheinland-Pfalz (1992c): Plenarprotokoll 12/36, 12. Wahlperiode, 36. Sitzung, 12. November 1992. Mainz.

Landtag Rheinland-Pfalz (1993): Plenarprotokoll 12/47, 12. Wahlperiode, 36. Sitzung, 25. März 1993. Mainz.

Ministerium für Wissenschaft, Weiterbildung, Forschung und Kultur (MWWFK) (Hg./2005): Abschlussbericht des Sachverständigenrats Weiterbildung. Mainz.

Ministerium für Wissenschaft und Weiterbildung (MWW) (Hg./o.J.): Eckpunkte und Einzelelemente der Weiterbildung. Mainz.

Ministerium für Wissenschaft und Weiterbildung (MWW) (Hg./1992): Bericht Weiterbildung. Mainz.

Niedersächsisches Ministerium für Wissenschaft und Kunst (NMWK) (Hg./2015): 14. Bericht über die Durchführung des Niedersächsischen Bildungsurlaubsgesetzes. Hannover.

Pfeiffer, Iris (2019): Evaluation des Bildungszeitgesetzes Baden-Württemberg BzG BW. Endbericht. Im Auftrag des Ministeriums für Wirtschaft, Arbeit und Wohnungsbau Baden-Württemberg. Forschungsinstitut Betriebliche Bildung (f-bb), Nürnberg. URL: https://www.baden-wuerttemberg.de/fileadmin/redaktion/m-wm/intern/Publikationen/Arbeit/190218_Endbericht_Evaluation_BzG_BW.pdf (Abruf: 17.05.2019).

Saskia Esken (2019): Digitalkonzept. URL: https://www.rnd.de/politik/spd-vorsitz-kandidatin-esken-will-zwolf-tage-bildungsurlaub-fur-alle-UAD6ZDC56FF7TDO3L4SXDWR3ZQ.html (letzter Zugriff: 02.10.2019).

Statistisches Landesamt Rheinland-Pfalz (StaLa) (2020): Erwerbstätigkeit, Zeitreihen Land. URL: https://www.statistik.rlp.de/de/gesamtwirtschaft-umwelt/erwerbstaetigkeit/zeitreihen-land/tabelle-4/ (letzter Zugriff: 29.4.2020).

Zeuner, Christine/Pabst, Antje (2020): Bildungsfreistellung: Hintergründe, Entwicklungen und Perspektiven. Strukturelle und biografische Aspekte zum Lernen im Lebenslauf. Frankfurt/M. (Abschlusspublikation in Vorbereitung).

KLAUS PAFFRATH

# Die ersten drei Jahre Bildungsfreistellung in Thüringen

## 1. Die Entwicklung von Bildungsfreistellung in den Ländern

Die Bundesrepublik Deutschland hat sich bereits im Jahr 1976 mit der Ratifizierung des „Übereinkommens Nr. 140 der Internationalen Arbeitsorganisation (IAO) über den bezahlten Bildungsurlaub vom 24.6.1974" völkerrechtlich zur Einführung bezahlter Bildungsfreistellung bekannt (Bundestag 1976). Das Übereinkommen Nr. 140 legt die Eckpunkte zur Regelung der allgemeinen und politischen sowie beruflichen und gewerkschaftlichen Bildung fest. Nach Artikel 1 des Übereinkommens Nr. 140 ist bezahlter Bildungsurlaub ein Urlaub, der Arbeitnehmer*innen zu Bildungszwecken für eine bestimmte Dauer während der Arbeitszeit und bei Zahlung angemessener finanzieller Leistungen gewährt wird. Nach Artikel 2 des Übereinkommens Nr. 140 haben die Mitglieder die Gewährung von bezahltem Bildungsurlaub zum Zwecke der Berufsbildung auf allen Stufen der allgemeinen und politischen sowie der gewerkschaftlichen Bildung zu fördern (ebd.).

Mangels einer bundeseinheitlichen Regelung aufgrund der Länderzuständigkeit im Bildungssektor haben bis heute vierzehn Länder der Bundesrepublik Deutschland landesspezifische Bildungsfreistellungs- bzw. Bildungsurlaubs- oder Bildungszeitgesetze verabschiedet. Lediglich in Bayern und Sachsen fehlen derzeit entsprechende Regelungen.

Das älteste Bildungsfreistellungsgesetz gibt es in Berlin. Dort trat 1970 das „Gesetz zur Förderung der Teilnahme an Bildungsveranstaltungen" in Kraft. Erstmals existierte damit eine gesetzliche Regelung, die den Berliner Arbeitnehmer*innen zunächst aber nur bis zur Vollendung ihres 21. Lebensjahres die bezahlte Freistellung von der Arbeit für die Teilnahme an anerkannten Veranstaltungen zur politischen oder beruflichen Bildung eröffnete. Vier Jahre später folgten Hamburg, Bremen und Niedersachsen. Dort wurden im Jahr 1974 Bildungsfreistellungsgesetze verabschiedet, noch bevor Deutschland das „Übereinkommen Nr. 140" der IAO ratifiziert hatte. Die bundesweit jüngsten Bildungsfreistellungsgesetze haben Baden-Württemberg und Thüringen. In beiden Ländern wurden 2015 entsprechende Gesetze verabschiedet.

Bildungsfreistellung ist in allen Ländern, die über diese Möglichkeit verfügen, ein weiterbildungspolitisches Instrument von wachsender Bedeutung für die politische Bildung wie auch für die berufliche Fort- und Weiterbildung und dient damit auch der Deckung des Fachkräftebedarfs.

## 2. Die Entwicklung von Bildungsfreistellung in Thüringen

Ein erster Gesetzesentwurf für Thüringen wurde im März 2009 von der Fraktion der SPD in den Thüringer Landtag eingebracht (Thüringer Landtag 2009, Drs. 4/4966). Weiterhin war im Koalitionsvertrag für die fünfte Legislaturperiode vom Oktober 2009 vorgesehen, eine gesetzliche Regelung zur Bildungsfreistellung zu etablieren (Koalitionsvertrag SPD/CDU Thüringen 2009). In parlamentarischen Beratungen der fünften Legislaturperiode wurden zwar immer wieder Diskussionen geführt und Änderungen am Gesetzentwurf vorgenommen, ein Bildungsfreistellungsgesetz wurde jedoch nicht verabschiedet.

Im Koalitionsvertrag für die sechste Legislaturperiode einigten sich die Parteien DIE LINKE, SPD und BÜNDNIS 90/DIE GRÜNEN im Dezember 2014 darauf, innerhalb der ersten 100 Tage einer neuen Regierung ein Bildungsfreistellungsgesetz auf den Weg zu bringen. Grundlage dafür war der bereits erarbeitete Gesetzentwurf.

Das Thüringer Bildungsfreistellungsgesetz (ThürBfG) wurde letztlich am 15. Juli 2015 vom Präsidenten des Thüringer Landtags unterzeichnet und trat am 1. Januar 2016 in Kraft. Die Durchführungsverordnung (ThürBfVO) trat am 23. Juni 2016 in Kraft. Damit waren alle Voraussetzungen geschaffen, um Bildungsveranstaltungen nach dem ThürBfG anzuerkennen und gemäß § 1 Absatz 1 ThürBfG bezahlte Bildungsfreistellung in Anspruch nehmen zu können.

Mit dem ThürBfG hat Thüringen eine wichtige Voraussetzung für den notwendigen Wissenserwerb geschaffen und die Bedingungen für das lebenslange Lernen verbessert. Beschäftigte können Veranstaltungen bei anerkannten Bildungseinrichtungen auf den Gebieten der gesellschaftspolitischen, arbeitsweltbezogenen oder ehrenamtsbezogenen Bildung besuchen und ihre Fähigkeiten ausbauen, berufliche Kenntnisse auffrischen oder sich mit aktuellen gesellschaftspolitischen Fragestellungen auseinandersetzen. Technologische und organisatorische Veränderungen schaffen ständig neue Fakten. Lernen endet deshalb schon lange nicht mehr mit der Schule oder nach der Ausbildung. Lernen ist inzwischen eine lebenslange Herausforderung (Thüringer Landtag 2015).

Wie bereits dargelegt, war Thüringen neben Baden-Württemberg eines der letzten Länder, die Bildungsfreistellung eingeführt haben. Dies eröffnete die

Chance, von den Erfahrungen der anderen Länder zu profitieren und die besten Regelungen aus deren Gesetzen zu übernehmen. Daher war eine Überlegung im Gesetzentwurf, eine Trägeranerkennung vorzusehen. Damit würde anders als bei der Maßnahmenanerkennung nicht jede einzelne Bildungsveranstaltung überprüft, sondern die Geeignetheit des Bildungsträgers. Das könnte den personellen Aufwand der anerkennenden Behörde für Bildungsveranstaltungen geringer halten. Diese anerkennende Behörde ist das Thüringer Ministerium für Bildung, Jugend und Sport (TMBJS). Mit der Trägeranerkennung können sich Arbeitnehmer*innen jedoch nicht für alle Veranstaltungen eines Bildungsträgers freistellen lassen, sondern nur für Veranstaltungen, die die geltenden Anerkennungskriterien erfüllen. Die Verantwortung für die Einhaltung und Überprüfung der Genehmigungsvoraussetzungen würde bei der Trägeranerkennung auf Bildungsträger, Arbeitnehmer*in und Arbeitgeber*in verlagert. Das schlanke Verfahren im Ministerium erzeugt damit höheren Aufwand bei den übrigen Beteiligten.

Die Abgeordneten des Thüringer Landtags haben aus den vorgenannten Gründen das ursprünglich geplante Anerkennungsverfahren anhand der Trägereignung in eine Maßnahmenanerkennung geändert, auch, weil in der Anhörung zum Gesetzesentwurf Bedenken von Arbeitgeber*innenvertretungen, Arbeitnehmer*innenvertretungen und den Vertreter*innen der Bildungsträger bezüglich der Trägeranerkennung vorgetragen worden sind. Höhere Rechtssicherheit gab den Ausschlag, dass nunmehr durch die Maßnahmenanerkennung Veranstaltungen in Anspruch genommen werden, die gesetzeskonform sind. Wenn diese Variante auch einen höheren Personal- und Kostenaufwand nach sich zieht, so relativierte sich der Aufwand durch geringere Fallzahlen: Während der Erarbeitung des Gesetzesentwurfs wurde mit einem jährlichen Antragsvolumen von ca. 3000 Anerkennungsanträgen gerechnet, die tatsächlichen Antragszahlen liegen mit 944 Anträgen in den Jahren 2015/2016, 616 Anträgen im Jahr 2017, 514 Anträgen im Jahr 2018 und 553 Anträgen im Jahr 2019 weit darunter.

Es ist außerdem zu erwarten, dass sich die Anzahl der Anträge in den kommenden Jahren durch die unbefristete Anerkennung der Veranstaltungen weiter verringern bzw. auf einen niedrigen Level stagnieren wird. Dennoch bleibt es bei einem höheren Verwaltungsaufwand durch die höhere Fallzahl an Anträgen und durch die Antragsbearbeitung, die Anhörung des Freistellungsbeirats sowie der Bescheidung mit Kontrolle des Gebühreneingangs. Auch für die Bildungsträger stellt die Maßnahmenerkennung einen hohen Verwaltungsaufwand dar. Wie bereits dargestellt, gäbe es einen vergleichbaren Verwaltungsaufwand der Bildungsträger bei der Trägeranerkennung, da der Bildungsträger nach dem

ThürBfG seine Veranstaltung selbst anhand der vom ThürBfG geforderten Kriterien prüfen und den Teilnehmenden die Erfüllung der Kriterien bescheinigen müsste.

## 3.  Zur Arbeit des Freistellungsbeirats

Gemäß § 10 Absatz 5 ThürBfG entscheidet über die Anträge auf Anerkennung von Bildungsveranstaltungen die zuständige Behörde nach Anhörung eines paritätisch besetzten Beirats, dessen Zusammensetzung in § 10 Absatz 5 ThürBfG skizziert und in § 7 Abs. 1 ThürBfVO konkretisiert wird: zwei Arbeitgebervertreter*innen (Kommunaler Arbeitgeberverband Thüringen e.V. und Verband der Wirtschaft Thüringens e.V.), zwei Arbeitnehmervertreter*innen (Deutscher Gewerkschaftsbund Region Thüringen und tbb beamtenbund und tarifunion thüringen) sowie zwei Vertreter*innen der Bildungsträger (Thüringer Volkshochschulverband e.V. und Landesorganisation der freien Träger in der Erwachsenenbildung Thüringen e.V.). Mitglieder wie stellvertretende Mitglieder sind für die Dauer von drei Jahren berufen. Ihre Tätigkeit ist ehrenamtlich. Die reguläre Amtszeit für den Vorsitz und den stellvertretenden Vorsitz beträgt ein Jahr (Thüringer Landtag 2016).

Die Aufgaben des Beirats sind insbesondere die Abgabe von Stellungnahmen zu den Anträgen auf Anerkennung von Bildungsveranstaltungen. Darüber hinaus entwickelt der Freistellungsbeirat gemeinsam mit dem TMBJS anhand des ThürBfG Grundsätze, nach welchen das TMBJS sowie der Beirat die Anträge auf Anerkennung von Bildungsveranstaltungen prüfen.

Seit seiner Konstituierung am 4. Mai 2016 tagte der Freistellungsbeirat bisher sechszehnmal. In diesen 16 Sitzungen wurde der Beirat zur Anerkennungsfähigkeit von Anträgen verschiedenster Bildungsveranstaltungen angehört, es wurden Grundsatzentscheidungen zum Anerkennungsverfahren getroffen und aktuelle Fragen zur Bildungsfreistellung geklärt.

## 4.  Resonanz von Bildungsfreistellung in Thüringen

Die Träger anerkannter Bildungsveranstaltungen sind verpflichtet, der anerkennenden Behörde Auskunft über Gegenstand, Verlauf und Teilnehmende der Bildungsveranstaltung in nicht personenbezogener Form zu erteilen. Zu der Auskunft gehören auch Angaben über Anzahl, Geschlecht, Alter, das Vorliegen einer anerkannten Behinderung, Vorbildung, Beruf, Anstellungsverhältnis und Staatsangehörigkeit der Teilnehmenden sowie über die Betriebsgröße des*der

Arbeitgebers\*in. Die Daten werden zweimal jährlich erhoben, mit den Stichtagen zum 1. April und 1. Oktober.

Diese in § 12 ThürBfG normierte Evaluation und Berichtspflicht ergibt eine Fülle an statistischen Daten und Auswertungen, die die Resonanz des Gesetzes transparent macht. Die Statistik belegt, dass die Nachfrage auch drei Jahre nach Einführung von Bildungsfreistellung gering ist, sich aber nicht signifikant von den verhaltenen Zahlen anderer Länder unterscheidet.

Seit dem Inkrafttreten des ThürBfG wurde Freistellung zum Stichtag 1. Oktober 2019 von 5.229 Personen in Anspruch genommen. Auch nach zwei Werbekampagnen sind die Teilnehmer\*innenzahlen nicht gestiegen, sie stagnieren auf niedrigem Niveau. In den letzten beiden Jahren nutzen pro Halbjahr jeweils relativ konstant knapp 900 Personen Bildungsfreistellung.

## 5. Struktur und Entwicklung der Bildungsfreistellung in Thüringen – Eine Kurzauswertung statistischer Daten

Mit Stand vom 27. November 2020 liegen dem TMBJS insgesamt 2.994 Anträge auf Anerkennung einer Bildungsveranstaltung nach dem ThürBfG vor. Mit dem Beirat, welcher nach § 10 Abs. 5 ThürBfG vor der Entscheidung über die Anträge auf Anerkennung angehört werden muss, wurden bisher rund 2.900 Anträge abgestimmt.

Von den beantragten Veranstaltungen wurden rund 93 Prozent anerkannt. Weitere zwei Prozent der Anträge wurden von den Antragstellenden zurückgezogen und drei Prozent der Anträge befinden sich derzeit in der Antragsprüfung.

Die Anträge teilen sich auf in 1.826 (gerundet 61 Prozent) arbeitsweltbezogene Veranstaltungen, 1.001 (gerundet 33 Prozent) gesellschaftspolitische Veranstaltungen und 104 (gerundet vier Prozent Veranstaltungen zur Qualifizierung für das Ehrenamt. Bei 63 Anträgen wurden mehrere der vorgenannten Bereiche angegeben. Das kann dann der Fall sein, wenn arbeitsweltbezogene und gesellschaftspolitische Inhalte der Veranstaltung gleiche Anteile aufweisen.

Nach Geschlecht sind die Teilnehmenden an Bildungsveranstaltungen zu 60 Prozent männlich und 40 Prozent weiblich. Diese Verteilung differiert kaum zwischen arbeitsweltbezogenen, gesellschaftspolitischen oder ehrenamtsbezogenen Veranstaltungen. Mit knapp 51 Prozent ist die Altersgruppe der 18- bis 35-Jährigen am stärksten vertreten, gefolgt von der Gruppe der 35- bis 50-Jährigen (30 Prozent), während die über 50-Jährigen mit 19 Prozent vertreten sind. Eine anerkannte Behinderung liegt bei knapp drei Prozent der Teilnehmenden vor.

Differenziert nach Schulabschluss haben sich Personen mit einem Realschulabschluss am häufigsten freistellen lassen. An zweiter Stelle folgen Personen mit Abitur mit rund 36 Prozent. Am wenigsten haben sich Personen mit einem Hauptschulabschluss (knapp über zwei Prozent) und keinem Schulabschluss (unter 0,5 Prozent) nach dem ThürBfG freistellen lassen.

Der*die Arbeitnehmer*innen wird durch Bildungsfreistellung gefördert. Dass er*sie seine*ihre verändernden Arbeitsweltbedingungen vorrangig im Blick hat, zeigt sich an der hohen Quote der gewählten Veranstaltungen, die arbeitsweltbezogene Themen zum Inhalt haben. Neben der Vermittlung von Fach- und Schlüsselkompetenzen wird in den gesellschaftspolitischen Bildungsveranstaltungen das vermittelte Wissen in einen gesellschaftlichen Gesamtzusammenhang gestellt. Rund ein Drittel der Teilnehmenden wählten gesellschaftspolitische Bildungsveranstaltungen, um ihre Verantwortung und Mitsprache in Staat, Gesellschaft und/oder Betrieb ausbauen zu können. Ehrenamtsbezogene Bildungsveranstaltungen sind dagegen gering nachgefragt, steigen aber bei den älteren Arbeitnehmer*innen. Bei den über 50-Jährigen sind es über sieben Prozent. Diese Altersgruppe hat die Zeit nach dem Ruhestand im Blick, um sich in dieser Phase vermehrt zum Wohl der Allgemeinheit engagieren zu können.

Wird die Teilnahme nach Betriebsgröße betrachtet, haben sich rund 70 Prozent der Personen von Unternehmen mit mehr als 50 Beschäftigten freistellen lassen. Im Rahmen der Bildungsfreistellung nahmen rund 17 Prozent aus Unternehmen mit 25 bis 50 Beschäftigten an Bildungsveranstaltungen teil. Aus Unternehmen mit bis zu 25 Beschäftigten lassen sich die wenigsten Personen (13 Prozent) freistellen.

Im Jahr 2018 arbeiteten in Thüringen 949.400 Personen, die jedoch nicht alle anspruchsberechtigt sind. Das Gesetz gilt zum Beispiel nicht für Rechtsverhältnisse der im Dienste des Bundes und der bundesunmittelbaren Körperschaften des öffentlichen Rechts stehenden Personen (§ 2 Abs. 3 ThürBfG). Außerdem besteht für Beschäftigte in einem Betrieb, der weniger als fünf Beschäftigte hat, kein Anspruch auf Bildungsfreistellung (§ 3 Abs. 6 ThürBfG). Des Weiteren wird ein Anspruch auf Bildungsfreistellung erst nach sechsmonatigem Bestehen des Beschäftigungsverhältnisses erworben (§ 4 ThürBfG). Der Anteil an Personen, die das Gesetz bereits in Anspruch genommen haben, wäre bei einem Vergleich mit den anspruchsberechtigten Arbeitnehmer*innen demnach größer. So liegt er derzeit bei 0,44 Prozent.

# 6. Ursachenforschung für die geringe Nachfrage

Begründet wird die geringe Nachfrage nach Bildungsfreistellung von Arbeitnehmer*innen- und Bildungsträgerseite auch mit dem aufwändigen Antragsverfahren. So wird die achtwöchige Frist (§ 6 Absatz 1 ThürBfG) für die Beantragung von Bildungsfreistellung bei dem*der Arbeitgeber*in als zu lang kritisiert, so dass kurzfristig auf interessante Veranstaltungen nicht eingegangen werden könne.

Arbeitgeberseitig wird kritisiert, dass die Freistellungen für die Inanspruchnahme von Veranstaltungen zu Lasten von Kolleg*innen gehen könnten. Diese müssten neben ihren originären Aufgaben für die freigestellten Arbeitnehmer*innen einspringen und zumindest zum Teil deren Aufgaben mit übernehmen. Das Gegenargument wäre, dass jede*r Kollege*in Bildungsfreistellung in Anspruch nehmen könnte und dann auch jeder für eine Freistellungsphase des anderen einspringen müsste. Dieser kollegiale Austausch von Be- und Entlastung könnte die Akzeptanz von Bildungsfreistellung in den Betrieben erhöhen.

Als nicht einfach hat sich die Erfüllung von § 10 Absatz 8 ThürBfG erwiesen, nach dem das TMBJS als für die Anerkennung zuständige Behörde dazu verpflichtet ist, in geeigneter Weise eine Liste der anerkannten Bildungsveranstaltungen zu veröffentlichen. Zwar kommt das TMBJS dieser Verpflichtung unter www.bildungsfreistellung.de nach, doch sind in der Suchmaske und der Excel-Liste keine Veranstaltungstermine aufgelistet. Dies liegt darin begründet, dass dem TMBJS nur die Termine zum Zeitpunkt der Beantragung der Bildungsveranstaltungen vorliegen. Da die Anerkennungen für die Bildungsveranstaltungen nach § 10 Abs. 1 S. 2 ThürBfG unbefristet gültig sind, werden Folgetermine nicht mehr erfasst. Eine regelmäßige Abfrage zu neuen Terminen und zur Aktualität der Bildungsangebote ist aufgrund der Personalsituation nicht möglich, und für eine technische Unterstützung durch ein onlinebasiertes Anwendungsprogramm fehlen derzeit Haushaltsmittel.

Seitens der Bildungsträger werden immer wieder das aufwändige Anerkennungsverfahren und die dadurch entstehende Bearbeitungszeit bemängelt. Das Anerkennungsverfahren und die nötigen Unterlagen zur Antragsprüfung leiten sich aus den Vorgaben des ThürBfG ab, ebenso die Anhörung des Freistellungsbeirats zu jedem Antrag auf Anerkennung einer Bildungsveranstaltung. Eine Änderung bzw. Verkürzung des Anerkennungsverfahrens ist demnach nur durch eine Änderung der gesetzlichen Vorgaben möglich. Derzeit müssen die Bildungsträger mit einer Bearbeitungsfrist von durchschnittlich zwei Monaten rechnen.

Vertreter*innen der Bildungsträger machen geltend, dass für eine höhere Inanspruchnahme des Bildungsfreistellungsgesetzes mehr Angebote aus dem Bereich der öffentlich finanzierten Träger offeriert werden müssten. Hohe Teilnahmekosten würden die finanziellen Möglichkeiten der Arbeitnehmer*innen übersteigen. Die Bildungsträger haben diese Verantwortung angenommen, benötigen jedoch für die damit verbundene zusätzliche konzeptionelle Arbeit weitere Unterstützung. Für Arbeitnehmer*innen mit geringem Einkommen sollten aus Sicht der Bildungsträger Unterstützungssysteme etabliert werden und bestehende Systeme für berufliche Bildung auf gesellschaftspolitische und ehrenamtsbezogene Bildungsangebote erweitert werden.

## 7. Ausblick

Die Herausforderungen der Arbeitswelt durch den demografischen Wandel, die Digitalisierung sowie den Fachkräftebedarf erhöhen die Relevanz des lebenslangen Lernens. Bildungsfreistellung kann einen wertvollen Beitrag zum Erhalt der Beschäftigungsfähigkeit und zur individuellen Bewältigungsfähigkeit leisten.

Laut einer OECD-Studie zur beruflichen Erwachsenenbildung müssen viele Länder ihre Systeme zur Erwachsenenbildung dringend verbessern, um die Menschen bei der Anpassung an die zukünftige Arbeitswelt zu unterstützen (OECD 2019). Neue Technologien durch Digitalisierung, Globalisierung und eine alternde Bevölkerung werden Arbeitsplätze und die erforderlichen Qualifikationen verändern. Deshalb sind bessere Qualifizierungs- und Umschulungsmöglichkeiten für die betroffenen Arbeitnehmer*innen unerlässlich.

Entsprechend dieser OECD-Analysen schneidet Deutschland in vier der untersuchten Dimensionen unterdurchschnittlich ab und zwar bezogen auf Inklusion, Flexibilität und Beratung, Anpassungsfähigkeit an den Qualifikationsbedarf sowie subjektive Wirkung des Erwachsenenbildungssystems. Die OECD empfiehlt, die Hürden für Fort- und Weiterbildung insbesondere für unterrepräsentierte Gruppen abzubauen, zum Beispiel durch finanzielle Anreize, Bildungsurlaub und die Anerkennung erworbener Kompetenzen am Arbeitsplatz. Darüber hinaus wäre eine Flexibilisierung des Weiterbildungsangebots sinnvoll, etwa durch modulare Angebote im Rahmen des lebenslangen Lernens. Dies sollte über die Schaffung nachhaltiger Strukturen der Aus- und Weiterbildungsangebote geschehen.[1]

---

1  Zum Weiterlesen befinden sich im Literaturverzeichnis die Quellen für den gesamten OECD-Bericht (OECD 2019b; engl.) sowie für die Kurzfassung zu Deutschland (OECD 2019c; dt.).

Dabei bezieht sich diese OECD-Studie allein auf die berufliche Weiterbildung, die allerdings nur einen kleinen Anteil am Veranstaltungsportfolio der Bildungsfreistellung der freien Träger der Erwachsenbildung in Thüringen ausmacht. Bei der erfolgreichen Umsetzung von attraktiven und leistungsfähigen Angeboten zur Bewältigung dieser Herausforderung sieht die OECD folglich Bildungsfreistellung als wichtiges Instrument, das von allen Beteiligten, den Arbeitgeber*innen, den Arbeitnehmer*innen und von Veranstaltungsanbietern anerkannt, wahrgenommen, ausgebaut und genutzt werden sollte.

## Literatur

Bundestag (1976): Gesetz zu dem Übereinkommen Nr. 140 der Internationalen Arbeitsorganisation vom 24. Juni 1974 über den bezahlten Bildungsurlaub vom 7. September 1976. Bundesgesetzblatt, Jahrgang 1976, Teil II. Bundesanzeiger Nr. 49, Tag der Ausgabe: 10. September 1976, Bonn. URL: https://www.bgbl.de/xaver/bgbl/start.xav?start=//*[@attr_id=%27bgbl276s1526.pdf%27]#__bgbl__%2F%2F*%5B%40attr_id%3D%27bgbl276s1526.pdf%27%5D__1585839259091 (letzter Zugriff: 02.04.2020).

Koalitionsvertrag SPD/CDU Thüringen (2009): Vereinbarung „Starkes Thüringen – innovativ, nachhaltig, sozial und weltoffen" zwischen der CDU und der SPD für die fünfte Legislaturperiode. Archiv SPD Thüringen. URL: https://archiv.spd- thueringen.de/dl/Koalitionsvereinbarung_SPD_CDU_Thueringen_2009.pdf (letzter Zugriff: 09.04.2020).

OECD (2019a): Bessere Politik für ein besseres Leben: Erwachsenenbildung braucht nachhaltigere Strukturen. Pressemitteilung vom 13.02.2019, Berlin/Paris. URL: https://www.oecd.org/berlin/presse/studie-zu-weiterbildung-erwachsenenbildung-braucht-nachhaltigere-strukturen-13022019.htm (letzter Zugriff: 24.07.2019).

OECD (2019b): Getting Skills Right: Future-Ready Adult Learning Systems. Getting Skills Right. OECD Publishing, Paris. URL: https://doi.org/10.1787/9789264311756-en (letzter Zugriff: 03.04.2020).

OECD (2019c): FUTURE- READY ADULT LEARNING SYSTEMS. Deutschland. OECD Publishing, February 2019, Paris. URL: http://www.oecd.org/germany/Future-ready-adult-learning-2019-Germany.pdf (letzter Zugriff: 03.04.2020).

Thüringer Landtag (2009): Gesetzentwurf der Fraktion der SPD, Thüringer Bildungsfreistellungsgesetz (ThürBfG). Drs. 4/4966 vom 11.03.2009, 4. Wahlperiode. URL: https://parldok.thueringen.de/ParlDok/dokument/34287/thueringer_bildungsfreistellungsgesetz_thuerbfg.pdf (letzter Zugriff am 07.04.2020).

Thüringer Landtag (2015): Thüringer Bildungsfreistellungsgesetz (ThürBfG) vom 15. Juli 2015. GVBl. 2015, 114. URL: http://landesrecht.thueringen.de/jportal/?quelle=jlink&query=BiFreistG+TH&psml=bsthueprod.psml&max=true&aiz=true (letzter Zugriff: 09.04.2020).

Thüringer Landtag (2016): Verordnung zur Durchführung des Thüringer Bildungsfreistellungsgesetzes (Thüringer Bildungsfreistellungsverordnung – ThürBfVO -) vom 12. Juli 2016. GVBl. 2016, 266. URL: http://landesrecht.thueringen.de/jportal/?quelle=jlink&query=BiFreistV+TH &psml=bsthueprod.psml&max=true&aiz=true (letzter Zugriff: 02.04.2020).

## Dank

Meiner Kollegin Sabrina Honscha-Hennicke sowie meinem ehemaligen Kollegen Markus Knobloch danke ich für Hinweise und die Aufarbeitung der statistischen Daten zur Bildungsfreistellung in Thüringen.

BIRGIT WALTEREIT

# Bildungsurlaub in Hamburg – Eine Erfolgsgeschichte?

## Einleitung

Schon in den 1960er Jahren wurde die Forderung nach der Einführung eines bezahlten Bildungsurlaubs für Arbeitnehmerinnen und Arbeitnehmer laut.

Intendiert war mit dieser Forderung, Weiterbildungsmöglichkeiten auch für jene Arbeitnehmer*innen zu schaffen, die ohne eine Befreiung von der Arbeit kaum Zugang zu Weiterbildung hatten. Weiter sollte der Bildungsurlaub die grundsätzliche Weiterbildungsbereitschaft erhöhen und Arbeitnehmer*innen motivieren, sich in ihrem Arbeitsleben immer wieder weiterzuentwickeln. Über ein besseres Verständnis politischer Zusammenhänge sollten Arbeitnehmer*innen an gesellschaftspolitischen Entwicklungen aktiv teilhaben und die Gesellschaft mitgestalten (Deutscher Bundestag 1967).

Im Übereinkommen Nr. 140 der Internationalen Arbeitsorganisation (ILO) über den bezahlten Bildungsurlaub vom 24.06.1974 verpflichtete sich die Bundesrepublik Deutschland zur Einführung bezahlten Bildungsurlaubs zum Zwecke der Berufsbildung, der allgemeinen und politischen Bildung sowie der gewerkschaftlichen Bildung. Die Bundesregierung befasste sich im Bundestag 1976 mit diesem Übereinkommen, verwies aber nach Befassung des Bundesrates auf die Länder und Tarifpartner sowie einzelne zu schaffende Freistellungsmöglichkeiten, die auf Bundesebene gesetzlich geregelt werden könnten, und entschied damit gegen ein Bundesgesetz zur Bildungsfreistellung mit dem Hinweis auf bereits existierende gesetzliche Regelungen, wonach „die im Übereinkommen enthaltenen Verpflichtungen bereits heute als erfüllt gelten können" (Dt. Bundestag 1976, 3). Auch zu tarifvertraglichen Regelungen im Rahmen der Tarifautonomie konnten die Sozialpartner nicht finden. Die Mehrzahl der Bundesländer ergriff daher die Initiative zur Umsetzung dieser Verpflichtung, sie erließen seit 1974 Landesgesetze zum Bildungsurlaub. Mittlerweile existieren Bildungsurlaubs-, Bildungsfreistellungs- und Bildungszeitgesetze in vierzehn Bundesländern.

## 1. Das Hamburgische Bildungsurlaubsgesetz

Nachdem Berlin bereits 1970 ein erstes, allerdings auf Jugendliche und junge Erwachsene begrenztes Bildungsurlaubsgesetz eingeführt hatte, verabschiedete Hamburg mit großer Mehrheit der Hamburgischen Bürgerschaft am 21. Januar 1974 als erstes deutsches Bundesland eine umfassende Bildungsfreistellungsregelung: das Hamburgische Bildungsurlaubsgesetz (BiUrlG HA), das allen Hamburger Arbeitnehmerinnen und Arbeitnehmern sowie allen Auszubildenden mit Arbeitsschwerpunkt in Hamburg die Freistellung von der Arbeit unter Fortzahlung des Arbeitsentgelts für die Teilnahme an Bildungsveranstaltungen der politischen Bildung und der beruflichen Weiterbildung ermöglichen sollte.

Einbezogen in die Diskussion über die Einführung des Bildungsurlaubs waren auch die Sozialpartner (Arbeitnehmer- wie Arbeitgebervertreter) sowie Bildungsträger der politischen Bildung und beruflichen Weiterbildung, die dem Gesetzesvorhaben zustimmten. Allein die Arbeitgeberverbände fürchteten Wettbewerbsnachteile gegenüber den Bundesländern, für die keine Bildungsurlaubsregelung bestand (Bürgerschaft der Freien und Hansestadt Hamburg 1973, 5684 f.).

Das Bildungsurlaubsgesetz sollte zudem den Anstoß zur Weiterentwicklung der Erwachsenenbildung in Hamburg geben, zum Ausbau der Infrastruktur der Erwachsenenbildung beitragen wie auch freien Trägern eine Ausweitung ihres Angebots auf Bildungsurlaubskurse ermöglichen. Die Ziele des Gesetzes sind im Grundsatz des Hamburgischen Bildungsurlaubsgesetzes wie folgt dargelegt:

- „Politische Bildung soll die Fähigkeit der Arbeitnehmer fördern, politische Zusammenhänge zu beurteilen und politische und gesellschaftliche Aufgaben wahrzunehmen"
- „Berufliche Weiterbildung soll den Arbeitnehmern dazu verhelfen, ihre berufliche Qualifikation und Mobilität zu erhalten, zu verbessern oder zu erweitern" (HmbGVBl. 1974, § 1).

Mit der Implementierung des Hamburgischen Bildungsurlaubsgesetzes stand nun allen Hamburger Arbeitnehmerinnen und Arbeitnehmern sowie Auszubildenden Bildungsurlaub für insgesamt zehn Tage innerhalb eines Anspruchszeitraums von zwei Jahren zu, der für die von der zuständigen Behörde, der Hamburger Schulbehörde, anerkannten Bildungsurlaubsveranstaltungen eingesetzt werden konnte. Hamburgische Landesbeamte können nach den Richtlinien über die Bewilligung von Sonderurlaub für Beamtinnen und Beamte sowie Richterinnen und Richter Bildungsurlaub in Anspruch nehmen (HmbSUrlR 2013).

## 2. Die Weiterentwicklung des Bildungsurlaubs in Hamburg

Bei der Einführung dieses ersten umfassenden Bildungsurlaubsgesetzes konnte auf Erfahrungen anderer Länder noch nicht zurückgegriffen werden, es galt deshalb die Umsetzung des Gesetzes zu erproben und zu entwickeln.

Auf der Fachtagung „15 Jahre Bildungsurlaub in Hamburg" am 20.01.1989 in Hamburg konnte siebzehn Jahre nach Inkrafttreten des Gesetzes eine vorläufige positive Bilanz der bestehenden Regelungen und der Anerkennungspraxis gezogen werden (Amt für Berufs- und Weiterbildung 1989). Die detaillierte Einzelprüfung der Veranstaltungen und die konsequente Anwendung der Anerkennungskriterien bürgten für eine hohe Qualität der anerkannten Veranstaltungen, die auch weitestgehend Akzeptanz bei den Hamburger Arbeitgebern fanden und zu keinen nennenswerten arbeitsrechtlichen Auseinandersetzungen führten (Lesmeister 1989, 21–23).

Aufgrund gesellschaftlicher und wirtschaftlicher Entwicklungen ergaben sich im Laufe der Zeit einige substantielle Änderungswünsche zur Weiterentwicklung des Bildungsurlaubs, insbesondere zu den anerkennungsfähigen Bildungsbereichen, den Zielgruppen wie dem Zeitrahmen der Inanspruchnahme. Erste Erweiterungen der Regelungen wurden mit Änderung des Hamburgischen Bildungsurlaubsgesetzes vom 16. April 1991 vorgenommen (HmbGVBl. 1991). Eingeführt wurde die Freistellung für die Qualifizierung zur Wahrnehmung ehrenamtlicher Tätigkeiten, der Kreis der Berechtigten wurde erweitert auf Personen, die in Werkstätten für behinderte Menschen beschäftigt sind, es wurde die Möglichkeit geschaffen, den Bildungsurlaubsanspruch von zehn Tagen innerhalb von zwei Jahren auf 20 Tage innerhalb von vier Jahren zu kumulieren und die Übernahme von Anerkennungen aus anderen Ländern sollte ermöglicht werden.

Der Änderung vorausgegangen war ein Ersuchen der Bürgerschaft, das die Einbeziehung von schwerbehinderten Arbeitnehmern in das Hamburgische Bildungsurlaubsgesetz und insbesondere die Möglichkeit des Erwerbs von Übungsleiterlizenzen im Rehabilitationssport vorsah (Bürgerschaft der Freien und Hansestadt Hamburg 1990). Zugleich sollte eine Regelung geschaffen werden, die auch andere herausgehobene ehrenamtliche Tätigkeiten berücksichtigte, aber die Freistellung und damit die Freistellungspflicht der Arbeitgeber für die Teilnahme an Qualifizierungen für freizeit- bzw. hobbyorientierte ehrenamtliche Tätigkeiten ausschloss. Mit der Ausweitung des Bildungsurlaubs auf Beschäftigte in Werkstätten für behinderte Menschen sollte Personen mit geistigen oder mehrfachen Behinderungen der Zugang zu Weiterbildungsangeboten erleichtert werden. Diese Beschäftigten haben keinen Arbeitnehmerstatus, sie hatten daher bis zu diesem Zeitpunkt keinen Rechtsanspruch auf die Teilnahme an Bildungsurlaubsveranstaltungen.

Die Regelung, Bildungsurlaubsansprüche von vier – statt vorher zwei – Kalenderjahren zusammenfassen zu können, sollte ermöglichen, dass Arbeitnehmer*innen innerhalb von vier Jahren einen vierwöchigen Freistellungsanspruch zur Teilnahme an Veranstaltungen der beruflichen Weiterbildung mit Zertifikatsabschluss realisieren können. Damit sollte sowohl didaktischen als auch finanziellen Gesichtspunkten Rechnung getragen werden; mittels vierwöchiger Intensivkurse sollte, mehr als in ein- und zweiwöchigen Kursen realisierbar, der Erwerb abschlussbezogener Qualifizierungen (wie z.B. Abschlüsse von einer Kammer, Innung, einem beruflichen Verband oder einer zuständigen Behörde) ermöglicht werden bzw. die Erweiterung bestehender Kompetenzen und Qualifikationen unterstützt werden, die in der Berufspraxis der Teilnehmenden Anwendung finden können. Wesentliche Erweiterung fand das Hamburgische Bildungsurlaubsgesetz durch die Berücksichtigung von Qualifizierungsmaßnahmen für besondere Ehrenamtstätigkeiten, weshalb diese Änderung im Folgenden näher erläutert wird.

## 3.  Bildungsurlaub für die Qualifizierung zur Wahrnehmung eines Ehrenamtes

Mit der Verordnung über die Anerkennung von Bildungsveranstaltungen vom 18. Februar 1997 wurde die mit der Änderung des Hamburgischen Bildungsurlaubsgesetzes vorgesehene Anerkennung von Qualifizierungen für die Wahrnehmung ehrenamtlicher Tätigkeiten verbindlich ausgestaltet.

Der Hamburger Sportbund ergriff die Initiative zur Einbindung der Übungsleiter- und Trainer-Qualifizierungen nach dem Lizenzsystem des Deutschen Sportbundes (heute: Deutscher Olympischer Sportbund), um damit der „besonderen bildungs-, gesundheits-, sozial- und jugendpolitischen Funktion des Sports Rechnung zu tragen" (Hamburger Sportbund 1992). Bildungsurlaub für die Qualifizierung einsetzen zu können sollte dabei auch Anreize für eine ehrenamtliche Tätigkeit im Sport schaffen und der Gewinnung ehrenamtlicher Kräfte dienen.

Einen Katalog ehrenamtlicher Tätigkeiten für den Bildungsurlaub aufzustellen erwies sich als nicht einfache Aufgabe. Es sollten bedeutende gesellschaftliche Tätigkeiten berücksichtigt werden, zugleich mussten die vorhandenen Schulungsmaßnahmen für die ehrenamtlichen Qualifizierungen aber auch die formalen Anerkennungskriterien erfüllen. Sie mussten den Vorgaben, die Gesetz und Verordnung vorsahen (u.a. zu zeitlichem Umfang und Struktur der Maßnahmen), entsprechen. Auch die Sozialpartner sollten die Regelung mittragen. Wegweisend für die Auswahl geeigneter Ehrenämter sollte eine Entscheidung des Bundesverfassungsgerichts (BVerfG vom 15.12.1987 E 77, 308; BVerfG vom 11.02.1992 E 85, 226) sein, die sich zwar auf das Hessische Gesetz über den Anspruch auf Bildungsurlaub bezog, aber die Entgeltfortzahlungspflichten der Arbeitgeber für deren Mitarbeiterinnen und Mitarbeiter, die an einem Bildungsurlaub teilnehmen wollten, allgemein und grundsätzlich regelte.

Das Bundesverfassungsgericht hatte moniert, dass den Arbeitgebern im Zusammenhang mit dem Bildungsurlaub oder Sonderurlaub Belastungen durch Entgeltfortzahlungspflichten entstehen würden, für die keine Ausgleichsmöglichkeiten bestünden und dies für unvereinbar mit Artikel 12 Absatz 1 Grundgesetz (GG) erklärt. Die hier geregelte Berufsfreiheit dürfe nicht beschränkt werden. Auch wenn den Arbeitgebern eine gewisse finanzielle Belastung zumutbar sei, sei allein das Gemeinwohlinteresse von ehrenamtlichen Tätigkeiten nicht ausreichend, um Arbeitgeber mit einer vollen Entgeltfortzahlung zu belasten (BVerfGE 77, 308, 336 ff.; BVerfGE 85, 226, 235 ff.).

Die Freistellung der Arbeitnehmer in den festzulegenden ehrenamtlichen Tätigkeitsbereichen bei gleichzeitiger Entgeltzahlungsverpflichtung der Arbeitgeber musste daher verfassungskonform ausgelegt werden und sich im zumutbaren Rahmen bewegen (BVerfGE 85, 226, 237).

Mit der Änderung der Verordnung über die Anerkennung von Bildungsveranstaltungen vom 18. Februar 1997 wurden schließlich:

1. die Tätigkeit als ehrenamtlicher Richter oder ehrenamtliche Richterin,
2. die ehrenamtliche Tätigkeit als Vormund
3. die ehrenamtliche Übungsleitung im Rehabilitationssport,
4. die ehrenamtliche Übungsleitung in Vereinen die dem Deutschen Sportbund (heute Deutscher Olympischer Sportbund) angeschlossen sind und
5. die ehrenamtliche Jugendleitung in der offenen Kinder- und Jugendarbeit und der Jugendverbandsarbeit als bildungsurlaubsberechtigt festgelegt (HmbGVBl. 1997).

Später wurde auf Initiative der im Hamburger Brand-, Katastrophen- und Bevölkerungsschutz tätigen Organisationen (DRK, ASB, Johanniter Unfallhilfe, Malteser-Hilfsdienst, DLRG) der Katalog der Ehrenämter mit Änderung der Verordnung über die Anerkennung von Bildungsveranstaltungen vom 26. März 2013 um die Wahrnehmung ehrenamtlicher Funktionen im Zivil- und Katastrophenschutz erweitert (HmbGVBl. 2013). Für die Tätigkeiten in diesen Bereichen ist eine Ausbildung zwingend erforderlich. Mit dem Bildungsurlaubsanspruch konnten die notwendigen, zeitlich sehr umfangreichen Qualifizierungen, die von den ehrenamtlich Tätigen vor allem in ihrer Freizeit absolviert wurden, sinnvoll unterstützt werden. Zugleich wurden hiermit Beschäftigte mit Hamburgischen Beamten und Tarifbeschäftigten, Angehörigen der Bundesanstalt Technisches Hilfswerk und der Freiwilligen Feuerwehren gleichgestellt. Für diese Gruppen bestand bereits die Möglichkeit, Sonderurlaub zu beantragen oder eine Erstattung des Verdienstausfalls für die Teilnahme an den Qualifizierungen zu erhalten.

Darüber hinaus wurde mit Änderung der Verordnung über die Anerkennung von Bildungsveranstaltungen vom 31. Mai 2016 (HmbGVBl. Nr. 22 vom 10. Juni 2016) im Zuge der Bemühungen um die Integration der hohen Zahl Geflüchteter in unsere Gesellschaft die Regelung um die ehrenamtliche Tätigkeit in der Flüchtlingshilfe ergänzt. Hiermit konnten die unzähligen freiwilligen Helferinnen und Helfer kurzfristig mit den notwendigen Kenntnissen für ihr Engagement ausgestattet werden.

## 4.  Die Anerkennungspraxis nach dem Hamburgischen Bildungsurlaubsgesetz

Eine Trägeranerkennung, wie sie in einigen anderen Ländern eingeführt wurde, ist in Hamburg nicht vorgesehen. Das Referat Bildungsurlaub in der Behörde für Schule und Berufsbildung/Hamburger Institut für Berufliche Bildung (HIBB) prüft jede einzelne Veranstaltung auf sämtliche Anerkennungskriterien. Damit wird eine hohe Qualität der anerkannten Veranstaltungen sichergestellt. Wobei immer wieder auch aktuelle Entwicklungen des Weiterbildungsmarktes berücksichtigt und Anpassungen der Anerkennungspraxis vorgenommen werden müssen. Gleichzeitig ist auch den Erfordernissen der Wirtschaft Rechnung zu tragen. Die Themenbreite der von Bildungsträgern angebotenen Veranstaltungen entwickelt sich dynamisch, neue Themengebiete entstehen und etablieren sich und müssen auf ihre Anerkennungsfähigkeit überprüft werden. Auch die fortschreitende Digitalisierung bringt neue Formen des Lernens wie E-Learning und Blended Learning mit sich, die auf ihre Eignung für eine Bildungsurlaubsanerkennung überprüft werden müssen. Sollte der Bildungsurlaub ursprünglich einen Zeitrahmen von mindestens fünf Tagen, in Ausnahmefällen drei Tagen, umfassen, damit komplexe Themen mit ausreichender Zeit behandelt werden konnten, zeigte sich, dass auch ein- oder zweitägige Veranstaltungen bzw. Intervall-Veranstaltungen mit einem Kurstermin pro Woche in bestimmten Themenbereichen durchaus ihre Berechtigung haben können (z.B. Workshops im IT- oder Social Media-Bereich oder Auffrischungs-Workshops vorangegangener mehrtägiger Kurse). Bildungsurlaub kann daher auch im Rahmen eines Fernstudiums genutzt werden, indem für einzelne Präsenzphasen des zeitaufwändigen, in der Regel nebenberuflichen, Studiums Bildungsurlaub beantragt wird. Die Vielfalt neuer Seminarmethoden gilt es in gleichem Maße zu berücksichtigen, ein angemessenes Verhältnis aus Vortrag, Gruppenarbeiten, Exkursionen und möglicherweise kreativer Methoden soll gewährleistet sein.

Über die Anerkennung der Veranstaltungen hinaus berät das Bildungsurlaubsreferat Teilnehmende und Interessierte, Arbeitnehmervertretungen und Arbeitgeber zu allen Fragen des Bildungsurlaubs, nimmt am regelmäßigen Austausch der für den Bildungsurlaub zuständigen Länderreferentinnen und -referenten teil und ist in der Öffentlichkeitsarbeit zum Bildungsurlaub aktiv.

Die anerkannten Bildungsurlaubsveranstaltungen werden auf einer entsprechenden Website[1] der Hamburger Behörde veröffentlicht, auf der sich auch alle allgemeinen Informationen zum Bildungsurlaub, aufbereitet für Interessierte wie auch Bildungsträger, finden. Als Ergänzung wird ein Info-Flyer in Papierform herausgegeben, der in den verschiedensten Institutionen der Stadt (wie den VHS-Standorten, den Hamburger Öffentlichen Bücherhallen oder den Kundenzentren der Hamburger Bezirksämter) ausgelegt wird.

Im Jahr 1998 hat der Hamburger Senat entschieden, dass für die Anerkennung von Veranstaltungen der beruflichen Weiterbildung, die in der Regel von wirtschaftlich gut aufgestellten kommerziellen Bildungsträgern angeboten werden, Verwaltungsgebühren erhoben werden sollen. Für die Anerkennung von Veranstaltungen der politischen Bildung und der Qualifizierung für die Wahrnehmung eines Ehrenamtes wurden hingegen aus bildungspolitischen Gründen keine Gebühren eingeführt. Hier galt es die oft gemeinnützigen und kleineren Bildungsträger vor weiteren Kosten zu schützen und das vorhandene Angebot an Maßnahmen nicht zu gefährden. Die Gebühreneinnahmen fließen in den Bereich der außerschulischen Berufs- und Weiterbildung des HIBB zurück, in dem auch das Bildungsurlaubsreferat angesiedelt ist (HmbGVBl. 1993).

Die Entwicklung der Antragszahlen und Gebühreneinnahmen sei hier anhand der Erhebung der Zahlen im Jahr 2019 kurz dargestellt: 65 Prozent der eingereichten Anträge auf Anerkennung entfallen auf die berufliche Weiterbildung, 31 Prozent dienen der politischen Bildung, ein Prozent der Qualifizierung

---

1    Website zum Hamburgischen Bildungsurlaub: www.bildungsurlaub-hamburg.de.

für ein Ehrenamt, zwei Prozent sind den nicht anerkennungsfähigen Bildungsbereichen zuzuordnen. 90 Prozent der Anträge werden positiv beschieden, zehn Prozent können nicht anerkannt werden, weil sie aufgrund ihrer Inhalte oder Struktur nicht anerkennungsfähig sind (eigene Berechnungen).

| 2009 | 2010 | 2011 | 2012 | 2013 | 2014 | 2015 | 2016 | 2017 | 2018 | 2019 |
|---|---|---|---|---|---|---|---|---|---|---|
| 1.838 | 1.870 | 1.957 | 1.898 | 2.095 | 2.069 | 2.199 | 2.351 | 2.488 | 2.658 | 2.587 |

Tabelle 2: Gebühreneinnahmen (in EUR) 2009–2019

| 2009 | 2010 | 2011 | 2012 | 2013 | 2014 | 2015 | 2016 | 2017 | 2018 | 2019 |
|---|---|---|---|---|---|---|---|---|---|---|
| 72.641,- | 78.387,- | 88.340,- | 84.266,- | 95.912,- | 96.641,- | 101.373,- | 112.193,- | 125.026,- | 143.362,- | 125.718,- |

Tabelle 1: Antragszahlen Bildungsurlaubsanerkennung 2009–2019

## 5. Die finanzielle Förderung von Bildungsurlaubsveranstaltungen

Seit den 1980er Jahren wird die Durchführung von Veranstaltungen der politischen Bildung gezielt mit einer jährlichen Fördersumme unterstützt. Auf Basis der Förderrichtlinie für die politische Bildung wurden anfänglich vor allem benachteiligte Zielgruppen, wie Alleinerziehende, Schichtdienstleistende oder Menschen mit Migrationserfahrungen mit Veranstaltungen mit geringen Teilnahmebeiträgen angesprochen, um auch ihnen die Partizipation am Bildungsurlaub zu ermöglichen. Die Förderung der politischen Bildung, die in Hamburg von der Landeszentrale für politische Bildung verantwortet wird, hat sich mittlerweile grundlegend gewandelt und bezieht nun neben der Förderung der von der Landeszentrale anerkannten Bildungsträger und einzelner anderer Bildungsanbieter nicht nur Bildungsurlaubsveranstaltungen sondern auch andere Formate wie Abendveranstaltungen oder Projekte zur politischen Bildung mit ein (Förderrichtlinie für die politische Bildung vom 12. Februar 2019, Amtlicher Anzeiger Nr. 15).

## 6. Ländergesetz versus Bundesgesetz oder: Die Vergleichbarkeit

Nachdem, wie in der Einleitung dargestellt, die Bundesregierung von der Implementierung eines Bundesgesetzes zum Bildungsurlaub abgesehen hatte, entwickelten die Bundesländer eigene landesspezifische Regelungen, die unterschiedlich geprägt sind. So hat die Wirtschaft der Länder ihre jeweils eigenen Erfordernisse, bedürfen Stadtstaat, Flächenstaat, ländlicher Raum oder industriell geprägte Region angepasste Strategien der Weiterbildung, die auch für den Bil dungsurlaub und deren Bildungsträger relevant sind. Hieraus haben sich oberflächlich vergleichbare Regelungen ergeben, die in ihren Details jedoch voneinander abweichen. So unterscheiden sich die anerkennungsfähigen Bildungsbereiche wie auch formale Kriterien zu Umfang und didaktischer Ausgestaltung von Veranstaltungen, variieren Anerkennungsformen zwischen Einzelanerkennungen und Trägeranerkennungen oder einer Kombination von beiden (KMK 2018).

Trotz dieser Verschiedenheit der Länderregelungen wurden wiederholt Anstrengungen unternommen, gemeinsame Länderregelungen zu finden, die insbesondere die in mehreren Ländern oder deutschlandweit agierenden Bildungsträger bezüglich der Anerkennung für jedes einzelne Bundesland entlasten sollten. Es wurde eine gegenseitige Übernahme der Anerkennungen zwischen den Ländern oder die Einrichtung einer gemeinsamen Anerkennungsstelle erwogen. Im Oktober 2003 wurde per Auftrag der Chefs der Staats- und Senatskanzleien der norddeutschen Länder eine Facharbeitsgruppe zur Harmonisierung der Bildungsurlaubsregelungen der Länder Bremen, Mecklenburg-Vorpommern, Niedersachsen, Schleswig-Holstein und Hamburg ins Leben gerufen, die die Kriterien für eine gemeinsame Bildungsurlaubsanerkennung erarbeiten sollte. In der gemeinsamen Arbeit wurde deutlich, dass eine Vereinheitlichung der Kriterien aufgrund der unterschiedlich geprägten Regelungen, die ihren je eigenen länderspezifischen politischen Konsens gefunden hatten, kaum möglich ist. Für Hamburg war vor allem eine Ausweitung der Anerkennung auf den Bereich der allgemeinen Bildung, wie sie in Bremen, Niedersachsen und Schleswig-Holstein möglich ist, nicht akzeptabel. Eine Öffnung des Bildungsurlaubs über die Bereiche der beruflichen Weiterbildung, der politischen Bildung und der Qualifizierung für die Wahrnehmung von ehrenamtlichen Tätigkeiten hinaus der Wirtschaft nicht vermittelbar.

Zudem war die Rechtslage in den Ländern (auch über die norddeutschen Länder hinaus) keineswegs statisch, politische Mehrheiten änderten sich und führten zu Änderungen in einzelnen Länderregelungen. Im Saarland wird z.B. der Freistellungsanspruch mit dem Einbringen eigener Zeit der Teilnehmenden in Form von Urlaubstagen, Überstunden etc. verknüpft, ein Modell das vielerorts mit Blick auf eine Entlastung der Arbeitgeber favorisiert wurde. Diskutiert wurde auch, ob nicht eine Abschaffung des Bildungsurlaubs insgesamt oder von Teilbereichen des Bildungsurlaubs wie insbesondere der politischen Bildung erfolgen kann.

All diese Aspekte flossen in die Überlegungen ein und führten letztlich zwar zu keiner gemeinsamen Regelung, begründeten aber eine engere Zusammenarbeit der Länder, die nun im Rahmen einer gemeinsamen Arbeitsgruppe Bildungsurlaub/Bildungsfreistellung einmal jährlich in einem Land zu einem zweitägigen Ländertreffen zusammenkommen. Einmal jährlich tagt auch eine Unterarbeitsgruppe, die sich zu speziellen Einzelfragen der Anerkennung austauscht. Somit wird es möglich, die Entwicklung der Bildungsfreistellung über die länderspezifischen Regelungen hinaus in Bezug auf allgemeine wie auch aktuelle Fragestellungen zeitnah zu diskutieren.

## 7. Resümee

Während in den ersten Jahren nach Einführung des Bildungsurlaubs in Hamburg noch Veranstaltungsangebote zur politischen Bildung überwogen, setzte sich der Bildungsurlaub auch als Instrument der beruflichen Weiterbildung später immer mehr durch. Der Bildungsurlaub ermöglicht Arbeitnehmerinnen und Arbeitnehmern, sich intensiv und in komprimierter Form weiterzubilden, berufsbezogene Kurse zu besuchen, an den eigenen beruflichen, sozialen und persönlichen Kompetenzen zu arbeiten und so ihren (beruflichen) Horizont zu erweitern.

Bildungsträger nutzen die Anerkennung ihrer Veranstaltungen vermehrt als Marketinginstrument. Die Anerkennung wird als Qualitätssiegel verstanden und bürgt für seriöse und hochwertige Angebote, auf die Teilnehmende vertrauen können.

Arbeitgeber profitieren von engagierten Mitarbeiterinnen und Mitarbeitern, die mit dem Besuch von Bildungsurlaubsveranstaltungen ihre berufliche Weiterentwicklung, ergänzend zu arbeitsplatzbezogenen Fortbildungsangeboten ihrer Arbeitgeber, selbst in die Hand nehmen, die aber auch gesellschaftspolitische Entwicklungen mit Interesse verfolgen und diskutieren und damit nicht zuletzt anderen Mitarbeitenden ein positives Beispiel geben.

Der Bildungsurlaub versteht sich als ein Baustein des Hamburger Weiterbildungsangebotes in einer vielfältigen Weiterbildungslandschaft. Auch unter wechselnder organisatorischer Anbindung der Anerkennungsstelle im Hamburger Behördengefüge, unter wechselnden politischen Regierungs-Konstellationen und sich verändernder gesellschaftlicher und wirtschaftlicher Bedingungen besteht der Bildungsurlaub in Hamburg seit nunmehr über 45 Jahre fort. Es gilt, dieses Instrument gemeinsam mit den Sozialpartnern kontinuierlich weiter zu entwickeln und zum einen ein attraktives Kursangebot zu gewährleisten und zum anderen auch die Interessen der Wirtschaft zu berücksichtigen, um die Akzeptanz und Unterstützung für den Bildungsurlaub weiter auszubauen.

# Quellen

Anerkennungsverzeichnis Hamburger Bildungsurlaub: URL: https://www.bildungsurlaub-ham burg.de (letzter Zugriff: 08.06.2020).

Amt für Berufs- und Weiterbildung (Hg.): 15 Jahre Bildungsurlaub in Hamburg, Fachtagung am 20. Januar 1989. Veröffentlichungen zur Weiterbildung, Heft 7, Hamburg.

Bundesverfassungsgericht (1987): 188 Bildungsurlaub Nr. 1 Verfassungsmäßigkeit der hessischen und nordrhein-westfälischen Bildungsurlaubsgesetze. Beschluss vom 15.12.1987, E 77, Karlsruhe. URL: http://datenbank.flsp.de/flsp/lpext.dll/Infobase8/b/bildungsurlaub? fn=document -frame.htm&f=templates&2.0# (letzter Zugriff: 30.04.2020).

Bundesverfassungsgericht (1992): 1 BvR 890/84 –, Rn. 1–48, Beschluss vom 11.02.1992 E 85, Karlsruhe. URL: https://www.bundesverfassungsgericht.de/e/rs19920211_1bvr089084.html (letzter Zugriff: 08.06.2020).

Bürgerschaft der Freien und Hansestadt Hamburg (1973): Beratung des Hamburgischen Bildungsurlaubsgesetzes. 7. Wahlperiode, 192. Sitzung am 17.10.1973, S. 5679–5688.

Bürgerschaft der Freien und Hansestadt Hamburg (1990): Antrag zur Einbeziehung von schwerbehinderten Arbeitnehmern in das Hamburgische Bildungsurlaubsgesetz vom 13. Dezember 1990. Drucksache 13/7408.

Deutscher Bundestag (1967): Bericht der Bundesregierung über den Bildungsurlaub. Vorgang: Beschluss des Deutschen Bundestages vom 28. Juni 1967. Drucksache V/2345, 1, Dezember 1967. URL: http://dipbt.bundestag.de/doc/btd/05/023/0502345.pdf (letzter Zugriff: 30.04.2020).

Deutscher Bundestag (1976): Bericht und Antrag des Ausschusses für Arbeit und Sozialordnung (11. Ausschuss) zu dem von der Bundesregierung eingebrachten Entwurf deines Gesetzes zu dem Übereinkommen Nr. 140 der Internationalen Arbeitsorganisation vom 24. Juni 1974 über den bezahlten Bildungsurlaub – Drucksache 7/4766 – Drucksache 7/5355 vom 10.06.1976. URL: http://dipbt.bundestag.de/doc/btd/07/053/0705355.pdf (letzter Zugriff: 08.06.2020).

Hamburger Sportbund (1992): Anerkennung von Maßnahmen zur Qualifizierung für die Wahrnehmung ehrenamtlicher Tätigkeiten im Sport nach dem Hamburgischen Bildungsurlaubsgesetz. Amtliches Schriftstück an die Behörde für Schule, Jugend und Berufsbildung vom 24. November 1992.

Hamburgischen Gesetz- und Verordnungsblatt (HmbGVBl.) (1974): Hamburgisches Bildungsurlaubsgesetz (BiUrlG HA) vom 21. Januar 1974, S. 6. URL: http://www.landesrecht-hamburg. de/jportal/portal/page/bshaprod.psml;jsessionid=2833986E8A85436FCC7A29786E4A75 8D.jp20?showdoccase=1&st=lr&doc.id=jlr-BiUrlGHArahmen&doc.part=X&doc.origin=bs (letzter Zugriff: 08.06.2020).

Hamburgischen Gesetz- und Verordnungsblatt (HmbGVBl.) (1991): Gesetz zur Änderung des Hamburgischen Bildungsurlaubsgesetzes vom 16. April 1991. HmbGVBl. 1991, Nr. 19, S. 113.

Hamburgischen Gesetz- und Verordnungsblatt (HmbGVBl.) (1993): Gebührenordnung für das Schulwesen sowie für die Bereiche der Berufsbildung und der allgemeinen Fortbildung vom

7. Dezember 1993. HmbGVBl. 1993, S. 349. URL: http://www.landesrecht-hamburg.de/jpor tal/portal/page/bshaprod.psml;jsessionid=F2DE28A1476B7E540897B489A502B68A.jp10? showdoccase=1&st=lr&doc.id=jlr-SchulWGebOHA1993rahmen&doc.part=X&doc. origin=bs (letzter Zugriff: 08.06.2020).

Hamburgischen Gesetz- und Verordnungsblatt (HmbGVBl.) (1997): Zweite Verordnung zur Änderung der Verordnung über die Anerkennung von Bildungsveranstaltungen vom 18. Februar 1997. HmbGVBl. 1997, Nr. 6, S. 25 – 26.

Hamburgischen Gesetz- und Verordnungsblatt (HmbGVBl.) (1997): Dritte Verordnung zur Änderung der Verordnung über die Anerkennung von Bildungsveranstaltungen vom 26. März 2013. HmbGVBl. 2013, Nr. 13, S. 139.

Hamburgischen Gesetz- und Verordnungsblatt (HmbGVBl.) (2016): Vierte Verordnung zur Änderung der Verordnung über die Anerkennung von Bildungsveranstaltungen vom 31. Mai 2016. HmbGVBl. 1997, Nr. 22, S. 224.

Richtlinien über die Bewilligung von Sonderurlaub für Beamtinnen und Beamte sowie Richterinnen und Richter (HmbSUrlR) vom 14. Mai 2013. URL: http://daten.transparenz.hamburg.de/ Dataport.HmbTG.ZS.Webservice.GetRessource100/GetRessource100.svc/65029c55-7114 -4824-a4d6-85ed237400a1/Akte_100.30-12.008_15.pdf (letzter Zugriff: 08.06.2020).

Internationale Arbeitsorganisation (ILO) (1974). Übereinkommen 140. Übereinkommen zum bezahlten Bildungsurlaub 1974. In Kraft getreten am 23. September 1976 in Genf. URL: https:// www.bgbl.de/xaver/bgbl/start.xav?start=%2F%2F*%5B%40attr_id%3D%27bgbl276s1526. pdf%27%5D#__bgbl__%2F%2F*%5B%40attr_id%3D%27bgbl276s1526.pdf%27%5D__1557 299591708 (letzter Zugriff: 08.05.2019).

Kultusministerkonferenz (KMK) (2018): Bildungsfreistellung/Bildungsurlaub/Bildungszeit in Deutschland. Übersicht über die Regelungen in den einzelnen Bundesländern. Stand: Juli 2018. URL: https://www.kmk.org/fileadmin/Dateien/pdf/Bildung/AllgWeiterbildung/BU_BF_Laen deruebersicht_2018.pdf (letzter Zugriff: 08.06.2020).

Lesmeister, Christian (1989): „Muß man über Bildungsurlaub streiten?" In: Amt für Berufs- und Weiterbildung (Hg.): 15 Jahre Bildungsurlaub in Hamburg, Fachtagung am 20. Januar 1989. Veröffentlichungen zur Weiterbildung, Heft 7, Hamburg, S. 21 – 23.

Förderrichtlinie für die politische Bildung vom 12. Februar 2019, Amtlicher Anzeiger Nr. 15. URL: https://www.hamburg.de/contentblob/12323838/d5ed1d10214e3ce14737b8230154e8 c7/data/foerderrichtlinien2019.pdf (letzter Zugriff: 08.06.2020).

# Bildungsfreistellung aus Sicht von Trägern und Anbietern

FRIEDRUN ERBEN

# Bildungszeit für die Stärkung der Demokratie

## Die Bedeutung der Bildungsfreistellung für die politische Bildung

Bildungsurlaub, Bildungsfreistellung, Bildungszeit … – von was reden wir hier eigentlich? Ist die Frage des Namens wichtig, weil jeder Name eine bestimmte Haltung transportiert oder sollten wir einfach an dem altbekannten, gut eingebürgerten Namen „Bildungsurlaub" festhalten, auch wenn er immer wieder zu Missverständnissen führt? Einig sind sich sicher alle, wenn es um die Beschreibung geht: Es geht um Zeit für Bildung, Zeit für Wissenserwerb, für Erkenntnisgewinn, Reflexion und Orientierung für Erwachsene, die im Berufsleben stehen, und – so die Hoffnung – immer mehr auch für Auszubildende. In diesem Beitrag wird die weitere Diskussion um die Bezeichnung umgangen und es wird, der Vorliebe der Autorin folgend, von *Bildungsfreistellung* gesprochen.

Was steckt alles in diesem Begriff! Ich werde freigestellt, um zu lernen. Ich kann mich (weiter)bilden, aus dem Alltag „rausgehen", mir wird Zeit geschenkt, andere um mich herum begrüßen es, wenn ich die Initiative zum Weiterlernen ergreife. In der *Nationalen Weiterbildungsstrategie* heißt es:

> „Bildungsfreistellung – auch Bildungsurlaub genannt – ist ein Rechtsanspruch von Beschäftigten auf bezahlte Freistellung von der Arbeit zur Teilnahme an anerkannten Weiterbildungsveranstaltungen. Die Länder prüfen, ob und wie dieser Rechtsanspruch als Instrument zur Stärkung der beruflichen Weiterbildung besser beworben und genutzt werden kann" (BMAS/ BMBF 2019, 9).

Das heißt: Ich habe ein Recht, das ich wahrnehmen kann. Der zweite Satz beinhaltet allerdings eine Beschränkung, weil es da nur um die *berufliche* Weiterbildung geht. Die Bildungsfreistellung ermöglicht aber mehr: Es ist doch gerade eine große Errungenschaft der Bildungsfreistellung, dass sie eine Auswahl von Themen und Weiterbildungsangeboten ermöglicht, die über die berufliche Weiterbildung hinausgeht und die allgemeine und politische Weiterbildung mit einschließt.

„Bildung verändert", heißt es bereits in einem Aufsatz in der Fachzeitschrift „Außerschulische Bildung" aus dem Jahr 1974 zur Gesetzgebung zum Bildungsurlaub, „… dies umso mehr, je mehr Zeit dafür systematisch aufgewendet werden kann. Von der Person her betrachtet zwar ein individuelles Ereignis, tatsächlich aber ein eminent politischer Vorgang" (Breuder 1974, 13). Damit sind wir an einem wichtigen Punkt, der in diesem Beitrag besonders hervorgehoben werden soll: die Bedeutung der Bildungsfreistellung für die Entwicklung und Stärkung unserer Demokratie. Und es geht auch um die Frage, wie dieser Rechtsanspruch – ganz im Sinne der *Weiterbildungsstrategie* – „besser beworben und genutzt" werden kann.

Die aktuellen Zahlen zeigen, wie wichtig es wäre, besser für diese großartige Möglichkeit des lebenslangen Lernens zu werben: Immer wieder werden aus verschiedenen statistischen Erhebungen die berühmten ein bis zwei Prozent aller Berechtigten zitiert, die lediglich ihren Anspruch auf Bildungsfreistellung pro Jahr wahrnehmen. Warum machen so wenige Menschen von diesem Recht Gebrauch? Die Auseinandersetzung mit den Gründen könnte helfen, Ideen und Strategien zu entwickeln, um die Bildungsfreistellung zu stärken. Die im Folgenden referierten Positionen aus Sicht eines bundesweit agierenden Verbands der politischen Jugend- und Erwachsenenbildung sind nicht allgemein gehalten, sondern zielen auf eine Stärkung der politischen Bildung in der Bildungsfreistellung.

## Was könnte die Menschen daran hindern, Angebote der Bildungsfreistellung umfassend zu nutzen?

Der erste Grund könnte sein, dass das Recht auf Bildungsfreistellung allgemein nicht bekannt genug ist. Das gilt erst recht für den Anspruch, auch Angebote der allgemeinen Weiterbildung bzw. eben der politischen Bildung in Anspruch nehmen zu können. Veröffentlichungen wie die *Nationale Weiterbildungsstrategie*, in der weder von allgemeiner, politischer, kultureller oder sozialer Weiterbildung die Rede ist, bestärken diesen verkürzten Blick auf die Bildungsfreistellung zusätzlich. Da können solche „Zwischenrufe" wie der der Sektion Erwachsenenbildung der Deutschen Gesellschaft für Erziehungswissenschaft (DGfE) nur begrüßt werden. In ihrem Papier vom Oktober 2019 betonen die Autor*innen, wie wichtig es ist, neben der beruflichen Weiterbildung „auch auf reflexive Fähigkeiten zu kritischem Urteil in Auseinandersetzung mit den Lebensgrundlagen und Lebensweisen gegenwärtiger und zukünftiger Generationen" zu zielen (DGfE-Sektion Erwachsenenbildung 2019, 75; vgl. auch Käpplinger 2019).

Ein zweiter Grund könnte sein, dass Bildungs*urlaub* in der Unternehmens- und Organisationskultur immer noch eher als „Urlaub" verstanden wird und sich viele Arbeitnehmer*innen nicht trauen, ihn in Anspruch zu nehmen. Das trifft vor allem auf kleinere Unternehmen zu. In Unternehmen mit hohem Organisationsgrad ist es für Arbeitnehmer*innen leichter, Möglichkeiten der Bildungsfreistellung in Anspruch zu nehmen. Auch dies ist ein Grund, weshalb der Begriff der Bildungsfreistellung bevorzugt wird.

Diese Unsicherheit der Arbeitnehmer*innen wird drittens sicher auch dadurch gestärkt, dass Arbeitgeber*innen immer wieder einen konkreten Bezug von Weiterbildungsangeboten zum Arbeitsplatz fordern. Berufliche Fort- und Weiterbildung wird in einem viel höheren Maße anerkannt und gewährt als Angebote z.B. der politischen Bildung oder Fortbildungen zur individuellen Weiterentwicklung. Hier gibt es aber durchaus regionale Unterschiede: Während einige Bundesländer die Angebote politischer Bildung besonders fördern, schließen sie andere, die den Fokus auf berufliche Weiterbildung setzen, aus.

In einer Umfrage der Haufe Akademie (2019) „Wert der Weiterbildung" wird konstatiert, dass Weiterbildung einen höheren Stellenwert in den Unternehmen bräuchte. Grundtenor der Studie ist: Die Menschen hätten zwar Interesse an der Weiterbildung, aber die Unternehmen nutzten dieses Potenzial nicht, da es sich nicht (ausreichend) an den Unternehmenszielen ausrichte. Wenn schon die persönliche Weiterentwicklung der Mitarbeiter*innen nicht den Unternehmenszielen entspricht, liegt die Vermutung nahe, dass auch Themen der politischen Bildung nicht besonders unterstützt werden. Hier zeigt sich einmal mehr: Ein effizienterer Austausch mit Arbeitgeber*innen und eine aktivere Informationspolitik sind essentiell für die Weiterentwicklung der Bildungsfreistellung.

Ein vierter Grund, der die Situation noch verschärft, ist, dass die Verdichtung der Arbeit in vielen Bereichen so stark zugenommen hat, dass die Arbeitnehmer*innen sich nicht mehr die Zeit für Bildung nehmen, die ihnen zusteht. Viele Menschen müssen immer mehr arbeiten und verspüren einen immer größeren Druck. Dabei bleibt die Bildung auf der Strecke.

Aber auch die Bedingungen in der Arbeitswelt 4.0 haben sich durch Digitalisierung, Automatisierung, zunehmende Vernetzung und Mobilität der Arbeitsorte stark verändert. Die Regelungen der Bildungsfreistellung werden diesen Veränderungen oftmals nicht mehr gerecht. So ist das geltende Arbeitsplatzprinzip in Zeiten erhöhter Mobilität nicht mehr zeitgemäß und für Arbeitnehmer*innen schwer nachzuvollziehen, z.B. wenn sie Pendler sind oder teilweise im Homeoffice arbeiten. Eine kontinuierliche betriebliche/interne Fortbildung ist für viele Arbeitnehmer*innen notwendig und wird gefordert, um den wachsenden und auch wechselnden Ansprüchen gerecht zu werden. Wo dies der Fall ist, bleibt wenig Zeit für Angebote der politischen Bildung und einer persönlichen Weiterentwicklung.

Diese Hinderungsgründe sind sicherlich nicht vollständig und werden nicht allen Situationen im komplexen Gefüge von Arbeitnehmer*innen und deren Bedingungen in der Arbeitswelt gerecht (vgl. dazu auch Erben 2019, 47 f.). Sie helfen aber, die Herausforderungen in den Blick zu nehmen, die bestehen, wenn Arbeitnehmer*innen ermutigt werden sollen, Angebote der Bildungsfreistellung gerade im Feld der politischen Bildung wahrzunehmen.

Folgende Maßnahmen könnten bei der Bewältigung der Herausforderungen hilfreich sein:

* Anbieter, Angebote und Möglichkeiten der Bildungsfreistellung sichtbarer machen,
* das Recht auf Bildungsfreistellung bekannter machen,
* die Akzeptanz bei Arbeitgeber*innen erhöhen,
* Arbeitnehmer*innen ermutigen, ihr Recht wahrzunehmen,
* Gesetzeslagen vereinheitlichen,
* den Mehrwert der politischen Erwachsenen- und Weiterbildung für den Arbeitsalltag und das demokratische Zusammenleben deutlich herausstellen,
* die Angebote so gestalten, dass sie die Arbeitnehmer*innen in der Bewältigung ihres Alltags unterstützen,
* die Rahmenbedingungen verbessern, d.h. die Wege der Beantragung, Bewilligung, des Nachweises etc. verbessern,
* die unterschiedlichen Bedingungen in den Bundesländern anpassen,
* die Teilhabechancen insbesondere auch in ländlichen Räumen erhöhen.

## Demokratie braucht politische Bildung!

Der Arbeitskreis deutscher Bildungsstätten e.V. (AdB) hat als bundesweiter Fachverband der politischen Jugend- und Erwachsenenbildung ein großes Interesse an der Ausgestaltung, Weiterentwicklung und Unterstützung der allgemeinen und politischen Erwachsenenbildung in Deutschland. Der Fokus des AdB liegt auf der politischen Bildung, die einen Beitrag zur Weiterentwicklung einer vielfältigen, inklusiven und solidarischen Gesellschaft leistet.

Der AdB hat im Sommer 2018 ein Positionspapier veröffentlicht (AdB 2018), in dem verschiedene Wege angeregt werden, wie der Anspruch auf Bildungsfreistellung in der politischen Erwachsenenbildung gestärkt und auch die Träger politischer Erwachsenenbildung unterstützt werden können, in diesem Bereich aktiv zu werden. Dort heißt es: „Bildungsfreistellung kann Arbeitnehmerinnen und Arbeitnehmer befähigen, an gesellschaftspolitischen Diskursen teilzunehmen und sich in die Gesellschaft einzubringen. Sie ist daher nicht nur im Interesse der Arbeitnehmerinnen und Arbeitnehmer sowie der Bildungsveranstalter, sondern sie entspricht dem gesamtgesellschaftlichen Interesse an einer nachhaltigen und zukunftsfähigen Entwicklung" (ebd.). Mit dem Positionspapier sollte herausgestellt werden, welchen Mehrwert die Bildungsfreistellung für die Gesellschaft und für die Stärkung der Demokratie hat: Jede Beteiligung an politischer Bildung ist eine Form der Partizipation und ermutigt, Demokratie mitzugestalten. Politische Bildung fördert Engagement und regt an, Verantwortung zu übernehmen. Dies kann angesichts der aktuellen Angriffe auf die Demokratie nicht hoch genug geschätzt werden.

Auch in dem bereits erwähnten Zwischenruf der DGfE-Sektion Erwachsenenbildung heißt es: „Nicht zuletzt angesichts der populistischen und extremistischen Herausforderungen der Zeit sollte eine Weiterbildungsstrategie mit bundesweiter Strahl- und Wirkkraft neben der beruflichen auch die politische, soziale und kulturelle Weiterbildung berücksichtigen" (DGfE-Sektion Erwachsenenbildung 2019, 1). Damit ist eine wichtige Richtung auch für den AdB vorgegeben: Die Angebote der politischen Erwachsenenbildung zur Bildungsfreistellung können Menschen befähigen, an gesellschaftspolitischen Diskursen teilzunehmen und sich selbstbewusst in die Gesellschaft einzubringen. Sie können zivilgesellschaftliches Engagement stärken und Menschen zur fundierten Auseinandersetzung mit aktuellen politischen Themen motivieren.

Mit dem AdB-Positionspapier sollte das Thema Bildungsfreistellung ins Gespräch gebracht und die politischen Bildner*innen in den Einrichtungen der politischen Erwachsenenbildung angeregt werden, ihre Angebote attraktiver zu bewerben. Zudem sollten weitere Einrichtungen gewonnen werden, Angebote der Bildungsfreistellung zu entwickeln und anzubieten. Das Positionspapier wurde vom AdB-Vorstand im Juni 2018 beschlossen und an einen breiten Verteiler verschickt. Angesprochen wurden Einrichtungen der Erwachsenenbildung, die bereits Angebote der Bildungsfreistellung in ihrem Programm haben oder neu in ihr Portfolio aufnehmen möchten, aber auch Vertreter*innen aus Politik und Verwaltung, die die Ausgestaltung der Rahmenbedingungen auf Länder- oder auch Bundesebene mit verantworten. Die Rückmeldungen machten deutlich, wie wichtig und notwendig es ist, eine gemeinsame Initiative für die Stärkung der politischen Bildung in der Bildungsfreistellung auf den Weg zu bringen.

Träger politischer Bildung – wie die Mitgliedseinrichtungen des AdB – bieten im Rahmen der Bildungsfreistellung bereits ein breites Themenspektrum an. Dennoch gibt es hier noch ein großes Potenzial, das ausgebaut werden könnte. Die Gesellschaft hat sich in den letzten Jahrzehnten grundlegend verändert, ist komplexer und schnelllebiger geworden, neue Themen, neue Herausforderungen für den Einzelnen, seine Berufsbiografie zu gestalten, sind entstanden und die Digitalisierung bringt neue Aufgaben mit sich. Ob die Anbieter darauf immer adäquat reagieren und ihre Angebote entsprechend anpassen, muss kritisch geprüft werden. Dabei kann es nicht nur um eine thematische Anpassung gehen, sondern es müssen auch neue Formate entwickelt werden.

Wichtiges Anliegen ist es zudem, Gespräche mit Arbeitgeber*innen sowie mit Politiker*innen, die Einfluss auf die Gestaltung der Rahmenbedingungen nehmen können, zu suchen. Das ist in einem ersten Schritt mit der Ausrichtung einer Fachtagung und mit verschiedenen Gesprächen gelungen. Dem AdB ist es dabei wichtig, einen politischen Handlungsbedarf anzuzeigen: die Vereinheitlichung der Gesetze und Anerkennungsverfahren in den Bundesländern. Dies würde das Verfahren für die Teilnehmer*innen erleichtern, z.B. wenn sie ihre Arbeitsstelle wechseln und ihren Wohnsitz in ein anderes Bundesland verlegen. Es würde vor allem aber den administrativen Aufwand für die Bildungsanbieter verringern, besonders wenn die Teilnehmer*innen aus verschiedenen Bundesländern an den Bildungsmaßnahmen teilnehmen. Eine solche Vereinheitlichung wäre ein wichtiger Schritt, um einer Chancengleichheit im Sinne des grundgesetzlichen Anspruchs „gleichwertiger Lebensverhältnisse" Genüge zu tun und Lernchancen gewissermaßen „zu institutionalisieren" (Breuder 1974, 18). Die Bundesrepublik Deutschland hat sich bereits 1976 völkerrechtlich verbindlich verpflichtet, die Gewährung von bezahltem Bildungsurlaub durch die Gesetzgebung sicherzustellen. Die vollständige Umsetzung steht aber nach wie vor aus. Die Vereinheitlichung der Gesetze ist allerdings nicht unumstritten: Gerade die Vertreter*innen der Bundesländer, die besonders weitgehende Gesetze haben, befürchten – nicht zu Unrecht –, dass eine Vereinheitlichung zu einem Minimalkonsens führen und z.B. die Breite der zu nutzenden Angebote, die Dauer oder auch die Formate einschränken könnte.

Die höchst heterogene Trägerlandschaft der (politischen) Erwachsenenbildung macht deutlich, dass es neue Allianzen und Kooperationen geben muss, auch um kleineren Bildungsanbietern die Möglichkeit zu geben, sich an der Bildungsfreistellung zu beteiligen und ihre Angebote zu professionalisieren.

## Wer kann von Bildungsfreistellung profitieren? Erreichbarkeit und Vielfalt von Zielgruppen

Das Instrument der Bildungsfreistellung könnte – so ein wichtiges Anliegen des AdB – genutzt werden, um gegen soziale Ungleichheit zu wirken, die sich immer auch auf die Bildungsbeteiligung auswirkt. Dies könnte z.b. mit Hilfe neuer Finanzierungsmodelle gelingen, über die Geringverdienende Zuschüsse für Bildungsfreistellungen beantragen können. Denn diejenigen, die die Angebote bisher wahrnehmen, sind zumeist Menschen in den besser bezahlen Berufen. Anderen fehlt dafür häufig das Geld. Gerade die Geringverdienenden bräuchten Ermutigung und Unterstützung, um die Möglichkeiten zur Bildungsfreistellung auszuschöpfen. In anderen Bereichen gibt es bereits Mittel und Wege, so z.b. über den Bildungsscheck, der in Berlin und Brandenburg allerdings bisher nur für die berufliche Bildung gilt. In anderen Bundesländern sind es z.b. der Weiterbildungscheck (Bremen), der Weiterbildungsbonus (Hamburg) oder der Qualifizierungsscheck (Hessen). Seit Ende 2008 gibt es zudem das Programm Bildungsprämie. Mit ihm will die Bundesregierung Erwerbstätige mit wenig Einkommen bei ihrer berufsbezogenen Weiterbildung unterstützen. Könnte eine solche Prämie nicht auch gezielt für Bildungsfreistellungen zur politischen Bildung genutzt werden?

Zur Unterstützung des AdB-Anliegens würde auch beitragen, wenn Unternehmen die Bildungsfreistellung als einen zentralen Standortvorteil verstehen: Es müsste im Interesse der Unternehmen liegen, ihre Weiterbildungskultur zu stärken und damit zu werben, dass sie ihre Arbeitnehmer*innen unterstützen und motivieren, sich politisch zu bilden. Arbeitnehmer*innen, die offen für Neues sind und mit Veränderungen gut umgehen können, die gelernt haben, andere Perspektiven einzunehmen, und die ein demokratisches Miteinander unterstützen, können – gerade für global agierende Unternehmen, aber auch für Firmen in strukturschwachen Regionen – an Attraktivität gewinnen.

Bildungsfreistellung kann sich ebenso mit Kriterien guter Arbeit auseinandersetzen, kann sich beruflicher Mitbestimmung und Mitgestaltungsrechten widmen und damit positiv auf das Arbeitsumfeld zurückwirken und Arbeitsbedingungen verbessern. Sie kann die Veränderungen in der Arbeitswelt durch die

Folgen von Digitalisierung, Globalisierung, Beschleunigung und Entgrenzung thematisieren (vgl. AdB 2016, 17, 33 f.) und die Menschen für solche Wandlungsprozesse stärken. Auch das Thema Nachhaltigkeit ist relevant für das eigene Arbeitsumfeld und für die Attraktivität von Unternehmen: Wie ist mein Unternehmen in den weltweiten Strom der Produkte und Daten und in globale Abhängigkeiten eingebunden? Was können wir selbst vor Ort nachhaltiger, umweltgerechter gestalten? Auch hier würden die Inhalte von Bildungsfreistellung unmittelbar und positiv auf das Arbeitsumfeld zurückwirken.

Wie oben gezeigt, ist es notwendig, ganz neu und anders für die Angebote der Bildungsfreistellung zu werben und gerade diejenigen anzusprechen und zu erreichen, die sich nicht über die gängigen Portale und Mitarbeitervertretungen informieren. Ein gutes Beispiel dafür ist die Aktion „Zeit für Bildung" zur Stärkung des Rechts auf Bildung der Senatsverwaltung für Integration, Arbeit und Soziales in Berlin und der Berliner Landeszentrale für politische Bildung. Mit verschiedenen Slogans, die jeweils ganz unterschiedliche Berufsgruppen und Themen ansprechen, wirbt sie für die Nutzung der Bildungsfreistellung. Einer der Slogans lautet: „Wie funktioniert Politik? Bildungszeit ist Zeit für Antworten."; ein anderer: „Für mich als Betriebsrat gilt: Bildungsurlaub ist eine Investition in die persönliche Zukunft." Oder: „Bildungsurlaub hilft beim Blick über den Tellerrand." Auch die Themen Digitalisierung und Umbrüche in der Arbeitswelt, Projektmanagement, interkulturelle Kommunikation und Klimawandel werden in der Kampagne angesprochen.

Natürlich hat sich in den letzten Jahren durch die Auswirkungen der Digitalisierung auf Angebotsstruktur und Werbung viel getan: Angebote können landesübergreifend publik gemacht und Anbieter und potenzielle Teilnehmer*innen leichter als früher zusammengebracht werden. Davor muss jedoch der erste Schritt gegangen werden: Die grundlegende Information, welche Möglichkeiten und Rechte die Arbeitnehmer*innen haben, muss bei diesen ankommen, bevor sie sich über konkrete Angebote informieren können. Notwendig ist eine einheitlichere und transparentere Gesetzgebung, die den Zugang zu Informationen und Angeboten erleichtert. Es bedarf einer zeitgemäßen Überarbeitung der mitunter über dreißig Jahre alten Gesetze und die Anpassung an die aktuellen Bedingungen. Das gilt nicht nur für Anerkennungsformen und -wege, sondern auch für Formate, die wie z. B. bei E-Learning oder Blended Learning nicht mehr an einen Ort gebunden sein müssten.

## Welchen Mehrwert bieten Träger politischer Bildung als Anbieter von Bildungsfreistellung?

Ulrich Ballhausen, 2012–2019 Vorsitzender des AdB und wissenschaftlicher Mitarbeiter am Institut für die Didaktik der Demokratie an der Universität Hannover, schreibt:

„Das Feld der nonformalen Politischen Jugend- und Erwachsenenbildung ist geprägt durch eine Vielzahl unterschiedlicher Träger, mit unterschiedlichen gesellschaftsanalytischen Perspektiven, inhaltlichen Schwerpunktsetzungen, didaktischen Konzepten, Formaten und Zielgruppen. Die Trägervielfalt und die Trägerautonomie, die Freiwilligkeit der Teilnahme, die Perspektive auf die Teilnehmenden als mündige Subjekte sowie Prozesse der Selbstgestaltung, der Selbstwirksamkeitserfahrung und der Selbstbildung gehören zu den Qualitätsmerkmalen dieses Feldes" (Ballhausen 2019, 15).

Ballhausen umreist damit das Feld der politischen Bildung, wie es durch den AdB vertreten wird. Der Arbeitskreis deutscher Bildungsstätten vereint als Fachverband der politischen Jugend- und Erwachsenenbildung Bildungshäuser, -orte und -initiativen, die den Menschen ermöglichen, den Alltag bzw. die Arbeitswelt für eine gewisse Zeit hinter sich zu lassen. Sie bieten einen Rahmen für Fort- und Weiterbildung, für politischen Diskurs, für Reflexion und Wissenserwerb. Das starke Netzwerk dieser Bildungsakteure ist von einer breiten Expertise und hohen Professionalität geprägt. Viele dieser politischen Bildner*innen sind bereits im Feld der Bildungsfreistellung aktiv. Aber auch hier gilt es, bei den potenziellen Anbieter*innen weiterhin für dieses Format zu werben, sie zu ermutigen, sich um eine Trägeranerkennung zu bemühen und ihre Erfahrungen als politische Bildner*innen in die Angebote einzubringen.

Den Trägern politischer Bildung ist es wichtig, Orientierung zu geben, Menschen zur Teilhabe zu motivieren, ihre Selbstbestimmung zu stärken und sie zu unterstützen, zu weltoffenen und aktiven Bürger*innen zu werden und sich für die Stärkung der Demokratie einzusetzen. Dazu das großartige Instrument der Bildungsfreistellung noch stärker zu nutzen, ist ein wichtiges Ziel des Verbandes und der politischen (Erwachsenen-)Bildung insgesamt.

# Literatur

AdB – Arbeitskreis deutscher Bildungsstätten e.V. (2016): Über Arbeiten! Impulse und Methoden für die arbeitsweltbezogene politische Jugendbildung. Praxishilfe. Berlin.

AdB – Arbeitskreis deutscher Bildungsstätten e.V. (2018): Politische Erwachsenenbildung braucht Freiräume. Für eine Stärkung des Anspruchs auf Bildungsfreistellung in Deutschland; URL: https://www.adb.de/staerkung-des-anspruchs-auf-bildungsfreistellung (letzter Zugriff: 08.11. 2019).

Ballhausen, Ulrich (2019): Ökonomisierung- und Entpolitisierungstendenzen in der nonformalen Politischen Jugend- und Erwachsenenbildung. In: POLIS. Report der Deutschen Vereinigung für Politische Bildung, Heft 3/2019, S. 14–15.

BMAS – Bundesministerium für Arbeit und Soziales/BMBF – Bundesministerium für Bildung und Forschung (2019): Wissen teilen. Zukunft gestalten. Zusammen wachsen. Nationale Weiterbildungsstrategie. Berlin.

Breuder, Werner (1974): Erläuterungen zur Synopse der Gesetzgebung zum Bildungsurlaub. In: Außerschulische Bildung. Loseblattmaterialien zur politischen Jugend- und Erwachsenenbildung. Mitteilungen des Arbeitskreises deutscher Bildungsstätten e.V., Heft 3/1974, S. 13–23.

DGfE-Sektion Erwachsenenbildung (2019): Der Sektionsvorstand Erwachsenenbildung fordert eine umfassendere Weiterbildungsstrategie und eine stärkere Einbeziehung wissenschaftlicher Erkenntnisse. In: Goethe-Universität Frankfurt am Main/Justus-Liebig-Universität Gießen/GEW-Hauptvorstand (Hg.): Gute Arbeit in der Erwachsenenbildung. Gewerkschaftliche Anforderungen an die Nationale Weiterbildungsstrategie. Dokumentation der Herbstakademie 2019, S. 75–76.

Erben, Friedrun (2019): Lernen – und die Demokratie mitgestalten! Politische Bildung in der Bildungsfreistellung stärken. In: forum erwachsenenbildung. Die evangelische Zeitschrift für Bildung im Lebenslauf, 3/19, S. 47–48.

Haufe Akademie (2019): Wert der Weiterbildung. URL: https://www.haufe-akademie.de/perspektiven/umfrage-wert-der-weiterbildung (letzter Zugriff: 12.12.2019)

Käpplinger, Bernd (2019): Ist das eine Strategie? Gastbeitrag auf: URL: www.jmwiarda.de/2019/06/13/ist-das-eine-strategie (letzter Zugriff: 14.11.2019).

NADJA BILSTEIN

# Der Weg zum Bildungsurlaubsangebot – Ein steiniger?

### Ein Bericht über Anträge, Bescheide, Programmentwicklung und 14 rechtliche Grundlagen aus der Perspektive eines Bildungsträgers

Bildungsurlaub – haben Sie davon schon einmal gehört? Wie steht es mit Arbeitnehmerweiterbildung, Bildungszeit oder Bildungsfreistellung?

Alle vier Begriffe bezeichnen das Recht auf bezahlte Freistellung zum Zweck der Weiterbildung. Sie fragen sich vielleicht, wieso es vier verschiedene Begriffe für den gleichen Anspruch gibt. Da Bildungspolitik Sache der Länder ist, gibt es in 14 verschiedenen Bundesländern 14 verschiedene Gesetze. Was in Nordrhein-Westfalen also Arbeitnehmerweiterbildung heißt, heißt in Bremen oder Baden-Württemberg Bildungszeit, in Niedersachsen, Berlin, Hamburg Bildungsurlaub und in Mecklenburg-Vorpommern, Sachsen-Anhalt und Schleswig-Holstein Bildungsfreistellung. Nur Bayern und Sachsen kennen keinen Begriff für diesen Anspruch, da beide Länder bis heute kein entsprechendes Gesetz haben.

Während man die begriffliche Vielfalt als Ausdruck des deutschen Föderalismus noch mit einer gewissen Gelassenheit betrachten kann, zumal sich bundesweit umgangssprachlich der Begriff „Bildungsurlaub" durchgesetzt hat, zeigt sich bei genauerer Betrachtung der landesgesetzlichen Regelungen, dass in der Vielfalt der Begriffe für ein- und dasselbe leider nicht immer ein- und dasselbe drinsteckt. Vielmehr gibt es einige Unterschiede in den verschiedenen Gesetzen, die Bildungsträger, die ihre Bildungsurlaubsangebote bundesweit anbieten möchten, beachten müssen.

Gehen Sie mit mir auf eine Reise in den Dschungel der 14 Bildungsurlaubsgesetze. Stellen Sie sich vor, Sie wollen als Bildungsträger bundesweit Bildungsurlaub anbieten. Welchen Weg müssen Sie zurücklegen? Welche Hürden überwinden? Was müssen Sie auf Ihrem Weg beachten und wie gehen Sie vor? Worin bestehen also im Wesentlichen die zu beachtenden Unterschiede in den Gesetzen der Länder?

Im Folgenden soll es zunächst einen ersten Überblick über die bestehenden rechtlichen Grundlagen geben. Dabei sollen nicht alle 14 Ländergesetze vollständig dargestellt, sondern eine Sensibilisierung für die Unterschiede erreicht werden.

## Bildungsurlaub bundesweit – Eine Bestandsaufnahme

Eine kurze Darstellung der Ursprünge von Bildungsurlaub und seiner föderalen Vielfältigkeit, der zentralen Diskussionsebenen seit Einführung des Bildungsurlaubs sowie von wesentlichen Regelungsaspekten der gesetzlichen Grundlagen liefert beispielsweise Sabine Schmidt-Lauff (2018). Eine Übersicht über die bestehenden Regelungen bietet zudem die Ständige Konferenz der Kultusminister der Länder in der Bundesrepublik Deutschland (KMK) (KMK 2018). Allerdings ist diese Fassung – mit Stand Juli 2018 – an einigen Stellen veraltet, so dass es notwendig erscheint, regelmäßig auf direktem Wege über die zuständigen Stellen (z.b. Ministerien und Behörden) die Gesetze und Regelungen zu prüfen. Eine Übersicht über die für die folgenden Ausführungen verwendeten Quellen (Gesetze, Verordnungen, weitere Hilfsmittel) befindet sich am Ende des Beitrags (siehe Tabelle 1 im Anhang).

## Anerkennungsfähige Lernbereiche – Was kann alles Bildungsurlaub sein?

Die Bildungsurlaubsgesetze geben bestimmte Lernbereiche vor, die als Bildungsurlaub anerkennungsfähig sind. In der Regel wird hierbei zwischen beruflicher und politischer Bildung unterschieden. Sachsen-Anhalt gewährt als einziges Bundesland ausschließlich für berufsspezifische Weiterbildung Bildungsurlaub.[1] Baden-Württemberg, Hamburg, Hessen, Mecklenburg-Vorpommern, Niedersachsen, das Saarland, Schleswig-Holstein und Thüringen erkennen auch Veranstaltungen für die Qualifizierung für ein Ehrenamt als Bildungsurlaub an.[2] Wenige Bundesländer wie Schleswig-Holstein und Brandenburg gewäh-

---

1    Vgl. § 8 Abs. 1 Bildungsfreistellungsgesetz Sachsen-Anhalt.
2    Vgl. § 1, Abs. 2 und Abs. 5 Bildungszeitgesetz Baden-Württemberg (BzG); § 1 Abs. 1 Hamburgisches Bildungsurlaubsgesetz. (BildUG); § 1 Abs. 2 Hessisches Gesetz über den Anspruch auf Bildungsurlaub (BildUrlG); § 9 Abs. 1 Gesetz zur Freistellung für Weiterbildungen für das Land Mecklenburg-Vorpommern (BfG M-V); § 11 Abs. 3 Niedersächsisches Gesetz über den Bildungsurlaub für Arbeitnehmer und Arbeitnehmerinnen (NBildUG); § 1 Abs. 1 und Abs. 4 Saarländisches Bildungsfreistellungsgesetz (SBFG); § 3 Abs. 4 Weiterbildungsgesetz Schleswig-Holstein (WBG); § 1 Abs. 2 und Abs. 5 Thüringer Bildungsfreistellungsgesetz (ThürBfG).

ren darüber hinaus auch für kulturelle Bildung[3] oder, wie Bremen und Niedersachsen, für Allgemeine Weiterbildung Bildungsurlaub.[4]

Die meisten Länder führen im Gesetz oder einer zugehörigen Verordnung einen sogenannten Negativkatalog, der explizit benennt, welche Veranstaltungen nicht als Bildungsurlaub anerkannt werden. Hierunter fallen, je nach Bundesland, beispielsweise Studienreisen, Veranstaltungen, die vornehmlich der Erholung oder Freizeitgestaltung dienen sowie Veranstaltungen zur Durchsetzung partei- oder verbandspolitischer Ziele.[5]

### Zeitliche Vorgaben zu Dauer und Umfang der Veranstaltung – Welche Rahmenbestimmungen müssen erfüllt sein?

Zumeist besteht für Beschäftigte ein Anspruch auf Bildungsurlaub im Umfang von bis zu fünf Arbeitstagen pro Jahr beziehungsweise von 10 Tagen in zwei Jahren. Die Länder geben in ihren Gesetzen aber unterschiedliche Mindestdauern von Veranstaltungstagen an, für die Bildungsurlaub gewährt werden kann. Sachsen-Anhalt fordert eine Mindestdauer von fünf Veranstaltungstagen, während viele andere Bundesländer, wie Baden-Württemberg, Berlin, Brandenburg, Bremen, Hamburg, Schleswig-Holstein und das Saarland auch eintägige Bildungsurlaube kennen.[6] In Hessen, Mecklenburg-Vorpommern, Nordrhein-Westfalen, Niedersachsen und Rheinland-Pfalz sind drei- bis fünftägige Seminare zugelassen.[7] Thüringen setzt mindestens zwei Veranstaltungstage voraus.[8]

---

3  Vgl. § 3 Abs. 5 WBG (Schleswig-Holstein); § 2 Abs. 3 Gesetz zur Regelung und Förderung der Weiterbildung im Land Brandenburg (Brandenburgisches Weiterbildungsgesetz – BbgWBG).

4  Vgl. § 1 Abs. 1 Bremisches Bildungszeitgesetz (BremBZG); § 1 NBildUG. Auch Schleswig-Holstein erlaubt Allgemeine Weiterbildung, vgl. § 3 Abs. 3 WBG (Schleswig-Holstein).

5  Vgl. zum Beispiel § 11 Abs. 2 NBildUG (Niedersachsen); § 17 Abs. 3 WBG (Schleswig-Holstein) und § 6 Abs. 2 BzG BW (Baden-Württemberg) oder § 3 Abs. 1 Verordnung über die Anerkennung von Bildungsveranstaltungen nach dem Bremischen Bildungszeitgesetz.

6  Vgl. § 3 Abs. 2 Nr. 7 Verordnung zur Durchführung des Bildungsfreistellungsgesetzes (BildfrstG-DV) (Sachsen-Anhalt); § 6 Abs. 1 Nr. 4 BzG BW (Baden-Württemberg); § 3 Abs. 1 Nr. 7 Bildungsfreistellungsverordnung- BFV (Brandenburg); § 8 Abs. 1 BremBZG (Bremen), § 9 Abs. 1 HamBildUG (Hamburg); § 6 Abs. 4 WBG (Schleswig-Holstein).

7  Vgl. § 12 Abs. 1 BiUrlG (Hessen); § 11 Abs. 6 BfG M-V (Mecklenburg-Vorpommern); § 5 Abs. 5 AWbG (Nordrhein-Westfalen); § 11 Abs. 7 NBildUG (Niedersachsen); § 7 Abs. 1 Satz 3 Landesgesetz über die Freistellung von Arbeitnehmerinnen und Arbeitnehmern für Zwecke der Weiterbildung (Bildungsfreistellungsgesetz – BFG Rheinland Pfalz).

8  Vgl. § 8 Abs. 1 Nr. 4 ThürBfG (Thüringen).

In manchen Bundesländern, wie Rheinland-Pfalz, sind sogenannte Intervallveranstaltungen möglich.[9] Das heißt, dass ein Bildungsurlaub nicht an aufeinander folgenden Tagen stattfinden muss, sondern zum Beispiel ein zunächst dreitägiges Seminar zu einem späteren Zeitpunkt eine zweitägige Ergänzung erhält.

Neben der Mindestdauer eines Bildungsurlaubs ist auch die Mindestdauer der täglichen Veranstaltungszeit genau geregelt. In den 14 Ländergesetzen zu Bildungsurlaub variieren diese Vorgaben von 4,5 bis zu 6 Zeitstunden pro Seminartag.[10]

### Anspruchsberechtigt – Wer kann eigentlich Bildungsurlaub nehmen?

Bildungsurlaub gilt in der Regel für Arbeitnehmer*innen, deren Beschäftigungsschwerpunkt im jeweiligen Bundesland liegt. Unter Arbeitnehmer*innen werden Angestellte und Arbeiter*innen der Privatwirtschaft und des öffentlichen Dienstes verstanden (Mecklenburg-Vorpommern schließt letztere aus[11]), Beschäftigte in Heimarbeit[12] sowie in Baden-Württemberg auch Studierende der Dualen Hochschule.[13] Die Zeitangaben für die Freistellung beziehen sich auf Vollzeitbeschäftigte. Das bedeutet, dass sich bei Teilzeitbeschäftigten der Anspruch anteilmäßig vermindert.[14] In Rheinland-Pfalz und Nordrhein-Westfalen, besteht kein Anspruch in Kleinbetrieben mit fünf oder unter zehn Mitarbeiter*innen.[15] Ähnliche Regelungen finden sich auch in anderen Bundesländern, jedoch nicht in allen.

---

9   Vgl. § 7 Abs. 1 Nr. 3 BFG (Rheinland-Pfalz).

10  So sind zum Beispiel in Nordrhein-Westfalen täglich mindestens sechs Unterrichtsstunden (4,5 Zeitstunden) gefordert, während Hessen acht Unterrichtsstunden (sechs Zeitstunden) täglich vorschreibt. Vgl. § 9 Abs. 1 Nr. 4 AWbG (Nordrhein-Westfalen) und § 12 Abs. 1 Nr. 5 BiUrlG (Hessen).

11  Vgl. § 1 Abs. 2 BfG M-V (Mecklenburg-Vorpommern).

12  Vgl. § 2 Abs. 1 BzG BW (Baden-Württemberg); § 2 Abs. 2 SBFG (Saarland); § 1 Abs. 1 BiUrlG (Berlin); § 14 Abs. 2 BbgWBG (Brandenburg); § 2 Abs. 2 BremBZG (Bremen); § 1 Abs. 1 BiUrlG (Hessen); § 2 HamBildUG (Hamburg); § 1 Abs. 1 BfG M-V (Mecklenburg-Vorpommern); § 2 Abs. 2 NBildUG (Niedersachsen); § 2 Abs. 2 AWbG (Nordrhein-Westfalen)); § 1 Abs. 2 BFG (Rheinland-Pfalz); § 1 Abs. 2 Bildungsfreistellungsgesetz (Sachsen-Anhalt); § 5 Abs. 2 WBG (Schleswig-Holstein); § 2 Abs. 1 ThürBfG (Thüringen).

13  Vgl. § 2 Abs. 1 BzG BW (Baden-Württemberg).

14  Vgl. beispielsweise § 2 Abs. 3 AWbG (Nordrhein-Westfalen).

15  Vgl. § 2 Abs. 4 BFG (Rheinland-Pfalz); § 3 Abs. 7 Satz 2 AWbG (Nordrhein-Westfalen).

Auch Auszubildende haben mittlerweile in allen Bundesländern Anspruch auf Bildungsurlaub. Dieser Anspruch unterscheidet sich in den einzelnen Bundesländern: Während Auszubildende in Berlin einen Anspruch auf 10 Tage Bildungsurlaub in einem Jahr haben (sind sie über 25 Jahre alt auf 10 Tage in zwei Jahren), haben sie in Niedersachsen Anspruch auf fünf Tage im Jahr.[16] Thüringen beschränkt den Anspruch auf drei Tage im Jahr und Nordrhein-Westfalen, Baden-Württemberg und Mecklenburg-Vorpommern auf fünf Tage in der gesamten Ausbildungszeit.[17] Oftmals können Auszubildende auch nur für politische Bildung Bildungsurlaub beantragen.[18]

Darüber hinaus schließen in einigen Bundesländern wie in Baden-Württemberg, dem Saarland, Rheinland-Pfalz, Schleswig-Holstein und Thüringen die Bildungsurlaubsgesetze auch Beamte explizit mit ein[19], in anderen Fällen regeln die jeweiligen Sonderurlaubsverordnungen Ansprüche der Landesbeamten. Auch Bundesbeamte können im Rahmen von Sonderurlaub an politischen Bildungsveranstaltungen teilnehmen. Die Bundeszentrale für politische Bildung ist in diesen Fällen für die Anerkennung der Veranstaltung zuständig.[20]

## Anerkennungsverfahren, Antragsfristen und Gebühren – Wie ist die Anerkennung von Bildungsurlaubsveranstaltungen in anderen Bundesländern geregelt?

Man unterscheidet zwischen Einzel- und Trägeranerkennungen. Während beispielsweise Baden-Württemberg und Nordrhein-Westfalen nur Trägeranerkennungen kennen, was eine einrichtungsbezogene Anerkennung von Veranstaltungen ist, sehen alle anderen Bundesländer Einzelanerkennungen der Bildungsurlaubsveranstaltungen vor. Dies sind also seminarbezogene Anerkennungen.

---

16 Vgl. § 1 Abs. 1 und § 2 Abs. 1 Berliner Bildungsurlaubsgesetz (BiUrlG) und § 2 NBildUG (Niedersachsen).

17 Vgl. § 2 Abs. 4 ThürBfG (Thüringen); § 12a Abs. 1 AWbG (Nordrhein-Westfalen); § 3 Abs. 2 BzG BW (Baden-Württemberg); § 5 Abs. 2 BfG M-V (Mecklenburg-Vorpommern).

18 So zum Beispiel in: § 3 Abs. 2 BzG BW (Baden-Württemberg); § 2 Abs. 3 BFG (Rheinland-Pfalz); § 12a Abs. 1 AWbG (Nordrhein-Westfalen), § 5 Abs. 2 BfG M-V (Mecklenburg-Vorpommern) und § 1 Abs. 2 BiUrlG (Berlin).

19 Vgl. § 2 Abs. 2 BzG BW (Baden-Württemberg); § 2 Abs. 2 SBFG (Saarland); § 1 Abs. 3 BFG (Rheinland-Pfalz); § 5 Abs. 2 WBG (Schleswig-Holstein); § 2 Abs. 1 und § 2 Abs. 2 ThürBfG (Thüringen).

20 Weitere Informationen zur Beantragung finden sich auf der Website der Bundeszentrale für politische Bildung (siehe Quellenverzeichnis).

Bei Trägeranerkennungen wird eine Einrichtung als Träger der Arbeitnehmerweiterbildung (Nordrhein-Westfalen) oder als anerkannte Bildungseinrichtung nach dem Bildungszeitgesetz Baden-Württemberg anerkannt.[21] Erfüllen die von ihr angebotenen Seminare die weiteren rechtlichen Grundlagen und Bestimmungen zum Bildungsurlaub, so gelten sie als bildungsurlaubsfähig. Der Veranstalter hat den Teilnehmenden dies zumeist zu bestätigen und die Einhaltung der Bestimmungen mit einem detaillierten Programm, aus dem Lernziel, Lerninhalte, Zielgruppe und zeitlicher Ablauf des Programms zu entnehmen sind, nachzuweisen.[22]

Der große Vorteil der Trägeranerkennung liegt darin, dass nicht für jedes einzelne Seminar eine Anerkennung beantragt werden muss. Ein Nachteil besteht darin, dass für den Teilnehmenden keine Rechtssicherheit besteht. Arbeitgeber können die Bildungsurlaubsfähigkeit eines Angebots in Zweifel ziehen und die Teilnahme mit schriftlicher Begründung ablehnen. Es obliegt dann dem/der Arbeitnehmer*in, den Anspruch – oft mit unterstützender Stellungnahme des Anbieters – doch noch durchzusetzen. In manchen Fällen braucht es dafür einen Rechtsspruch des Arbeitsgerichts. Aus diesem Grund gibt es beispielsweise in Nordrhein-Westfalen eine Fülle von Urteilen von Arbeitsgerichten zu verschiedenen Bestimmungen des Arbeitnehmerweiterbildungsgesetzes.

Im Unterschied dazu besteht in den Bundesländern, die eine Einzelanerkennung fordern, nach Erteilung des Bescheids über die Anerkennung eines Seminars für den Teilnehmenden Rechtssicherheit. Doch auch diese Variante hat einen Nachteil: Jedes Seminar muss einzeln beantragt werden, was für den Bildungsträger ein zusätzlicher Aufwand ist. Viele Bundesländer bieten hier aber zur Erleichterung die Möglichkeit einer Wiederholungs- oder auch Typenanerkennung an, dies bedeutet eine mehrjährige Anerkennung eines Seminars. Ein so beantragtes Seminar kann dann je nach Bundesland innerhalb von ein bis drei Jahren beliebig oft wiederholt werden.[23] Thüringen wiederum erkennt Seminare sogar unbefristet an.[24]

---

21  Vgl. § 11 AWbG (Nordrhein-Westfalen) und § 10 BzG BW (Baden-Württemberg).

22  Vgl. § 5 Abs. 1 AWbG (Nordrhein-Westfalen).

23  So erkennt Niedersachsen Wiederholungsveranstaltungen bis zum Ende des übernächsten Jahres an, Sachsen-Anhalt gewährt eine zweijährige Anerkennung von Wiederholungsveranstaltungen und Hamburg mittlerweile sogar drei Jahre: § 2 Abs. 2 DVO-NBildUG (Niedersachsen); § 5 Abs. 2 BildfrstG-DV (Sachsen-Anhalt); § 5 Verordnung über die Anerkennung von Bildungsveranstaltungen (Hamburg).

24  Vgl. § 10 Abs. 1 Satz 2 ThürBfG (Thüringen).

Wichtig zu beachten sind die Antragsfristen für die Einreichung eines Antrags auf Anerkennung in den einzelnen Bundesländern, wobei die bestehenden Fristen als spätester Zeitpunkt für eine Beantragung zu verstehen sind. Je nach Bundesland variieren sie von drei Monaten bis zu sechs Wochen vor Seminarbeginn.[25] Wird der Antrag nicht fristgerecht eingereicht, kann das zur Ablehnung führen. Einige Bundesländer zeigen sich aber durchaus kulant, wobei sich in solchen Fällen eine vorherige Kontaktaufnahme mit den zuständigen Stellen empfiehlt, ob ein Antrag auch nach Ablauf der Frist noch bearbeitet wird und Aussicht auf Bewilligung hat.

In wenigen Bundesländern ist die Anerkennung gebührenpflichtig. Für eine Trägeranerkennung in Nordrhein-Westfalen fallen ca. 200 Euro an, in Baden-Württemberg ca. 150 Euro.[26] Die Anerkennung einer Veranstaltung der beruflichen Weiterbildung in Hamburg kostet aktuell 83,50 Euro, die einer der politischen Weiterbildung ist hingegen kostenlos.[27] Schleswig-Holstein berechnet für Anerkennungen generell 69 Euro, Sachsen-Anhalt 26 Euro.[28] In Thüringen bemisst sich die Höhe der Gebühren nach dem Bearbeitungsaufwand und kann zwischen 10 und 150 Euro liegen. Bei einem ordnungsgemäß ausgefüllten und vollständigen Antrag liegt die Gebühr im unteren zweistelligen Bereich von etwa 20 bis 35 Euro.[29]

## Konsequenzen für die Anbieter von Bildungsurlaubveranstaltungen

Was bedeutet aber nun all das konkret für die Arbeit von Bildungsträgern, die bundesweit ihre Seminarangebote als Bildungsurlaube anbieten möchten? Welche Schritte müssen sie bis zum fertigen bundesweiten Angebot gehen?

---

25  Vgl. § 2 Abs. 1 Verordnung über die Anerkennung von Bildungsveranstaltungen nach dem Bremischen Bildungszeitgesetz; § 2 Abs. 1 Satz 2 BiFVO (Schleswig-Holstein); § 7 Abs. 1 SBFG (Saarland).

26  Vgl. § 1 Abs. 1 i.V.m. Tarifstelle 21.3.1 der Allgemeinen Verwaltungsgebührenordnung Nordrhein-Westfalens; Regierungspräsidium Karlsruhe (2019): Bildungszeit. Merkblatt für Bildungseinrichtungen. S. 2.

27  Vgl. Hamburger Behörde für Schule und Berufsbildung: Gebühren für die Anerkennung von Bildungsurlaub.

28  Vgl. § 9 Abs. 2 BilFVO (Schleswig-Holstein); vgl. Allgemeine Gebührenordnung des Landes Sachsen-Anhalt (AllGO LSA).

29  Vgl. § 14 ThürBfG (Thüringen). Genauere Hinweise zur Höhe der Gebühren sind auf der Website des Ministeriums für Bildung, Jugend und Sport des Freistaats Thüringen unter „Fragen und Antworten" zu finden.

## Zielgruppe und Format festlegen

Zunächst gilt es zu entscheiden, für welche Zielgruppe ein Angebot entwickelt werden soll, da dies Einfluss auf die Dauer des Seminars nimmt. Richtet sich das Angebot nur an Arbeitnehmer*innen oder sollen beispielsweise auch Auszubildende angesprochen werden? Kann ein Seminar über fünf oder ggf. nur über drei Tage angeboten werden?

Mit der Dauer der Veranstaltung entscheidet sich auch, in welchen weiteren Bundesländern – neben dem eigenen – ein Antrag auf Anerkennung gestellt werden kann. Möchte man Teilnehmende aus allen vierzehn möglichen Bundesländern erreichen, so müssen die Vorgaben zur Mindestdauer beachtet werden. Eine dreitägige Veranstaltung kann zum Beispiel nicht in Sachsen-Anhalt zur Anerkennung beantragt werden, weil dort zwingend fünftägige Veranstaltungen vorgeschrieben sind.

Auch das Format der Veranstaltung muss festgelegt werden. Soll die Veranstaltung in Block- oder Intervallform stattfinden? Plant man Veranstaltungen mit hohen Exkursionsanteilen, so muss die Abgrenzung zur Studienreise deutlich sein. Das heißt, die Vorbereitung und Auswertung einer Exkursion müssen im Programm deutlich ausgewiesen werden, ebenso gehört es dazu, aufzuzeigen wie die Exkursionen zur Erreichung der Lernziele des Seminars beitragen.

## Von der Idee zum Programm – tägliche Arbeitszeiten beachten

Bei der Programmentwicklung müssen die verschiedenen täglichen Arbeitszeiten bedacht werden. Reichen 30 Unterrichtsstunden, die in Nordrhein-Westfalen gefordert sind, oder soll das Programm auch für Hessen gelten, wo 40 Unterrichtsstunden vorgeschrieben sind? Kennen die Gesetze der Länder Ausnahmen für An- und Abreisetage? Kann man also weniger Unterrichtsstunden an diesen Tagen planen? Werden bei mehrtägigen Veranstaltungen die Unterrichtsstunden im Durchschnitt betrachtet oder sind tägliche Arbeitszeiten explizit vorgeschrieben?

Neben der zeitlichen Programmgestaltung müssen die Lerninhalte und -ziele der Veranstaltung im Programm deutlich werden und aufzeigen, dass sie die Vorgaben des Lernbereichs erfüllen, dem sie zugeordnet werden. Es bedarf also eines Programmes, das die Themen und Inhalte der einzelnen Einheiten sowie das didaktisch-methodische Vorgehen verdeutlicht. Je nach Zuordnung zu einem Lernbereich entscheidet sich, in welchen anderen Bundesländern ein Antrag auf Anerkennung überhaupt gestellt werden kann. Handelt es sich zum Beispiel um politische Bildung, die fast alle Bildungsurlaubsgesetze der Länder kennen, oder um kulturelle Bildung, die nur wenige Bundesländer als Bildungsurlaub anerkennen?

## Andere Bundesländer, andere Sitten – Wie sind die Verfahren zur Anerkennung geregelt?

Alle Verfahren zur Anerkennung von Veranstaltungen für die Bildungsfreistellung sind formgebunden und in der Regel ist die Anerkennung vom Veranstalter zu beantragen. Einzig Niedersachsen eröffnet unter bestimmten Voraussetzungen auch Teilnehmenden die Möglichkeit, selbst die Anerkennung zu beantragen.[30]

Im Falle der Einzelanerkennungen von Veranstaltungen durch eine Bildungseinrichtung sind bei erstmaliger Beantragung Informationen zum Veranstalter anzugeben, wobei u.a. seine Rechtsform, seine Bildungsziele sowie die Qualifikation der hauptberuflichen Lehrkräfte und seine sachliche Ausstattung abgefragt werden. Alternativ kann der Nachweis erbracht werden, anerkannte Einrichtung der Weiterbildung in einem Bundesland zu sein.[31] Im Falle der Trägeranerkennung muss eine Einrichtung darüber hinaus bereits zwei Jahre bestehen, Lehrveranstaltungen planen und durchführen und ein Gütesiegel besitzen.[32]

Für Einzelanerkennungen einer Weiterbildungsveranstaltung zum Bildungsurlaub gibt es einen einheitlichen Antrag der Länder, der zusammen mit dem Detailprogramm, einem Nachweis über die öffentliche Bekanntmachung der Veranstaltung sowie mit dem Nachweis über das Bestehen eines externen zertifizierten Qualitätsmanagements einzureichen ist.[33] Der einheitliche Antrag ist durchaus eine Erleichterung für die Antragstellung, ermöglicht er doch mehrere Bundesländer mit nur einem Antrag zu beschicken. Dennoch muss man auch hier aufpassen, da manchmal weitere Angaben gefordert sind. So muss in Rheinland-Pfalz beispielsweise eine zusätzliche Anlage ausgefüllt werden. In der Anlage müssen noch einmal Titel und Form der Veranstaltung genannt sowie die anerkennungsfähigen Freistellungstage einzeln aufgelistet und Schwerpunk-

---

30  Vgl. § 1 Abs. 2 DVO-NBildUG (Niedersachsen).
31  Vgl. zum Beispiel den Vordruck „Angaben zum Veranstalter" im Landesportal Schleswig-Holstein.
32  Vgl. § 10 AWbG (Nordrhein-Westfalen); § 9 BzG BW (Baden-Württemberg).
33  Der einheitliche Antrag findet sich i.d.R. auf den Websites der zuständigen Behörden der Länder. Zum Beispiel im Landesportal Schleswig-Holstein (siehe Tabelle 1 im Anhang).

te aus einem vorgegebenen Stichwortverzeichnis für den jeweiligen Weiterbildungsbereich angekreuzt werden.[34] Niedersachsen wiederum hat neben dem bundesweiten Antrag einen eigenen Antrag, der weniger zusätzliche Nachweise fordert und die Antragstellung deutlich erleichtert.[35]

Die Anträge sind bei den zuständigen Behörden fristgerecht einzureichen. Man sollte sich also rechtzeitig darüber einen Überblick verschaffen, welche Frist in welchem Bundesland gilt. Die Einreichung des Antrags kann auf unterschiedlichen Wegen erfolgen: Berlin und Niedersachsen bieten die Möglichkeit, online Anerkennungen zu beantragen, andere Bundesländer nehmen Anträge per Mail, Fax oder auch nur postalisch entgegen. Die zunehmende Akzeptanz der Beantragung auf digitalem Wege erleichtert und beschleunigt das Antragsverfahren ungemein.

Auch bestimmte geltende Ausnahmeregelungen sind eine Erleichterung: So erkennen Berlin und Brandenburg Veranstaltungen gegenseitig an[36], das Saarland erkennt generell Veranstaltungen an, die in den übrigen Bundesländern als freistellungsfähig anerkannt sind, wenn das tägliche Arbeitsprogramm fünf Zeitstunden nicht unterschreitet.[37] Auch Hessen kennt eine Ausnahmeregelung, wonach in Hessen Beschäftigte ihren Bildungsurlaubsanspruch auch für solche Veranstaltungen geltend machen können, die nach dem Bildungsurlaubsgesetz eines anderen Bundeslandes anerkannt sind, insofern die Bestimmungen des hessischen Bildungsurlaubsgesetzes erfüllt sind.[38]

## Von Bestätigungen, Unterlagen und Statistiken – Was kommt nach der Anerkennung?

Mit dem Erhalt des Bescheids ist das Ende des Weges zum Bildungsurlaubsangebot allerdings noch nicht erreicht. Vielmehr müssen nun die Teilnehmenden mit den notwendigen Unterlagen für die Beantragung von Bildungsurlaub bei ihrem Arbeitgeber versorgt werden. Auch hier gelten Fristen: Acht Wochen vor

---

**34** Vgl. Anlage Rheinland-Pfalz zum Antrag auf Anerkennung (siehe Tabelle 1 im Anhang).

**35** Vgl. Antrag eines Veranstalters auf Anerkennung einer Bildungsveranstaltung nach § 10 NBildUG (Niedersachsen) (siehe Tabelle 1 im Anhang).

**36** Vgl. § 7 Abs. 2 BFV (Brandenburg).

**37** Vgl. § 6 Absatz 2 SBFG (Saarland). Auf der Website des Saarlandes findet sich jährlich eine Gleichstellungsinformation zum Download, die zusammen mit dem Anerkennungsbescheid eines anderen Bundeslandes zur Beantragung von Bildungsurlaub an den Teilnehmenden versendet werden kann (siehe Tabelle 1 im Anhang).

**38** Vgl. § 11 Abs. 4 BiUrlG (Hessen).

Seminarbeginn müssen Arbeitnehmer*innen in Thüringen ihren Bildungsurlaub beantragen, in Niedersachsen kann dies bis vier Wochen vorher geschehen.[39] Die Erfahrung zeigt, dass die Teilnehmenden gerne frühzeitig Sicherheit über eine Gewährung des Bildungsurlaubs durch den Arbeitgeber haben möchten. Entsprechend ist oft die Erwartung eher früher als später mit den notwendigen Unterlagen für eine Beantragung des Bildungsurlaubs beim Arbeitgeber versorgt zu werden, nachdem eine Anmeldung zu einem Seminarangebot erfolgt ist.

Je nach Bundesland sind verschiedene Informationen oder Formen von Nachweisen für die Beantragung beim Arbeitgeber gefordert. Reicht in Niedersachsen beispielsweise eine formlose Anmeldebestätigung mit Titel, Veranstaltungstermin, Veranstaltungsort, Az./Veranstalternummer, Veranstalter und Bescheid-Datum aus[40], so muss in Nordrhein-Westfalen bestätigt werden, dass der Anbieter ein anerkannter Träger nach dem Arbeitnehmerweiterbildungsgesetz in Nordrhein-Westfalen ist. Außerdem muss ein Detailprogramm vorgelegt werden, dem Lernziel, Lerninhalt, Zielgruppe und zeitlicher Ablauf des Programms zu entnehmen ist.[41]

Am Ende des Seminars sind Teilnahmebestätigungen auszustellen, deren Form und Inhalt sich ebenfalls je nach Bundesland voneinander unterscheiden können.[42] Auch dies sollte man im Sinne der Teilnehmenden im Blick haben. Anbieter von Bildungsurlaub müssen zudem nach Ablauf der Veranstaltung für einige Bundesländer ein Berichtswesen pflegen.[43] Konkret bedeutet das, dass ein Statistikbogen auszufüllen und innerhalb einer bestimmten Frist an die zuständige Behörde zu senden ist. Mit diesen Statistikbögen werden in der Regel nicht personenbezogene Daten zu Alter, Geschlecht, Staatsangehörigkeit, Bildungsstand, beruflicher Qualifikation sowie Betriebsgröße der aus dem jeweiligen

---

39  Vgl. § 6 Abs. 1 ThürBfG (Thüringen); § 8 Abs. 1 NBildUG (Niedersachsen).

40  Vgl. Punkt 1.3.2 der Richtlinie zur Durchführung des Anerkennungs- und Berichtsverfahrens nach dem Niedersächsischen Bildungsurlaubsgesetz vom 23. April 1997.

41  Vgl. § 5 Abs. 1 Satz 2 AWbG (Nordrhein-Westfalen).

42  Einige Länder geben Form und Inhalt der Teilnahmebestätigung vor und versenden entsprechende Vorlagen zusammen mit dem Anerkennungsbescheid, so z.B. Hamburg im § 9 Verordnung über die Anerkennung von Bildungsveranstaltungen. Schleswig-Holstein schreibt in § 16 Abs. 3 WBG genau vor, welche Angaben die auszustellende Teilnahmebestätigung zu enthalten hat.

43  Eine Berichtspflicht ist aktuell in folgenden Bestimmungen geregelt: § 12 BiUrlG (Berlin); § 26 BbgWBG (Brandenburg); § 8 Verordnung über die Anerkennung von Bildungsveranstaltungen nach dem Bremischen Bildungszeitgesetz; § 12 Abs. 2 NBildUG (Niedersachsen); § 9 Bildungsfreistellungsgesetz (Sachsen-Anhalt); § 19 Abs. 3 WBG (Schleswig-Holstein); § 14 BFGDVO (Rheinland-Pfalz); § 12 Abs. 2 ThürBfG (Thüringen).

Bundesland teilnehmenden Bildungsurlauber*innen erhoben. Erst mit Versand dieser Bögen ist der Weg zum bundesweiten Bildungsurlaubsangebot bis zum Ende beschritten.

## Und – sind Sie jetzt abgeschreckt?

So geht es vielen Bildungsträgern auch. Der bürokratische Aufwand erscheint zunächst einmal sehr hoch, trotz der Bemühungen der Länder vereinfachte und allgemeine Verfahren einzuführen. In der Praxis geraten vor allem kleinere Bildungsträger mit dem dann doch komplexen Netz bestehender Bestimmungen an ihre Grenzen oder halten sich lieber gleich fern. Zu berücksichtigen ist, dass die meisten Bildungsträger neben den Bestimmungen der Anerkennung von Bildungsurlaubsveranstaltungen weitere Vorgaben, beispielsweise von Fördergebern zu erfüllen haben, für die ebenfalls und vorrangig Richtlinien, Antragsbestimmungen und Berichtspflichten zu erfüllen sind.

Eine weitere Angleichung der Ländergesetze könnte hier Abhilfe schaffen. Aktuell bringen zumindest einige Übersichten ein erstes Licht in den Dschungel der Bildungsurlaubgesetze der Länder. So haben die Anerkennungsbehörden der Länder eine Übersicht über die Regelungen in den einzelnen Bundesländern erstellt, die sich auf der Website der Kultusministerkonferenz findet, die aktuell jedoch – mit Stand Juli 2018 – veraltet zu sein scheint. Trotzdem bietet sie eine erste Handreichung für die Praxis, in der immer wieder zentrale Regelungen schnell nachzuschauen sind. Daneben bietet eine einschlägige Internetplattform (www.bildungsurlaub.de) in einer Infothek eine Zusammenstellung aller gesetzlichen Grundlagen und Bestimmungen, Links zu den jeweils zuständigen Behörden und stellt in einem Bildungsurlaub-Fach-Blog unregelmäßig neueste Gerichtsentscheide zu Bildungsurlaub und weitere Neuerungen vor. Da jedoch die Bildungsurlaubsgesetze der Länder in unregelmäßigen Abständen Ergänzungen, Streichungen oder Änderungen unterliegen, sollte man immer mal wieder die Gesetze auf mögliche Änderungen prüfen und sich nicht ausschließlich auf die genannten Hilfsmittel verlassen.

## Der Weg zum bundesweiten Bildungsurlaubsangebot – ein steiniger?

Will man bundesweite Bildungsurlaubsveranstaltungen anbieten, so erscheint der zurückzulegende Weg erst einmal extrem steinig und voller Hürden zu sein. Es gilt, Kompetenz in diesem Bereich aufzubauen. Die Strukturen, wesentliche Bestimmungen und gesetzliche Grundlagen der Bildungsurlaubsgesetze der

Länder zu verstehen und zu berücksichtigen sowie in der jeweiligen Einrichtung Verfahren und Prozesse in Verwaltung und Bearbeitung von Bildungsurlaubsangeboten zu etablieren. Ist dies dann aber einmal gelungen, so erscheint der Weg fortan zumindest weniger steinig zu sein.

Haus Neuland bietet seit langen Jahren Bildungsurlaube im Bereich der beruflichen und politischen Bildung an. Als Bildungsstätte in Bielefeld und anerkannter Träger der Arbeitnehmerweiterbildung in Nordrhein-Westfalen waren unsere Angebote zunächst auf NRW fokussiert. Seit 2014 haben wir begonnen, bundesweit Bildungsurlaube anzubieten und das Angebot schrittweise auszubauen. Im letzten Jahr haben wir 20 Wochenseminare, also Fünftagesseminare, und vier Dreitagesseminare in der politischen Bildung sowie 23 Dreitagesseminare, zwei Fünftagesseminare und sechs Intervallseminare in der beruflichen Weiterbildung bundesweit als Bildungsurlaub angeboten. Pro Seminar erreichen wir im Schnitt etwa 15 Teilnehmende. Insgesamt hat sich dieser Weg für uns bewährt, aber auch fünf Jahre nach Einführung bundesweiter Bildungsurlaubsangebote lernen wir immer noch dazu.

## Literatur und Quellen

Schmidt-Lauff, Sabine (2018): Betriebliche Weiterbildung. Bildungsurlaub. In: Krug, Peter/Nuissl, Ekkehard (Hg.): Praxishandbuch Weiterbildungsrecht. Köln, S. 2–38.

Ständige Konferenz der Kultusminister der Länder in der Bundesrepublik Deutschland (2018): Übersicht über die Regelungen in den einzelnen Bundesländern. Bildungsfreistellung/Bildungsurlaub/Bildungszeit in Deutschland, Stand: Juli 2018. URL: https://www.kmk.org/fileadmin/Dateien/pdf/Bildung/AllgWeiterbildung/BU_BF_Laenderuebersicht_2018.pdf (letzter Zugriff: 01.04.2020).

Zentrale Internetplattform mit Infothek zu allen Länderregelungen und -gesetzen, einer Suchmaschine für dort eingestellte Veranstaltungen und weitere Serviceangebote für Anbieter und Teilnehmende. URL: http://www.bildungsurlaub.de (letzter Zugriff: 01.04.2020).

# Anhang

| Bundesland | Ländergesetze, -verordnungen und weitere Hilfsmittel |
|---|---|
| Baden-Württemberg | Bildungszeitgesetz Baden-Württemberg (BzG) vom 17. März 2015, geändert durch Artikel 42 der Verordnung vom 23. Februar 2017.<br>Regierungspräsidium Karlsruhe (2019): Bildungszeit. Merkblatt für Bildungseinrichtungen. 2. Mai 2019. URL: https://rp.baden-wuerttemberg.de/Themen/Bildung/Bildungszeit/03_bildungszeit_merkbl_einr.pdf (letzter Zugriff: 01.04.2020) |
| Berlin | Berliner Bildungsurlaubsgesetz (BiUrlG) vom 24. Oktober 1990, zuletzt geändert durch Artikel X des Gesetzes vom 17. Mai 1999.<br>Ausführungsvorschriften über die Anerkennung von Bildungsveranstaltungen nach dem Berliner Bildungsurlaubsgesetz (AV BiUrlG) vom 3. September 1991. |
| Brandenburg | Gesetz zur Regelung und Förderung der Weiterbildung im Land Brandenburg (Brandenburgisches Weiterbildungsgesetz – BbgWBG) vom 15. Dezember 1993, zuletzt geändert durch Artikel 10 des Gesetzes vom 25. Januar 2016.<br>Verordnung über die Anerkennung von Weiterbildungsveranstaltungen zur Bildungsfreistellung nach dem Brandenburgischen Weiterbildungsgesetz (Bildungsfreistellungsverordnung – BFV) vom 21. Januar 2005. |
| Bremen | Bremisches Bildungszeitgesetz (BremBZG) vom 18. Dezember 1974, zuletzt geändert durch Art. 1 ÄndG vom 26. September 2017.<br>Verordnung über die Anerkennung von Bildungsveranstaltungen nach dem Bremischen Bildungszeitgesetz vom 17. Oktober 2017. |
| Hamburg | Hamburgisches Bildungsurlaubsgesetz (BildUG) vom 21. Januar 1974, zuletzt geändert durch Artikel 17 des Gesetzes vom 15. Dezember 2009.<br>Verordnung über die Anerkennung von Bildungsveranstaltungen vom 9. April 1974, zuletzt geändert durch Verordnung vom 31. Mai 2016.<br>Behörde für Schule und Berufsbildung: Gebühren für die Anerkennung von Bildungsurlaub. URL: www.bildungsurlaub-hamburg.de/g855 (letzter Zugriff: 01.04.2020) |
| Hessen | Hessisches Gesetz über den Anspruch auf Bildungsurlaub (BildUrlG, HE) vom 28. Juli 1998, zuletzt geändert durch Artikel 1 und 2 des Gesetzes vom 12. Dezember 2017. |
| Mecklenburg-Vorpommern | Gesetz zur Freistellung für Weiterbildungen für das Land Mecklenburg-Vorpommern (Bildungsfreistellungsgesetz – BfG M-V) vom 13. Dezember 2013. |
| Niedersachsen | Niedersächsisches Gesetz über den Bildungsurlaub für Arbeitnehmer und Arbeitnehmerinnen (NBildUG) in der Fassung vom 25. Januar 1991, zuletzt geändert durch § 15 des Gesetzes vom 17. Dezember 1999.<br>Verordnung zur Durchführung des Niedersächsischen Bildungsurlaubsgesetzes (DVO-NBildUG) vom 26. März 1991, zuletzt geändert durch Artikel 1 der Verordnung vom 17. April 1997.<br>Richtlinie zur Durchführung des Anerkennungs- und Berichtsverfahrens nach dem Niedersächsischen Bildungsurlaubsgesetz vom 23. April 1997.<br>Antrag eines Veranstalters auf Anerkennung einer Bildungsveranstaltung nach § 10 NBildUG. URL: https://www.aewb-nds.de/fileadmin/content/%C3%9Cbertrag/Bildungs_und_Sonderurlaub/BU_A_FORM.pdf (letzter Zugriff: 01.04.2020) |

| | |
|---|---|
| Nordrhein-Westfalen | Gesetz zur Freistellung von Arbeitnehmern zum Zwecke der beruflichen und politischen Weiterbildung (AWbG) vom 6. November 1984, zuletzt geändert durch Gesetz vom 9. Dezember 2014.<br>Allgemeine Verwaltungsgebührenordnung NRW. |
| Rheinland-Pfalz | Landesgesetz über die Freistellung von Arbeitnehmerinnen und Arbeitnehmern für Zwecke der Weiterbildung (Bildungsfreistellungsgesetz – BFG) vom 30. März 1993, zuletzt geändert durch Artikel 20 des Gesetzes vom 22. Dezember 2015.<br>Landesverordnung zur Durchführung des Bildungsfreistellungsgesetzes (BFGDVO) vom 8. Juni 1993, zuletzt geändert durch Verordnung vom 30. Juli 2013.<br>Anlage Rheinland-Pfalz zum Antrag auf Anerkennung. URL: https://mwwk.rlp.de/fileadmin/mbwwk/3_Weiterbildung/Bildungsfreistellung/Anlage_Rheinalnd-Pfalz_2019.pdf (letzter Zugriff: 01.04.2020) |
| Saarland | Saarländisches Bildungsfreistellungsgesetz (SBFG) vom 10. Februar 2010, zuletzt geändert durch Gesetz vom 20. April 2016.<br>Ministeriums für Wirtschaft, Arbeit, Energie und Verkehr des Saarlands (Januar 2020): Gleichstellungsinformation. URL: https://www.saarland.de/8793.htm (letzter Zugriff: 02.04.2020) |
| Sachsen-Anhalt | Gesetz zur Freistellung von der Arbeit für Maßnahmen der Weiterbildung (Bildungsfreistellungsgesetz) vom 4. März 1998, zuletzt geändert durch Artikel 38 des Gesetzes vom 28. November 2005.<br>Verordnung zur Durchführung des Bildungsfreistellungsgesetzes (BildfrstG-DV) vom 24. Juni 1998, zuletzt geändert durch Verordnung vom 21. Juni 2004.<br>Allgemeine Gebührenordnung des Landes Sachsen-Anhalt (AllGO LSA). |
| Schleswig-Holstein | Weiterbildungsgesetz Schleswig-Holstein (WBG) vom 6. März 2012, geändert durch Gesetz vom 22. Januar 2017.<br>Landesverordnung über die Anerkennung von Weiterbildungsveranstaltungen für die Bildungsfreistellung (Bildungsfreistellungsverordnung – BiFVO) vom 16. Mai 2017.<br>Einheitlicher Antrag der Länder zur Anerkennung einer Weiterbildungsveranstaltung zur Bildungsfreistellung/zum Bildungsurlaub. URL: https://www.schleswig-holstein.de/DE/Fachinhalte/B/bildungsurlaub/Downloads/antragAnerkennung_WBveranstaltung.pdf?__blob=publicationFile&v=1 (letzter Zugriff: 01.04.2020)<br>Vordruck „Angaben zum Veranstalter". URL: https://www.schleswig-holstein.de/DE/Fachinhalte/B/bildungsurlaub/Downloads/angVeranst.pdf?__blob=publicationFile&v=1 (letzter Zugriff: 01.04.2020) |
| Thüringen | Thüringer Bildungsfreistellungsgesetz (ThürBfG) vom 15. Juli 2015.<br>Ministerium für Bildung, Jugend und Sport des Freistaats Thüringen: Fragen und Antworten. URL: https://www.bildungsfreistellung.de/fragen-antworten/veranstalter/#c3 (letzter Zugriff: 01.04.2020) |
| Zentrale Regelung des Bundes | Bundeszentrale für politische Bildung: Sonder- und Bildungsurlaub für Bundesbeamt/innen und Richter/innen im Bundesdienst bzw. Mitglieder der Personalräte.<br>URL: https://www.bpb.de/partner/foerderung/51372/sonder-und-bildungsurlaub (letzter Zugriff: 01.04.2020) |

**Tabelle 1: Übersicht zu Ländergesetzen, -verordnungen und weiteren Hilfsmitteln**

MELANIE HAASE, BORIS BROKMEIER

# Denken ohne Geländer

## Bildungsurlaub als wirkungsvolles Format der politischen Bildung in der Heimvolkshochschule Mariaspring

Im folgenden Beitrag werden Erfahrungen mit Bildungsurlaubsveranstaltungen präsentiert, die die Autorin und der Autor im Rahmen ihrer politischen Bildungsarbeit an der Heimvolkshochschule Mariaspring (HVHS Mariaspring) in Bovenden gesammelt haben und die sie hier unter das Motto „Denken ohne Geländer" stellen. Die Inspiration lieferte ein Artikel der Wochenzeitung „Die Zeit": Dort, im Feuilleton, wurden Ausschnitte aus Hannah Arendts posthum erschienenen Essay „Von der Freiheit, frei zu sein." veröffentlicht, in dem es um die Natur von Revolutionen geht und diese in Zusammenhang mit Fragen nach Freiheit und deren Gefährdungen gesetzt werden. Damit war eine Idee geboren – die Idee für ein Bildungsurlaubsangebot, das sich dem Thema Revolutionen widmet. Nun klingt das zunächst etwas sperrig und sehr theorielastig, und in der Tat kommt man hier nicht umhin, tief in politische Theorie einzutauchen. Hilfreich ist es, wenn es ein schematisches Analyseverfahren gibt, mit dem sich revolutionäre Phänomene untersuchen lassen. Und genau so ein Schema wurde bei diesem Seminar genutzt.

### Die Revolution im Seminarraum

Jede Revolution oder auch Revolutionstheorie wurde im Seminar nach den gleichen Kategorien untersucht und im Laufe der fünftägigen Veranstaltung an den Seiten übergroßer Würfel aufgeklebt, sodass sie während des gesamten Seminargeschehens präsent waren. Verschiedene Methoden und ausreichend Zeit für Diskussionen sorgten dafür, dass es zu keinem Zeitpunkt langatmig oder gar langweilig wurde. Der Methodenmix bestand vornehmlich aus einem Wechsel von Input und Gruppenarbeiten, dem Einbeziehen von digitalen Tools wie der Quiz-App Kahoot oder der Präsentations-App Mentimeter, mit deren Hilfe Wortwolken kreiert werden können. Einen weiteren Kontrast bildete zudem eine Exkursion nach Göttingen, bei der die Seminargruppe sich auf die Spuren der Novemberrevolution in der Stadt begab.

Man könnte vermuten, dass bei einem solchen Thema der Teilnehmendenkreis ausschließlich akademisch geprägt ist. Dem war aber nicht so. Die 13 Teilnehmenden bestanden etwa zur Hälfte aus Angestellten im öffentlichen Dienst, etwa die gleiche Anzahl war ehrenamtlich tätig. Darüber hinaus nahmen zwei Sozialpädagog*innen teil, sowie zwei Rentner*innen. Diese beispielhafte Zusammensetzung zeigt, dass vermeintlich akademische Themen auf breiteres Interesse stoßen können, wenn sie denn entsprechend allgemein zugänglich und aufbereitet sind. Das Format Bildungsurlaub[1] ist dafür ein gutes Instrument.

Die Ländliche Heimvolkshochschule Mariaspring in Bovenden bei Göttingen bietet für Arbeitnehmende vielfältige Themen mit regionalen und historisch-politischen Bezügen oder zu aktuellen gesellschaftspolitischen Fragestellungen an.

„Halt! Hier Grenze!" ist der Titel eines weiteren Bildungsurlaubsseminars zur politischen Bildung in der HVHS Mariaspring. Es nimmt die ehemalige innerdeutsche Grenzsituation in Südniedersachsen, unweit der Einrichtung, in den Fokus und bearbeitet während der Seminarwoche die Auswirkungen dieser Grenze auf die Lebenssituation in den beiden ehemaligen Teilen Deutschlands. Die Bedeutung des Kalten Krieges und wie versucht wurde, die Situation im sog. westlichen Zonenrandgebiet für die Menschen erträglich zu machen, stellen weitere Fragestellungen während der Veranstaltung dar. Exkursionen an die ehemalige Grenze und Interviews mit Zeitzeug*innen – mit ehemaligen Grenzschützer*innen und Einwohner*innen der Grenzregion – schaffen unmittelbare Eindrücke für die Teilnehmenden, die in diesem Seminar weitgehend wegen ihres Alters zur Erlebnisgeneration gehören und die Auswirkungen der deutschen Teilung erlebt haben aber nicht aus dieser Region stammen, sondern z.B. aus Nordrhein-Westfalen, Baden-Württemberg, aber auch aus Thüringen und Sachsen-Anhalt.

Während des Seminars ging es u.a. im Verlauf einer Diskussion um die Frage, was die Teilnehmenden am 9. November 1989, dem Tag des Mauerfalls, unternommen hatten. Sie erzählten sich ihre Geschichten, sofern sie mochten. Viele Erzählungen westdeutscher Teilnehmenden ähnelten sich stark und drehten sich um das Miterleben der Ereignisse in Berlin am heimischen Fernseher. Ein Seminarteilnehmer aus Ostdeutschland berichtete allerdings über seine Situati-

---

1  Der Begriff „Bildungsurlaub" wird in diesem Text synonym für „Bildungszeit" und „Bildungsfreistellung", die in einigen Bundesländern angewandt werden, benutzt. Die HVHS Mariaspring benutzt als Einrichtung in Niedersachsen den im dortigen Recht angeführten Begriff „Bildungsurlaub".

on als Soldat der NVA in diesen Tagen. Nachrichtensperre, Ungewissheiten, Aufregung und die plötzliche Ausgabe von Waffen und scharfer Munition führten bei ihm damals zu einer größtmöglichen Verunsicherung, was im Seminar für höchste Aufmerksamkeit und Anspannung sorgte – ungeplant, authentisch und freiwillig.

## Wer besucht Bildungsurlaube zur politischen Bildung?

Viele Teilnehmende in Mariaspring sind Angestellte im öffentlichen Dienst. Eine weitere größere Gruppe arbeitet in Konzernen und großen Betrieben, wie z.B. Volkswagen (größter Arbeitgeber in Niedersachsen). Stark vertreten ist auch die drittgrößte Gruppe von Teilnehmenden: Menschen, die in sozialen Berufen arbeiten, als Sozialpädagog*innen, Erzieher*innen, Pflegekräfte usw.

Wenig bis gar nicht erreicht werden Arbeitnehmende aus kleinen und mittelständigen Handwerksbetrieben. Die Gründe für das Fernbleiben lassen sich nur vermuten: Angst oder Sorge vor Repressalien seitens des Betriebes und schlichtweg eine Unkenntnis über das Angebot Bildungsurlaub.

## Zum Spannungsfeld der Erwartungen

Der Schritt, sich für fünf Tage auf eine Gruppe Unbekannter einzulassen, fällt einzelnen Teilnehmenden nicht immer leicht. Daher kommen sie nicht selten zu zweit: Entweder mit Partner*in, mit Kolleg*in oder Freund*in, was sich für den Gruppenprozess und die pädagogische Arbeit bisher nicht als nachteilig herausgestellt hat. Denn sie stammen nicht nur aus unterschiedlichen Regionen Deutschlands, sondern gehören auch verschiedensten Berufsgruppen und Jahrgängen/Generationen an, sie besitzen differierende Motivationslagen und auch mehr oder weniger intensive Seminarerfahrungen. Im Unterschied zu anderen Seminaren der Erwachsenenbildung, bei denen die Schnittmenge der o.g. Eigenschaften größer ist, bildet bei Bildungsurlaubsseminaren erstmal nur das Interesse am Thema den gemeinsamen Nenner.

Höchst unterschiedlich sind erfahrungsgemäß auch die Erwartungen, mit denen die Teilnehmenden zu den Seminaren anreisen. Einige, die bereits fundierte Kenntnisse zu den jeweiligen Themen mitbringen, erwarten häufig fast schon ein hohes wissenschaftliches Niveau der im Programm angekündigten Vorträge. Andere, die sich mit dem Thema erstmals intensiver beschäftigen, wären bei einer solchen Form der Wissensvermittlung überfordert. Dies ist ein didaktischer Spagat, der für die Seminarleitung eine enorme Herausforderung darstellt, weil sie allen Teilnehmenden gerecht werden muss. Bemerkenswert ist darüber hinaus, dass in den letzten Jahren zunehmend eine Verwertungslogik gerade in die Bildungsurlaubsseminare Einzug gehalten hat. Selbst wenn die Seminare für den beruflichen Alltag völlig irrelevant sind, erwarten die Teilnehmenden dennoch eine ausführliche Seminardokumentation, in der alle Präsentationen und Gruppenarbeitsergebnisse enthalten sind. Die HVHS Mariaspring versucht diesem Wunsch soweit es geht entgegenzukommen. Anfragen, Seminarinhalte in einem Essay zu bündeln, Präsentationen auszuformulieren oder gar Stichwortkarten freizugeben, sind schon aufgrund urheberrechtlicher Überlegungen nicht leistbar, werden aber oft erwartet.

## Wohlfühlen als Faktor gelingenden Lernens

Die Heimvolkshochschule Mariaspring hat sich seit Herbst 2016 verstärkt dem Format Bildungsurlaub mit einem breiten Angebot von Seminaren gewidmet. Einen festen und großen Anteil stellen Angebote im Bereich der politischen Bildung dar. Die Nachfrage nach diesen Seminaren stieg seitdem kontinuierlich.

Für die HVHS Mariaspring ist das ein deutlicher Hinweis darauf, dass die Idee und das pädagogische Konzept für die Bildungsurlaube der Einrichtung aufgehen: Spannende, aktuelle, mitunter auch kontroverse Themen, die abwechslungsreich präsentiert und vermittelt werden, verbunden mit dem Lernort Heimvolkshochschule. Mittlerweile ist eine große Zahl an Mehrfachteilnehmenden, sog. „Wiederholungstäter*innen" in der Heimvolkshochschule bekannt. Belegt wird dies auch durch die Äußerungen in den obligatorischen Auswertungsrunden am Ende eines jeden Seminares: Eine angenehme Lernumgebung und die Lage im Grünen, sehr gute Verpflegung und Unterbringung und die gute Organisation der Veranstaltungen spielen eine große Rolle für das Wohlfühlen an diesem Lernort und erleichtern das Zusammenarbeiten in der Gruppe mit Teilnehmenden, die einem vorher nicht bekannt waren.

## Zwischen Verwertungslogiken und persönlichen Wissensbedürfnissen

Was ist die zentrale Motivation, an einem solchen Bildungsurlaubsangebot teilzunehmen? Zu Beginn eines jeden Seminares wird abgefragt, was den*die Teilnehmer*in bewogen hat, in die Heimvolkshochschule zu kommen. Häufige Antworten sind Bezugspunkte des Seminarthemas zum beruflichen Leben, dass sie mal was Neues lernen und erleben möchten, oder dass sie dieses spezielle Thema bzw. eine damit zusammenhängende Fragestellung schon länger interessiert. Hin und wieder äußern Teilnehmende, an einen bestimmten Zeitraum gebunden zu sein. Sie schauen daher, welches Angebot für diesen Zeitpunkt vorliegt und wählen ein Seminar aus, das für sie am spannendsten erscheint.

Beim Seminar „Halt! Hier Grenze!" standen die Motivationen zur Seminarteilnahme in einem Spannungsfeld zwischen individuell ausgemachten Wissensdefizit über die deutsche Teilung, den Verlauf der ehemaligen Grenze und den aktuellen Entwicklungen im ehemaligen Grenzgebiet beider Seiten.

Dies ist auch zugleich der große Vorteil des Formates Bildungsurlaub: Die Teilnahme ist quasi unabhängig vom beruflichen Tätigkeitsfeld der Teilnehmenden. Damit eröffnet sich die Möglichkeit, ganz nach persönlichem Interesse und nicht nach beruflichem Nutzen ein Seminar auszuwählen. Für die non-formale politische Erwachsenenbildung wird der Bildungsurlaub damit zu einem außerordentlich wichtigen Instrument, um Erwachsene für politische Themen zu begeistern.

Die Motivation zur Teilnahme erwächst, wenn nicht aus beruflichen Interessen, eher aus persönlichen Bedürfnissen an einem angebotenen Seminarthema. Die „Verwertung" des erworbenen Wissens für berufliche Zwecke, z.B. als Kontextwissen für relevante Themen im Job, sind eher als Zusatznutzen der Teilnehmenden zu sehen. Das spiegeln jedenfalls die Evaluationen und Teilnehmenden-Befragungen in den Seminaren wieder. Wenn z.B. die teilnehmende Bibliothekarin mehr über die ehemalige innerdeutsche Grenze erfahren will, kann sie dieses Wissen bei der Beratung von Leserinnen und Lesern über die Auswahl von Büchern zum Thema genauso einsetzen wie zur Entscheidung, ob eine Neuerscheinung für die Bibliothek angeschafft werden soll oder nicht. Für den Facharbeiter eines großen deutschen Autokonzerns mit Sitz in Wolfsburg und eigenem Wohnsitz im benachbarten Sachsen-Anhalt ergeben sich eine Reihe ungeklärter Fragen zur deutsch-deutschen Vergangenheit, die für den Herstellungsprozess von Fahrzeugen weniger relevant sind, wichtiger aber für das Wissen um die Geschichte des Automobilwerkes in dieser Region.

Die in der Erwachsenenbildung seit Jahren auszumachende Diskussion um die Employability-Funktion der non-formalen Erwachsenenbildung, also die Verbesserung des Wertes eines Arbeitnehmenden am Arbeitsmarkt, ist mit den Themen der politischen Bildung in Mariaspring nicht erreichbar. Eine „Fokussierung auf arbeitsmarktrelevante und -aktivierende Weiterbildung", wie sie von Alfänger u.a. (2013, 43) zunehmend als Gefahr und dominierend für die allgemeine Weiterbildung gesehen wird und damit aus „dem Blickwinkel des Konzeptes des Lebenslangen Lernens" (ebd.) gerät, ist mit den Seminaren der politischen Bildung für Arbeitnehmende nicht verbunden.

Anhand dieser beiden Beispiele aus einem Seminar wird deutlich, dass es eine subsidiäre Nutzung des aus persönlichen Interessen erworbenen Wissens für den eigenen Job geben kann.

Dass Bildungsurlaub generell natürlich auch für den Erwerb beruflich nutzbaren Wissens eingesetzt wird, kann nicht bestritten werden. Gerade die Volkshochschulen bieten mit ihren umfangreichen Angeboten vor Ort zahlreiche Belege dafür, z. b. mit Kursen zur Verbesserung der IT-Kompetenz, Rhetorik am Arbeitsplatz oder zur Optimierung der Work-Life-Balance.

Inwieweit es eine Korrelation zwischen den Angeboten zur beruflichen Bildung in lokal verorteten Volkshochschulen und den Angeboten zur politischen Bildung in für die Teilnehmenden weiter entlegenen Bildungsstätten, wie der Heimvolkshochschule Mariaspring gibt, bedarf sicher einer detaillierteren Analyse. Angebote zur politischen Bildung sind erfahrungsgemäß weniger in den Programmheften der VHS zu finden und Kurse zum Erlernen einer bestimmten PC-Software werden selten von einer HVHS angeboten. Wer an einem Bildungsurlaubsseminar zur politischen Bildung teilnehmen möchte, begibt sich in der Regel in eine Bildungsstätte an einen anderen Ort. Die Bildungsurlaubsteilnehmenden in Mariaspring legen im Schnitt etwa 150 km zurück, um von ihrem Wohnort nach Bovenden zu gelangen.

## Die Rolle des Lernortes

Das persönliche Interesse an einem Seminar(-thema) geht einher mit der Konsequenz, den Wohnort für fünf Tage zu verlassen, dem zusätzlichen Aufwand der An- und Abreise, den erhöhten Seminargebühren, nicht nur für das Programm, sondern auch für Unterkunft und Verpflegung sowie einem deutlich über den in den Gesetzen geforderten zeitlichen Mindestaufwand von täglich sechs Stunden.

Ein besonderer Reiz geht offenbar vom besonderen Lernort „Bildungsstätte" aus. Das Konzept „Leben und Lernen unter einem Dach" ist so neu nicht, dennoch zeitgemäß, was die Teilnahmefrequenz und Anmeldezahlen für Bildungsurlaubsseminare in der HVHS Mariaspring belegen. Fünf Tage in einer Bildungsstätte zuzubringen und damit für diese Zeit im Alltag „offline" zu sein, ist offenbar für viele kein Problem, sondern eher ein Anreiz. In den Seminaren der HVHS Mariaspring werden als häufige Argumente für die Teilnahme, neben dem Thema, die Lage der Einrichtung (auch in Verbindung mit dem Seminarthema), z. B. mitten in Deutschland und gut mit dem ICE erreichbar, der erste Eindruck im Internet, aber auch bei sog. „Wiederholungstäter*innen", die positiven Erfahrungen eines bereits besuchten Seminars im Hause sowie die

Empfehlungen von Kolleginnen und Kollegen, die bereits in der HVHS Maria-spring ein Seminar besucht haben, genannt.

Der Reiz des Lernortes Bildungsstätte lässt sich am besten verstehen, wenn drei Ansätze der Erwachsenenbildung näher betrachtet werden: Lernen mit Zeit, die Lernumgebung und die Idee des „anders Lernen".

In einer empirischen Studie zum „Lernort Heimvolkshochschule" befasste sich von Ameln (2014) vor einigen Jahren mit den Vorzügen und Nachteilen dieses Ortes und hob das Lernen mit Zeit deutlich hervor. Durch die mehrtägi-ge Anwesenheit im Haus ergeben sich „spezifische Möglichkeiten für die zeitli-che Formatierung von Lernprozessen" (ebd., 70). Diese liegen in der Möglich-keit der Fortsetzung von Seminarinhalten, wenn es von den Teilnehmenden ge-wünscht wird, der informelle Gedankenaustausch zum Thema während der Mahlzeiten oder die Nutzung der längeren Mittagspause oder des Abends für gewünschte Vertiefungen von Programmeinheiten (ebd.). Die interviewten HVHS-Leiter*innen äußerten darüber hinaus auch bildungstheoretische Be-gründungszusammenhänge, die sich aus nachhaltigen Effekten und der Persön-lichkeitsbildung von Teilnehmenden ergeben: Lernen mit Zeit „hat auch was Widerständiges, das ist gegen den Mainstream" (ebd., 71) von Zeiteffizienz und Optimierung.

Die Erfahrungen in der HVHS Mariaspring lassen in diesem Zusammen-hang einen Zielkonflikt deutlich werden, der in dem Zwang zur Umsetzung ei-nes behördlich genehmigten BU-Programms besteht, den Erwartungen und Lernwünschen der Teilnehmenden und der dennoch bestehenden zeitlichen Be-grenztheit, da ein Seminartag auch irgendwann mal zu Ende sein muss, um den Bedürfnissen der Teilnehmenden nach freier Zeit gerecht zu werden.

## Methodische Vielfalt als Faktor gelingenden Lernens

„Bloß keine Kleingruppenarbeit!" Mit diesem ultimativen Statement formulier-te eine Teilnehmerin des Bildungsurlaubsseminars „Halt! Hier Grenze!" ihre persönliche Vorstellung und ihre Erwartungen an das Seminar. Äußerungen wie diese werden eigentlich eher selten als Erwartungen in ein Seminar formuliert, da einzelne Teilnehmende in einer gerade erst zusammengekommenen Gruppe zunächst sehr zurückhaltend agieren. Hinter diesem formulierten Interesse kön-nen bisher erlebte negative Erlebnisse mit dem Format Kleingruppenarbeit sein oder Ausdruck bzw. Ankündigung einer passiven bzw. ausschließlich zuhören-den Haltung der Person während des Seminarverlaufs, gepaart mit der Erwar-tung einer fünftägigen „Dauerberieselung" durch die Seminarleitung.

Die Bildungsurlaubsseminare in der Heimvolkshochschule Mariaspring sind didaktisch so angelegt, dass zunächst eine intensive Kennlern- und Interaktionsphase den Einstieg bietet, damit aus der Summe der Teilnehmenden möglichst rasch eine Lerngruppe entsteht. Neben Vorträgen und Diskussionsphasen in der Gesamtgruppe werden aber auch Arbeitsphasen in den nicht immer favorisierten Kleingruppen zu spezifischen Fragestellungen als weitere methodische Varianten eingesetzt.

## Lernen mit Zeit

Als Ausdruck einer entspannten Zeitstruktur und dem mehrtägigen Aufenthalt in der Heimvolkshochschule ist häufig zu beobachten, dass Teilnehmende in bequemen Schuhen und bequemer Kleidung oder gar in Hausschuhen im Seminarraum erscheinen und auf diesem Wege eine persönliche Inbesitznahme der Einrichtung vornehmen. Dieses Phänomen konnte bisher nur bei Bildungsurlaubsseminaren beobachtet werden, während einer Tagung oder beruflich veranlassten Fortbildungsveranstaltung wäre ein solches Outfit undenkbar.

Das großzügige Zeitbudget während der fünf Seminartage verschafft der Seminarleitung die Chance mit der Gruppe anders zu lernen, vielfältige Methoden zu nutzen, und den pädagogischen Wert des „geschützten" Seminarraumes, der ansprechenden und zunehmend vertrauten Atmosphäre der Heimvolkshochschule und das Fördern gemeinsamer Erlebnisse und Erfahrungen, z. B. bei Exkursionen oder in kleinen Arbeitsgruppen zu nutzen. Dazu kommen in der politischen Bildung je nach Themenstellung Phasen der Reflexion des eigenen Verhaltens im Alltag oder die kritische Reflexion gesellschaftlicher Dynamiken und Verhaltensweisen.

## Die Rolle der pädagogischen Mitarbeitenden

Als ein weiterer Faktor für den Erfolg von Bildungsurlaubsseminaren ist die besondere Rolle der pädagogischen Mitarbeitenden hervorzuheben. In Mariaspring ist es üblich, dass die einzelnen Seminareinheiten von den pädagogischen Mitarbeitenden nicht nur organisiert, sondern auch durchgeführt werden. Dies erfordert ein großes zeitliches Investment in die Vorbereitung der Seminare, aber auch die Fähigkeit, die komplexen Themen und Fragestellungen so aufzubereiten, dass sie allen Teilnehmenden (mit und ohne Vorkenntnissen, Akademiker*innen und Nicht-Akademiker*innen) gerecht werden und befördert im großen Maße die Profilbildung des Hauses. Die pädagogischen Mitarbeitenden werden nämlich nicht nur als Organisator*innen oder Moderator*innen wahrgenommen, sondern sind in die Diskussions- und Meinungsbildungsprozesse direkt eingebunden, sie werden direkt mit den Themen in Verbindung gebracht und als Expert*innen für diese Themen wahrgenommen.

Gefunden werden die Seminare meist auf der Onlineplattform www.bil dungsurlaub.de, wo die HVHS Mariaspring alle entsprechenden Seminare ausschreibt. Diese Plattform bietet nicht nur eine Übersicht über bundesweit stattfindende Bildungsurlaubsseminare, sondern auch Informationen zu den jeweiligen Antragsverfahren bei den Arbeitgeber*innen, die je nach Bundesland unterschiedlich sind. Darüber hinaus ist die Homepage der HVHS Mariaspring die wichtigste Informationsquelle für potentiell interessierte Teilnehmende.

## „Denken ohne Geländer" – Arendt'sche Formel auch für Bildungsurlaubsseminare?

Die HVHS Mariaspring sieht in ihrem Engagement für den Bildungsurlaub die Umsetzung des öffentlichen Auftrages zur Bereitstellung eines Bildungsangebots für eine möglichst breite Schicht Erwachsener, so wie es das Niedersächsische Erwachsenenbildungsgesetz treffend formuliert: „Die Erwachsenenbildung soll allen Menschen, (…) die Chance bieten, sich die für die freie Entfaltung der Persönlichkeit und die Mitgestaltung der Gesellschaft erforderlichen Kenntnisse, Fähigkeiten und Fertigkeiten anzueignen" (§ 2 NBEG).

Das von Hannah Arendt während einer Tagung in Toronto beschriebene Geländer, dass einem beim Treppensteigen leitet und sichert, kann im Falle des nicht Vorhandenseins während eines Arbeitsprozesses im Seminar viel mehr Freiheit beim Denken und beim Betrachten von Themenstellungen ermöglichen. Die Ausführungen des Gesetzes schaffen die notwendigen Voraussetzungen für eine politische Bildungsarbeit zur freien Entfaltung ohne Geländer.

## Literatur

Alfänger, Julia/Cywinski, Robert/Elias, Arne (2013): Weiterbildung im Wandel – Ein Laboratorium moderner Arbeitsformen? In: Dobischat, Rolf/Hufer, Klaus-Peter (Hg.): Weiterbildung im Wandel – Profession und Profil auf Profitkurs. Schwalbach/Ts., S. 39–63.

Ameln von, Falko (2014): Lernort Heimvolkshochschule – Eine empirische Studie. Bielefeld.

Niedersächsisches Erwachsenenbildungsgesetz (NBEB) vom 17. Dezember 1999 (Nds. GVBl. S. 430), letzte berücksichtigte Änderung: mehrfach geändert durch Artikel 1 des Gesetzes vom 23. November 2004 (Nds. GVBl. S. 508).

ANDREAS MERKENS

# Bildungsreisen als Lernzeit

## „Reisend Lernen" mit der Rosa-Luxemburg-Stiftung

Die Rosa-Luxemburg-Stiftung (RLS) zählt zu den größten freien Trägern politischer Bildung in Deutschland. Bundesweit ist sie mit 16 eigenständigen Landesstiftungen vertreten, weltweit in 25 Auslandsbüros präsent. Als parteinahe Stiftung der Partei Die Linke versteht sich die RLS als offenes Diskussionsforum für kritisches Denken und politische Alternativen in demokratisch-sozialistischer Perspektive. Gemeinsam mit den anderen parteinahen Stiftungen leistet sie ihren Beitrag zu Pluralismus und Meinungsvielfalt in der politischen Bildung. Die Bildungsarbeit der RLS wird wesentlich durch die Arbeit der Landesstiftungen getragen. Neben Vortrags- und Abendveranstaltungen, die rund die Hälfte der Angebote ausmachen, sind Seminare, Workshops, Gesprächs- und Lesekreise, Tagungen, Stadtrundgänge oder Ausstellungen gängige Formate.[1]

Neben den aufgezählten Veranstaltungsformaten sind in den letzten Jahren zahlreiche Landesstiftungen dazu übergegangen *Bildungsreisen* anzubieten. Seit 2012 wurden rund 80 einwöchige Reisen durchgeführt, vorwiegend im europäischen Ausland, aber auch regional in den Bundesländern. An dem inhaltlich wie zeitlich intensivem Angebot, konnten so bislang rund 1.500 Personen teilnehmen. Trotz der vergleichsweise hohen finanziellen Eigenbeteiligung der Teilnehmer*innen ist „Reisend Lernen" stark nachgefragt.[2] Für die RLS stellen die, zumeist als gesetzliche Bildungsfreistellung anerkannten Reisen, ein attraktives Angebot der politischen Bildung dar. Die Freistellung durch den Arbeitgeber eröffnet den veranstaltenden Landesstiftungen neue Zielgruppen. Teilnehmende finden ihren Weg zu Bildungsveranstaltungen, die im Regelfall neben ihrer

---

1   Im Jahr 2018 haben die Landesstiftungen der RLS rund 2.100 Veranstaltungen der politischen Bildung mit 91.500 Teilnehmer*innen durchgeführt (Rosa-Luxemburg-Stiftung, Jahresbericht 2018, S. 30).

2   Der Teilnahmebeitrag für eine einwöchige Bildungsreise im europäischen Ausland, liegt i.d.R. bei 400 bis 600 Euro. Der Betrag beinhaltet die Programmkosten und die Hotelkosten für sechs Nächte. Die Anreise ist eigenständig zu organisieren. Als Veranstalter von Bildungsangeboten sind die gemeinnützigen Landesstiftungen keine gewinnorientierten Reiseveranstalter.

Lohnarbeit keine zusätzlichen zeitlichen Ressourcen für ein intensives Bildungsangebot aufbringen können. Weiterhin sind die Reisen aus politisch-bildnerischer Perspektive Herausforderung und Chance, verschiedene methodisch-didaktische Ansätzen zu verbinden und ein Lernen zu ermöglichen, das Anschauung, Dialog und Erfahrungsvermittlung mit intellektueller Begriffsarbeit und Reflexion zusammenführt.

## Bildungsfreistellung – Raum für beruflichen und politischen Austausch

Die angebotenen Reisen sind in der Regel in einem oder mehreren Bundesländern als Bildungsfreistellung[3] anerkannt. Dort wo eine gesetzliche Anerkennung vorliegt, wird von ca. zwei Drittel der Teilnehmer*innen die Veranstaltung beim Arbeitgeber zur Freistellung für die politische Bildung eingereicht. Teilnehmende im Rahmen von Bildungsfreistellung bei der RLS verfügen zumeist über hohe formale Bildungsabschlüsse, sind im öffentlichen Dienst (Behörde, Schule und Hochschule) angestellt, bei Gewerkschaften beschäftigt oder sind als Mitarbeiter*innen sozialer Einrichtungen tätig.[4] Evaluationen der Landesstiftungen haben weiterhin ergeben, dass mit der Anerkennung als Bildungsfreistellung vermehrt Teilnehmer*innen gewonnen werden, die als Besucher klassischer Bildungsformate (wöchentliche Abendveranstaltungen) unterrepräsentiert sind. Gemeint ist die Altersgruppe der 30 bis 55-jährigen, die in Vollzeit-Lohnarbeit eingebunden ist und häufig familiäre Sorgearbeit leistet. Auch bei vorhandener Bildungsaffinität ist es dieser Alters- und Sozialgruppe zeitlich oft nicht möglich, neben der alltäglichen Arbeitsbelastung Bildungsangebote wahrzunehmen. Anders als die Generationengruppen der Studierenden und Rentner*innen, die auf klassischen Veranstaltungen der politischen Bildung der RLS in der Regel überrepräsentiert sind. Das in der politischen Bildung vielfach beklagte „Teilnehmer U" in der Altersstruktur, findet bei den Bildungsreisen so eine deutliche Abschwächung.

---

3    Im Folgenden wird der Begriff „Bildungsfreistellung" verwendet, für den in den Ländergesetzen (mit Ausnahme von Bayern und Sachsen) festgeschriebenen Anspruch auf Arbeitnehmerweiterbildung.

4    Die Teilnehmer*innen erhalten zum Abschluss der Bildungsreisen Evaluationsbögen, die von ihnen anonymisiert ausgefüllt werden. Abgefragt werden u. a. das Alter, Geschlecht u. Bildungshintergrund sowie Einschätzungen zum Programm der Bildungsreise etc. Die Angaben für den vorliegenden Beitrag basieren auf 190 Evaluationsbögen der RLS Hamburg, zu 11 Bildungsreisen im Zeitraum von 2013 bis 2019.

Bei den beruflich freigestellten Teilnehmenden korrespondieren Reisethemen und Schwerpunkte häufig mit der eigenen beruflichen Profession. So sind etwa bei den angebotenen Reisen im Themenbereich Flucht- und Migration vielfach Beschäftigte aus Erstaufnahmeeinrichtungen, Integrationsstellen oder Asyl-Beratungseinrichtungen als Teilnehmer*innen angemeldet. Ähnlich verhält es sich bei Angeboten mit stadtpolitischen Themenschwerpunkten, auch hier sind häufig Berufsgruppen aus dem Feld der Stadtplanung und -verwaltung unter den Teilnehmenden. Obwohl die Bildungsreisen also keine Veranstaltungen der beruflichen Weiterbildung sind, sondern Angebote der politischen Bildung, besteht oftmals ein unmittelbarer Bezug zur eigenen beruflichen Praxis. Neben der beruflichen Profession sind es zudem politische Interessen sowie aktivistische Hintergründe, die die Teilnehmenden einbringen. Das eigene politische Engagement in zivilgesellschaftlichen Initiativen, Projekten und Vereinen ist bei den jeweiligen Veranstaltungen immer wieder ausschlaggebend für die Entscheidung, an einem Bildungsangebot teilzunehmen. Diese Erfahrungen aus beruflicher Praxis und politischen Aktivismus, kommen dann auch in den gemeinsamen Diskussionen zum Tragen, sie befördern den Dialog, sowohl unter den Teilnehmenden aber auch mit den Referent*innen oder den vor Ort engagierten politischen Akteuren in sozialen Projekten und Initiativen.

Für die gelungene Planung einer Bildungswoche ist es daher zentral, dass neben den Programmpunkten, die methodisch eher auf Präsentation, Wissensvermittlung und Begriffsarbeit zielen, genügend Raum für den Austausch von Erfahrungen, Ansichten und Standpunkten besteht. Denn häufig sind es gerade diese dialogischen Momente, die immer wieder über das formale Programm hinausreichen, welche die Woche für die Teilnehmenden zu einem nachhaltigen Lernereignis werden lassen.

## Bildungsreisen als Lernzeit

Reisend Lernen heißt viel Zeit für Bildung zu haben. Neben den An- und Abreisetagen (i.d.R. der Sonntag bzw. Samstag) umfasst das Programm fünf Tage (Montag bis Freitag) mit jeweils sechs bis acht Zeitstunden täglich. Manche Reisen umfassen sogar zwei Programmwochen. Auch wenn für viele Teilnehmende die Woche häufig wie im Fluge vergeht, ist die zur Verfügung stehende Lernzeit also vergleichsweise umfangreich. Für die veranstaltende Landestiftung der RLS wie für die Teilnehmenden besteht damit die Chance, ein Thema in der Tiefe zu bearbeiten, verschiedene Aspekte und Sichtweisen tatsächlich aufzunehmen, historische Kontexte darzustellen etc. Die zur Verfügung stehende Zeit erlaubt es zudem, das Veranstaltungsthema mit einer Pluralität von methodisch-didaktischen Ansätzen zu bearbeiten und damit diverse und vielschichtige aufeinanderfolgende Lernerfahrungen zu ermöglichen. Eine gemeinsame Lernwoche umfasst bspw.: Rundgänge, Exkursionen, Besichtigungen, Begegnungen, Gespräche, Vorträge und Diskussionen.

Auf Bildungsreisen haben die Teilnehmenden also das Privileg, sich die Zeit nehmen zu können, einmal über den nur seminaristischen Rahmen hinauszugehen und dabei vor Ort, in unmittelbarer räumlicher und sinnlicher Begegnung ein politisches und soziales Thema zu bearbeiten. Etwa, wenn auf einer Reise zum Nahostkonflikt eine israelische Grenzmauer besichtigt wird und ein Check-Point nach langer Wartezeit von den Teilnehmenden durchschritten wird. Wenn auf einer Bildungsreise zu den Auswirkungen der Finanzkrise in Spanien ein Programmpunkt die beobachtende Teilnahme an der politischen Praxis einer Stadtteilinitiative ist: Der abendliche Besuch einer offenen Stadtteilversammlung, der von Zwangsräumung bedrohten Bewohner*innen eines Stadtteils in Barcelona. Oder wenn das Gespräch mit einem Zeitzeugen im italienischen Marzabotto stattfindet, der die Teilnehmer*innen an einem Nachmittag durch die Ruinen seines von SS-Einheiten zerstörten Dorfes führt, in dem seine Familie mit über 700 weiteren Dorfbewohner*innen 1944 bei einem deutschen Rachefeldzug gegen die Zivilbevölkerung ermordet wurde.

Hier wird deutlich, welche Möglichkeiten der Wechsel des räumlichen Lernstandortes, der unmittelbare Austausch mit Zeitzeug*innen oder politischen Akteuren für die politische Bildung beinhaltet. Neue Fragen, Ansichten und Einsichten werden vor allem dort angeregt und befördert, wo das Programm auch Zeit einräumt für das Erleben, den Dialog und die Erfahrungsvermittlung an konkreten Orten, die Ereignisse vermitteln. Dabei sind die Übergänge zwischen den formellen und informellen Programmanteilen fließend, das beiläufige und unvorhergesehene Lernen findet die ganze Woche über statt, einfach, weil die Lerngruppe gemeinsam vor Ort ist und sich Anlässe zu Austausch, Diskussion und Nachfragen fortlaufend ergeben.

Wie ist so eine Programmwoche am sinnvollsten zu füllen? Wie sind Format und Inhalt am besten zu strukturieren? Als Richtwert für die Bildungsreisen der RLS hat sich bewährt, für die Programmwoche einen inhaltlichen und didaktischen Drittelmix zu realisieren. Der sich (idealtypisch) wie folgt einteilen lässt:

a. Thematische Vorträge bzw. Wissensvermittlung von „Expert*innen" in Form klassischer Podiums- oder Seminarveranstaltung mit anschließender Diskussion. Hier geht es im Wesentlichen um den komprimierten Transfer von

Hintergrundwissen zu politischen, kulturellen und historischen Kontexten zum jeweiligen Thema der Reisewoche bzw. der Reiseregion. Ziele sind die Herstellung gemeinsamer Wissensbezüge und die Angleichung von Wissensständen unter den Teilnehmenden ebenso wie die intellektuelle Begriffsarbeit zum Thema.

b. Geführte Rundgänge und Exkursionen, Besichtigungen von Museen, Ausstellungen und historischen Stätten, Besuche von Projekten und Initiativen vor Ort. Teilnehmende Beobachtung bei politischen Aktionen und Kampagnen. Über das Moment der Wissensvermittlung hinaus geht es hier vor allem darum, den Teilnehmenden unmittelbare Anschauung, Teilhabe und Partizipation zu ermöglichen, direkte Eindrücke zu vermitteln, konkrete Erlebnisse zu schaffen. Im Mittelpunkt steht so die aktive und reflexive Auseinandersetzung mit dem Veranstaltungsthema, in einem politisch und kulturell situierten Lernarrangement.

c. Diskussion und Austausch mit politischen Akteuren, Aktivist*innen und Zeitzeug*innen, in Form offener Gespräche oder in Interviews, wodurch wesentlich erfahrungsbasiertes Wissen vermittelt wird. Zudem der begleitende Dialog und die soziale Interaktion unter den Teilnehmenden über die gewonnenen Eindrücke und Informationen der Reise (Reflexionsrunden, Zwischenfazit, Abschlussrunde etc.). Hier geht es vor allem darum, eine Praxis gemeinsamer Kommunikation zu schaffen, die subjektive Perspektiven und Deutungen des Themas transparent und diskutierbar macht, die ein Lernen ermöglicht, das intellektuelles Wissen und konkrete Erfahrungen zusammenführt.

## Reisend Lernen

Welche Themen stehen im Mittelpunkt von „Reisend Lernen"? Schwerpunkte der vergangenen Jahre waren Angebote zu aktuellen gesellschaftspolitischen Fragestellungen: Die Ursachen und Auswirkungen von Flucht und Migrationsbewegungen, die Krisen- und Demokratieproteste in Südeuropa, geopolitische Konflikte (z.B. Israel/Palästina, Katalonien) oder Reisen zu stadtpolitischen Entwicklungen in europäischen Metropolen. Zudem standen geschichtliche Themen im Mittelpunkt, hier insbesondere die nationalsozialistischen Gewaltverbrechen in Europa, antifaschistischer Widerstand oder die Widersprüche linker/sozialistischer Historie. Viele der Reisen werden gemeinsam mit Kooperationspartner*innen veranstaltet, das sind Nichtregierungsorganisationen, engagierte Bildungsträger oder soziale Bewegungen in den jeweiligen Regionen.

Weiterhin werden in Zusammenarbeit mit den Auslandsbüros der Rosa-Luxemburg-Stiftung Bildungsreisen angeboten.

Um abschließend noch einen Eindruck von Ablauf und Umsetzung der RLS Bildungsreisen zu geben, folgend zwei kurze Berichte, die exemplarische Einblicke in die Programmabläufe vermitteln sollen:

*Kibbuz Zora, Israel, im November 2017:* Der Filmemacher Michael Kaminer, 1964 im Kibbuz Tzora geboren, stellt seinen Dokumentarfilm vor über die lange Zeit verschwiegene Geschichte seines Geburtsortes. Der Kibbuz ist 1949 auf den Ruinen eines palästinensischen Dorfes entstanden, das während des israelischen Unabhängigkeitskrieges im Juli 1948 zerstört wurde. Im Film kommen Kibbuz-Pioniere zu Wort ebenso wie palästinensische Zeitzeugen, die ihre persönlichen Geschichten und Sichtweisen schildern. Im Anschluss an den Film berichtet Kaminer von seiner Motivation, das Tabu der Zerstörung des Dorfes und der Vertreibung der Bewohner*innen zu benennen, das dem sozialistisch und humanistisch inspirierten Aufbau des Kibbuz vorausgegangen ist. Er berichtet von seiner Überzeugung, dass eine Versöhnung nur dann möglich ist, wenn beide Seiten das Narrativ der anderen Seite kennen und anerkennen. Kaminer führt die Teilnehmenden schließlich durch den Kibbuz, aber auch zu den noch verbliebenen Ruinen des palästinensischen Dorfes Sar'a. Er schildert dabei Ereignisse seiner Kindheit und Jugend, in denen das Geschehene immer wieder aufschien, aber niemals benannt wurde.

Die Filmvorführung und der Besuch des Kibbuz Zora sind Bestandteil der von der RLS jährlich angebotenen siebentägigen Bildungsreise „Blicke über sichtbare und unsichtbare Zäune und Grenzen" nach Israel und in das Westjordanland. Auf der Reise ist die mit dem Sechstagekrieg 1957 geschaffene physische Grenze zwischen Israelis und Palästinensern der Ausgangspunkt einer thematischen Auseinandersetzung, die darüber hinaus die soziale wie die kulturelle Spaltung in den Lebensrealitäten der israelischen und der palästinensischen Bevölkerung in den Mittelpunkt stellt.

Bei Begegnungen und Gesprächen mit zivilgesellschaftlichen Initiativen vor Ort, themenorientierten Exkursionen in den Regionen sowie Vorträgen von Expert*innen wird ein Einblick in die komplexe Realität Israels und Palästinas vermittelt. Während der Programmwoche auf beiden Seiten der Mauer findet nicht zuletzt ein politischer und kultureller Perspektivwechsel statt, der besonders das Lernen in Widersprüchen herausfordert. Im Mittelpunkt steht die Erfahrung der Teilnehmer*innen, dass ein häufig nur binär gedeuteter Konflikt nicht mit Entweder-Oder-Antworten zu fassen ist.

*Athen, im April 2018:* Die Teilnehmer\*innen der Bildungsreise „Griechenland und die Krise der europäischen Migrationspolitik" besuchen das Hotel City Plaza, ein von rund 400 Geflüchteten, unter ihnen etwa 185 Kinder, bewohntes Gebäude im Zentrum der Stadt. Die Unterkunft ist vollständig selbstverwaltet, Geflüchtete und Aktivist\*innen sorgen gemeinsam dafür, dass es drei Malzeiten täglich und eine grundlegende medizinische Versorgung gibt, dass Sprachkurse und Workshops angeboten werden, zudem betreiben sie ein öffentliches Café. Das 2016 besetzte Hotel, das seit mehreren Jahren leer stand, ist zum Symbol des Kampfes um die Rechte von Geflüchteten in Griechenland geworden. Wir sprechen mit Elena von der Kommunikationsgruppe der Unterstützer\*innen, sie führt uns durch das Gebäude, berichtet über die Besetzungsgeschichte des Hauses, die Herausforderungen der Selbstorganisierung und die politischen Ziele des Projekts. Im Anschluss an den Rundgang durch das Gebäude und einem Infogespräch – die letzten formalen Programmpunkte an diesem Tag – verbleibt ein Großteil der Teilnehmer\*innen noch im „City Plaza". Im Café entstehen so spontane Gesprächsrunden mit den Bewohnern\*innen, die von ihren Erfahrungen als Geflüchtete in Athen berichten, die über ihre Fluchtgeschichte oder ihre Zukunftspläne sprechen.

Griechenland wurde nach Schließung der „Balkan Route" im Frühjahr 2016 damit konfrontiert, dass viele geflüchtete Menschen in dem von der Finanzkrise besonders betroffenen Land verbleiben mussten. Die Bildungsreise beschäftigte sich inhaltlich mit den sozialen und politischen Auswirkungen dieser europäischen Migrationspolitik auf Griechenland. Im Mittelpunkt standen dabei neben den repressiven Folgen für die geflüchteten Menschen insbesondere die Formen praktischer Solidarität in Athen sowie die Praxen der Selbstorganisierung von Geflüchteten. Neben Experten-Vorträgen von Politikwissenschaftler\*innen, Jurist\*innen oder Politiker\*innen standen daher der Besuch von zivilgesellschaftlichen Projekten wie dem City-Plaza im Focus der Reise.

## Fazit

Trotz der anspruchsvollen Vorbereitung, die inhaltlich wie organisatorisch erforderlich ist, um eine einwöchige Bildungsreise durchzuführen, zählt das Format für viele Landesstiftungen der RLS zum festen Bestandteil der politischen Bildung. Bildungsreisen, die an mehreren aufeinanderfolgenden Tagen die vertiefende Bearbeitung eines Themas erlauben, die eine Vielzahl von Lernerfahrungen zusammenführen und vor Ort, anschaulich und konkret, Bildung vermitteln, sind vielfach nachgefragt. Zentral ist dabei die Möglichkeit für die veranstaltenden Landesstiftungen, diese Angebote auch als Bildungsfreistellung anbieten zu können. Teilnehmer*innen können oftmals erst mit der Wahrnehmung ihres Rechtsanspruches auf Freistellung von der Arbeit dieses umfangreiche Format der politischen Bildung realisieren.

Auch wenn nicht in allen Bundesländern der Rechtsanspruch besteht (Bayern & Sachsen), in manchen Bundesländern eine voraussetzungsvolle Trägeranerkennung verlangt ist (insb. BA-WÜ & NRW), wird eine Mehrheit der Bildungsreisen als Bildungsfreistellungsveranstaltung angeboten und dann auch von rund zwei Drittel der Teilnehmenden als solche wahrgenommen. Wie intensiv und nachhaltig diese Bildungszeit für Viele ist wird immer wieder während der Abschlussrunden deutlich, auf denen zum Ende der Woche die Eindrücke zusammengetragen werden und das Programm noch einmal Revue passiert. Vielfach wird die Erfahrung betont, dass das zeitliche und räumliche Heraustreten aus (familiären) Alltag und Lohnarbeit, und damit die mehrtägige Begegnung mit dem Veranstaltungsthema, erst ein Lernen erlaubt hat, in dem neue Ansichten und Einsichten möglich werden. „Reisend Lernen" wird so oftmals zu einer Bildungserfahrung, die in Bildungsaktivität über die Reise hinausreicht. Die Landestiftungen der RLS wissen vielfach zu berichten, dass Teilnehmer*innen, viel Engagement und Interesse zeigen bei Besuch oder auch bei der eigenständigen Organisation von Bildungsveranstaltungen, die an das Thema der Bildungsreise anschließen. Das verwundert nicht, denn wo Teilnehmende das eigene berufliche Wissen bzw. das eigene politische Engagement in die Veranstaltung einbringen und mit neuen Erkenntnissen und Eindrücken konfrontiert werden, ist davon auszugehen, dass die Lerninhalte der Woche auch nachhaltig in die weitere berufliche Praxis oder das politische Engagement eingehen. Das gilt insbesondere dort, wo Veranstaltungen konfliktreiche politische Themen aufgreifen, die keine einfachen Antworten erlauben, die in eine widersprüchliche Historie eingebunden sind und emotional berühren. Hier kommt es besonders darauf an, dass in der Programmwoche genügend Raum für das Erleben, den Dialog und die Erfahrungsvermittlung eingeräumt wird. Freilich nicht ohne die intellektuelle Kritik und Begriffsarbeit als Element der politischen Bildung außen vor zu lassen. Dabei ist nicht zuletzt ein ausreichendes Maß an Bildungszeit die Voraussetzung, um ein Lernen zu ermöglichen, das die Teilnehmenden in ihrer gesellschaftlichen und politischen Handlungs-, Urteils- und Kritikfähigkeit weiter bestärkt.

## Quellen und Literatur

Rosa-Luxemburg-Stiftung (2018): Jahresbericht 2018, Berlin.

Rosa-Luxemburg-Stiftung Hamburg (2015 – 2019): Sachberichte über die Verwendung der Zuwendungen der Behörde für Bildung und Sport der Freien und Hansestadt Hamburg, vertreten durch die Landeszentrale für politische Bildung Hamburg, Hamburg.

ANTJE WINDLER, KERSTIN SCHUMANN

# Politischer Bildungsurlaub eröffnet neue Denkhorizonte

Hindernisse und Chancen – Ein Bericht aus der Praxis

Die Anfänge der heutigen politischen Bildungsarbeit in Hamburg liegen weit zurück in den 1950er Jahren. Im April 1974 trat das „Hamburgische Bildungsurlaubsgesetz" in Kraft und dadurch wurde die Möglichkeit für Arbeitnehmer*innen geschaffen, eine Freistellung für die Teilnahme an einem Bildungsurlaub in Anspruch zu nehmen. Seit 1980/81 gibt es auch Fördermittel für dieses Format. Die politische Bildungslandschaft in Hamburg besteht aus vielen verschiedenen Institutionen und Akteur*innen. So werden aktuell 14 Träger mit ihrem Angebot dauerhaft von der Landeszentrale für politische Bildung gefördert. Zu diesen gemeinnützigen Trägern zählen „Arbeit und Leben Hamburg" und „Die Neue Gesellschaft e.v.".[1] Arbeit und Leben Hamburg ist Teil des Bundearbeitskreises Arbeit und Leben, und wurde wie andere Landesarbeitsgemeinschaften in Deutschland vom Deutschen Gewerkschaftsbund (DGB) und den Volkshochschulen (VHS) gegründet. Die Neue Gesellschaft ist als Verein 1954 von NS-Widerstandskämpfer*innen gegründet worden. Trotz der unterschiedlichen Geschichte verbindet uns das gemeinsame Ziel, mit unseren Angeboten Menschen zu ermutigen, ihr Wissen zu erweitern und selbst aktiv zu werden. In den Veranstaltungen werden Gelegenheiten geschaffen, sich mit anderen auszutauschen und gemeinsam neue Ideen zu entwickeln. Dabei sind unsere Angebote allen Bildungsinteressierten zugänglich.

## Politische Bildung – Eckpfeiler der gelebten Demokratie

„Demokratie ‚leben' und politische Beteiligung hängen miteinander zusammen. Wer gelernt hat, Vorgänge oder die Mitmenschen in seiner Umgebung bewusst wahrzunehmen, wer Maßstäbe besitzt, mit denen er sein eigenes Verhalten und

---

1  Kerstin Schumann ist Abteilungsleiterin und Bildungsreferentin für pol. Jugend- und Erwachsenenbildung bei Arbeit und Leben Hamburg. Antje Windler ist Geschäftsführerin und Studienleiterin bei der Neuen Gesellschaft e.V.

dass seiner Mitbürger [sic!] beurteilen kann, wer sich angewöhnt hat, nicht alle Ereignisse passiv hinzunehmen, sondern Fragen zu stellen und auf Veränderungen hinzuwirken, der wird sich auch an der Politik beteiligen. Dazu ist die Fähigkeit zur Analyse von politischen Vorgängen, zur Urteilsbildung und zum politischen Handeln notwendig" (Breit/Frech 2018, 80).

Politische Bildung – oft verwechselt mit Politik oder politischem Handeln – ist eine eigene Disziplin und hat das Ziel, Bürger*innen diese Fähigkeiten zu geben, Zusammenhänge im politischen und gesellschaftlichen Geschehen zu erkennen und zu bewerten. Politische Bildung darf dabei nicht belehrend sein und Herrschaftsverhältnisse unreflektiert reproduzieren, denn sie soll die Menschen befähigen, unterschiedliche Sachverhalte kritisch zu hinterfragen und ggf. politisch zu handeln. Die politische Bildung „dient der Demokratie, ohne deren Instrument zu sein" (Mittelstedt 1999, 193).

In der politischen Bildung geht es darum, die Teilnehmenden mit allen Voraussetzungen auszustatten, die sie brauchen, um am gesellschaftlichen Diskurs und politischen Leben teilzuhaben. Es findet also eine demokratische Wertevermittlung statt. Die Stärkung von Kritik- und Urteilsfähigkeit sowie der Reflexionsfähigkeit bildet dabei das ausgewiesene Ziel einer jeden Maßnahme. Als Maßnahme wird in der politischen Bildung jede geplante und zielgerichtete Veranstaltung oder Veranstaltungsreihe gesehen, die sich kritisch mit einem gesellschaftlichen oder politischen Sachverhalt auseinandersetzt (vgl. Juchler 2011, 402 ff.).

Kritisch bedeutet in diesem Zusammenhang, alle Seiten zu beleuchten und nicht einseitig ein Thema zu betrachten. Grundsätzlich gilt es bei der politischen Bildungsarbeit den Beutelsbacher Konsens[2] zu beachten und einzuhalten. Dieser befasst sich zwar in erster Linie mit der Vermittlung von politischer Bildung im Schulkontext, kann aber auch im außerschulischen Bereich angewendet werden. Wichtiger Bestandteil der praktischen politischen Bildung ist die Befähigung der Teilnehmenden zur eigenständigen Meinungsbildung. Am Ende sollen mündige Bürger*innen ihr eigenes Urteil fällen. Um dies zu erreichen, werden die kontrovers diskutierten Meinungen innerhalb der Gesellschaft und Politik in den Veranstaltungen aufgezeigt und so den Teilnehmenden die Chance der eigenen Bewertung der jeweiligen Situation gelassen (vgl. Beer 1999, 196).

---

2 Weiterführende Informationen finden Sie unter: https://www.bpb.de/die-bpb/51310/beu telsbacher-konsens, (letzter Zugriff: 12.02.2020).

Die Pluralität unserer Gesellschaft spiegelt sich zudem in der Pluralität und Vielfalt der politischen Bildung wider. Dies geschieht auf unterschiedlichen Ebenen (vgl. Beer 1999, 196):

1. Inhaltlich-thematisch: Die Themenvielfalt erstreckt sich von den klassischen Gebieten wie Politik, Wirtschaft oder Gesellschaft bis zu den modernen Aspekten der politischen Bildung wie Kultur, Religion, Geografie und Globalisierung (vgl. Juchler 2011, 403). Das vielseitige Angebot an Veranstaltungen macht es möglich, dass jede interessierte Person ein entsprechendes Angebot wahrnehmen kann.

2. Methodisch-didaktisch: Die verschiedenen Formate orientieren sich an Thema und Zielgruppe.

3. Trägervielfalt: Die unterschiedlichen Institutionen und Einrichtungen, die Angebote zur politischen Bildung schaffen, unterscheiden sich in Rechtsform, Ausrichtung und Schwerpunkt und bilden so gemeinsam die vielfältige Bildungslandschaft der ständig geförderten Träger in Hamburg.

Der Erfolg einer Maßnahme ist nicht im engeren Sinne messbar. Im besten Falle bewirken die Veranstaltungen eine aktive Bürger*innenschaft, verhindern Politikverdrossenheit und führen zu politischer Partizipation. Die Grundlage für politisches Handeln bilden die Interessensartikulation, Argumentationsfähigkeit, Verhandlungsführungskompetenzen (andere Meinungen anhören und zielorientiert debattieren) und Entscheidungsfindung (vgl. Massing 2012, 261). Ob die Teilnahme an einer Maßnahme aber tatsächlich zu einer politischen Handlung führt, ist für die Träger der politischen Bildung nicht messbar und bleibt den Teilnehmenden selbstverständlich selbst überlassen.

Politische Bildung kann sich unterschiedlicher Veranstaltungsformate bedienen: Von einem Vortrag oder Rundgang über eine Podiumsdiskussion bis hin zu einer Filmvorführung mit anschließendem Gespräch sind keine Grenzen gesetzt. Zu beachten ist jedoch die Förderfähigkeit der Maßnahme, da nicht alle Veranstaltungsformate den Rahmenbedingungen der Förderrichtlinie für politische Bildung in Hamburg[3] entsprechen. Für einen nachhaltigen Lerneffekt ist das Format des Bildungsurlaubes besonders geeignet.

---

3   Förderrichtlinie für die politische Bildung: https://www.hamburg.de/contentblob/123238 38/d5ed1d10214e3ce14737b8230154e8c7/data/foerderrichtlinien2019.pdf (letzter Zugriff: 14.02.2020).

## Bildungsurlaub – Ein gutes Recht

Der Bildungsurlaub in Hamburg ist ausdrücklich auch für politische Bildung gedacht.[4] So wird in § 1 (Grundsatz) im Absatz 2 des Hamburgischen Bildungsurlaubsgesetzes[5] davon gesprochen, dass durch die Teilnahme an anerkannten Bildungsurlauben der politischen Bildung, die Fähigkeit der Arbeitnehmer*innen gefördert werden soll, politische Zusammenhänge zu beurteilen und politische und gesellschaftliche Aufgaben wahrzunehmen.

1974 trat das „Hamburgische Bildungsurlaubsgesetz" in Kraft und regelte damals, dass alle Arbeitnehmer*innen einen Anspruch auf zehn Tage bezahlte Freistellung alle zwei Jahre haben. Es war ein Anfang und das Angebotsformat Bildungsurlaub wurde für Träger wie „Arbeit und Leben Hamburg" oder „Die Neue Gesellschaft e.V." sehr zentral. Die Seminarkonzeptionen im Feld der politischen Bildung waren dafür da, Bürger*innen für neue, ihnen unbekannte Themen zu interessieren.

In der großen Zielgruppe Arbeitnehmer*innen gab es natürlich auch Unterschiede. Akademische Berufe waren vertreten, ebenso Berufe im Handwerk oder im Handel, Dienstleistung oder Wirtschaft, soziale Berufe wie auch technische Berufe. Die Angebote waren so formuliert und konzipiert, dass sie auch ohne Vorkenntnisse von interessierten Teilnehmenden wahrgenommen werden konnten. Das Prinzip der freiwilligen Teilnahme, niedrigschwelliger Zugang und Ausgestaltung der Veranstaltungen sind bis heute relevant. Es sollen immer möglichst unterschiedliche Zielgruppen in Bezug auf Ausbildung, Herkunft, Geschlecht und Alter angesprochen werden. Durch eine sich wandelnde globalisierte Welt hat sich die Gesellschaft verändert und damit gab es auch Verschiebungen in den sich angesprochen gefühlten Zielgruppen. Der Grundsatz, dass die Bildungsurlaubsangebote für alle Menschen offen sind, bleibt jedoch zentral bestehen.

Die Anerkennung seitens der Behörde für Schule und Berufsbildung (angesiedelt im Hamburger Institut für Berufliche Bildung – HIBB) für die Bildungsfreistellung für die Teilnehmenden muss in Hamburg von den Veranstalter*innen beantragt werden. Als inhaltliche Grundlage und Voraussetzung gilt hier die Förderrichtlinie für die Politische Bildung. Ebenfalls gilt es, bestimmte Rahmenbedingungen aus dem Anerkennungsgesetz zu berücksichtigen. Unter anderem

---

4  Siehe hierzu und zur Anerkennung von entsprechenden Veranstaltungen in Hamburg den Beitrag von Birgit Waltereit in diesem Sammelband.

5  Hamburgisches Bildungsurlaubsgesetz, abrufbar unter: URL: https://bildungsurlaub-hamburg.de/g881 (letzter Zugriff: 20.02.2020).

muss in Hamburg ein Tag Bildungsurlaub sechs Zeitstunden umfassen. Plus
Pausen entspricht der zeitliche Aufwand somit in der Regel einem Acht-Stun-
den-Arbeitstag. Es gibt darüber hinaus für die anerkannten Träger in Hamburg,
sie sind alle der Landeszentrale für politische Bildung zugeordnet, die Möglichkeit, Veranstaltungen und Bildungsurlaube mit finanzieller Förderung zu unterstützen. Die Teilnehmenden zahlen in der Regel immer einen Teilnahmebeitrag,
wobei es für einige Zielgruppen, z.b. Erwerbslose, auch Ermäßigungen gibt.

## Bildungsurlaub – Hindernisse, Herausforderungen und Ansprüche

Die Nachfrage von interessierten Teilnehmenden ist kontinuierlich, aber erreicht
laut Erhebungen immer nur einen geringen Teil der berechtigten Arbeitnehmer*innen. Das hat verschiedene Gründe:

Ein großes Problem ist für viele Arbeitnehmer*innen die Freistellung an ihrem Arbeitsplatz, häufig fehlen Vertretungskräfte. Deshalb machen Arbeitgeber*innen oder Leitungspersonen in Unternehmen oder Behörden keine Werbung für diesen Anspruch oder ermöglichen es nicht, den Anspruch auf Bildungsurlaub wahrzunehmen. Aus betrieblichen Gründen kann jedes Unternehmen die Genehmigung verweigern. Unterstützung finden Bildungsurlaubswilli-
ge bei den Anbieter*innen von Bildungsurlauben oder auch bei den behördli-
chen Anerkennungsstellen.

Ein weiteres Hindernis sind die Kosten, die getragen werden müssen. Wie
erwähnt, können dafür auch Förderungen beantragt werden, die aber lediglich
einen Teil der Kosten decken. Insgesamt müssen die Kosten der Träger für das
Veranstaltungsmanagement (Personal und Verwaltung), die Durchführung (Se-
minarleitungen und Referierende), die Seminarorte (Hotels, Tagungshäuser, Se-
minarräume, Verpflegung), Materialien oder Fahrtkosten etc. gedeckt werden. Je
nach Ausrichtung des Seminars und damit verbundenen Erfordernissen entstehen teilweise Beiträge, die nicht von allen Interessierten erbracht werden können. Die Kritik, dass so einige Interessierte benachteiligt und andere bevorzugt
werden, ist durchaus berechtigt. Dieses Problem ist aufgrund der mangelnden
Finanzierung – nicht nur in der politischen Bildung, sondern in der Weiterbildung generell – aktuell nicht lösbar und bleibt ein großes gesellschaftliches und
politisches Thema.

Hier ist die Politik gefragt. So wird gerne seitens aller Parteien bemängelt,
dass politisches, kritisch-hinterfragendes Wissen in der Bevölkerung zu wenig
vorhanden ist. Begriffe wie „Politikmüdigkeit" oder das Desinteresse an gesellschaftlichen Zusammenhängen und der Demokratie werden dann bemüht. Es

gibt die Bundeszentrale für politische Bildung und auch die Landeszentralen für politische Bildung in den einzelnen Bundesländern. Aber diese haben zum einen viele andere Aufgaben (u. a. eigene Publikationen, Veranstaltungen, Seminare und Projekte), zum anderen insgesamt nicht genügend finanzielle Ressourcen. Die Verteilung der Finanzen geschieht nach politischen Vorgaben oder teilweise nach politischen Vorkommnissen. Eine längerfristige Strategie, die tragfähig wäre für die feste Etablierung der politischen Bildung, wird von vielen Trägern vermisst. Jährlich müssen Anträge für Projekte und Veranstaltungen gestellt werden, denn eine Regelfinanzierung für politische Bildungsangebote oder Projekte gibt es in Hamburg nicht.

Trotzdem versuchen die Träger der politischen Bildung den Ansprüchen von Teilnehmenden und den Fördergeldgebern gerecht zu werden. Politische Bildung soll interessant, ansprechend, kostengünstig und inhaltlich gut gestaltet sein. So finden neue Methoden der Vermittlung Eingang in die Veranstaltungen und Seminare, es gibt immer wieder neue Kooperationen und Konzepte, um mehr und unterschiedliche Gruppen von Teilnehmenden zu erreichen.

Es besteht außerdem der Anspruch, politische Themen in den Veranstaltungen mit hoher inhaltlicher Qualität anzubieten und zugleich den teilweise sehr unterschiedlich vorgebildeten Teilnehmenden gerecht zu werden. Lernen in einem politischen Bildungsurlaub heißt auch voneinander zu lernen, zu diskutieren und zu hören, was andere schon wissen oder erlebt haben. So gibt es Öffnungsprozesse, die neben der inhaltlichen Vermittlung von Themen auch emotionales Lernen ermöglichen. Das sind dann Erfahrungen, die viele Bildungsurlaubsteilnehmenden zu Wiederholungsteilnehmenden werden lässt.

## Politischer Bildungsurlaub ermöglicht Debattenkultur

Das Format des Bildungsurlaubes bietet viele Chancen für die politische Bildung. Innerhalb einer Woche wird die Möglichkeit geboten, sich mit einem Thema ausführlich auseinanderzusetzen und sich so einem komplexen Sachverhalt umfassend zu nähern. Ein Bildungsurlaub bietet dafür einen geeigneten Rahmen: Über Gespräche, Exkursionen, Wissensvermittlung, Gruppenarbeiten. Vor allem auch in der Diskussion mit anderen Teilnehmenden wird die Grundlage für die eigene Meinungsbildung gelegt. Zum einen können so den Teilnehmenden Fakten und Hintergrundinformationen dargeboten werden und zum anderen ergibt sich durch die vorgegebenen 30 Stunden Lernzeit innerhalb einer Woche die einzigartige Möglichkeit, sich mit Expert*innen, Betroffenen und auch Wissenschaftler*innen oder Politiker*innen auszutauschen und so die Meinungs- und Perspektivenvielfalt zu einer Thematik abzubilden. Teilnehmenden lernen auf diese Weise unterschiedliche Argumente kennen, was wiederum zur eigenen Meinungsbildung beiträgt.

Da es Ziel der politischen Bildung ist, die Teilnehmenden in ihrer Urteils-, Kritik- und Kommunikationsfähigkeit zu stärken, muss an dieser Stelle der Bildungsurlaub besonders betont werden. In diesem Format entsteht ein geschützter Raum, in welchem sich die Teilnehmenden austauschen und Fragen stellen können. Der Rahmen eines Bildungsurlaubes bietet dabei die Freiräume, sich zu äußern, aber auch die geschützte Umgebung, sich zu trauen, etwas beizutragen. So wird die Fähigkeit, eigene Argumentationslinien zu bilden und zu artikulieren – also diese öffentlich zu machen – aber auch die Kompetenz, andere Meinungen und Argumente zu hören und nachzuvollziehen, gestärkt. Innerhalb der Gruppe entsteht somit eine Debattenkultur, die in anderen Bildungsformaten nur schwer zu erreichen ist.

Zudem bietet die Möglichkeit der Methodenvielfalt innerhalb einer Maßnahme eine gute Ergänzung und unterstützt die Teilnehmenden beim Aufnehmen neuer Sachverhalte. Im Gegensatz zu einem Bildungsurlaub beschränkt sich eine Einzelveranstaltung, die bspw. einen Umfang von zwei bis acht Zeitstunden umfasst, zumeist auf eine Methode. Ein Bildungsurlaub ist hingegen geprägt von unterschiedlichen Einheiten. So wird neben der reinen Wissensvermittlung in Form eines Vortrages beispielsweise durch eine Exkursion oder einen Rundgang das vorher Gehörte an Praxisbeispielen erläutert und von den Teilnehmenden so weiter verinnerlicht. Die Arbeit innerhalb der Gruppe – ob in Kleingruppen oder im Plenum – stärkt dabei in der Regel die persönlichen bzw. sozialen Kompetenzen, dient aber vor allem auch der eigenen Meinungsbildung und der Steigerung der Reflexionsfähigkeit.

Da die Teilnahme an einem Bildungsurlaub freiwillig ist und auf persönlichen Interessen beruht, kommen in einem Bildungsurlaub unterschiedliche Teilnehmende bezogen auf Alter, Beruf etc. zusammen. Durch diese Mischung unterschiedlicher Interessen, Meinungen aber auch Wissensstände sind die Teilnehmenden gezwungen, ihr bekanntes Umfeld zu verlassen und sich auf neue – vielleicht unbekannte – Argumente und Meinungen einzulassen. Die Teilnehmenden werden also aus ihrer „Filterblase" des Bekannten herausgeholt. Die Gefahr einer solchen Perspektivenverengung besteht in erster Linie darin, dass sich die eigene Meinung so oft reproduziert, dass andere Meinungen eher unvorstellbar erscheinen. Ein Bildungsurlaub kann hier Abhilfe schaffen. Unterschiedliche Personen mit verschiedenen Hintergründen und Sozialisationen treffen aufeinander und gehen in ein Gespräch, eine Debatte entsteht und im besten Falle erfahren alle Teilnehmende neue Aspekte und Sichtweisen. So bietet sich die Möglichkeit, die eigenen Verhaltensmuster und Einstellungen zu hinterfragen und ggf. anzupassen.

Hier wird auch ein entscheidender Unterschied zu einer Fortbildung deutlich: Neben der nicht zwingend berufsbezogenen inhaltlichen Ausrichtung treffen Personen verschiedener Berufsgruppen aufeinander. Der Austausch mit Personen, die im alltäglichen Leben nicht die gleichen Erfahrungen machen und somit auch andere Prioritäten, Interessen und Ansichten haben und sich vielleicht in unterschiedlichen Lebensphasen befinden, blicken von einer anderen Perspektive auf das Thema und kommen damit wahrscheinlich zu anderen Schlussfolgerungen. Gerade die Auseinandersetzung mit dieser Pluralität schafft die Basis für eine gelungene Diskussion und trägt somit zu einem positiven Erlebnis während eines Bildungsurlaubes bei.

Nicht zuletzt bietet das Format des Bildungsurlaubes eine intensive Einbindung der Teilnehmenden. Bedürfnisse, Interessen und Wünsche können zu Beginn abgefragt und entsprechend eingebunden werden. Somit kann das Format die Interessen der Teilnehmenden direkt in die inhaltlichen Aspekte des Lehrplans integrieren.

## Resümee

Wie eingangs beschrieben, ist das Ziel der politischen Bildung, mündige Bürger*innen bei der eigenen Meinungsbildung zu unterstützen, indem Informationen und Basiswissen vermittelt und die nötigen Fähigkeiten und Voraussetzungen zum politischen Handeln erprobt und ausgebaut werden. Trotz der Hindernisse (Erreichung von Zielgruppen, Rahmenbedingungen, Förderung) bietet das Format Bildungsurlaub viele Chancen für eine gute politische Bildungsarbeit und leistet damit einen wichtigen Beitrag zur demokratischen Wertevermittlung. Partizipation und Anregung zum politischen Handeln können so gestärkt werden. Um ein flächendeckendes Angebot zu gewährleisten, müsste die Sichtbarkeit des Formats Bildungsurlaub erhöht werden und zusätzliche Unterstützung wäre notwendig, damit dieses individuelle Recht auch im Bereich der politischen Bildung stärker in Anspruch genommen wird. Zudem bedarf es einer ausreichenden Förderung, damit die schon vorhandene Nachfrage bedient und das Angebot ausgebaut werden kann.

Für eine lebendige Demokratie braucht es Menschen, die sich einmischen. Mit einer vielschichtigen, diverseren und finanziell gut ausgestatteten politischen Bildungslandschaft lässt sich das ermöglichen.

# Literatur

Beer, Wolfgang (1999): Pluralität. In: Hufer, Klaus-Peter (Hg.): Lexikon der politischen Bildung. Band 2. Außerschulische Jungend- und Erwachsenenbildung. Schwalbach/Ts., S. 196–197.

Breit, Gotthard/Frech, Siegfried (2018): Politik durchschauen: Leitfaden für den erfolgreichen Durchblick, Frankfurt/M.

Juchler, Ingo (2011): Weltgesellschaft als Herausforderung für die politische Bildung. In: Sander, Wolfgang/Scheunpflug, Annette (Hg.): Politische Bildung in der Weltgesellschaft. Herausforderungen, Positionen, Kontroversen. Bonn, S. 399–416.

Massing, Peter (2012): Politisches Handeln – Versuch einer Begriffserklärung. In: Weißeno, Georg/Buchstein, Hubertus (Hg.): Politisch Handeln. Modelle, Möglichkeiten, Kompetenzen. Bonn, S. 257–270.

Mittelstedt, Gudrun (1999): Philosophie und politische Bildung. In: Hufer, Klaus-Peter (Hg.): Lexikon der politischen Bildung. Band 2. Außerschulische Jugend- und Erwachsenenbildung. Schwalbach/Ts., S. 193–195.

# Internetquellen

Arbeit und Leben Hamburg: URL: https://hamburg.arbeitundleben.de/ (letzter Zugriff: 23.03.2020).

Beutelsbacher Konsens: https://www.bpb.de/die-bpb/51310/beutelsbacher-konsens (letzter Zugriff: 12.02.2020).

Die Neue Gesellschaft e. V.: URL: https://www.die-neue-gesellschaft.de/ (letzter Zugriff: 23.03. 2020).

Justizbehörde der Freien und Hansestadt Hamburg (Hg.) (2019): Förderrichtlinie für die politische Bildung. Amtlicher Anzeiger: Teil II des Hamburgischen Gesetz- und Verordnungsblattes. Amtl. Anz. Nr. 15, Freitag, den 22. Februar 2019, S. 173–175. URL: https://www.hamburg.de/contentblob/12323838/d5ed1d10214e3ce14737b8230154e8c7/data/foerderrichtlinien2019.pdf (letzter Zugriff: 14.02.2020).

Hamburgisches Bildungsurlaubsgesetz (2009). URL: https://bildungsurlaub-hamburg.de/g881 (letzter Zugriff: 20.02.2020).

# III. Bildungsfreistellung: Individuelle Erfahrungsberichte von Teilnehmenden

ULLI BOHLAND

# Meine Erfahrungen mit Bildungsfreistellung

Die ersten Erfahrungen mit dem Bildungsfreistellungsgesetz machte ich im Jahr 2004. Als Feuerwehrmann wurde meine Wachabteilung und ich von unserem Wachabteilungsführer ermuntert unseren Bildungsurlaub zu nutzen. Zehn Tage in zwei Jahren können für gute Qualifizierung eingesetzt werden. Da ich schon damals viele Unterrichte in der Wachabteilung halten durfte, hatte ich großes Interesse an einem Power-Point-Seminar. Ich quälte mich stundenlang, um für das neue Unterrichtsmedium einen einigermaßen akzeptablen Gestaltungsrahmen erschaffen zu können. Das müsste doch alles auch einfacher klappen! Somit suchte ich einen entsprechenden Kurs auf unserer Volkshochschule heraus und schrieb einen Antrag auf Bildungsfreistellung an das Fachamt Feuerwehr. Leider bekam ich drei Wochen später einen Antwortbrief mit der ablehnenden Begründung: „Keine Dienstliche Notwendigkeit!!" Einigermaßen enttäuscht, ließ ich den dadurch entstandenen Ärger an mir abprallen. Im nächsten Jahr versuchte ich es erneut. Leider mit genau demselben Resultat. Auch im dritten Jahr erfolgte die Ablehnung, worüber ich dann mittlerweile sehr erzürnt war. Selbst eine unterstützende Erklärung meines Wachabteilungsführers auf meinen Antrag hatte nichts bewirkt. Ich war kurz davor zu sagen: „Macht in Zukunft eure Unterrichte alleine und ohne mich!"

Den Vorgang hatte dann ein älterer ver.di-Vertrauensmann aus meiner Wachabteilung mitbekommen und sich den Fall angeschaut. Er schmunzelte und erklärte mir, dass der Adressat falsch sei. So könne es nicht klappen. Er ermunterte mich es noch einmal zu beantragen; nun aber an das Hauptamt, über das Fachamt Feuerwehr auf dem Dienstweg. Und danach solle ich abwarten, was passieren würde.

Ich kam der Aufforderung nach und siehe da; nach drei Wochen erhielt ich einen Brief mit genehmigter Bildungsfreistellung unter Fortzahlung der Bezüge. Die zuständige Stelle war das Hauptamt gewesen. Die Feuerwehr hätte mir in den Jahren davor gar keine Ablehnung schicken dürfen. Aber das wussten die (verschiedenen) zuständigen Sachbearbeiter anscheinend selbst nicht. Ich war so beeindruckt von der Fortbildung und auch dem guten Rat meines ver.di-Vertrauensmannes, dass ich sofort in die Gewerkschaft eingetreten bin. ☺

Wer nichts weiß, muss alles glauben!

In den Jahren von 2007 bis heute habe ich immer wieder an Maßnahmen der Bildungsfreistellung teilgenommen.

Es ist eine wichtige Möglichkeit der Weiterbildung und Qualifizierung im Arbeitsleben. Meiner Erfahrung nach wird jede und jeder aus dem Kolleg*innenkreis immer wieder die Möglichkeit der Bildungsfreistellung nutzen, wenn er oder sie es erst einmal ausprobiert hat. Die Bildungsfreistellungen, besonders im gewerkschaftlichen Kontext, haben nach meiner Einschätzung noch zusätzliche positive Effekte. Diese finden meistens in Bildungsstätten statt, in denen auch die Kommunikationstalente und der Gedanke des „Miteinanders" gefördert werden.

Leider habe ich den Eindruck, dass viele Kolleg*innen sich nicht trauen Bildungsurlaub zu beantragen, aus Furcht, dass es bei den Vorgesetzten nicht gerne gesehen ist. Man hat Angst vor Repressalien.

Dann gibt es meiner Ansicht nach auch Tätigkeitsbereiche, wie in der Pflege und in den Kitas, wo diese Möglichkeit nicht genutzt wird, weil viel zu wenig Personal zur Verfügung steht. So weiß die Erzieherin, die gerade so in Unterbesetzung mit ihren verbliebenen Kolleginnen den Dienstablauf aufrechterhalten kann, dass die Kolleginnenschaft „in Arbeit ertrinken könnte", wenn sie ihr Recht auf Bildungsfreistellung nutzen würde.

SONJA BRINSCHWITZ

# Zusammen ist weniger allein!

## Persönliche Erfahrungen mit Bildungsfreistellungen/ Bildungsurlauben

Um mein Interesse an Bildung(surlauben) zu beschreiben, muss ich mit der Erzählung meiner Bildungsbiografie beginnen. In den 1970er Jahren gehörte ich wie fast alle Mädchen aus Arbeiterfamilien vom katholisch geprägten Lande zu einer der am meisten bildungsbenachteiligten Gruppen: Einhellig teilte man auf dem Dorf die Meinung, Mädchen/Frauen aufs Gymnasium gehen und dann studieren zu lassen, lohne sich nicht, „da sie ja sowieso heiraten und Kinder kriegen".

Erst mit der Bildungsreform in den 70er Jahren, die zu einer leichten Öffnung von Gymnasium, Abitur und Studium für Arbeiterkinder führte, veränderte sich diese Haltung langsam, aber stetig. Dass es zutiefst ungerecht war, trotz sehr guter Noten nicht auf ein Gymnasium, sondern nur auf die Realschule in der benachbarten Kreisstadt gehen zu dürfen, spürte ich sehr genau.

Der erstarkende Feminismus ging auch an mir nicht vorbei und fortschrittliche Lehrer*innen an meiner Schule empfahlen meinen Eltern, mich doch zumindest die Fachoberschule im Anschluss an die Mittlere Reife besuchen zu lassen, was ich dann auch getan habe.

Nach der 11. Klasse (wie schon zu Beginn der 10. Klasse der Realschule) wurde ich von meinem Vater gedrängt, mir besser eine Lehrstelle zu suchen. Ich hatte den Ausbildungsvertrag bereits unterschrieben, als ich 18 Jahre alt wurde und meine Volljährigkeit mutig dafür einsetzte, um mir das Studium zu erkämpfen. Dem Steuerberater, der mich zur Steuerfachangestellten ausbilden wollte, sagte ich kurzerhand ab.

Für mich bedeutete Studieren, die engen Grenzen der Familie und des Dorfes zu sprengen, eine neue Welt kennenzulernen und frei zu sein. Da ich ein wirtschaftliches Fachabitur hatte, war die Richtung vorgegeben: Ich studierte Betriebswirtschaft an der Fachhochschule Würzburg und erlangte ein FH-Diplom, gleichzusetzen mit dem heutigen Bachelorabschluss. Glücklich machte mich das nicht, ich blieb lange auf der Suche nach meiner wirklichen Berufung. Erste Arbeitsstationen waren ein Bioladen, später ein Großbetrieb in der Metallbranche und ein Frauenprojekt in Nürnberg. Da Bayern jedoch eines der wenigen Bundesländer ist, das kein Bildungsurlaubsgesetz hat, war mir die Teilnahme an Bildungsurlauben erst mit meinem Umzug nach Hamburg Ende der 1990er Jahre möglich. Durch das Aufbaustudium zur Sozialökonomin an der Hochschule für Wirtschaft und Politik in Hamburg (HWP) bin ich kurz vor meinem 40. Lebensjahr endlich dort angelangt, wo ich bereits als 9-jähriges Mädchen hinwollte: zum Volldiplom. Seminare und Weiterbildungen außerhalb des Studiums habe ich, bildungshungrig wie ich weiterhin war, immer wieder und dies oft als Selbstzahlerin belegt.

Ich habe zwar weder meine Traumberufe aus der Kindheit (Bibliothekarin, Archivarin oder Lehrerin) ergriffen, aber das Lernen hat sich in meine Biografie eingeschrieben. Lernen und Bildung bedeutete für mich, ein selbstbestimmtes, freieres Leben als Frau führen können und gleichzeitig die erste in der Familie zu sein, die studiert hat. Daher ist es für mich selbstverständlich geworden, Freude und Bereicherung durch jede idealerweise selbstbestimmte Möglichkeit der Qualifizierung und/oder Kompetenzerweiterung zu empfinden. Dabei verlief der emanzipatorische und zugleich politische Prozess meiner Bildungsbiografie im Idealfall nie alleine, sondern mit anderen Menschen zusammen.

Grundsätzlich vertrete ich, sicherlich auch geprägt durch meine soziale Herkunft, zudem den Standpunkt, dass erkämpfte Arbeitnehmer*innenrechte verteidigt werden müssen und gesellschaftliche Solidarität wichtiger ist denn je. Und jede/r sollte die gleichen Zugangschancen zu Bildung haben. Für Menschen, die im Berufsleben stehen, ist eine Möglichkeit der selbstbestimmten Bildungsteilhabe die Bildungsfreistellung.

Früher dachte ich aber, der Inhalt eines Bildungsurlaubes müsse in direktem Zusammenhang mit der beruflichen Tätigkeit stehen, da der Arbeitgeber ihn genehmigen müsse. Dass das mir offenstehende Spektrum von Sprachkursen über konkrete fachliche Fortbildungen bis zu politischen Seminaren oder persönlichkeitsbildenden Kursen reicht, wurde mir erst so richtig klar, als ich in Hamburg anfing zu recherchieren.

Vorgelebt hat mir das „in Anspruch nehmen" und „mein Recht einfordern" eine Vorgesetzte im öffentlichen Dienst, die deutlich machte, dass auch eine Führungskraft Bildungsurlaub machen kann, ohne dass ihr Verantwortungslosigkeit oder Faulheit unterstellt wird. Bei diesem Vorbild habe ich meinen ersten Antrag auf Bildungsfreistellung in Hamburg gestellt und seitdem habe ich das Recht fast jedes Jahr in Anspruch genommen. Obwohl ich vorher bei Arbeitsmarkt- und Bildungsträgern meist in tragender Funktion beschäftigt war, habe ich es mir selbst paradoxerweise nicht erlaubt, diese im Berufsleben oft als

„zusätzliche Woche Urlaub auf Kosten der Kolleg*innen" abgewertete Möglichkeit in Anspruch zu nehmen. Mittlerweile bin ich selbst Führungskraft im öffentlichen Dienst und hoffe, durch die Beantragung von Bildungsfreistellung wiederum anderen ein Vorbild zu sein. Denn die Schere im Kopf ist immer noch da: Wenn ich nicht am Arbeitsplatz bin, muss ich vertreten werden. Es sollte normal werden, dass alle sich gegenseitig vertreten um die Teilnahme zu ermöglichen – ohne Häme oder Neid.

Mein thematisches Interesse lag anfangs bei Themen rund um Gesundheit und Körpererfahrung, später entdeckte ich die politischen Bildungsurlaube der Rosa-Luxemburg-Stiftung. In deren Mittelpunkt steht die kritische Auseinandersetzung mit gesellschaftlichen Themen und Entwicklungen in Städten oder Regionen. Die Programme waren immer voller Begegnungen mit politisch, sozial und kulturell engagierten Menschen. Mit Rundgängen, Exkursionen, Besichtigungen, Gesprächen, Vorträgen und Diskussionen werden politische Zusammenhänge ganzheitlich und anschaulich erschlossen.

Inhaltlich griffen die politischen Bildungsreisen, an denen ich teilgenommen habe, aktuelle Entwicklungen, Debatten und Konflikte auf, aber auch historische bzw. erinnerungspolitische Themen:

- 2012: Reggio Emilia: Auf den Spuren der Partisan*innen
- 2013: Athen: Griechenland – Wie weiter? Ein Land unter Sparzwang zwischen Agonie und sozialem Protest
- 2014: Istanbul: Stadtentwicklung, Gentrifizierung und demokratische Teilhabe
- 2015: Marseille Porte Sud – Stadtentwicklung, Kolonialgeschichte, Migration und Rassismus in Frankreichs Tor zum Süden
- 2016: Barcelona: Sozialproteste und Demokratiebewegungen
- 2017: Israel/Palästina: Blicke über sichtbare und unsichtbare Zäune und Grenzen
- 2018: Rom: Faschismus, Neofaschismus und Antifaschismus in Italien nach dem Zweiten Weltkrieg
- 2019: Alentejo: „Das Land denen, die es bearbeiten!" (Landbesetzungen, Selbstermächtigung und ländliche Solidaritätskultur. Was bleibt von der Revolution der Nelken?)
- 2019: Mailand/Turin: Arbeitskämpfe, Operaismus und soziale Bewegungen in Norditalien

Besonders eindrucksvoll war es, immer wieder den eigenen Horizont zu erweitern und sich einen Eindruck von den sozialen Realitäten und Verwerfungen vor Ort zu verschaffen. Einige Male habe ich mit meiner Begeisterung Freund*innen und Bekannte angesteckt, die die Erfahrungen mit mir teilten. Immer war mein/ unser Interesse: Was machen die Menschen aus den aktuellen gesellschaftlichen Verhältnissen, Krisen und Umbrüchen, wie gehen sie damit um und wie kamen und kommen sie früher wie heute ins gemeinsame Handeln?

Die Bedürfnisse und Wünsche der Teilnehmenden wurden bei den Bildungsurlauben weitestgehend berücksichtigt. Eigenbeteiligung war erwünscht und hatte Raum. Bereichernd war die meist heterogene Zusammensetzung der Gruppen, denn die gemeinsame, im besten Fall generations- und geschlechterübergreifende Reflexion hilft dabei, die Wirklichkeit neu einzusortieren, einen differenzierteren Blick zu entwickeln, und schult die sozialen Kompetenzen.

Durch die Reisen bin ich „echte" Europäerin geworden, indem ich ein Stück weit „die Seele" von Menschen anderer Nationalitäten und ihre virulenten Themen kennengelernt habe. An meinem Arbeitsplatz Volkshochschule hatte ich kurz nach der Barcelona-Reise ein eindrückliches Erlebnis. Im Fahrstuhl traf ich junge, spanisch sprechende Männer und sprach sie an um zu fragen, welche Kurse sie belegten. Sie waren aufgrund der hohen Jugendarbeitslosigkeit in Spanien nach Deutschland aufgebrochen, um ihre Stellen im Rettungsdienst in Hamburg anzutreten, und wollten vorher besser Deutsch sprechen lernen. Ich hätte nicht gedacht, dass das ein paar Monate zuvor Gehörte und Erlebte so unmittelbar zurück am Arbeitsplatz in Hamburg im Alltag erfahrbar wird. Mittlerweile habe ich so viele Menschen kennengelernt, ob als Teilnehmer*innen an den Bildungsreisen oder als Vortragende, Aktivist*innen oder Planer*innen, mit denen ich mich verbunden und solidarisch fühle, die wie ich denken – nur eben an einem anderen Ort. Das macht das Zeitunglesen, Fernsehen und Sich-Informieren ziemlich intensiv, weil z.B. der Bericht von der Weihnachtsmesse in Bethlehem mich wieder auf dem Platz vor der Geburtskirche stehen lässt, aber eben auch an der Mauer mit den Wachtürmen. Oder wenn ich beim Durchblättern eines Buches über Gartenkultur einen Artikel über „die grüne Revolution" entdecke. Darin wird das Projekt Can Masdeu beschrieben: ein ehemaliges Krankenhaus am Stadtrand von Barcelona, das über 40 Jahre leer stand und zusehends verfiel, bis die heutigen etwa 30 Bewohner*innen es in Besitz nahmen und ein Gartenprojekt initiierten. Jeden Donnerstag sind Menschen aus der Umgebung aufgerufen mit anzupacken und später zusammen zu essen. Und wir waren da und haben am letzten Tag des Bildungsurlaubes dort ein rauschendes Jubiläumsfest des Projektes mitgefeiert.

Ein weiteres Highlight war, dass das gemeinsame Erkennen von (gesellschaftlichen) Problemen, ihre inhaltliche und theoretische Durchdringung, aber auch die Betroffenheit über die Rechtsentwicklung in Italien nach einem Bildungsurlaub für einen Teil einer Gruppe zu einer gemeinsamen Aktion geführt hat. Wir haben eine Veranstaltung mit Referent*innen aus Rom organisiert, die dann auch noch außerordentlich gut besucht war, da das Thema einfach den Nerv der Zeit getroffen hat. Durch die gemeinsamen Gruppenreisen bin ich besser als zuvor in der Lage, die Komplexität der Zusammenhänge von wirtschaftlichen Krisen, gesellschaftlichen Veränderungen und Protestbewegungen einordnen zu können. Die unmittelbaren Begegnungen mit den Menschen vor Ort haben mich bereichert und beseelt.

Ich hoffe sehr, dass ich noch an vielen weiteren Reisen teilnehmen kann. Für das Jahr 2020 hatte ich mich gleich für zwei Bildungsurlaube angemeldet, die wegen der Corona-Pandemie leider abgesagt werden mussten. Vielleicht wird das Reisen nie mehr so leichtgängig sein wie in den vergangenen Jahren. Aber vielleicht werden die Erlebnisse vor Ort dadurch noch kostbarer und intensiver. Ich bin sehr gespannt auf neue Angebote, denn das Lernen vor Ort fehlt mir schon jetzt.

248

STEFAN BUDIAN

# Selbstbestimmte Bildung befähigt zur Mitgestaltung der Gesellschaft

Als Freiberufler brauche ich keinen Bildungsurlaub bei einem Arbeitgeber zu beantragen. Diese Institution der deutschen Bildungslandschaft lag deshalb für mich nicht nahe. Meine erste Begegnung ergab sich durch einen Bildungsurlaub meiner Frau, die als Angestellte beschäftigt ist. Sie beantragte Bildungsfreistellung (wie es in RLP heißt) für eine gesellschaftspolitische Reise nach Marokko, und ich konnte auch als Freiberufler teilnehmen und profitieren. Seitdem haben wir zusammen einige solcher Reisen als Bildungsurlaub gemacht, und wir sind davon begeistert: Diese organisierte Lernmöglichkeit erlaubt uns, tief in Themen einzusteigen, die uns interessieren. Wir sind dabei direkt vor Ort, haben fachkundige Betreuung und wenn nötig Sprach-Übersetzung. Dabei befinden wir uns in der direkten Begegnung und Auseinandersetzung mit aktiven Akteur*innen des jeweiligen Bildungsthemas. Der seminar-ähnliche Austausch mit einer „Lerngruppe" (Reisegruppe) bereichert uns und erweitert unsere Perspektiven.

Meine Frau und mich interessieren vor allem gesellschaftliche Themen. Die erste Reise hatte den Schwerpunkt:

* „Straßenkinder in Marokko", welche Projekte gibt es und wie ist deren Einbettung in die marokkanische Gesellschaft.

Seitdem haben wir zu folgenden Themen Bildungsurlaub gemacht:

* „Der Vatikanstaat" und seine Rolle in Italien und gegenüber der internationalen Staatengemeinschaft.
* „Kiruna", eine Stadt in Nordschweden zieht um, weil unter ihr Eisenerz abgebaut werden soll. Das berührt auch die Lebensumstände der samischen Minderheit.
* „Budapest", die ungarische Gesellschaft und deren Verhältnis zur Europäischen Union.
* „Marseille" und der Umgang Frankreichs mit Flucht und Migration über das Mittelmeer.
* „Prag", die tschechische Gesellschaft und deren Verhältnis zur Europäischen Union.
* „Bratislava", die slowakische Gesellschaft und deren Verhältnis zur Europäischen Union.

All diese Reisen waren für uns Zeiten der intensiven Begegnungen und des Lernens. Oft habe ich auf der Rückreise begonnen, einen Text zu schreiben. Ich wollte mir das, was mir an den gerade gemachten Erfahrungen wichtig erschien, klarmachen und festhalten. Exemplarisch hier ein Text nach unserem letzten Bildungsurlaub in Bratislava:

*21. September 2019*
*Auf der Rückfahrt von einer Reise nach Bratislava ordne ich meine Gedanken. Es gab viele Informationen und viele Begegnungen. Meine Vorstellung von der Slowakei hat sich geändert. Die große gesellschaftliche Wende und Neuausrichtung der Visegrad-Staaten (Polen, Tschechien, Slowakei und Ungarn) um 1990 liegt heute 30 Jahre zurück. Vieles ist seitdem geschehen. In Budapest und Prag konnte ich in den letzten Jahren schon manches davon sehen und dazu etwas schreiben.*

*Etwas, das mir in der Beschäftigung mit den Visegrad-Ländern beständig begegnet, sind die Gefühle von Enttäuschung und Ernüchterung. Am Anfang, um 1990, verband sich mit „Europa und der Europäischen Union" eine große Hoffnung, ein immenses Vor-Vertrauen und eine freudige Erwartung. Doch dann haben sich die Dinge viel zäher entwickelt als erwartet und heute fühlen sich viele Menschen abgehängt und betrogen.*

*Wovon abgehängt? Von wem betrogen? Und: wer ist davon betroffen, gibt es auch Gewinner? Die Slowakei ist momentan in eine Phase der Selbstreflektion getreten, aufgerüttelt durch den Mord an dem Journalisten Jan Kuciak und seiner Verlobten Martina Kusnirova vor 18 Monaten (Ende Februar 2018). Allgegenwärtige Korruption und das allgemeine Versagen der gesellschaftlichen Institutionen stehen im Fokus der Zivilgesellschaft. Die Kräfte, die sich in den letzten 30 Jahren etablieren konnten, haben ihre Vertrauensbasis tiefgreifend verspielt, und das betrifft auch die populistischen Parteien.*

*Es ist eine bürgerliche Skepsis entstanden, die sich nicht entlang traditioneller politisch-ideologischer Schützengräben auswirkt. Die neue Skepsis ist allgemein, parteiübergreifend und bezieht sich auch auf die Versuche der etablierten politischen Akteure, „Schuld" jeweils irgendwo anders (z. B. bei der EU) zu platzieren.*

*Ich empfinde einen neuen Aufbruch. Nüchtern, um viele Probleme wissend – und ohne die Erwartung, dass eine Kraft von außen helfen und irgendwie alles regeln wird. Man kennt die Strukturen und Möglichkeiten der Europäischen Union und will sie nutzen – aber: „Wir müssen das selber tun, niemand kann uns das in den Schoß legen!". Wenn die demokratischen und ökonomischen Angebote der EU nicht ankommen bei den normalen Leuten in der Slowakei, dann fragt derzeit die slowakische Zivilgesellschaft: „sind es unsere eigenen politischen Eliten, die das mit kriminellen Methoden verhindern, um sich selbst zu bereichern?"*

*Eine Gesprächspartnerin sagt, ihre kurzfristige Hoffnung ist, dass sich das politische System mit der nächsten Wahl ändert. Und ihre langfristige? Sie zögert, sucht nach Worten und sagt: „dass, wenn die Dinge nicht jetzt, sich dann aber bald ändern werden". Ich glaube zu verstehen: Sie sieht die Slowakei vor einer fundamentalen Entscheidung, über die hinaus sie nicht in die Zukunft sehen kann oder will.*

*Ich sehe in dieser Haltung eine Reife, die mir für Europa Hoffnung macht.*

*Im französischen Marseille hatte ich bemerkt, wie ernüchtert man meint, Europa nicht mehr lieben, sondern nur noch ausnutzen zu dürfen. So, wie es alle tun. Eine trauernde Resignation lag darin. Die slowakische Nüchternheit ist eine ganz andere. Sie will sich nicht an den Schlupflöchern und kuriosen Honigtöpfen der EU bedienen. Sondern diese Nüchternheit will die wirklichen europäischen Errungenschaften zur Anwendung bringen, um selbst gesund zu werden. Gleichzeitig ist man stolz auf das eigene Land, singt die Nationalhymne mit Inbrunst, schwenkt die Landesfahne. Es ist wie ein europäischer Patriotismus innerhalb der slowakischen Nation.*

*Ein ergreifender und mitreißender Prozess in einer Region der Europäischen Union, den ich von nun an miterleben kann.*

http://www.stefanbudian.de/V4/wiki/doku.php?id=logbuch

Die Vorstellung über die Zusammenhänge, von denen ich in diesem Text spreche, konnte ich mir selbst in direkter Begegnung mit Menschen und Institutionen in der Slowakei erwerben. Das macht für mich einen Unterschied zu Informationen aus zweiter Hand. Neben Einführungen durch die (gebürtig slowakische) Seminarleitung, einer politisch-historischen Stadtführung und Reflexionsgesprächen in der Gruppe, fanden bei dieser Reise folgende organisierte Begegnungen statt:

- ausführliches Gespräch und Diskussion mit einem Vertreter des slowakischen Jugendrates über die politische Beteiligung von Jugendlichen in der Slowakei
- Vortrag über die Arbeit der IHK und Diskussion mit einem Vertreter der deutsch-slowakischen Industrie und Handelskammer
- Vortrag und Diskussion mit einem Professor an der Wirtschaftsuniversität Bratislava über die Einwanderungs- und Integrationspolitik in der Slowakei und die aktuelle Situation bezüglich „Migration"
- Vortrag und Diskussion mit einem Botschaftsrat an der Deutschen Botschaft: „Die deutsch-slowakische politische Zusammenarbeit"
- ausführliches Gespräch mit einem slowakischen Journalisten über die aktuelle Situation der Medien- und Pressefreiheit in der Slowakei
- Besuch einer Minderheitenzeitung, ausführliches Gespräch mit einer Journalistin

- Vortrag und Diskussion mit einem Vertreter der „Jungen Föderalisten", einer pro-europäischen Jugendorganisation
- Besuch der Partei für ungarische Minderheiten „Hid" und Gespräch mit dem Regierungsdelegierten für die Roma-Politik
- Treffen mit der Direktorin des Institutes für Europäische Studien und Internationale Beziehungen an der Comenius-Universität. Vortrag und Diskussion über die aktuellen Entwicklungen in der Slowakei in Bezug auf die Europäische Union.

Ich benenne diese Programmpunkte hier detailliert, weil man daraus erkennt, auf welchem inhaltlichen Niveau dieser Bildungsurlaub stattfand. Als Individualreisende ist es vermutlich unmöglich, sich selbst eine solch dichte Folge von weitgefächerten Begegnungen zu organisieren. Die meisten unserer Gesprächspartner*innen hätten sich – selbst für noch so interessierte Einzelpersonen – nicht die Zeit genommen, ihre Arbeit und Inhalte vorzustellen und darüber zu diskutieren, selbst wenn wir die Kontakte zu ihnen hätten herstellen können. Für unsere anderen gesellschaftspolitischen Bildungsreisen trifft dasselbe zu. Das heißt, die Institution des Bildungsurlaubs in Deutschland erlaubt uns eine Art von Begegnung und Austausch, die uns sonst nicht zugänglich wäre.

In den Zeiten unsicherer Informationen in denen wir leben, ist mir das sehr wertvoll. Ich kann mich dadurch besser selbst orientieren und meine Urteile und Vorurteile über (zum Beispiel) den Zustand des europäischen Einigungsprozesses auf den Boden von Tatsachen und eigenen Erfahrungen stellen. Das ist mir für dieses Thema momentan auch beruflich wichtig, weil ich mich als freischaffender Künstler damit beschäftige.

Soweit ich weiß, gibt es diese Art von allgemeiner öffentlicher Bildungsförderung (durch die gesetzlich geregelte Bildungsfreistellung in den verschiedenen Bundesländern) nur in Deutschland. Wir sind dankbar dafür und haben vor, noch viel Gebrauch davon zu machen. Auch sehen wir darin eine wirkliche und ernsthafte Förderung von bürgerlicher Mündigkeit, die insgesamt gut für unser Gemeinwesen ist.

ANDRÉ DELOR

# Bildungsfreistellungen in besonderen Beschäftigungsverhältnissen: Erfahrungen als Nutzer und Anbieter

Die Möglichkeit, als Nutzer von Bildungsurlaub einen Beitrag zu einer wissenschaftlichen Veröffentlichung liefern zu können, ist eine so seltene Gelegenheit, dass man von ihr unbedingt Gebrauch machen sollte. Nach längeren Überlegungen entstand der Entschluss dies in Form eines persönlichen Erfahrungsberichts zu tun. Der Leser hat so die Möglichkeit, wie in einer Fallbeschreibung, Erfahrungen zu betrachten und diese vor der Folie der Untersuchungen in diesem Band für sich zu interpretieren. Daher ist der folgende Bericht auch in der Ich-Form verfasst, gerade auch um dem Leser zu ermöglichen, die Beschreibungen mit objektivierendem Abstand anzusehen und so die Frage für sich zu beantworten, wie sich dieses Beispiel in den Zusammenhang der Forschung zur Bildungsfreistellung einordnen lässt.

Während meines beruflichen Lebens hatte ich zunächst eher Vorurteile gegenüber Bildungsurlaub. „Töpfern in der Toskana" war ein Schlagwort, mit dem der so genannte Bildungsurlaub als etwas Seltsames und nur für spezielle Personen Gedachtes dargestellt wurde. Das Bildungsfreistellungen damals kein Thema waren, mag auch daran liegen, dass ich damals in einem Multiplexkino beschäftigt war. Die meisten Kolleg*innen arbeiteten dort in Minijobs oder studentischer Beschäftigung im Nebenjob. Aber auch für mich und andere in Vollzeit Beschäftigte war die Vorstellung, bezahlte Freistellung zur Fortbildung in Anspruch nehmen zu wollen eher unüblich. Die Kinobranche ist grundsätzlich im Niedriglohnsektor angesiedelt. Daher stellte die Finanzierung von Fortbildungen ein Problem dar. Eine Kultur der Qualifizierung, um Mitarbeiter zu halten, war zumindest damals in den 1990er und 2000er Jahren in diesem Bereich nach meiner Erfahrung noch nicht etabliert (vgl. Stehr 2012, o.S.).

Im Zusammenhang mit der eigenen Fortbildung zum Filmtheaterkaufmann kam es bei mir erstmals zu Berührungen mit dem Thema Bildungsfreistellung. Da die Schulungen von einem Anbieter aus Nordrhein-Westfalen veranstaltet wurden, gab es keine Möglichkeit für Menschen aus anderen Bundesländern, sich für die Präsenztage freistellen zu lassen. Die Fortbildung war in

Schleswig-Holstein nicht entsprechend anerkannt. Dies war zumindest die Erklärung die ich von meinem Arbeitgeber erhielt. Genauere Gründe dafür habe ich seinerzeit nicht hinterfragt und für die Fahrten nach Köln regulären Urlaub genommen.

Die erste Bildungsfreistellung habe ich erst viele Jahre später genommen. 2013 wollte ich mit einer Freundin den Kirchentag in Hamburg besuchen. Sie machte mich darauf aufmerksam, dass man dafür auch Bildungsurlaub bekommen könne. Zu der Zeit war ich noch im Kino beschäftigt, und es erstaunte meinen Arbeitgeber, dass ich ausgerechnet für dieses Ereignis eine Bildungsfreistellung haben wollte. Da sie aber behördlich anerkannt war, konnte ich sie in Anspruch nehmen und nach Hamburg zum Kirchentag fahren. Erstaunt war ich allerdings, als ich feststellen musste, dass es nicht für alle meine Kollegen so einfach war. Der Kirchentag war in Hamburg und Schleswig-Holstein für Bildungsfreistellungen anerkannt, in Niedersachsen zum Beispiel aber nicht (vgl. 34. Deutscher Evangelischer Kirchentag Hamburg 2013, 551). Es mag sich noch logisch erschließen lassen, dass bestimmte Veranstaltungen mit regionalem Charakter und Zielgruppe in einem bestimmten Bundesland, nicht bundesweit, anerkannt sind. Aber insbesondere bei solchen größeren, überregional ansprechenden und auch einheitlich wichtigen Veranstaltungen erscheint es mir wenig sinnvoll, bei der Genehmigung föderalistisch kleinstaatlich zu denken. Diese Uneinheitlichkeit muss nach meiner Meinung zu Ungerechtigkeiten führen.

Kurz nach diesem Bildungsurlaub veränderte sich meine berufliche Situation grundlegend, von der Arbeit im Kino wechselte ich auf eine Tätigkeit im Bereich der sozialen Arbeit.

Um Kenntnisse im neuen Aufgabenfeld zu vertiefen und einen Berufsabschluss im Bereich Sozialer Arbeit zu erwerben, begann ich im Herbst 2016 ein berufsintegrierendes Studium an der Evangelischen Hochschule für Soziale Arbeit und Diakonie vom Rauhen Haus in Hamburg. Ein berufsintegrierendes Studium nach der seinerzeit maßgeblichen Studienordnung beinhaltete in nicht geringem Umfang auch Präsenzzeiten. In der Regel waren in der Vorlesungszeit etwa zweimal im Monat jeweils Freitag und Samstag Präsenztage mit Lehrveranstaltungen an der Hochschule angesetzt. Dazu kamen noch Semester-Blockwochen von Montag bis Freitag, in denen Themen vertieft behandelt wurden. Die Anzahl der Präsenztage stellte durchaus eine Schwierigkeit dar. Insbesondere, wenn der Arbeitgeber nicht von sich aus dafür Freistellungen gewährte. Dann mussten die Präsenzzeiten mit Überstunden oder Urlaubstagen abgedeckt werden.

Dass das Rauhe Haus zumindest die Blockwochen als Bildungsfreistellungsveranstaltungen genehmigen ließ, war daher sehr gut. Dass dies für alle

Bundesländer, aus denen Studierende es wünschten nach den jeweiligen Landesregelungen gemacht wurde, und noch immer wird, ist ein Vorteil des berufsintegrierenden Studiums an der Evangelischen Hochschule. Während meines Studiums kamen Kommiliton*innen z.B. aus Bremen, Mecklenburg-Vorpommern, Niedersachsen, Sachsen und Nordrhein-Westfalen. Da in jedem Bundesland spezielle Regelungen gelten, und selbst eine Organisation wie der Evangelische Kirchentag etwas Entsprechendes nicht anbietet, ist abzuschätzen, welch hohen Aufwand das für die Universität bedeutet.

Mit der Möglichkeit, Bildungsfreistellungen zu nutzen, konnte ich für Präsenzwochen problemlos frei bekommen (vgl. Landesregierung Schleswig-Holstein o.J., 1). Gut war dabei auch die Möglichkeit, auf der Grundlage der Schleswig-Holsteinischen Regelungen, die nicht in Anspruch genommenen Bildungsfreistellungstage eines Jahres in das nächste Jahr übertragen zu können (vgl. Landesportal Schleswig-Holstein 2020a, o.S.). Von dieser Möglichkeit machte ich gleich zu Beginn des Studiums Gebrauch, indem ich die fünf Freistellungstage aus 2016 für die erste Blockwoche im Frühjahr 2017 nutzte und die Tage aus 2017 für die Woche im Herbst 2017.

Zu der Möglichkeit, die Bildungsfreistellung für die Blockwochen zu nutzen, ist zu sagen, dass so das Studium, wenn nicht überhaupt erst ermöglicht, so doch in der Praxis deutlich besser in die Lebenssituation integrierbar wurde. Auch hier gilt allerdings, dass eine weniger kleinteilige Lösung im Antrags- und Genehmigungsverfahren vermutlich auch andere Anbieter veranlassen könnte, Bildungsurlaub anzubieten. So könnte die Möglichkeit zur beruflichen Weiterqualifizierung deutlich verbessert werden.

Im Zusammenhang mit der Tätigkeit als Sozialarbeiter im Inklusionsbüro Schleswig-Holstein konnte ich aber auch noch auf ganz anderer Ebene Erfahrungen mit der Beantragung von Bildungsfreistellungen machen. Bereits seit über zehn Jahren finden in Schleswig-Holstein dreitägige Fachtage für die Bewohnervertretungen aus stationären oder besonderen Wohneinrichtungen für Menschen mit Behinderungen statt. Diese beinhalten neben Veranstaltungen mit Politikern und Fachleuten auch immer Workshops und Arbeitsgruppen zur fachlichen Qualifikation für das Amt der Bewohnervertretung. Die Veranstaltung ist, auch durch den Austausch und die Selbsthilfe der Beiratsmitglieder untereinander, wesentlicher Baustein für Empowerment und Inklusionsprozesse in den Wohneinrichtungen Schleswig-Holsteins.

In der Regel sind die meisten Mitglieder der Bewohnervertretungsgremien in Werkstätten für behinderte Menschen (WfbM) tätig. Nicht immer jedoch bei einer WfbM des gleichen Trägers, wie die Wohneinrichtung, aus der sie stammen. Insbesondere in diesen Fällen, aber oft auch wenn beides zum gleichen Träger gehört, müssen die Teilnehmer*innen dort Erholungsurlaub einreichen, um die Tagung besuchen zu können. Dies gilt auch, weil die Veranstaltung in der Regel in der Woche stattfindet. Am Wochenende wäre es deutlich schwieriger, Fahrdienste von und zur Tagung sowie persönliche Assistenzen während der Veranstaltung für die Teilnehmenden mit Behinderung durch ihre Herkunftseinrichtungen bereitstellen zu lassen. Da mindestens ein Drittel der Teilnehmenden solche vertrauten Assistenzpersonen benötigt, wäre eine Veranstaltung am Wochenende unzweckmäßig. Bereits vor meiner Tätigkeit im Inklusionsbüro hatte sich daher für diese Veranstaltungen die Beantragung und Anerkennung als Bildungsfreistellung als praktisch erwiesen. So können auch die Werkstattbeschäftigten aus Schleswig-Holstein diese, wie vorgesehen, für die Tagung in Anspruch nehmen (vgl. Landesportal Schleswig-Holstein 2020a, o.S.). Zuständige Behörde für die Genehmigung der Anerkennung als Bildungsfreistellung in Schleswig-Holstein ist die Investitionsbank Schleswig-Holstein. Der Antrag muss zahlreiche formale Auflagen erfüllen. Die Tagung muss wesentliche Kriterien erfüllen, so muss zum Beispiel „ein Schulungsplan" vorliegen, aus dem die Methoden und Unterrichtskonzepte aber auch eine ausreichende Anzahl von Unterrichtsstunden deutlich erkennbar sind. Für die Tagungsleitung und die Anleitenden der Arbeitsgruppen ist eine Qualifikation nachzuweisen. Ähnliches gilt auch für den Veranstalter der Tagung. Der Tagungsveranstalter muss nachweisen oder früher bereits nachgewiesen haben, dass er ein anerkannter Bildungsträger ist (vgl. Landesportal Schleswig-Holstein 2020b, o.S.). Vor diesem Hintergrund fand die Tagung auch seit Jahren in Kooperation mit dem IBAF Institut aus Rendsburg statt. Während das Inklusionsbüro den praktischen Teil der Tagungsorganisation und der Verpflichtung von Referenten und Tagungsgästen übernahm, unterstützte das IBAF Institut das Büro bei der Einreichung der Anträge und der Einhaltung der Qualitätsstandards.

So konnte über die Jahre eine gut akzeptierte und etablierte Veranstaltungsreihe ins Leben gerufen werden, an der, gerade durch die Möglichkeit, Bildungsfreistellungen in Anspruch nehmen zu können, regelmäßig etwa 110 Selbstvertreter*innen und Assistenzen teilnehmen. Insbesondere von den Selbstvertreter*innen nimmt ein großer Teil, insgesamt bis zu 80 Personen, die Möglichkeit der Bildungsfreistellung in Anspruch, um so gegenüber der Werkstatt die Abwesenheit zu begründen und zu rechtfertigen. Gerade für diese Gruppe, die sonst wenige Gelegenheiten hat, überregional Veranstaltungen oder Fortbildungen zu besuchen, stellt die Bildungsfreistellung eine sehr gute Möglichkeit der Hilfe zur Mitwirkung und zur Stärkung dar.

Allerdings musste ich im Zusammenhang mit der Organisation der Veranstaltungen auch feststellen, dass die Möglichkeit der Bildungsfreistellung für Beschäftigte in WfbM in Schleswig-Holstein auch in den Werkstätten selbst oft noch wenig bekannt ist.

Zusammenfassend lässt sich feststellen, dass aufgrund meiner Erfahrungen mit der persönlichen Nutzung der Möglichkeit von Bildungsfreistellungen und der Organisation von Veranstaltungen, für die diese Art von Freistellung beansprucht werden kann, dies eine wertvolle Möglichkeit ist, an Fortbildungen teilzunehmen. Die bürokratischen Hemmnisse, zum Beispiel durch unterschiedliche Regelungen in den Bundesländern, erschweren die Nutzung allerdings. Hier wäre es wünschenswert, wenn eine Vereinfachung angestrebt würde, damit dieses Angebot von mehr Menschen, gerade auch in untypischen Beschäftigungsverhältnissen, genutzt werden könnte.

## Literatur

34. Deutscher Evangelischer Kirchentag Hamburg 2013 (2013): Soviel du brauchst. 2. Mos 16, 18. 34. Deutscher Evangelischer Kirchentag Programm 2013. Fulda. URL: https://static.kirchen tag.de/production/htdocs/fileadmin/dateien/zzz_NEUER_BAUM/Service/Archiv/Ham burg_2013/DEKT_2013_PGH_online.pdf (letzter Zugriff: 16.02.2020).

Landesportal Schleswig-Holstein (2020a): Bildungsfreistellung – Bildungsurlaub. URL: https://www.schleswig-holstein.de/DE/Themen/B/bildungsurlaub.html (letzter Zugriff: 16.02.2020).

Landesportal Schleswig-Holstein (2020b): Staatlich anerkannte Träger und Einrichtungen der Weiterbildung in Schleswig-Holstein. URL: https://www.schleswig-holstein.de/DE/Fachinhalte/B/bildungsurlaub/Traeger_WB_HT.html (letzter Zugriff: 16.02.2020).

Landesregierung Schleswig-Holstein (o.J.): Weiter mit Bildung. Kiel. URL: https://www.schleswig -holstein.de/DE/Fachinhalte/B/bildungsurlaub/Downloads/bildungsfreistellungInfo_5Schrit te.pdf?__blob=publicationFile&v=1 (letzter Zugriff: 16.02.2020).

Stehr, Christoph (2012): Sommer, Sonne, Lernen. Weiterbildung kann so schön sein. In: Der Spiegel 2012. URL: https://www.spiegel.de/karriere/bildungsurlaub-sommer-sonne-lernen-a-7488 15.html (letzter Zugriff: 16.02.2020).

YVONNE FEGERT

# Bildungsfreistellung und Bildungsurlaub sind als Initialzündung für meinen beruflichen Weg und für meine persönliche Entwicklung nicht wegzudenken

Ich bin 56 Jahre alt, Diplom-Sozialarbeiterin und Wirtschaftsmediatorin und arbeite aktuell als stellvertretende Leiterin im pädagogischen Bereich eines Bildungszentrums.

## Meine Kurzvita

- 1963 geboren als einziges Kind (Eltern: Schlosser und Hausfrau)
- Hauptschulabschluss
- Handelsschule
- Fachoberschule für Wirtschaft und Verwaltung
- Studium „Soziale Arbeit", Katholische Fachhochschule Freiburg
- Gruppenleiterin in einem Internat für Mädchen
- Beratungstätigkeit im Gesundheitsamt Freiburg
- Personalratsvorsitzende (freigestellt)
- Stellvertretende Leiterin eines Bildungszentrums in einem saarländischen Landkreis im pädagogischen Bereich

Ich bin fest überzeugt, dass die Bildungsurlaube im Bildungszentrum der Arbeitskammer einen wesentlichen Teil zu meiner beruflichen Entwicklung und schließlich zu meinen beruflichen Erfolgen beigetragen haben. Meinen ersten Bildungsurlaub habe ich in den frühen Neunzigern gemacht. Ich war gerade in zweijähriger Elternzeit. Klassischerweise hatte mich die Mutterschaft und spätere zweijährige Inanspruchnahme der Elternzeit aus meiner bisherigen beruflichen Laufbahn gekippt. Ich spürte spätestens nach dem ersten Jahr häuslichen Daseins, gepaart mit neuen Herausforderungen, was die Versorgung und Erziehung unseres ersten Kindes anbetraf, größte Verunsicherung was meine weitere berufliche Planung anging. Durch die Mutterschaft und die völlige Abkopplung zu Wissens- bzw. dienstlichen Betriebsabläufen wurde mein Selbstbewusstsein eingetrübt. Fragen wie: „Kann ich als Mutter noch meinen Job so machen wie vorher und werde ich den Leistungsanforderungen weiterhin gewachsen sein?", bewegten mich immer intensiver, je länger ich aus den betrieblichen Bezügen entkoppelt war. Auch fehlte mir der aufbauende kollegiale Austausch, ganz zu schweigen von der täglichen Anerkennung im beruflichen Alltag.

Gesellschaftliche politische Veränderungen konnte ich zwar in den Medien verfolgen, jedoch nicht im Austausch mit anderen besprechen. Veränderungen in der Arbeitswelt wie z. B. die digitale Modernisierung waren nicht mehr Teil meines Lebensbezuges. Ich befand mich in einer Filterblase, die ausschließlich aus dem familiären und freundschaftlichen Kontext (Mütter aus den Stillgruppen oder Krabbelgruppen, Familie) gespeist wurde. Veränderungen waren dringend nötig. Ich brauchte dringend wieder eine Betätigung, die mich in genannter Hinsicht forderte.

Aus diesem Bedürfnis heraus suchte ich in den zwei Jahren der Elternzeit ausschließlich Seminare aus, die finanziell zu stemmen waren und zudem in der Nähe meines Wohnortes angeboten wurden. Hier bot sich das Bildungszentrum Kirkel der Arbeitskammer mit seinen (für Mitglieder) besonders günstigen Seminaren an. Als politisch interessierter Mensch suchte ich vergebens politische Seminare, fand jedoch Bildungsformate, die persönliche Entwicklung und Kommunikation förderten. Hier besuchte ich ein Seminar (5 Tage), das sich mit zielgerichtetem Einsatz von Körpersprache bei Reden und Gesprächen befasste. Weiter nahm ich an einem Seminar teil, in dem die Hauptthematik auf persönlicher Ausstrahlung, Selbstpräsentation und vor allem Umgang mit Lampenfieber lag. Die Seminare wurden bei Bedarf mit Kinderbetreuung angeboten. Dies war in der Elternzeit natürlich eine wunderbare Sache und es hat mir die Wahrnehmung der Seminare erheblich leichter gemacht. In den Seminaren konnte ich mich mit anderen Menschen austauschen und mich selbst in maßgeschneiderten Übungen ausprobieren.

In den Jahren nach der Elternzeit bin ich in Vollzeit wieder meinem Beruf nachgegangen. Die Kurse haben mir sehr bei dem Wiedereinstieg ins Berufsleben geholfen. Während meiner jetzt doch 30-jährigen Berufstätigkeit im öffentlichen Dienst habe ich vielmals von meinem Anspruch auf Bildungsfreistellung Gebrauch gemacht. Belegte ich anfänglich ausschließlich Seminare, die den thematischen Schwerpunkt im kommunikativen und persönlichkeitsfördernden Bereich hatten, wurden es später eher gesellschaftspolitische Themen wie die Digitalisierung, Umweltfragen oder auch die Gegenwehr gegen Rechtspopulismus. Beeindruckt hat mich vor allem eine Bildungsreise (Bildungsfreistellung), an der ich 2014 nach Istanbul teilnahm. Wir besuchten ein Jahr nach seiner Besetzung den Gezi-Park. der bis dahin die erste öffentliche Inbesitznahme von zentralem Innenstadtraum in Istanbul darstellte. Wir sprachen unter anderem mit Menschenrechtler*innen, Gewerkschaften und unterschiedlichen ehrenamtlichen Initiativen, die von einer brutalen Vorgehensweise der Staatsmacht berichteten. Neben der wunderschönen Stadt mit ihrer besonderen kulturellen Vielfalt, war doch sehr die bedrückende Stimmung bei den besuchten Gremien und Initiativen zu spüren. Ausnahmslos wurde berichtet, dass sich die Atmosphäre in der Türkei, gerade auch für regimekritische Institutionen sehr zugespitzt hatte. Wir unterstützen die demonstrierenden Bergmänner und ihre Familien an einem Mittwoch in der Mittagspause vor dem Krankenhaus, in das die verunfallten Bergmänner des Grubenunglücks von Soma verbracht wurden. Nach offiziellen Zahlen starben dort 301 Bergleute, 486 überlebten schwer verletzt. Die Demonstrierenden gaben dem Regierungspräsidenten Erdogan die Schuld für die miserablen Arbeitsschutzgesetze und die schlimmen Auswirkungen. Die Teilnehmenden der Bildungsreise hatten zeitweise den Eindruck, dass wir beobachtet und fotografiert wurden. Als wir mit einigen Demonstrant*innen des Gezi-Parks sprachen, wurde uns ein Bild der Polizei vermittelt, das an die schweren Zeiten nach 1933 in Deutschland erinnerte. Genau ein Jahr später kamen viele Menschen beim Versuch eines militärischen Putsches ums Leben. Tausende regimekritische Journalist*innen und Menschenrechtler*innen wurden ohne Anklage verhaftet. Diese Bildungsreise hat mich und meinen Blick auf die Türkei nachhaltig verändert.

Die Bildungsseminare und -reisen waren für mich auch beruflich ein Gewinn. Mir ist deutlich geworden wie wichtig es für die berufliche Entwicklung ist, dass wir Wissenslücken feststellen und dem Streben nach Beendigung der Bildungslücke nachgehen. Was meine ich damit? Durch die Seminare wurde mir überhaupt gewahr, wie viel es zu erleben und zu wissen gilt. Durch die Anregungen und das bewusste Aussuchen der Themen, die mich als Mensch, als Subjekt interessierten, hatte ich einen eigenmotivierten Antrieb die Bildungsangebote aufzusaugen. Ganz anders als in Schul- bzw. Studienzeiten. Aus heutiger Sicht bin ich sicher, dass auch die berufsfernen Seminare für mich hilfreich waren, um in meinem Beruf und meiner beruflichen Entwicklung voranzukommen.

Mittlerweile konnte ich, angeregt durch einen Referenten eines Seminars, eine wissenschaftliche Weiterbildung mit FH-Abschluss absolvieren und übernahm eine Führungsposition. Ich werde voraussichtlich noch 9 Jahre bis zum Rentenantritt tätig sein. Lebensbegleitendes Lernen steht für mich an erster Stelle. Meine Mitarbeiterinnen und Mitarbeiter, meine Kolleginnen und Kollegen werden von mir angeregt Freistellungsmöglichkeiten zu nutzen, um Bildung erfahren zu können. Bildungsfreistellung und die Teilnahme an Bildungsurlaubsseminaren befördern berufliche Entwicklung. Meine eigene Erfahrung und mein beruflicher Weg zeigen dies beispielhaft auf. Leider ist das Bildungsfreistellungsgesetz im Saarland auf 6 Tage im Jahr beschränkt. In Zeiten der Digitalisierung und der Transformation ist der Bedarf an Bildungsfreistellung ein viel höherer und muss dringend den Bedürfnissen der Wirtschaft und des öffentlichen Dienstes angepasst werden. Gerade auch für Menschen in Teilzeit, bei denen der überwiegende Teil weiblich ist, ist es ein nicht wegzudenkendes Instrument der Weiterbildung.

GEORG

# Mit Kuba fing alles an!

## Erfahrungsbericht zu meinen Bildungsurlauben

Mein erster Bildungsurlaub begann im September 2006. Durch Arbeitskollegen hörte ich schon im Vorwege, dass ich einen Rechtsanspruch auf einen Bildungsurlaub habe.

Persönlich bin ich dann Anfang 2006 in eine Lebenskrise geraten. Aus dieser Krise heraus entwickelte ich den Wunsch, etwas Neues in meinem Leben zu erfahren. Ich wollte meinen Alltag mit neuem Wissen bereichern.

Relativ schnell bin ich so auf den Bildungsträger ARBEIT UND LEBEN Hamburg gekommen. Mein Interesse war sofort geweckt von einer Bildungsreise nach Kuba. Das Motto lautete „Sozialismus Tropical: Mythos und Realität". Ich meldete mich sofort an.

Bei jeder Auslandsreise gibt es im Vorfeld ein sogenanntes Vorbereitungstreffen, u.a. werden Fragen zur Zimmerbelegung und dem Ablauf des Bildungsurlaubs erörtert. Auch mein Arbeitgeber wurde über die 14-tägige Bildungsreise informiert.

Im September 2006 begann die Reise nach Havanna auf Kuba. Schon der Flug, der über Paris nach Havanna ging, war sehr interessant, da wir als Teilnehmergruppe uns besser kennenlernen konnten.

Die ersten zwei Tage verbrachten wir in Havanna. Wobei man sagen kann, dass die Unterbringung in den Hotels auf Kuba lange nicht den deutschen Standards entsprach, was zum Unmut einiger Teilnehmer führte. Ich persönlich arrangierte mich mit den Unterkünften.

Ein Nebeneffekt der Bildungsurlaubsreisen ist, immer wieder beobachten zu können, wie eine Gruppendynamik entsteht. Wie man mit Menschen unterschiedlichster Berufsausbildung ein oder zwei Wochen zusammen auskommen muss, mit denen man im Alltagsleben wenig oder gar nichts zu tun gehabt hätte. Diese Erfahrung im zwischenmenschlichen Bereich gehört für mich auch (als Bildung) dazu.

Der Dozent unserer Gruppe, er hatte vor Jahren auf Kuba studiert, war – für mein Empfinden – politisch sehr links orientiert, sodass er bei allen Veranstaltungen den Sozialismus lobend in den Vordergrund stellte. Dies sorgte wiederum für heftige Meinungsverschiedenheiten innerhalb der Gruppe. Wir besuchten u.a.

- das Komitee für Völkerfreundschaft
- das ZK Komitee der kommunistischen Partei Kubas in Havanna
- die Universität in Santa Clara
- das Revolutionsmuseum usw.

Mit all dem Wissen, welches mir an den verschiedenen Anlaufstellen vermittelt wurde, bekam ich Interesse am Alltag der Kubaner, den ich am besten kennenlernen konnte nach Beendigung des offiziellen Tagesprogramms. Mich erstaunte die Offenheit der hier lebenden Menschen. Relativ schnell waren Gespräche von sehr interessantem Inhalt entstanden. Man sagt, der Kubaner ist arm an materiellen Dingen, allerdings reich an Humankapital. Dies kann ich nur bestätigen. Dadurch waren die persönlichen Kontakte für mich eine echte Bereicherung. Ebenso faszinierten mich die allgemeine Unbeschwertheit der Menschen dort, das Lachen, die Leichtigkeit und die Musik.

Auf dieser Reise habe ich sogar meine Liebe zur kubanischen Musik entdeckt. Zuhause kaufte ich mir ein Saxofon, lernte Noten lesen und nahm Saxofon-Unterricht. Anschließend war ich noch vier Mal auf Kuba, feierte meinen 50. Geburtstag dort (in der Hemingway Bar). Ich kann sagen, in dieses Land habe ich mich verliebt.

Meiner Erfahrung nach gewährt ein Bildungsurlaub Einblicke, die ein Alleinreisender (Tourist) nicht erfahren kann.

Nach dieser inspirierenden Reise war ich in den folgenden Jahren mit ARBEIT UND LEBEN noch in Amsterdam, Tallin und Barcelona. Dabei möchte ich anmerken, dass das vermittelte Wissen mein Leben bereichert hat. Da wäre z.B. meine Barcelona-Reise im Jahre 2009, die mir beim Verständnis der Katalonien-Krise 2017/2018 half.

Weitere Bildungsurlaube, an denen ich teilnahm, fanden in meiner Heimatstadt Hamburg statt. Dadurch waren Sie für mich nicht mit einer Reise verbunden, sondern täglich auf kurzem Wege erreichbar. Z.B. besuchte ich folgende Kurse:

- Hamburgs Rolle im ersten Weltkrieg
- Antisemitismus in der Kapitalismuskritik
- Hamburgs Rolle im Kolonialismus
- Schifffahrt – Hebel der Globalisierung – Von Flaggen, Containern und Menschen
- Chinatown in Hamburg

- Jeans, T-Shirts & Co.: Globale Wertschöpfungskette und Nachhaltigkeit
- Alte und neue Medien
  … und weitere Bildungsurlaube

Bei all diesen Kursen, an denen ich teilgenommen hatte, hielt ich es für angebracht, den vermittelten Inhalt auch kritisch zu betrachten und nicht immer als gegeben hinzunehmen, da viele Dozenten Vorträge – wie ich finde – ideologisch vermittelten. Deshalb: Immer hinterfragen (googlen, nachlesen, recherchieren) und sich eine eigene Meinung bilden.

Und trotzdem, ein Bildungsurlaub lohnt sich immer!

MECHTHILD GERIGK-KOCH

# Bildungsfreistellung: Erfahrungen, Einsichten, Erkenntnisse

Meine erste Studienreise ging 1997 in die USA, genauer nach Boston, Mass. Der Rechtsanspruch auf Bildungsfreistellung bestand seit sechs Jahren und für mich begann eine neue Form der Nutzung von Bildungsangeboten: Auslandsreisen zu speziellen Themen. Reizvoll waren vor allem Ziele, an die ich ohne ein solches Angebot nicht gelangt wäre. Denn es waren vorrangig die Gespräche mit den Expert*innen vor Ort, die mich reizten. Ich habe Bildungsfreistellung immer in Form der gesellschaftspolitischen Weiterbildung genutzt. Mich interessierte bei den Auslandsstudienreisen, wie sich verschiedene Institutionen bei unterschied-lichen Herausforderungen in anderen Systemen organisieren, mit welchem Auf-wand, mit welchen Risiken und mit welchen Ergebnissen. Was eine leiden-schaftliche Soziologin eben so interessiert. Dabei ging es aber nie nur um die Strukturen, sondern auch immer um die Wirkungen auf die Menschen.

Meine Liste:
- Frauenprojekte in den Neuenglandstaaten der USA (Boston)
- Antirassismusarbeit in Italien (Bologna)
- Bürgerrechtsarbeit in der Türkei (Istanbul)
- Der Weg in die Zukunft für Frauen in South Carolina (Charleston)
- Arbeitnehmer und Industrie in Russland (Moskau und Jaroslawl)
- Marokko und der arabische Frühling (Rabat und Casablanca)
- EU-Osterweiterung (Budapest)
- Gewerkschafts- und Kulturarbeit in Polen (Toruń)
- Eine Stadt zieht um (Kiruna)
- Der keltische Tiger – Irland nach der Krise (Dublin)
- Island nach der Wirtschaftskrise (Reykjavik)
- Flüchtlinge und Balkanroute in Slowenien (Ljubljana)
- Neue Grenzen in Europa – Brexit und die Folgen I und II (Londonderry, Belfast und Dublin)

Alle Reisen habe ich thematisch stets so ausgesucht, dass sie keinen direkten Be-zug zu meiner aktuellen beruflichen Tätigkeit hatten. Ich wollte über meinen Tellerrand schauen. Dabei kamen auch Themen zum Zug, die ich erst in den Jah-reskatalogen der Anbietenden überhaupt als interessant entdeckt hatte.

Ich wäre ansonsten wohl kaum auf die Idee gekommen, Ende Februar 2012 nach Kiruna zu reisen, wo es zu dieser Jahreszeit minus 30 Grad kalt sein sollte. Es kam dann wärmer – bloß minus 12 Grad, der Klimawandel ließ auch da schon grüßen. Neben den Informationen zum spannenden Prozess des Umzugs einer ganzen Stadt, die Platz machen muss, damit weiterhin das Eisenerz unter ihr gewonnen werden kann, und einem Besuch bei der dort ansässigen Sami-Bevölkerung, die wieder einmal weichen muss, gab es oben drauf auch eine Fahrt im offenen Sessellift im Schneesturm, eine Schlittenhundefahrt und unglaublich schönes Polarlicht. Das kam alles freiwillig und außerhalb des Programms dazu. Nicht selten waren es aber gerade solche Erlebnisse, die dem ganzen Unternehmen Studienreise eine besondere Würze gaben.

Beispiel Moskau und Jaroslawl im März – wo wir im Schneematsch herumrutschten und fasziniert beobachteten, wie erstaunlich viele russische Frauen selbst bei diesem Wetter auf mörderischen Highheels laufen. Aber das Wesentliche waren die Besuche und Gespräche bei der Menschenrechtsorganisation Memorial in Moskau sowie die Besichtigung einer Gummireifenformenfabrik in Jaroslawl. Und ganz nebenbei das Abenteuer der Moskauer U-Bahn, einschließlich einer Konfrontation unserer russischen Dolmetscherin mit den Soldaten, die die U-Bahn bewachten.

Beispiel Reykjavik – oder die Kochtopf-Revolution auf Island, die die Regierung aus dem Amt fegte, nachdem sie in der Wirtschaftskrise das ganze Land in den Abgrund gestürzt hatte – und die Weise, wie das Land und seine Menschen wieder aufstanden, zusammenrückten und die Schere zwischen arm und reich sogar zusammendrückten. Die Aufarbeitung findet noch heute durch eine Ethikkommission statt und anders als in manchen anderen Staaten, gehen in Island Menschen ins Gefängnis, wenn ihnen nachgewiesen wird, dass sie in der Wirtschaftskrise strafrechtlich relevante Taten begangen haben. Und das sind eben doch einige. Hier lernten wir auch, wie man nebenbei aus der Katastrophe eines Vulkanausbruchs – Eyjafjallajoküll oder E 15, weil der Name 15 Buchstaben nach dem E hat – eine neue Zukunft schmieden kann und heute hat Island nicht mehr nur die Fischindustrie, sondern auch den Tourismusmarkt.

Oder der Mut, den Menschen in der Türkei aufbringen mussten – und heute wieder müssen – um die Rechte politisch Verfolgter zu schützen. Oder mit welchen Hoffnungen Ungarn 2003 in die EU kam, was mich angesichts der Lage heute erst recht nachdenklich macht. Und genauso in Polen, bei dem ich mich heute frage, wo denn die Gewerkschafter*innen der Solidarność abgeblieben sind …

## Erfahrungen

Ich schätze mich glücklich, mit den Angeboten, den Anbietenden und der Organisation der Studienreisen ausnahmslos gute Erfahrungen gemacht zu haben. Zwar wurde nicht ein einziges Programm so durchgeführt, wie angekündigt, aber es gelang den Gruppenleitungen immer, sehr professionell mit Änderungen fertig zu werden. Das waren oft kurzfristige Absagen von Gesprächspartner*innen vor Ort, gegen die selbst die beste Planung machtlos ist.

Viele Expert*innen waren richtig starke Gesprächspartner*innen, manche rangierten eher im Mittelfeld, aber immer gelang es, aus diesen Gesprächen heraus ein neues und verändertes Bild über das jeweilige Land und seine Menschen herauszuarbeiten. Ich kehrte bei jeder Reise zurück mit neuen Gedanken, mit einer neuen Nachdenklichkeit, mit neuen Informationen über die Länder, aber vor allem mit einer veränderten Sicht auf das eigene Land und die eigenen Sichtweisen.

## Einsichten

Mein Blick über meinen Tellerrand und hinein in den Garten „der anderen" – sowohl der Menschen im Zielland als auch der anderen Reiseteilnehmenden – führte immer dazu, dass ich „das Eigene" nach der Rückkehr mit anderen Augen betrachtete. Ich lernte etwas über die Frauenpolitik in den USA und auf welch hohem Niveau wir da in Deutschland manchmal klagen, ich lernte die schmerzliche Anklage schwarzer Amerikanerinnen gegenüber weißen Deutschen kennen, die in der Aussage gipfelte: „Ihr könnt uns einfach nicht verstehen, weil ihr weiß seid!" Ich begann den Sinn des interkulturellen Austauschs in Frage zu stellen, so sehr verunsicherte mich dieses Statement.

Ich lernte auch die unfreiwillige Rolle der Diplomatin für das eigene Land kennen. Als Teilnehmer*in einer Studienreise ist jedes Mitglied der Reisegruppe auch immer Botschafter*in und muss Anfragen beantworten und auf Erwartungen oder Einstellungen gegenüber der Nation Deutschland reagieren. Es ist nicht immer einfach, aber es ist auf jeden Fall unausweichlich. Wo immer wir als deutsche Studienreisegruppe eintreffen, werden wir als Beispiel für „die Deutschen" genommen, und damit geht, jedenfalls für mich, Verantwortung einher.

Ich habe es auf fast allen dieser Studienreisen erlebt, dass mir Gesprächspartner*innen die Rückmeldung gaben, wie merkwürdig sie es fänden, dass sich eine deutsche Gruppe ins Ausland aufmache, um zu bestimmten Themen oder Fragestellungen etwas zu lernen. Kopfschüttelnd wurde da zur Kenntnis genommen und auch kommentiert, dass es einen Rechtsanspruch auf Bildungsfreistellung gibt, dass Menschen sich dieser Mühe des Reisens unterziehen und auch

Geld dafür ausgeben. Da schimmerte durch, dass so etwas wohl typisch deutsch sei. Gleichzeitig spürte ich auch manchmal einen gewissen Neid über diese Möglichkeiten. Ich fragte mich oft, wie sehr die Kenntnis über diese Tatsachen auch das Bild von uns Deutschen in den Köpfen der anderen beeinflusste. Ich „fürchte", wir leiten damit auch dem Stereotyp der fleißigen, disziplinierten und bildungsbeflissenen Deutschen ordentlich Wasser auf die Mühlen. Nun ja.

**Erkenntnisse**

Wichtigste Erkenntnis war für mich jedenfalls: Es waren diese Studienreisen, die mir ein deutlicheres Gefühl davon vermittelten, was es bedeutet, Deutsche zu sein. Die nationale Seite der eigenen Identität sozusagen. Ich wollte, dass sie mir egal wäre – aber das war und ist sie nicht. Sie kam immer wieder durch die Fenster oder Hintertüren zurück, wenn ich sie vorne aus der Tür gejagt hatte. Das hatte für meine Weltsicht weitreichende Konsequenzen. Heute betrachte ich Kategorien wie Identität auf verschiedenen Ebenen nicht mehr als vernachlässigbare Aspekte. Eher halte ich sie für in der Diskussion massiv unterschätzt.

All das, was ich in den verschiedenen Ländern gelernt habe, ist und bleibt spannend und es hilft mir bis heute, Nachrichten von dort besser zu verstehen. Aber so schmerzlich es ist: Ich kann mir tausend Ideen und Anregungen von dort mitbringen – Beispiele guter Praxis – nichts davon ist unmittelbar übertragbar und es bedarf ungeheurer Anstrengungen, etwas davon ins eigene Land oder ins eigene System zu übernehmen. Es wäre naiv, das überhaupt zu erwarten, das war mir immer klar, aber wozu politischer und interkultureller Austausch, wenn die gegenseitige Bereicherung auch durch Ideen und Anregungen von vorneherein ausgeschlossen würde? So bleibt in den allermeisten Fällen vor allem ein persönlicher Gewinn: Ich habe gelernt, ein paar winzige Schritte in den Schuhen der anderen zu gehen, und mir dabei manche Blase geholt. Es macht etwas mit mir, mich selbst und mein Land durch die Augen der anderen zu sehen und das hat meine Denkweise und meine Weltsicht verändert. Ich habe gelernt, das Eigene kritisch zu hinterfragen und ich verlange das beruflich auch von meinem Gegenüber, wenn wir gemeinsam und in Respekt zusammenarbeiten wollen. Übrigens egal, in welchem Kontext. Das verschafft mir mehr Verhandlungsspielraum, einen größeren Aktionsradius, sorgt für mehr gegenseitigen Respekt und es macht mitunter demütig, wenn ich vergleiche, mit welchen Chancen und Möglichkeiten wir in diesem Land tätig sein können und wie die entsprechenden Rahmenbedingungen für andere in deren Ländern aussehen.

Es bleibt für mich ein zentrales Element der Friedensarbeit, Menschen „face to face" in Kontakt zu bringen, sie zu animieren, sich ihre gegenseitigen Geschichten zu erzählen, sie zu ermutigen, genau hinzuhören. Studienreisen ins Ausland leisten genau das. Mehr als förderliche Rahmenbedingungen und die Bereitschaft sich darauf einzulassen, bedarf es dazu nicht. Das muss auch gegen zerstörerische Kritik in Schutz genommen und verteidigt werden, denn ohne das geht es eben auch nicht.

Und das spannendste Erlebnis, das ich hatte? Mitten in der Nacht im Flughafen von Sankt Petersburg auf eine Information zu warten, warum wir dort gestrandet und nicht nach Moskau geflogen waren – und unter tiefhängenden Augenliedern zwei Soldatinnen in Uniform mit knallengem Rock auf Superhighheels auf spiegelglatten Marmor die Halle durchqueren zu sehen. Surreal. Auflösung: Aeroflot weigerte sich, höhere Landegebühren für den Flughafen Sheremetjewo in Moskau zu bezahlen und um die Gebühren durchzusetzen, entzog man unserer Maschine noch im Landeanflug die Landeerlaubnis. Der Pilot musste durchstarten und die Flugsicherung leitete uns nach Sankt Petersburg um. Als Aeroflot eingelenkt hatte, wurden wir gegen fünf Uhr morgens doch noch von St. Petersburg nach Moskau geflogen.

TRAUTE KRÖSCHE

# Bildungsurlaub – War es ein Zufall oder ein Glücksfall?

Auf der Suche nach Möglichkeiten einer Ausbildung zur Mediatorin fand ich 2005 einen Bildungsträger, der die über zwei Jahre laufenden Module als anerkannten Bildungsurlaub anbot, noch dazu in Hamburg. Eine Weiterbildung, die bis heute vom Bundesverband für Mediation anerkannt wird. Es ist wenig präsent, dass die jeweils fünf Tage Bildungsurlaub pro Jahr, auch auf eine Weiterbildung über zwei Jahre verteilt werden können. So waren Donnerstag und Freitag (und mein privater) Sonnabend je Modul gesichert. Mit einer zusätzlichen Fortbildung zur innerbetrieblichen Konfliktberaterin gehöre ich seit über zehn Jahren zum Beratungsteam für die Mitarbeiter*innen meines Arbeitgebers, was ich durchaus als persönlichen Erfolg betrachte. Es ist eine Tätigkeit, zu der Neutralität gegenüber den Ratsuchenden, Vertrauen, Transparenz im Verfahren und fachliches Geschick gehören. Dies alles ist sehr hilfreich, gemeinsam einen Weg und eine Lösung durch den Konflikt zu finden. Über die Arbeitswelt, die Struktur des Unternehmens, die Befindlichkeiten der Mitarbeiter*innen, der Teams und der Vorgesetzten hätte ich ohne meinen ersten Bildungsurlaub kaum so viel lernen können. Für mich ist es bis heute eine wunderbare Ergänzung im Berufsleben.

Ein einwöchiger NLP-Kurs (Neurolinguistische Programmierung) 2009 mit täglich 6–7 Stunden Unterricht erfüllte meine Erwartungen nicht. Einer fahrigen Trainerin gelang es nicht, ihr Fachwissen weiterzugeben. Auch das kann passieren und überraschte alle Teilnehmer, die schon an verschiedenen Bildungsurlauben teilgenommen hatten. Vielleicht ist das Thema auch ungeeignet für einen einwöchigen Kurs.

Erst nach 2010 kam Bildungsurlaub wieder in meinen Blick. Ein Hamburger Träger bot Fahrradreisen an der deutsch-polnischen Grenze an. Fast all unsere Grenzen sind uns vertraut. Aber die zu Polen? Der Unterschied zu privaten Touren bestand in den Kontakten, die für uns Teilnehmer auf beiden Seiten organisiert wurden: Gemeinden, städtische Einrichtungen, Bürgerinitiativen, Minderheiten (Sorben), Braunkohle-Tagebau etc. Auch wenn Einiges ein bisschen skurril klingt – vorher wusste ich nicht, dass z. B. die Stadt Guben erstaunlicherweise eine Abwasserkläranlage gemeinsam mit der Schwesterstadt Gubin auf der anderen Seite der Oder betreibt (und das in großem Einvernehmen und zu beiderseitiger Zufriedenheit), dass Sicherheitskräfte auf beiden Seiten der Grenze sich bemühen, die andere Sprache zu lernen, um den Anforderungen besser gerecht zu werden. Wir haben auf dieser Reise viel über uns selbst, unsere Nachbarn und die gemeinsame Geschichte erfahren, so dass mein Mann und ich auch an der Reise im Folgejahr, die den nördlichen Teil der Oder bis Stettin betraf, teilgenommen haben.

Die Neugier auf unsere östlichen Nachbarn war geweckt, und führte mich später weiter in den Osten nach Katovice (Krakau) und im Folgejahr nach Lviv (Lemberg) in der Westukraine. Heute meine ich, mit den östlichen Nachbarn eben so viel Geschichte zu teilen, wie mit den westlichen.

2014 nahmen wir an einer Bildungsreise nach Südeuropa 2014 teil, das Ziel: Thessaloniki. Hauptthemen waren die Flüchtlingsströme und alle damit verbundenen Herausforderungen und Folgen, die diese für Nordgriechenland, seine Bevölkerung und die regionalen Regierungen bedeutet. Wir trafen u.a. NGOs, den Bürgermeister, den deutschen Konsul, Sozialarbeiter und Mitglieder von Umweltschutzorganisationen.

Die Vielzahl der Eindrücke und Erlebnisse haben mich im besten Sinne des Wortes weitergebildet und sind Teil meines Bildes von Europa geblieben. Weder unsere Nachrichtensendungen oder –magazine, noch Dokumentationen können diese ersetzen oder übertreffen. Fachliteratur und/oder Belletristik können, wie bei anderen Reisen auch, ganz persönliche Begleiter sein.

Und die jeweils zusammengekommenen Gruppen waren so bunt gemischt und überraschend wie unsere Gesellschaft; mit dem großen Unterschied, dass ich einige der Teilnehmer*innen (einzelne Kontakte bestehen bis heute) ohne den Bildungsurlaub wahrscheinlich gar nicht kennengelernt hätte; Bildung auf Reisen hat glücklicherweise auch sehr muntere Seiten!

# Autorinnen und Autoren

**NADJA BILSTEIN** ist seit 2014 Fachbereichsleiterin der Politischen Akademie im Haus Neuland in Bielefeld und als solche für die politische Erwachsenenbildung und Bildungsurlaubsangebote zuständig. Sie studierte Germanistik und Politikwissenschaft an der Rheinischen Friedrich-Wilhelms-Universität Bonn.
Kontakt: n.bilstein@haus-neuland.de

**ULLI BOHLAND,** ehrenamtlicher ver.di Betriebsgruppensprecher bei der Berufsfeuerwehr Mainz und gewerkschaftlicher Beamten*innen-Vertreter in Rheinland-Pfalz.
Kontakt: ullibohland@t-online.de

**SONJA BRINSCHWITZ** ist derzeit tätig im Personalmanagement der öffentlichen Verwaltung in Hamburg. Sie ist Betriebswirtin und Sozialökonomin sowie Begleiterin von Menschen in beruflichen Auf- und Umbruchsituationen.
Kontakt: sonja.brinschwitz@gmx.de

**BORIS BROKMEIER** ist seit 2016 Leiter der Ländlichen Heimvolkshochschule Mariaspring e.V. in Bovenden bei Göttingen. Er studierte Sozialpädagogik, Politik, Erwachsenenbildung und Betriebswirtschaft. In der Zeit von 2002–2015 war er Referent für politische Jugendbildung beim AdB.
Kontakt: brokmeier@mariaspring.de

**STEFAN BUDIAN** ist freischaffender Künstler in Mainz und arbeitet seit 2019 an einem „Portrait" der Visegrad-4-Staaten.
Informationen und Kontakt über: www.stefanbudian.de

**RAINER CHRIST,** M.A., geht Tätigkeiten in der Berufsbildungsforschung sowie in der gewerkschaftsnahen und der Evangelischen Erwachsenenbildung in Rheinland-Pfalz nach. Er wurde 1953 geboren und war zuletzt zuständig u.a. für das Bildungsfreistellungsgesetz. 1978 absolvierte er sein Magisterexamen Soziologie in Mainz. Von 2004 bis 2018 war er Referent im Ministerium für Wissenschaft, Weiterbildung und Kultur Rheinland-Pfalz.
Kontakt: Josefsstr. 37, 55118 Mainz

**ANDRÉ DELOR** ist Sozialarbeiter, Ansprechpartner für Selbstvertreter*innen und Selbstvertretungsgremien im Inklusionsbüro der Lebenshilfe Schleswig-Holstein. Er wurde 1968 geboren, studierte Nordistik und arbeitete im Kino. Er hat einen Abschluss als Diakon und Sozialarbeiter und die Qualifikation „Leichte Sprache". Nebenberuflich arbeitet er in der inklusiven Freizeitarbeit mit Menschen mit und ohne Behinderung.
Kontakt: xdelor@aol.com

**FRIEDRUN ERBEN**, Dr., ist Referentin für Kommunikation und Medien beim Arbeitskreis deutscher Bildungsstätten (AdB) und Redakteurin der Fachzeitschrift „Außerschulische Bildung. Zeitschrift der politischen Jugend- und Erwachsenenbildung".
Kontakt: erben@adb.de

**YVONNE FEGERT**, Dipl.-Päd., ist stellvertretende Leitung im pädagogischen Bereich des Bildungszentrum Kirkel.
Kontakt: Yvonne.Fegert@arbeitskammer.de

**GEORG** ist im öffentlichen Dienst tätig (Jg. 1964/mittlere Reife). Gegenwärtig lebt er in Hamburg.

**MECHTHILD GERIGK-KOCH**, M.A., ist seit 2012 Leiterin der Landesantidiskriminierungsstelle RLP. Sie hat einen Magister in Soziologie, Politikwissenschaft, Publizistik der Johannes Gutenberg-Universität Mainz. Von 1989 bis 2011 war sie Referatsleiterin im Stab der Integrationsbeauftragten der Landesregierung RLP.
Kontakt: antidiskriminierungsstelle@mffjiv.rlp.de

**MELANIE HAASE**, M.A., ist seit 08/2014 Pädagogische Mitarbeiterin in der Ländlichen Heimvolkshochschule Mariaspring mit Schwerpunkt politischer Bildung. Ihr Studium absolvierte sie im Magister Politikwissenschaft (HF), Neuere und Neueste Geschichte (NF) und Amerik. Lit.- und Kulturwissenschaft (NF) an der TU Chemnitz.
Kontakt: haase@mariaspring.de

**HANNAH HASSINGER**, M.A., ist wissenschaftliche Mitarbeiterin an der Professur für Weiterbildung und lebenslanges Lernen an der Helmut-Schmidt-Universität/Universität der Bundeswehr Hamburg. Ihre Arbeitsschwerpunkte sind Erwachsenenbildung im Kontext von Zeit, sozialer Ungleichheit und Geschlecht, Biographieforschung sowie qualitative Erwachsenen- und Weiterbildungsforschung.
Kontakt: hassinger@hsu-hh.de

**LENA HEIDEMANN**, Dr. des., ist wissenschaftliche Mitarbeiterin am Institut für Berufspädagogik und Erwachsenenbildung der Leibniz Universität Hannover. Sie promovierte zum Thema „Weiterbildungspartizipation und Bildungsurlaubsteilnahme".
Kontakt: lena.heidemann@ifbe.uni-hannover.de

**THEA KLÜVER**, M.A., ist wissenschaftliche Hilfskraft an der Professur für Erwachsenenbildung der Helmut-Schmidt-Universität/Universität der Bundeswehr Hamburg. Sie war studentische Hilfskraft im Forschungsprojekt „Bildungsfreistellung: Hintergründe, Entwicklungen und Perspektiven. Strukturelle und biographische Aspekte zum Lernen im Lebenslauf". Ihren Master absolvierte sie in Erziehungswissenschaften mit dem Schwerpunkt Partizipation und Lebenslanges Lernen. Außerdem ist sie Sozialpädagogin in einem Projekt für Frauen mit Fluchterfahrung.
Kontakt: thea.kluever@web.de

**TRAUTE KRÖSCHE** war Angestellte der Universität Hamburg (Jg. 1953).
Kontakt: traute.kroesche@gmail.com

**ANDREAS MERKENS** ist Referent für politische Bildung im Bereich Bundesweite Arbeit der Rosa-Luxemburg-Stiftung (RLS). Er plant und koordiniert für und mit den Landesstiftungen der RLS politische Bildungsreisen.
Kontakt: Andreas.Merkens@rosalux.org

**ANTJE PABST**, Dr., ist wissenschaftliche Mitarbeiterin an der Professur für Erwachsenenbildung der Helmut-Schmidt-Universität/Universität der Bundeswehr Hamburg. Ihre Arbeitsschwerpunkte sind: subjektwissenschaftliche Forschung zu Bildungs- und Lernprozessen Erwachsener; Grundbildung/Alphabetisierung und Bildungsfreistellung/Bildungsurlaub sowie Beruf/Beruflichkeit.
Kontakt: antje.pabst@hsu-hh.de

**KLAUS PAFFRATH,** Dr., ist seit 1993 in einer obersten Landesbehörde in Thüringen als Referatsleiter tätig (Jg. 1961). Er studierte Rechtswissenschaften und wurde an der Deutschen Universität für Verwaltungswissenschaften Speyer promoviert.
Kontakt: klaus.paffrath@tmbjs.thueringen.de

**KATJA PETERSEN,** Dr., ist wissenschaftliche Mitarbeiterin an der Professur für Erwachsenenbildung an der Helmut-Schmidt-Universität/Universität der Bundeswehr Hamburg. Ihre Forschungsschwerpunkte sind Bildungstheorie, Qualitative Biographie- und Bildungsforschung, Lernen und Lehren in der beruflichen Weiterbildung, Postgraduate Medical Education sowie historische Erwachsenenbildungsforschung.
Kontakt: katja.petersen@hsu-hh.de

**IRIS PFEIFFER,** Dr., ist Geschäftsführerin und Leiterin des Forschungsinstituts Betriebliche Bildung (f-bb).
Kontakt: iris.pfeiffer@f-bb.de

**CLAUDIA POHLMANN,** Dr., ist wissenschaftliche Mitarbeiterin an der Professur für Weiterbildung der Justus-Liebig-Universität in Gießen.
Kontakt: claudia.pohlmann@erziehung.uni-giessen.de

**SASKIA RIEGER,** M.Sc., ist seit 2015 am Forschungsinstitut Betriebliche Bildung (f-bb) als wissenschaftliche Mitarbeiterin in Forschungs- und Evaluationsprojekten tätig.
Kontakt: saskia.rieger@f-bb.de

**STEFFI ROBAK,** Prof. Dr., ist Professorin für Bildung im Erwachsenenalter am Institut für Berufspädagogik und Erwachsenenbildung der Leibniz Universität Hannover.
Kontakt: steffi.robak@ifbe.uni-hannover.de

**KATJA SCHMIDT,** Dr., ist wissenschaftliche Mitarbeiterin an der Professur für Erwachsenenbildung an der Helmut-Schmidt-Universität/Universität der Bundeswehr Hamburg. Ihre Forschungsschwerpunkte sind Bildungstheorie, Qualitative Biographie- und Bildungsforschung, Lernen und Lehren in der beruflichen Weiterbildung, Postgraduate Medical Education sowie historische Erwachsenenbildungsforschung.
Kontakt: katja.schmidt@hsu-hh.de

**SABINE SCHMIDT-LAUFF,** Prof. Dr., ist Professorin für Weiterbildung und lebenslanges Lernen an der Helmut-Schmidt-Universität/Universität der Bundeswehr Hamburg. Ihre Forschungs- und Arbeitsschwerpunkte liegen in Professionalisierung, Professionalität und Professionelles Sein in der Erwachsenenbildung sowie in international-vergleichender Forschung zum lebensbegleitenden Lernen, beruflicher und betrieblicher Weiterbildung und Lernen im Erwachsenenalter. Ein besonderer Fokus ihrer Forschungen und Publikationen liegt auf Fragen temporaler und zeitbezogener Herausforderungen für Lernen im Erwachsenenalter und der Lebensspanne in der Moderne.
Kontakt: schmidt-lauff@hsu-hh.de

**KERSTIN SCHUMANN,** Dipl.-Päd., ist als Abteilungsleitung für Politische Bildung sowie als Qualitätsmanagementbeauftragte für den Weiterbildungsträger und Verein Arbeit und Leben Hamburg tätig. Ihr Studium der Erziehungswissenschaften absolvierte sie an der Hamburger Universität.
Kontakt: kerstin.schumann@hamburg.arbeitundleben.de

**JÖRG SCHWARZ,** Dr., ist wissenschaftlicher Mitarbeiter an der Professur für Weiterbildung und lebenslanges Lernen an der Helmut-Schmidt-Universität/Universität der Bundeswehr Hamburg. Seine Arbeitsschwerpunkte liegen in der Beschäftigung mit Profession, Professionalität und Professionalisierung in der Erwachsenenbildung, im Bereich der Organisation von Bildung, des organisationalen Lernens und der Organisationspädagogik sowie schließlich in der Auseinandersetzung mit Laufbahn, Karriere und fachlich-beruflicher Sozialisation. Diese Themengebiete werden aus einer nicht nur erziehungswissenschaftlichen, sondern auch bildungssoziologisch akzentuierten Perspektive bearbeitet, die auch das Verhältnis von (Erwachsenen-)Bildung und Gesellschaft, die Reproduktion und Transformation gesellschaftlicher Ordnungen und die Bedeutung sozialer Ungleichheit in den Blick nimmt.
Kontakt: jörg.schwarz@hsu-hh.de

**SUSANNE UMBACH, Dr.**, ist wissenschaftliche Mitarbeiterin an der Helmut-Schmidt-Universität/Universität der Bundeswehr Hamburg. Ihre Arbeitsschwerpunkte liegen in betrieblicher Weiterbildung und Kompetenzentwicklung unter Bedingungen der Digitalisierung sowie in ästhetischen Zugängen in der Erwachsenenbildungsforschung.
Kontakt: susanne.umbach@hsu-hh.de

**BIRGIT WALTEREIT** ist Referatsleiterin im Geschäftsbereich Außerschulische Berufsbildung und Weiterbildung im Hamburger Institut für Berufliche Bildung (HIBB) für den Bereich Bildungsurlaub. Dort beschäftigt sie sich mit Anerkennungen, Trägerberatungen und Grundsatzangelegenheiten. Sie wurde im Jahre 1963 geboren.
Kontakt: birgit.waltereit@hibb.hamburg.de

**ANTJE WINDLER, M.A.**, ist Geschäftsführerin und Studienleitung des Vereins Die Neue Gesellschaft e.V. und führt zudem Veranstaltungen durch. Ihre Themenschwerpunkte sind Gleichberechtigung, Rassismus, das politische System der BRD und der USA. Zudem leitet sie viele der Bildungsreisen ins Ausland. Ihr Studium der Politikwissenschaft und Soziologie absolvierte sie an der Georg-August-Universität Göttingen.
Kontakt: a.windler@die-neue-gesellschaft.de

**CHRISTINE ZEUNER, Prof. Dr. phil.**, ist Professorin für Erwachsenenbildung an der Helmut-Schmidt-Universität/Universität der Bundeswehr Hamburg. Ihre Arbeits- und Forschungsschwerpunkte liegen in politischer Erwachsenenbildung, international-vergleichender Erwachsenenbildung, historischer Erwachsenenbildungsforschung, Forschung zur Numeralität und Literalität sowie in der Forschung zur Bildungsfreistellung.
Kontakt: zeuner@hsu-hh.de

# Wochenschau
# Wissenschaft

Tom Kehrbaum

# Zwischenmenschliche Bildung und politische Handlungsfähigkeit

### Eine Theorie der Praxis gewerkschaftlicher Bildung

Gemeinschaftsstärkende Bildungsprozesse werden angesichts der krisenhaften gesellschaftlichen Herausforderungen zu einer Frage des Überlebens unserer demokratischen Lebensform. Zwischenmenschliche Kooperation und gemeinsam geteilte Ziele und Werte werden gerade in der gewerkschaftlichen Bildung ins Zentrum didaktischer Überlegungen gestellt.

Kehrbaum greift die theoretischen Ansätze des Philosophen und Pädagogen John Dewey auf, wendet diese mit Hilfe weiterer philosophischer und pädagogischer Theorien kreativ an und entwickelt sie am Beispiel aktueller wirtschaftlicher und gesellschaftlicher Probleme weiter. Seine Studie ist eine fundierte Neukonstruktion pädagogischer Ansätze in der gewerkschaftlichen Bildung, die wichtige Impulse für politische Bildungsprozesse auch außerhalb der Gewerkschaften gibt. Zudem legt er anschaulich dar, wie diese didaktischen Neuerungen in der Bildungspraxis angewendet werden können.

ISBN 978-3-7344-1178-6, 496 S., € 49,90
**Subskriptionspreis bis 31.3.2021:** € 39,90
PDF ISBN 978-3-7344-1179-3, € 48,99

### Der Autor
Tom Kehrbaum war Industriemechaniker und ist heute Erziehungswissenschaftler. Beim Vorstand der IG Metall entwickelte er die gewerkschaftliche Bildung praktisch und theoretisch weiter. Er leitete gewerkschaftliche Bildungsprojekte u. a. in Südamerika, Europa und Zentralasien.

**www.wochenschau-verlag.de**  www.facebook.com/wochenschau.verlag @wochenschau-ver